BAEDEKER

SALZBURGER LAND

Salzburg · Salzkammergut

»

Die ganze Stadt
ist Bühne

«

Max Reinhardt

baedeker.com

DAS IST ...

TOUREN

LEGENDE

Baedeker Wissen

● Textspecial, Infografik & 3D

Baedeker-Sterneziele

★★ Top-Reiseziele

★ Herausragende Reiseziele

REISEZIELE VON A BIS Z

HINTERGRUND

ERLEBEN & GENIESSEN

PRAKTISCHE INFOS

ANHANG

PREISKATEGORIEN

Restaurants
Preiskategorien für ein Hauptgericht

€€€€	über 28 €
€€€	18 – 28 €
€€	10 – 18 €
€	bis 10 €

Hotels
Preiskategorien für ein Doppelzimmer

€€€€	über 180 €
€€€	140 – 180 €
€€	120 – 140 €
€	bis 120 €

MAGISCHE MOMENTE

ÜBERRASCHENDES

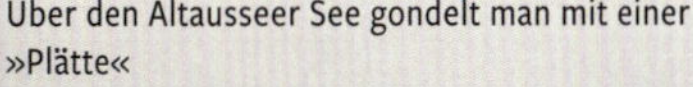
Über den Altausseer See gondelt man mit einer »Plätte«

D
DAS IST …

das Salzburger Land

Die großen Themen rund um
das Land der Berge und des Barock.
Lassen Sie sich inspirieren!

An Mozart führt in Salzburg kein Weg vorbei. ▶

W.A.Mozart

Grüße
von der
Alm

ALMEN-GLÜCK

Die Alm ist ein ultimativer Sehnsuchtsort der Salzburger und Salzburgbesucher. Die Alltagshektik verfliegt, Kuhglocken-Sound löst das Handy-Gebimmel ab, und eine einfache Almjause wird zum Geschmacksfeuerwerk. Besonders genuss- und wanderfreundlich gestaltet sich das Outdoor-Erlebnis auf dem Salzburg Almenweg durch den Pongau.

◄ Wenn der Almabtrieb ansteht, neigt sich die Saison dem Ende zu.

AUF 350 Kilometer Länge schlängelt sich der Weitwanderweg durch Österreichs almenreichste Region. Jeder der 31 Abschnitte kann separat begangen werden, natürlich auch die Etappe am Südfuß des majestätischen Hochkönigmassivs. Mit dem Wanderbus gelangt man zum Arthurhaus in 1500 Meter Höhe, Rucksack geschultert, dann geht es los. Nennenswerte Anstiege gibt es auf dem 12 Kilometer langen Weg zum Dientner Sattel nicht. Gleich drei stimmungsvolle Einkehr-Stationen hat, etwa auf der Hälfte der Strecke, die Widdersberg-Alm zu bieten.

Gemütliche Hochkönig-Etappe

Eine davon ist die **Brandstätt-Hütte**, die von der Familie Schwarzenberger bewirtschaftet wird. Sie scheint sich unter den Felsgewalten ganz klein zu machen. Ihr Äußeres ist schlicht und rustikal. Die Balken und Schindeln sind von der Sonne braun gebacken, in den Fenstern wuchert der Blumenschmuck, nebenan plätschert ein Brunnen. Der Almhund hält Kälber auf Distanz, die am liebsten mit auf der Terrasse hocken würden.

Das Warten auf die Brettljause lässt sich gut überbrücken.

Speckjause und Bauernkrapfen

240 Rinder übersommern auf der **Widdersberg-Alm**, erzählt Herr Schwarzenberger, 17 davon gehören zu seinem Hof. Wie seit Generationen wird die Milch an Ort und Stelle verarbeitet. Almkäse und Buttermilch schmecken köstlich. Der Speck für die Brettljause stammt aus der Landwirtschaft im Tal, ebenso der naturtrübe Apfelsaft und der Holundersaft. Eine Spezialität sind die Bauernkrapfen, die ganz frisch zubereitet werden. Ein Schnapserl gefällig? Obstler und Birnenbrand sind die Klassiker auf der Brandstätt-Hütte. »Wenn genug Zeit ist, setze ich auch Zirbenschnaps an«, erzählt Frau Schwarzenberger.

Lektion 1 am Almenweg: Man muss nicht auf Gipfel kraxeln, um die ganze Palette an Panoramen geboten zu bekommen. Den Rücken an die sonnenwarmen Balken gelehnt, lässt man den Blick schweifen. Im Rücken von Brandstätthütte, Molterauhütte und Schartenhütte – voneinander nur durch ein paar Steinwürfe getrennt – ragen aus einem Meer von Geröll die Steilwände des Hochkönigmassivs in die Höhe. An der 3000-Meter-Marke beendet eine Linie aus Zacken, Spitzen und scharfkantigen Graten ihren Himmelssturm.

Übernachtung auf der Alm

Die blumen- und kräuterreichen Almmatten stecken das Terrain für jene Outdoor-Freunde ab, die lieber auf halber Höhe dahinwandern – sei es, weil Kinder mit von der Partie sind oder weil sie gerne landestypische Produkte verkosten. Wer das Erlebnis ganz und gar auskosten will: In vielen der **120 bewirtschafteten Hütten** am Salzburger Almenweg kann man auch übernachten. Dann startet der nächste Wandertag gleich mit einem zünftigen Almfrühstück. Etwas Disziplin ist angesichts der kulinarischen Verlockungen schon gefragt. Doch es gibt auch Almenweg-Abschnitte, wo die Wege steil bergan führen und die Kilos purzeln.

AUF DEM ALMENWEG

Die Hütten auf der Widdersberg-Alm sind etwa von Juni bis etwa Anfang Oktober bewirtschaftet; in dieser Zeit verkehrt auch der Hochkönigwanderbus regelmäßig zwischen Maria Alm und Arthurhaus, dem Ausgangspunkt der beschriebenen Etappe. Die Webseite www.salzburger-almenweg.at bietet detaillierte Streckenbeschreibungen und Höheprofile. Kurzentschlossene können Pauschalangebote für Wanderer buchen.
SalzburgerLand Tourismus GmbH, Salzburger Almenweg, Wiener Bundesstr. 23, A-5300 Hallwang, Tel. 00 43 0662 66 88

KUNST LIEGT IN DER LUFT

Salzburg im Sommer. Die Stadt summt wie ein Bienenkorb, beinahe mit den Händen zu greifen sind die Anspannung und Vorfreude, die sich Schlag Festspieleauftakt in höchster Kunst verdichten wird. Die 1920 gegründeten Salzburger Festspiele gehören zu den wichtigsten Pfeilern der »Kulturnation Österreich«.

◄ Verdienter Applaus: Anna Netrebko holt am Ende der »Aida« Dirigent Riccardo Muti auf die Bühne.

FÜNF Wochen lang bietet die Stadt an der Salzach Superlativen in Oper, Konzert und Schauspiel. Das Programm wird eifrig diskutiert, nicht nur von den Kulturjournalisten, auch am Grünmarkt oder in den Gasthäusern. Feiert Star-Sopranistin Anna Netrebko, lange Zeit unumstrittener Publikumsliebling, ein Comeback an der Salzach? Ein Dauerbrenner ist auch die Buhlschaft, manchmal als die **bedeutendste Nebenrolle der Welt** bezeichnet. Nur 30 Sätze gewährte ihr Hugo von Hofmannsthal im Mysterienspiel »Jedermann«, doch diskutiert werden ihre erotische Ausstrahlung und ihr Kleid, als gäbe es kaum Wichtigeres in der Theaterwelt. Und wie harmoniert sie mit dem Jedermann? 2021/2022 fand sich mit Lars Eidinger in der Titelrolle und der Salzburgerin Verena Altenberger (▶Interessante Menschen) eine besonders zugkräftige Besetzung. Ebenso aufregend ist das Society-Rahmenprogramm mit Galas, Soirees und Events. Im Jahr 2020 wurde das 100-jährige Jubiläum des Festivals gefeiert, wegen Corona in einer reduzierten Version, aber immerhin: Es ging über die Bühne – souverän dirigiert von Langzeit-Präsidentin Helga Rabl-Stadler.

Ganz Salzburg als Bühne

Was dieses Festival einzigartig macht: Die Opern-, Musiker- und Schauspielgrößen teilen sich die Altstadt mit dem Publikum, den Salzburgern und den Touristen – frei nach Max Reinhardts Motto »Die ganze Stadt ist Bühne«. Gut möglich, dass man im Festspielbezirk einem Weltstar über den Weg läuft oder im Restaurant Triangel einem gefeierten Schauspieler, der nach einer umjubelten Aufführung auf einen Absacker vorbeischaut. Fotografien und Widmungen von Stars spicken die Wände, und die Heurigenbänke vor dem Lokal sind ein erstklassiger Platz, um zu sehen und gesehen zu werden.

Auf engstem Raum

Die Festspiele sind gewachsen, der verfügbare Platz aber ist etwa gleich geblieben. Ein Festspielführer vermittelt eine Ahnung von der enormen Logistik, die hinter dem Werk steckt. »Ein Klassiker: Beim Jedermann am Domplatz fängt es zu regnen an. Sollte das passieren, setzen sich 2500 Leute in Bewegung zum Großen Festspielhaus – denn dort muss

FESTSPIELLUFT SCHNUPPERN

Ein Spaziergang über die Hofstallgasse, ein Mittagessen im Triangel, gefolgt von einer Führung durch die glanzvollen Festspielhäuser – so kann man auch ohne Kartenkontingent Festspielluft schnuppern. Führungen: tgl. 14, Juni, Sept. auch 15.30, Juli, Aug. auch 9.30 Uhr, kann bei Proben und Aufbauarbeiten entfallen; Treffpunkt: Hofstallgasse 1, www.salzburgerfestspiele.at

Society-Auftrieb vor dem Festspielhaus

die Bühne ebenso aufgebaut sein wir am Domplatz. Haben alle wieder Platz genommen, wird fertiggespielt, dann wird sofort umgebaut, weil danach noch meistens ein Konzert auf dem Programm steht.« Manchmal verschaffen sich die Festspielmacher etwas Raum: Wenn die Kostümabteilung aus allen Nähten platzt, wird etwa originales Festspielgewand zu Schnäppchenpreisen abverkauft.

Eine dicke Brieftasche und eine Portion Glück braucht es, um Karten für die begehrten Neuinszenierungen zu ergattern. Doch unter den **200 Aufführungen** sind auch viele günstigere mit dem Potenzial für Gänsehaut-Feeling. Und kostenlos sind die Siemens-Festspielnächte am Kapitelplatz, wo man Glanzstücke der besten Festspielsaisonen, aber auch die eine oder andere aktuelle Produktion in bester Qualität genießen kann. Ungezwungen, ohne Dresscode, und mit der schön beleuchteten Festung im Hintergrund – auch das ein stimmungsvolles Erlebnis!

Auf und davon

Der hochsommerliche Touristenrummel ist nicht nach jedermanns Geschmack. Manche Salzburger vermieten ihr Refugium, etwa an Künstler, und flüchten aufs Land. Ende August kehrt dann etwas Ruhe ein. Bis zum nächsten Jahr. »In der Nicht-Saison ist Salzburg, wie jedermann weiß, bezaubernd. Jetzt ist Saison«, meckerte einst der Schriftsteller **Alfred Polgar**.

ALTES KRÄU-TER WISSEN NEU

Im Salzburger Land wird das Wissen um Heilpflanzen, einst vorwiegend mündlich überliefert, auf vielfältige Weise erfahr- und erlebbar gemacht. Gartenführungen, Wildkräuterwanderungen und Kräuterfeste gehen vom Lungau bis in den Flachgau in Szene, so auch in Fuschl am See.

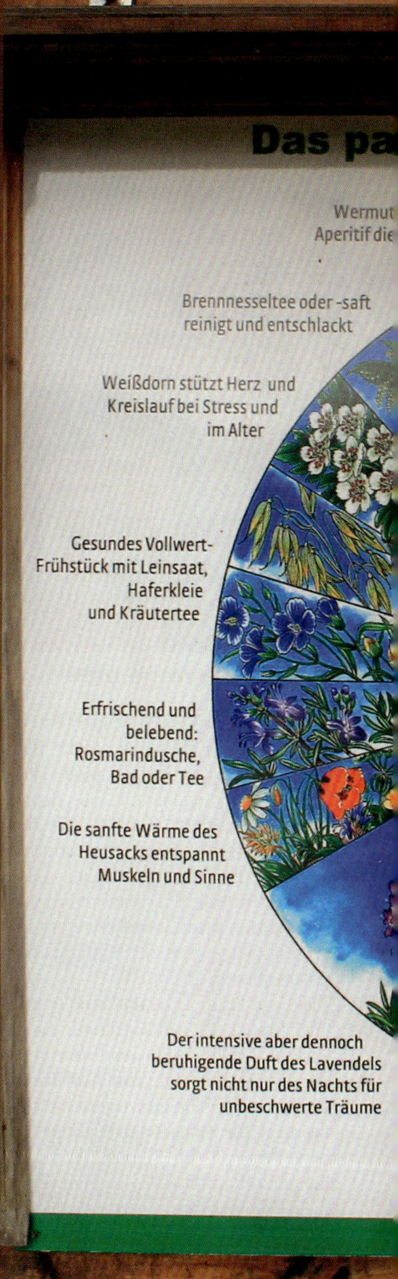

Die Kräuteruhr in Sophie Brandstätters Kräutergarten ▶

…nde Kraut zur rechten Zeit
…locken als
…ssäfte
Steigert den Gallenfluss, fördert die Fettverdauung: Löwenzahn
Artischockensaft als Cholesterin senkender Digestif
Kümmel, Fenchel und Anis befreien von Blähungen
Johanniskraut vertreibt trübe Gedanken
Vitamin C gegen Schlappmachen: Hagebuttentee
Melisse beruhigt und gleicht aus zum Feierabend
Ein Wacholderbad entmüdet die Muskeln nach dem Sport
Kürbissamen stärken die Blase für eine ungestörte Nacht
Knoblauch schützt sicher vor Verkalkung
Herzstärkender Schlummertrunk: Weißdorntee
Natürlich einschlafen und gut durchschlafen mit Baldrian und Hopfen
10
11
12
13
14
15
16
17
18
19
20
21
22
23
24
Brennnessel
Enzian
Wermut
Löwenzahn
Artischocke
Fenchel
Kümmel
Johanniskraut
Hagebutte
Melisse
Wacholder
Kürbiskerne
Knoblauch
Weißdorn
Baldrian
Hopfen
Lavendel
Weißdorn

ZUM Beispiel die Brennnessel. Was von jeher mit Schmerzen assoziiert wird, bekommt im Kräutergarten von Sophie Brandstätter eine heilsame Facette. »Im Mai hat die Brennnessel eine besondere Kraft. Sie enthält viel Eisen, ihr Tee wirkt entschlackend und blutbildend«, sagt **die Kräuterexpertin**, während sie ihre Besucher durch ihr blühendes Reich am Ortsrand von Fuschl am See führt. Brennnessel einfach überbrühen, zum Tee viel Wasser trinken, rät sie zu einer wohltuenden Frühjahrskur für den Körper.

Kräuterparadies am Mühlenweg

In kleinen Hügelbeeten gedeihen 140 heimische Kräuter und Heilpflanzen. Es duftet, Bienen gaukeln von Blüte zu Blüte, Vögel zwitschern. Kräuteraffin war sie schon immer, erzählt die Rentnerin. Seit einigen Jahren beschäftigt sie sich intensiv mit den Wirkungen von Heilpflanzen, hat Ausbildungen zur TEH-Praktikerin und FNL-Kräuterexpertin absolviert, bereitet Salben, Säfte sowie Räuchermischungen zu und be-

Tee aus Bergnelkenwurz hilft u.a. bei nervösen Herzbeschwerden.

treut – das zweite Jahr allein – den am Waldrand gelegenen Kräutergarten auf dem Weg zur Rumingmühle.
Zu jedem Pflänzchen hat die Fuschlerin eine Bedienungsanleitung parat. Gegen Brennnessel-Brennen hilft Spitzwegerich. Einfach den Saft auf die irritierten Stellen reiben – und die Reizung klingt rasch ab. Im übernächsten Beet reckt der Gelbe Enzian seine Blätter in den Himmel. Die aus den Wurzeln extrahierten Bitterstoffe fließen in Lebertropfen ein. »Eine gute Kur, wenn man nicht schlafen kann. Das hat oft mit der Leber zu tun«.
Frau Brandstätter gibt Gesundheitstipps, verrät Rezepte für schmackhafte Kräutergerichte und führt das Räuchern mit Zirbenharz vor. Einige Erzeugnisse aus ihrer Kräuterwerkstatt kann man auch erstehen. **Originelle Mitbringsel** sind etwa das Liebstöckel-Salz, das Suppen den letzten Pfiff verleiht, sowie die auf Gänseblümchen-Heilkraft basierende »Zwergerlsalbe« gegen viele Wehwehchen. Und die Augen der Besucher leuchten, wenn die Expertin ihren Brennnessel-Sirup kredenzt. Rosa vom Eisen ist seine Farbe im Frühjahr, aufgespritzt mit Mineralwasser schmeckt er hervorragend. »Mein Enkerl sagte einmal: Bei der Omi kann man die ganze Wiese essen!«, lacht Frau Brandstätter.

Genussweg

Apropos: Auf Salzburgs **Via Culinaria** ist seit 2015 auch ein Genussweg für Kräuterliebhaber ausgewiesen. Am Hochkönig etwa kann man sich über 12 Kräuteralmen schlemmen – auf der Speisekarte finden sich Kräuterknödel, Erdäpfelrahmsuppe mit Bergthymian und weitere Verlockungen. Und zur Vertiefung des traditionellen Wissens bietet der Verein »Traditionelle Europäische Heilkunde« (TEH) Workshops und Schnupperkurse an. Die Zubereitung von Pechsalben und Tees oder das Räuchern mit Kräutern gehen bald flott von der Hand.

ALLES ÜBER KRÄUTER

Der FNL-Kräutergarten (FNL steht für den Verein Freunde Naturgemäßer Lebensweise) am Mühlenweg in Fuschl am See ist einen 15-minütigen Spaziergang vom Ortszentrum entfernt.
Öffnungszeiten: Mitte Mai – Sept. jeweils Di. und Fr. von 14–17 Uhr.
Ob Räucherseminar, Kräuterfrühstück mit Pechsalbenkochen, Ausbildung zur TEH-Praktikerin oder die Adressen der Salzburger Kräutergärten – beim TEH-Verein laufen die Infos zusammen: www.teh.at.
Die Website www.salzburgerland.com/de/genussweg-fuer-kraeuterliebhaber/ listet Stationen auf – vom Klosterladen über Kräuteralmen bis zum Beherbergungsbetrieb mit Kräuterschwerpunkt reicht das Angebot.

EINE PRACHT, DIESE TRACHT!

»Würde jede Frau ein Dirndl tragen, so gäbe es keine Hässlichkeit mehr« – niemand anderes als Vivienne Westwood, Ikone des schrillen Modedesigns, hat's verkündet. Gut zu beobachten ist das in Salzburg, der »Welthauptstadt« der Tracht, und noch mehr dirndlt es im steirischen Ausseer Land.

Ein Dirndl-Oberteil entsteht im Salzburger Heimatwerk. ▶

TRACHTEN-SHOPPIING

Trachtenmode Lanz in der Schwarzstraße 4, für Kinder am Kranzlmarkt 1/ Getreidegasse (www.lanztrachten.at), ist Trendsetter seit 1922. Klassisch, aber mit innovativen Akzenten nähert sich das Salzburger Heimatwerk Neue Residenz (www.salzburgerheimatwerk.at), dem Thema – sehenswert sind die wechselnden Ausstellungen im historischen Kellergewölbe. Schicke Dirndlkleider und Lederhosen gibt's auch bei Gössl in der Morzger Straße 31 (www.gwandhaus.com). Trachten Stassny, Getreidegasse 35, für Kinder Nr. 30 (www.stassny.at), ist eine weitere Top-Adresse für Salzburger Stil und Authentizität.

DIE bunten Tupfer, die elegante Dirndl, Trachtensakkos und Lederhosen im Salzburger Straßenbild setzen, sind eine Augenweide. Den Startschuss gaben in den 1920er-Jahren findige Modemacher wie **Josef Lanz**, die etwa zeitgleich mit dem Auftakt der Festspiele die ländliche Kleidung behutsam in die Gegenwart holten und sie »salonfähig« machten, etwa in Form festlicher Seidendirndl. Bald flanierten weltberühmte Künstler und Festspielbesucher in Tracht durch Salzburg. Marlene Dietrich etwa wurde zu einer Botschafterin des neuen Modestils und half dabei, auch die Salzburger wieder mehr auf Tracht einzustellen.

Trendsetter seit Festspielbeginn

Festspielmode aus dem Hause Lanz ist immer noch en vogue. Zu den illustren Kunden des Familienbetriebs in der Schwarzstraße zählen Königin Silvia von Schweden und Prinzessin Caroline von Monaco, Tommy Hilfiger, der Dirigent Christian Thielemann und Placido Domingo, erzählt Theresa Lanz. Die junge Absolventin der Esmod München entwirft **jährlich zwei Lanz-Kollektionen**, die auch in Geschäften in St. Gilgen und Wien sowie über Partner in München, Kitzbühel, in der Schweiz und in den USA vertrieben werden. Wer ein Dirndlkleid ausführen will, das es nur einmal gibt, ist im Lanz-Maßatelier in der Imbergstraße goldrichtig. Lanz fertigt ausschließlich in eigenen Werkstätten unter Verwendung heimischer Naturmaterialien – mit Ausnahme mancher Seidenstoffe, die es hierzulande nicht gibt.

Klassisch gibt den Ton an

»Ich bin eher für die klassische Variante. Ein Dirndl ohne Bluse finde ich furchtbar. Knieumspielend geht in Ordnung, aber alles was kürzer ist, geht nicht. Und durchsichtige Stoffe finde ich ganz schrecklich«, umreißt die Chefdesignerin die Philosophie des Hauses in Sachen Authentizität und Stilsicherheit. Um sich inspirieren zu lassen, studiert sie aktuelle Modetrends

Fesch im Dirndl, fesch in der Lederhos'n ...

und recherchiert im hauseigenen Stoffarchiv. Sie selbst kombiniert gerne Materialien und schafft damit neue, reizvolle Synthesen zwischen Tradition und Moderne.

Maigrün und Lachsrosa und trendigverspielt präsentiert sich etwa ein Festtagsdirndl, das Theresa Lanz gerade einer Kundin auf den Leib geschneidert hat. Über die Seidenschürze, ein Ausseer Handdruck, krabbeln Marienkäfer. Der Farbton des lachsrosa Oberteils findet sich auch auf dem dunkelgrünen Rock wieder. Ein Unikat – dementsprechend auch kostspieliger.

Der Markt ist umkämpft

Allein in der Stadt Salzburg buhlen mehr als zwei Dutzend Trachtengeschäfte um Kundschaft. Vom Traditionsbetrieb über junge Wilde, die sich dem Kulturgut nach dem Motto »Erlaubt ist, was gefällt«, schrill, keck und sehr bunt annähern, bis hin zu Billiganbietern erstreckt sich das Trachtenuniversum – da ist für jeden etwas dabei. Modische Attribute fließen auch über Accessoires ein. Ob Handtasche, Gürtel, Trachtenschmuck, eine Strickweste für wärmere Abende oder ein passender Hut: In den **Shops der Altstadt** wird man garantiert fündig.

Retrotrend oder urbane Realitätsflucht sagen die einen zur Trachtenrenaissance, die seit einigen Jahren im alpenländischen Breiten zu beobachten ist. Die Lanz-Chefdesignerin hat eine andere Erklärung. »Auch viele junge Menschen identifizieren sich mit Tracht. Im Dirndl oder in der Lederhose fühlt man sich einfach gut und tritt selbstbewusster auf«.

SKI-COMEBACK

Mit Weltklasse-Skigebieten, Snowparks und Tiefschneehängen ist das Salzburger Land reichlich gesegnet – kein Wunder, dass das Land Skihelden am laufenden Band hervorbringt, von Hermann Maier bis Marcel Hirscher und von Annemarie Moser-Pröll bis Anna Veith. Doch nicht nur Könner kommen zwischen Katschberg und Leogang, Obertauern und Zell am See auf ihre Kosten. In über 120 Skischulen geben staatlich geprüfte Profis ihr Know-how weiter.

Nicht alle Skigebiete sind so mit Schnee gesegnet wie dieses – die Klimakrise setzt den tiefer gelegenen zu ... ►

kitzsteinhorn.

»DAS ist wie Radfahren, ihr habt es nicht verlernt« spornt Skilehrerin Johanna die sechsköpfige Gruppe an, die sich an dem strahlend blauen Februarvormittag am Kirchbühel-Lift in Obertauern eingefunden hat. Es geht gleich in die Praxis. Hier etwas stärker in die Knie gehen, dort muss der Stockeinsatz noch koordinierter werden. Alle Teilnehmer sind über 40, und alle wollen eine alte Liebe wieder aufflammen lassen: das Skifahren.

Alte Liebe rostet nicht

»Meine letzten Skier waren zwei Meter lang«, sagt ein Skiläufer aus Deutschland, der seiner eingerosteten Wedeltechnik auf die Sprünge helfen will. Die modernen und drehfreudigen Carving-Skier hat er vom Verleih, so bleibt das Experiment finanziell überschaubar. Eine andere Kursteilnehmerin erzählt, dass sie wegen des Nachwuchses eine zehnjährige Auszeit vom Skisport genommen hat. Und während nebenan ihre Kinder die »Pizza« üben – so heißt der Schneepflug heute – gewinnt auch sie langsam wieder an Sicherheit.
Wenn die Kanten wieder knirschen und die Schneekristalle in den Winterhimmel stieben, geht den Eben-noch-Ski-Muffeln das Herz auf. Die Rahmenbedingungen könnten kaum besser sein als **in Obertauern**. 100 Kilometer lang ist das Pistennetz, das sich beiderseits des Radstädter Tauernpasses in 1640 Metern Höhe ausbreitet – ein riesiger Schneekessel mit breiten Pisten und verlockenden Hängen, der Einstieg liegt praktisch vor der Hoteltür. Frau Holle sorgt für eine griffige Unterlage bis Ende April. Schon bald gewinnen die Schwünge an Eleganz, die alten Bewegungsmuster sind noch abrufbereit. Von der blauen auf die rote Piste, und nach zwei Kurstagen verlieren auch die etwas steileren Hänge an Schrecken. Kleingruppen-Training beseitigt individuelle Schwächen gezielt.

Pilzköpfe auf der Piste

Das Beatles-Denkmal über dem Kirchbühel-Lift erinnert daran, dass das Übungsgelände skihistorischer Boden ist. Dreharbeiten zu ihrem zweiten Kinofilm **»Help!«** führten die »Fab Four« 1965 an den Radstädter Tauernpass. »Wir haben sie so vorbereitet, dass keiner verletzt wurde«, erzählt Herbert Lürzer sen., der Paul McCartney unterrichtete und doubelte. Als ihn die Skischule Krallinger für den Job anheuerte, waren John Lennon, George Harrison, Paul McCartney und Ringo Starr dem 22-Jährigen nur ein vager Begriff, auf ihre Musik stand er nicht. Doch schnell fanden die Gleichaltrigen einen guten Draht zueinander. »Paul McCartney war mir ähnlich, meinten die Filmleute. Ich bekam eine Perücke und eine dunkle Brille aufgesetzt, und schon war ich ein Beatle«, sagt der heutige Gastronom.

Ambitioniertere Ziele

In Obertauern habe er Skifahren gelernt, gab Sir Paul später zu Protokoll. Auch die Comeback-Skifahrer sind bald bekehrt. Skiabstinenz war »Yesterday«, schon warten anspruchsvollere Ziele. Die einen lockt die Tauernrunde – einmal rund um die Schneearena, ohne die Ski abschnallen zu müssen. Andere planen bereits einen Kurs im nächsten Winter. Titel: »Schöner Skifahren«.

Obertauern ist ein Hotspot des Skirummels.

BAEDEKER DAS IST ...

WO DER SCHNEE ZU HAUSE IST

Breite, bestens präparierte Pisten, modernste Seilbahnanlagen, Schneesicherheit und leichte Erreichbarkeit machen das Salzburger Land besonders attraktiv. Ob von der Pike auf gelernt, Wiedereinsteiger oder »Schöner Skifahren« – die sieben Ski- & Snowboardschulen in Obertauern haben für jeden das passende Angebot parat. Und nach dem Schneespaß sorgen gemütliche Skihütten, Bars und Partys für super Stimmung (www.obertauern.com/skigebiet-oesterreich.html und https://www.sbssv.at/de/schulen).

T
TOUREN

Durchdacht, inspirierend, entspannt

Mit unseren Tourenvorschlägen lernen Sie die besten Seiten des Salzburger Lands kennen.

Spektakuläre Ausblicke garantiert eine Tour auf der Großglockner-Hochalpenstraße. ►

UNTERWEGS IM SALZBURGER LAND

Die drei vorgeschlagenen Auto- bzw. Motorradtouren (Nr. 1 bis 3) lassen sich **gut an einem Tag** absolvieren, denn die reinen Fahrstrecken betragen zwischen 210 und 220 km. Aber es liegen so viele idyllische Plätze, spektakuläre Bergwelten und tolle Sehenswürdigkeiten am Weg, dass man sich lieber mehr Zeit lassen sollte. Los geht es aber mit Wandervorschlägen.

MIT BLICK AUF SEEN UND BERGE

Fünf-Seen-Wanderwege und vier Panorama-Höhepunkte

Altausseer See: Schon Dichter wie Jakob Wassermann und Komponisten wie Johannes Brahms ließen sich auf der Runde um das idyllische Gewässer und vom Blick auf die Trisselwand inspirieren.

Fuschlsee: 20 km östlich von Salzburg eröffnet dieser Weg rund um den Fuschlsee den Reigen der grandiosen See-Berg-Landschaften im Salzkammergut. Die familientaugliche Runde ist in gut drei Stunden zu schaffen, es sei denn man bekommt Lust auf ein Bad im glasklaren Wasser des Sees oder einen köstlichen Happen in der Schlossfischerei.

Ostuferwanderweg am Hallstätter See: Von dem teilweise mit Stegen ausgestatteten Wanderweg eröffnen sich fantastische Blicke auf Hallstatt am gegenüberliegenden Ufer. Die Tour lässt sich mit der Fähre von der Bahnstation abkürzen. Die Fahrt über den See ist die schönste Art, sich dem Weltkulturerbe-Ort zu nähern.

Wolfgangsee: Zwischen Strobl am Südostufer und dem Ortsteil Abersee verläuft ein Spazier- und Radweg auf der ehemaligen Trasse der Ischler Bahn. Gegenüber ragen die Wallfahrtskirche von St. Wolfgang und der Schafberg in den Himmel. Botanische Raritäten bietet am wohl berühmtesten See im Salzburger Land das Blinklingmoos.

Prebersee: Ein Naturidyll auf 1500 m Seehöhe bei ▶Tamsweg. Rund um den See verläuft ein informativer Moorlehrpfad, abgehärtete Naturen wagen an schönen Sommertagen einen Sprung in das kühle Nass. Im Herbst sind in den Wäldern ringsum viele Pilzsucher unterwegs.

Edelweißspitze: Vom höchsten Punkt (2571 m) der **Großglockner-Hochalpenstraße** blickt man über das Gipfelmeer der ▶Hohen

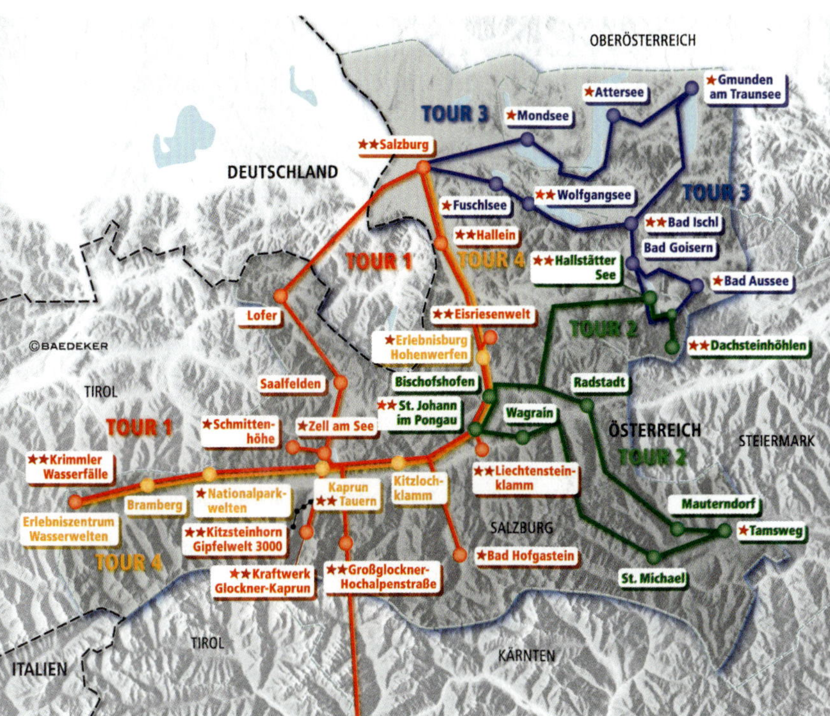

Tauern. Wenn das Wetter mitspielt, lassen sich 37 Dreitausender ausmachen, einige davon sind umkränzt von Gletscherfeldern.

Schmittenhöhe: Auf dem Hausberg von **Zell am See** lassen sich in 2000 m Höhe Panoramablicke über die Hohen Tauern mit Großglockner und Kapruner-Stauseen im Süden sowie das Kaisergebirge im Nordwesten und den Dachstein im Osten genießen.

Schafbergspitze: Das durch eine Zahnradbahn erschlossene Gipfelplateau des St. Wolfganger Hausbergs eröffnet den berühmten **Sieben-Seen-Blick** u. a. auf den Attersee, Mondsee und Wolfgangsee. Wer genügend Zeit mitbringt und im Gipfelhotel übernachtet, kann den Sonnenaufgang über dem Toten Gebirge genießen.

5Fingers, Obertraun: Mit der Dachstein-Seilbahn geht es von Obertraun aus auf den Krippenstein und dann von der Bergstation in 20 Min. zu Fuß zur Aussichtsplattform 5Fingers. Der Blick schweift über den fjordartigen Hallstätter See bis nach Bad Ischl. Der Weltkulturerbeort Hallstatt wirkt in dieser grandiosen Naturlandschaft beinahe etwas verloren.

»WEISSES GOLD«, MAJESTÄTISCHE GIPFEL

Start und Ziel: Salzburg | **Länge:** 210 km (ohne Abstecher)

Tour 1

Diese Rundreise führt von Salzburg durchs idyllische Alpenvorland bis zu den höchsten Gipfeln der österreichischen Bergwelt. Zurück geht es auch ein Stück über deutsches Gebiet.

Salz und Eis

Man verlässt die charmante Landeshauptstadt ❶★★**Salzburg** Richtung Süden auf der B 150 bzw. 159. Knapp 20 km südlich punktet das bezaubernde Städtchen ❷★★**Hallein** mit seinem sensationellen Keltenmuseum. Im benachbarten Bad Dürrnberg sollte man sich unbedingt die Salzwelten und das Keltendorf ansehen. Weiter geht es auf der Bundesstraße 159. Kurz hinter Golling markiert der Pass Lueg den Übergang vom Tennengau in den Pongau und damit den Eintritt in die Gebirgswelt. Der Salzach folgend, schlängelt sich die Straße zwischen Hagen- und Tennengebirge hindurch nach Werfen. Weithin sichtbar thront die mächtige Burg Hohenwerfen auf einem Felsen. Die Greifvogelwarte auf der Festung veranstaltet täglich Flugvorführungen mit ihren gefiederten Schützlingen. Zweites Highlight von Werfen ist die fantastische ❸★★**Eisriesenwelt**, für deren Besuch man mindestens einen halben Tag einplanen sollte. Weiter geht es über Bischofshofen, alljährlich Schauplatz vom Finale der »Vierschanzentournee«, nach St. Johann im Pongau. 6 km weiter südlich erkundet man in einer knappen Stunde zu Fuß die spektakuläre ❹★★**Liechtensteinklamm**. Wer die Rundfahrt nicht an einem Tag bewältigen will, macht den Abstecher ins Gasteiner Tal. ❺★**Bad Hofgastein** lockt mit netten Geschäften, Hotels und Restaurants rund um die Fußgängerzone. Hoch über den Dächern der Stadt bietet »Das.Goldberg« direkt an der Skipiste lichtdurchflutete Studios, leckere Küche und ein wunderbares Wellnessangebot. Bad Gastein, einst Kurort der Reichen und Schönen, ist dabei, sein historisches Zentrum durch Sanierungen und mit sommerlichen Kunstevents neu zu beleben – spannend! Die historische Bergbausiedlung im nahen **Altböckstein** vergegenwärtigt die Ära des Goldabbaus in Salzburg.

Hoch hinauf

Zu den absoluten Höhepunkten zählt die Fahrt auf der kurvenreichen ❻★★**Großglockner-Hochalpenstraße** in die fantastische Gebirgswelt am Fuße des Großglockners. Auf der weiteren Strecke liegt, umgeben von einer herrlicher Bergkulisse, ❼★**Zell am See**. Dort bieten die ❽★**Schmittenhöhe**, auf die man von Zell aus mit per Seilbahn gelangt, und die in über 3000 m Höhe angelegten Panoramaplattformen auf dem ★★Kitzsteinhorn in Kaprun wunderbare

Fernsichten, die bei entsprechendem Wetter bis zum Großglockner, zum Hochkönig und zum Dachsteinmassiv reichen. Wie sich die grandiose Gletscherwelt für die Stromerzeugung nutzen lässt, zeigt das 9 ★★ **Kraftwerk Glockner-Kaprun**. Wer genügend Zeit hat, kann gut 50 km westlich des Kraftwerks noch die herabstürzenden Wassermassen der 10 ★★ **Krimmler Wasserfälle** bestaunen. Das Erlebniszentrum Wasserwelten in Krimml zeigt anschaulich, welche fantastischen Möglichkeiten in einem Wassertropfen stecken. Nächstes Etappenziel ist 11 **Saalfelden** am Steinernen Meer. In der Ramseiderstr. 5 in Saalfelden findet man bei Regina Wienerroither Pinzgauer

Dirndl, Lederhosen und trachtige Mitbringsel. Bei Edelbrenner Siegfried Herzog in der Breitenbergham 5 gibt es preisgekrönte Destillate und stylische Verkostungen. Wer übernachten möchte: Im benachbarten **Leogang** steht mit der Forsthofalm das erste Holzhotel im Salzburger Land. Natur pur verspricht das traumhafte Bergdorf Priesteregg, Urbanes und Alpines kombiniert das junge Mama Thresl. Bald hinter Saalfelden wird das Tal wieder enger. In St. Martin zweigt ein mautpflichtiges Bergsträßchen zur Wallfahrtskirche Maria Kirchental ab. In ⓬ **Lofer** sollte man unbedingt noch einen Stopp in der preisgekrönten Confiserie Berger einplanen, eine legendäre Stätte der Verführung mit feinsten Schokoladenkreationen, bevor man nach ❶ ★★ **Salzburg** zurückkehrt.

ALMENGLÜCK UND EISESKÄLTE

Start und Ziel: Bischofshofen | **Länge:** 220km (mit Abstecher)

Tour 2

Die Tour führt durch den Lungau, eine familienfreundliche Urlaubsregion. Im Sommer geht's auf Gipfel und malerische Almen, aber auch zu romantischen Burgen und idyllischen Seen. Der Abstecher zum Hallstätter See lässt sich mit einer Besichtigung der riesigen Eishöhlen im Dachsteinmassiv verbinden.

Zur »Stillen Nacht«

Von ❶ **Bischofshofen** gelangt man auf der B 311 rasch nach ❷ ★★ **St. Johann im Pongau**, Hochburg der Salzburger Volkskultur und im Winter ein Skiparadies. Die B 163 führt weiter nach ❸ **Wagrain**, auf dessen Friedhof der Dichter des berühmten Welterbe-Weihnachtsliedes »Stille Nacht, heilige Nacht«, Joseph Mohr, seine letzte Ruhestätte fand. Von Wagrain geht es weiter auf der B 163 bis zur Auffahrt Flachau der Tauernautobahn (A 10), die Richtung Süden an ❹ **St. Michael** vorbeiführt. Der Ort ist ein beliebter Startpunkt für den Mur-Radweg und kann mit der Mur-Insel, einem durch die Renaturierung der Mur geschaffenen Naturspielplatz, punkten. ❺ ★ **Tamsweg** rund 15 km östlich von St. Michael ist bekannt für die blauen und goldfarbenen Glasfenster von St. Leonhard, eine der bedeutendsten Wallfahrtskirchen Österreichs. Das dortige Lungauer Heimatmuseum besitzt eine 6 m hohe, dem alttestamentarischen Helden Samson nachempfundene Figur, die Tamsweger Junggesellen auf den berühmten Samsonumzügen durchs Dorf tragen. Nächster Halt ist ❻ **Mauterndorf**, das mit ansehnlichen Bürgerhäusern und einer der schönsten Burgen des Landes auf-

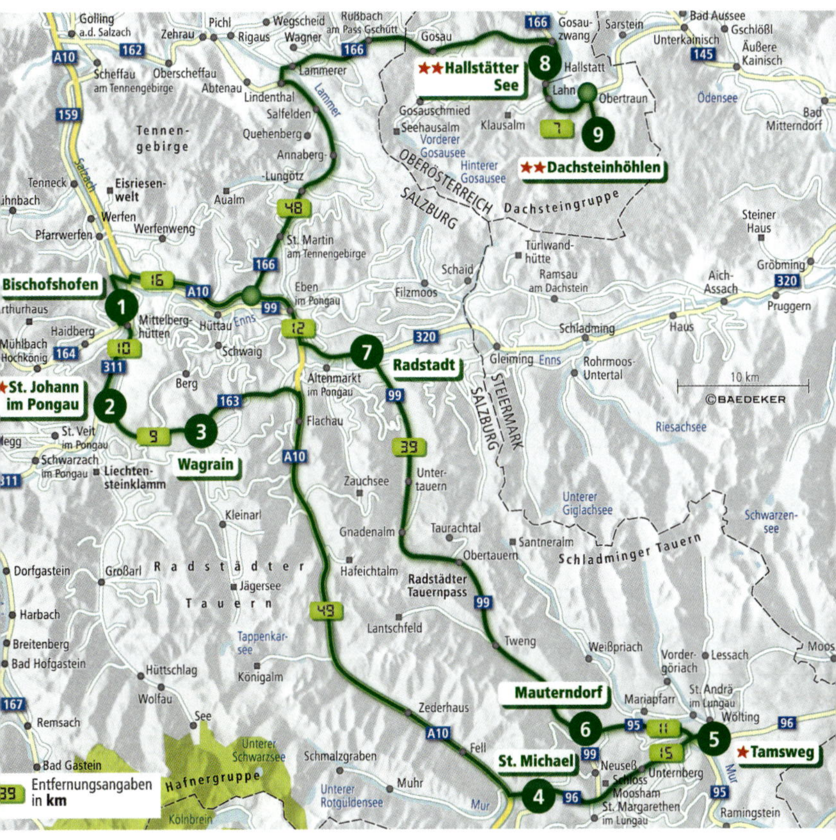

warten kann. Im Sommer können die Besucher der Festung an »Zeitreisen« ins Mittelalter teilnehmen. Weiter geht es auf der B 99 über den 1738 m hoch gelegenen Radstädter Tauernpass vorbei an den Hotels und Seilbahnanlagen des Wintersportorts Obertauern in das Ennstal und das lebhafte 7 **Radstadt**, ein guter Ausgangspunkt für Ski- und Wandertouren in den Niederen Tauern. Die Gassen mit den historischen Bürgerhäusern laden zu einem ausgiebigen Bummel ein. Eine spannende Ausstellung im **Kapuzinerturm** widmet sich den Bauernkriegen. Bei gutem Wetter lohnt ein Ausflug auf den bewirtschafteten Roßbrandgipfel (1770 m), auf dem man Panoramablicke über 150 Alpengipfel genießen kann. Von Radstadt aus geht es über die B 320 in westlicher Richtung auf die Tauernautobahn und zurück nach **Bischofshofen**. Für den Abstecher zum Hallstätter See biegt man 10 km hinter Radstadt auf die B 166 nach Norden Richtung Abtenau ab. Die kurvenreiche sogenannte Salzburger Dolomitenstraße führt durch eine einzigartige Naturlandschaft im Herzen der Alpen. Schon die Kelten siedelten am 8★★**Hallstätter See.** Alexander von Humboldt nannte das schnuckelige Hallstatt, das sich wie ein Schwalbennest ans Ufer schmiegt, sogar »den schönsten Seeort der Welt«. Von der neuen Aussichtsplattform am Rudolfsturm ist das Panorama am schönsten. Ein Erlebnis für die ganze Familie sind die Salzwelten im Hochtal über Hallstatt mit Bergmannsrutschen, Grubenbahn und Bronzezeit-Kino. Absolutes Muss sind die 8★★**Dachsteinhöhlen**, eine Wunderwelt aus Fels und Eis. Die Dachsteinbahn fährt von Obertraun hinauf – festes Schuhwerk und warme Kleidung sind dafür unabdingbar!

SEENTOUR DURCHS SALZKAMMERGUT

Start und Ziel: Salzburg | **Dauer:** 1 Tag | **Länge:** 230 km

Tour 3

Nur wenige Kilometer hinter Salzburg warten die sanft geschwungenen Hügel, grünen Auen und herrlichen Seen des Salzburger Alpenvorlandes. Nicht zu vergessen sind die alte Kaiserstadt Bad Ischl und die Keramikhochburg Gmunden.

Sissi und das Weiße Rössl

Die Bundesstraße 158 führt von 1★★**Salzburg** in östliche Richtung am Gaisberg zum kleinen 2★**Fuschlsee** mit dem Hauptquartier des Red-Bull-Konzerns. Das Renaissanceschloss Fuschl war in den 1950er-Jahren Drehort der Sissi-Filme mit Romy Schneider. Heute residiert dort ein Luxushotel. Nächster Halt ist der 3★★**Wolfgangsee**. Kanzler Helmut Kohl (1930–2017) verbrachte lange Jahre in St. Gilgen am Nordwestufer seine Sommerferien – im Europakloster Gut Aich erinnert der »Kanzler«-Likör daran. Der nostalgische Raddampfer »Kaiser Franz Josef I.« pendelt nach St. Wolfgang, berühmt für den spätgotischen Pacher-Altar in der Wallfahrtskirche und das Hotel »Weißes Rössl«. In 4★★**Bad Ischl** warten Kaiservilla, Salzkammergut-Therme und Lehár-Villa. Weiter geht's auf der B 145 in südliche Richtung nach 5 **Bad Goisern**. Schloss Neuwildenstein präsentiert hier Handwerkskünste heimischer Meister.

»Schönster Seeort der Welt?

Nach einen obligatorischen Stopp am 6★★**Hallstätter See** mit dem »schönsten Seeort der Welt«, spannenden Salzwelten und den spektakulären Dachsteinhöhlen geht es entlang der Traun nach

7★**Bad Aussee**. Sie suchen nach Lederhosen, Stutzen oder Ausseer Dirndl? Hier findet man Trachtengeschäfte an jeder Ecke. Nach einem Abstecher an den malerischen Altausseer See geht es über Bad Ischl auf der B 145 am Traunsees entlang zur Keramikstadt 8★**Gmunden am Traunsee**, berühmt für das Geschirr mit grün geflammtem Dekor. Außer Keramik-Shopping lohnt dort das romantische Seeschlösschen Ort eine Besichtigung – im Schlossrestaurant werden fangfrische Fische serviert! In Schörfling am 9★**Attersee** dokumentiert ein Themenweg das Schaffen des Jugendstilmalers Gustav Klimt, der hier viele Sommer verbrachte.
Bei Wassertemperaturen bis zu 26 °C lockt der sichelförmige 10★**Mondsee** mit den Klassikern Baden, Tauchen, Segeln und Golf. In der kleinen Gemeinde Mondsee im Nordzipfel des Sees lohnen die Pfarrkirche St. Michael und das Freilichtmuseum mit dem Mondseer Rauchhaus eine Besichtigung. Von Mondsse geht es über die A 1 zurück nach 1★★ **Salzburg**.

TAUERNRADWEG

Start und Ziel: Krimml – Salzburg | **Dauer:** 4 – 5 Tage
Länge: 170 km

Tour 4

Da es auf der erlebnisreichen Radtour von Krimml nach Salzburg nur wenige Steigungen gibt, ist sie auch für Familien geeignet. Die grüne Beschilderung weist auf dem vier- bis fünftägigen Ausflug den Weg.

Naturschauspiel

Spektakulärer kann eine Radtour nicht beginnen! Mit tosendem Donnern rauschen im ★★**Nationalpark Hohe Tauern** die 1 ★★**Krimmler Wasserfälle** über drei Stufen und 380 Höhenmeter in die Tiefe hinab und versprühen ihre erfrischende Gischt. Bereits seit 1835 sind die Wasserfälle ein Publikumsmagnet. Seit 1983 sind die Wasserfälle Teil des Nationalparks. Im nahe gelegenen Erlebniszentrum 1 **Wasser-Welten** dreht sich alles um das lebenspendende Nass. 19 km sind es von Krimml zum Smaragddorf 2 **Bramberg** am Wildkogel. Das Ortsmuseum besitzt wertvolle Smaragde und einen 350 kg schweren Bergkristall. Nebenan im Wollstadel gibt es erstklassige Walkjanker und pfiffige Mitbringsel. Das gemütliche Landhotel Kaserer in der Dorfstr. 20 hat auch einen kleinen Kinderspielplatz und Sauna.
In **Mittersill** bringen die 3 ★**Nationalparkwelten** die spektakuläre Gebirgswelt der Hohen Tauern multimedial näher. Für alle, die in Mittersill übernachten möchten: Das Kinderhotel Felben bietet Ferien auf dem Biobauernhof mit Vollpension. Auch im Sporthotel Kogler mit großem Hallenbad, Ponys und Streichelzoo ist für Kinder bestens gesorgt. In Kaprun setzt die 4 ★★Kitzsteinhorn-Gipfelwelt 3000 mit Panoramaplattformen, Nationalparkausstellung im Berg und sommerlichem Schneespaß Ausrufezeichen. Zum Relaxen geht's in die Tauern SPA-Therme in Kaprun.

Enge Schluchten

Vor der Mündung der Rauriser Ache in die Salzach wartet die wilde 5 **Kitzlochklamm** mit einem 100 m hohen Wasserfall. Bis zu 300 m

tief ist die 6 ★★**Liechtensteinklamm** südlich von St. Johann im Pongau. 2018 musste die Klamm nach einem Felssturz gesperrt werden und ist jetzt wieder zugänglich – eine neue Attraktion ist die »Helix«-Wendeltreppe, die sich 30 m in die Tiefe schraubt. Das Hotel Lerch an der Liechtensteinklammstr. 12 ist ein beliebtes Ziel von Familien mit Ponyreiten, Streichelzoo und Abenteuerspielplatz.

In **Bischofshofen** gewährt das Besucherzentrum im **Geopark »Erz der Alpen«** spannende Einblicke in die Bergbauvergangenheit der Region. Ein Muss für die ganze Familie ist die 7 ★**Burg Hohenwerfen** mit eindrucksvoller Greifvogelflugshow.

In der Salzstadt 8 ★★**Hallein** gibt es gleich mehrere Gründe, das Fahrrad abzustellen: Bummeln und Shoppen in der zauberhaften Altstadt, das preisgekrönte Keltenmuseum, die »Salzwelten Salzburg« im ältesten Schaubergwerk der Welt neben dem Keltendorf SALINA und eine Tour in der Brennerei Guglhof mit Verkostung edler Jahrgangsbrände aus Marillen, Vogelbeere und alten Birnensorten. Und bis zur Mozartstadt 9 ★★**Salzburg** ist es jetzt auch nicht mehr weit. Darauf eine Mozartkugel!

Z
ZIELE

Magisch, aufregend, einfach schön

Alle Reiseziele sind alphabetisch geordnet. Sie haben die Freiheit der Reiseplanung

Keinen Blick übrig für das »Weiße Rössl« am Wolfgangsee? ►

21

ABTENAU

Höhe: 714 m ü.d.M. | **Einwohnerzahl:** 5800 | **Landschaft:** Tennengau

Skifahren, Almtouren, Rodeln, Mountainbiken oder Paragliding – rund um den Ferienort Abtenau kommen Familien und Wanderer ebenso auf ihre Kosten wie Fans von Fun- und Wintersport. Karkogel, Postalm und der Skiverbund Dachstein West garantieren Sport und Spaß das ganze Jahr.

Wohin in und um Abtenau?

Heimatmuseum Arlerhof

Im Ortsteil Au dokumentiert der Arlerhof bäuerliches Leben im Salzburger Tennengau. Der 1325 erstmals erwähnte Hof war bis 1980 bewirtschaftet. Zum Heimatmuseum gehören eine noch funktionsfähige Mühle, ein typisches Bienenhaus und ein 200 Jahre altes Sägewerk.
Ende Juni–Okt. Mi. 13–17, So. 14–17 Uhr | Eintritt frei
www.museum-abtenau.at

Dachser- und Tricklfall

Unweit vom Arlerhof erreicht man auf einem Spaziergang gleich zwei **Wasserfälle**, den Dachser- und Tricklfall sowie die Tricklfallhöhle, allesamt eindrucksvolle Naturdenkmäler. Auf dem Weg passiert man auch den »Kalten Keller«: Hier wurden in früheren Zeiten die Bierfässer gelagert, die von ▶ Hallein herangeschafft wurden.

Familienspaß

Auf dem 5 km langen »**Lebenspfad**« lässt sich der schöne **Eglsee** in zwei Stunden umrunden. Schautafeln informieren über Flora und Fauna des kleinen Moorsees. Im Sommer bevölkern Baderatten und Sonnenanbeter das **Erlebnisbad Abtenau**. Die ultimative Skiaction erwartet Beginner wie Pros im ★**Snowpark Dachstein West** mit mehr als 140 km Pisten, 58 Liften, Funpark und Kinder Skigaudi.
http://freibad-abtenau.jimdo.com | www.dachstein.at

Rodeln im Sommer

Ein prickelnd schnelles, fast 2 km langes Vergnügen für die ganze Familie ist von Mai bis Oktober die **Karkogel-Sommerrodelbahn**. Hoch geht's von Abtenau mit dem Sessellift (www.karkogel.com).

Postalm

Die mautpflichtige Postalmstraße verbindet Abtenau mit dem rund 20 km nördlich gelegenen **zweitgrößten Hochplateau Europas**: Die Postalm bietet zwischen 1200–1900 m ein **familienfreundliches Wintersportgebiet**. Zahlreiche Almhütten laden zu einer zünftigen Jause, über 100 km Wanderwege erschließen das Landschaftsschutzgebiet. Action mit Seilbrücken, Tritteisen und Überhang wartet am **Postalm Klettersteig** auf gut trainierte Könner.

Annaberg-Lungötz

Flutlichtskifahren, Rodelbahn und Langlaufloipen gibt es auch südöstlich von Abtenau in Annaberg-Lungötz, der Heimat des Skifahrers Marcel Hirscher (▶Interessante Menschen). Der 400 Jahre alte **Gererhof** gewährt Einblicke in das ländliche Leben im oberen Lammertal im 17. Jh. – Highlight ist die original Rauchkuchl von 1609.
Mitte Mai – Ende Sept. | Mi. 15–16 Uhr | Führung n. V.
Tel. 06463 86 90 | Erw. 3,50 € | www.annaberg-lungoetz.com

St. Martin

Die Salzburger Dolomitenstraße führt weiter nach St. Martin, das im Winter ebenfalls spannende Skitouren, Rodelbahn und romantische Pferdeschlittenfahrten im Programm hat. Im Sommer erfrischt das biologische **Seepark-Naturerlebnisbad**.
www.stmartin.info

 ATTERSEE

Höhe: 465 m ü.d.M. | **Landschaft:** Salzkammergut

Wenn im Sommer die Sonne von einem strahlend blauen Himmel scheint, glitzern und funkeln die Fluten des Attersees in Türkis- und Blautönen. Am Ufer setzen stattliche Villen architektonische und die schroffen Gipfel des Höllengebirges landschaftliche Akzente. Das flirrende Farbenspiel des Wassers und die Schönheit der Orte wie der Landschaft inspirierte bereits den Maler Gustav Klimt, der am Attersee viele Motive für seine Bilder fand.

Auf Motivsuche wurde Gustav Klimt am Attersee fündig.

Freizeitspaß zu Wasser und zu Land

Der Attersee ist mit 20 Kilometern Länge und bis zu 170 Metern Tiefe der größte Alpensee Österreichs. Dank der unberührten, facettenreichen Natur erkoren ihn viele Wiener Künstler des Fin de Siècle zur Sommerfrische. Nicht nur Gustav Klimt, auch der Komponist Gustav Mahler sowie einige berühmte Schauspieler und Opernsänger zogen die Idylle dem mondänen Bad Ischl vor. Heute bietet der Attersee Aktivurlaubern jede Menge Freizeitvergnügen. Im Sommer, wenn die Sonne das Wasser auf bis zu 25 Grad erwärmt, locken rund ein Dutzend Strandbäder rund um den See. Dank des glasklaren Wassers ist der Attersee aber auch ein beliebtes Taucherrevier. Der Rosenwind, der den Sommer über ab Mittag aus Nordost weht, treibt die Segler und Surfer auf den See. An Land laden viele ausgewiesene Wanderwege zu ausgedehnten Touren ins Gebirge ein.

ATTERSEE ERLEBEN

TOURISMUSVERBAND ATTERSEE-ATTERGAU
Attergaustraße 31
A-4880 St. Georgen im Attergau
Tel. 07666 77 19
https://attersee-attergau.salzkammergut.at

ATTERSEE-SCHIFFFAHRT
Ende April bis Ende Okt. lädt die Attersee-Flotte zu See-Erkundungen, etwa auf den Spuren von Gustav Klimt (Seerundfahrten 18 € – 31 €).
www.atterseeschifffahrt.at

SEGELSPORT
Nirgendwo in Österreich steht Segeln höher im Kurs als am Attersee. Mehrere Segelschulen lehren hier. Es gibt auch Bootsverleihe und Kranservices.
https://attersee-attergau.salzkammergut.at

TAUCHSPORT
Sein klares Wasser macht den Attersee zu einem Topziel für Taucher. Die Tauchschulen rund um den bis zu 170 m tiefen See führen in den nicht ungefährlichen Sport ein.
https://attersee-attergau.salzkammergut.at

WANDERN & KLETTERN
Bestes Wandergebiet am Attersee ist die Region Steinbach – das Angebot spannt einen Bogen von der einfachen Tour zum idyllischen Nixenfall bis zur anstrengenden Höllengebirgstour und diversen Klettersteigen.
www.bergsteigerdoerfer.org
https://attersee-attergau.salzkammergut.at

SCHMALSPURBAHN
Eine nostalgische Schmalspurbahn befördert Reisende in 45 Min. von Vöcklamarkt (ÖBB-Station) durch die sanfte Hügellandschaft des Attergaus nach Attersee am Attersee.
Lokalbahn Vöcklamarkt-Attersee
Nußdorfer Straße 8
im Sommer jeweils Di.

A-4864 Attersee am Attersee
Tel. 07666 78 05
www.stern-verkehr.at

TRACHTEN TOSTMANN

Zeitlose Dirndl, Lederhosen und gelebte Salzkammergut-Tradition – der Besuch in dem traditionsreichen Haus ist fast ein Muss für Trachtenfans.
Hauptstr. 1
Seewalchen
www.tostmann.at

ATTERGAUER KULTURSOMMER

Was 1981 mit einem Benefizkonzert in St. Georgen begann, ist heute eines der erfolgreichsten Musikfestivals Österreichs. International bekannte Stars garantieren höchsten Musikgenuss.
Tel. 07667 86 72
www.attergauer-kultursommer.at

SEEGASTHOF STADLER €€€€

Wasserski, Segeln, Surfen und Tauchen stehen auf dem Programm des 4-Sterne-Verwöhnhotels direkt am Attersee mit sensationellem Blick auf das Höllengebirge. Selbstverständlich stehen den Gästen Badestrand, Sauna und Dampfbad zur Verfügung. Das Restaurant serviert heimische Spezialitäten – ideenreich zubereitet. Ein Diner auf der Terrasse am See ist ein reines Vergnügen. In der kalten Jahreszeit ist der Wintergarten geöffnet.
Stockwinkel 1/3
Unterach am Attersee
Tel. 07665 83 46
www.seegasthof-stadler.at

HOTEL AICHINGER €€€€

Das Haus wartet mit behaglichen Zimmern, Poolgarten, Badestrand und Spa auf. In der Küche zaubert Julian Schwamberger feine österreichische Köstlichkeiten. Der Kachelofen in der gemütlichen Wirtsstube »Das Bräu« stammt aus dem Jahr 1877.
Am Anger 1, Nußdorf
Tel. 07666 80 07
8 Zi. und Suiten
www.hotel-aichinger.at

AKTIVHOTEL FÖTTINGER €€€

Tauchbasis, Strand und Bootssteg am Haus – Aktivurlauber werden hier bestens bedient. Die Zimmer sind modern, aber behaglich eingerichtet und die Restaurant-Küche legt Wert auf frischeste Zutaten aus der Region. An der Rezeption erhalten Sie den Schlüssel zu Mahlers Komponistenklause.
Seefeld 14
Steinbach am Attersee
Tel. 07663 81 00
www.hotel-attersee.at

GAST-HOF-LADEN SCHNEEWEISS €€

Das Haus liegt in zauberhafter Natur am Waldesrand. Der hoteleigene Bauernhof sowie ein Karpfenteich und ein Wildgehege bereichern die Küche und lassen Kinderherzen höher schlagen. Für kleine Gäste wurde außerdem ein Abenteuerspielplatz angelegt. Ein Außenpool und eine Gartenterrasse vervollständigen das Angebot.
Abtsdorf 30, Attersee a. Attersee
Tel. 07666 77 21
www.gasthofladen.at

LITZLBERGER KELLER €€€

Schon Gustav Klimt kehrte hier gerne ein – mit fantastischem Blick auf den See schmecken die regionalen und saisonalen Schmankerl besonders gut. Die Gästezimmer bieten modernen Komfort.
Moos 8, Seewalchen
Tel. 07662 23 12
www.litzlbergerkeller.at

Wohin am Attersee?

Schörfling

»Ich sehne mich hinaus wie noch nie ...«

... schrieb **Gustav Klimt** 1901 aus Wien an seine Lebensgefährtin und Muse Emilie Flöge, die wohl schon einige Zeit vor ihm der sommerlichen Großstadthitze entflohen und an den Attersee gereist war. Die beiden hatten ein Jahr zuvor dort das erste Mal unbeschwerte Ferientage verbracht. Viele weitere Sommer sollten folgen. Kein Wunder also, dass nicht weniger als 45 der 55 Landschaften des Jugendstilmalers (1862–1918) durch Aufenthalte am Attersee inspiriert sind.

Die Werke Klimts, der im Wien der Jahrhundertwende durch seine Frauenporträts und durch seine Liebschaften Aufsehen erregten, erzielen längst Höchstpreise. Das 1907 in Litzlberg entstandene Gemälde »Bauerngarten« etwa kam erst 2017 bei Sotheby's London für rund 50 Mio. Euro unter den Hammer.

Mit den Augen des Malers

Auf den Spuren von Gustav Klimt

In den Orten am Nordufer sind die Spuren seiner Attersee-Aufenthalte noch zahlreich. Erkunden lassen sie sich im Sommer etwa auf Kunst-**Spaziergängen und Schiffstouren**. Anlaufstelle für diesbezügliche Infos sind der Tourismusverband und der Klimt-Verein, nachdem das Gustav-Klimt-Zentrum in Schörfling 2022 nach zehnjährigem Bestehen seine Pforten geschlossen hat. Einen guten Überblick bietet auch der Gustav-Klimt-Weg von Schörfling nach Seewalchen. Er startet bei der Schiffsanlegestelle Kammer. Erster Blickfang ist **Schloss Kammer** aus dem 14. Jahrhundert. Sechs Mal bannte Klimt den Schlosspark mit seinen uralten Bäumen auf die Leinwand. Da sich das Schloss in Privatbesitz befindet, ist es nur bei Veranstaltungen öffentlich zugänglich. Es folgt der **Gustav-Klimt-Garten**, eine Grünoase, die von den sommerlichen Gemälden des Pflanzenliebhabers inspiriert ist.

Künstlertreff im Märchenschloss

Seewalchen

Im Nachbarort Schörflings erinnert die **Villa Paulick** an den berühmten Maler. Der mit einer prächtigen Kassettendecke im Neorenaissance-Stil ausgestattete Salon des Hauses war zu Zeiten Klimts angesagter Treffpunkt der Wiener Bohème. Noch heute scheinen dort die angeregten Konversationen nachzuhallen, die Klimt hier mit seiner Lebensgefährtin und anderen Künstlern führte. Die Villa selbst sieht aus wie ein verwunschenes Märchenschloss und ist ein echter Blickfang. Der K.-u.-k.-Hoftischler Friedrich Paulick, der im Wien der Ringstraßen-Ära zu Reichtum gelangt war, ließ sie 1877 errichten und mit exquisiten Tischlereiarbeiten aus dem eigenen Betrieb ausstatten. Die Innenräume können nur im Rahmen von Führungen besichtigt werden.

1870 wurden im Attersee erstmals Überreste von **Pfahlbauten** gefunden. In den Info-Pavillons von Seewalchen, Attersee und See am Mondsee erfährt man viel Wissenswertes über das Leben der jungstein- und bronzezeitlichen Pfahlbauer.
Das 1896 auf einer Insel südlich von Seewalchen auf den Resten einer Burg erbaute Schloss Litzlberg kann nicht besichtigt werden.
Villa Paulick: Promenade 12, 4863 Seewalchen am Attersee
Termine unter www.villapaulick.at

Auf den Spuren Gustav Mahlers

»Sie brauchen gar nicht hinzusehen, alles schon wegkomponiert!«

Steinbach

beschied Gustav Mahler (1860–1911) seinem Kollegen Bruno Walter, als dieser ihn am Attersee besuchte. Der Komponist verbrachte von 1893 bis 1896 die Sommermonate in Steinbach am Ostufer des Sees und ließ sich dort in einem eigens für ihn errichteten **Komponierhäuschen** zu höchster Tonkunst inspirieren. Mahlers Empfindungen zwischen Attersee-Wellenspiel und wildem Höllengebirge flossen etwa in die 3. Sinfonie ein. Heute ist die Künstlerklause, in der absolute Ruhe zu herrschen hatte, eine Gedenkstätte. Im Gemeindezentrum von Steinbach lässt sich ein Mosaik mit einem Porträt Gustav Mahlers bestaunen. Ein Themenrundweg folgt den Spuren des Komponisten und anderer Künstler, die den Attersee als Sommerfrische wählten.
www.mahler-steinbach.at | Mahler-Festival Ende Juni/Anf. Juli

Leinen los!

Schifffahrt

Wenn der stets von viel Sonnenschein und wolkenlos blauem Himmel begleitete Rosenwind weht, treibt es nicht nur Segler und Surfer hinaus auf's Wasser. Auch auf den Ausflugschiffen herrscht dann immer Hochbetrieb, denn eine Schifffahrt ist immer noch die einfachste Art, den Attersee zu erkunden. Die Schiffe der Attersee-Flotte steuern alle wichtigen Ort rund um den See an. In dem 1500-Seelen-Ort Attersee am Westufer etwa bildet die Wallfahrtskirche Maria Attersee einen unübersehbaren Blickfang. Innen besticht das im 18. Jh. barockisierte Gotteshaus durch einen prächtigen Hochaltar. Die charmante Ortschaft Unterach wartet mit einigen stattlichen Gründerzeitvillen direkt am Ufer auf. Eine Klimt-Büste erinnert daran, dass der Jugendstilmaler auch in dieser Ecke des Sees zeitlos schöne Motive fand. Die Atterseeschifffahrt bietet auch Themenfahrten an.
April–Okt. | www.atterseeschifffahrt.at
Rundkurs Nord 18 €, Rundkurs Süd 25 €
große Seenrundfahrt 31 €

Höllengebirge

Ausflüge in eine wildromantische Natur
Im Südosten des Attersees ragen die schroffen Kalkberge des Höllengebirges auf, das sich über 17 Kilometer Richtung Osten bis zum Traunsee hinzieht. Von Steinbach, das zu den sogenannten »Bergsteigerdörfern« Österreichs gehört, führen ausgewiesene Wanderwege in eine felsige Wildnis mit grandiosen Aussichtslogen und versteckten Bergseen. Ein 77 Quadratkilometer großes Gebiet ist als Naturpark ausgewiesen. Von Ausflügen in die Welt der Pfahlbauer über Brunches mit selbst gesammelten Wildkräutern bis hin zu ganztägigen Von-See-zu-See-Wanderungen: Die Parkverwaltung bietet ein abwechslungsreiches Ausflugsprogramm.
www.bergsteigerdoerfer.org
www.naturpark-attersee-traunsee.at

AUSSEERLAND

Höhe: 659 m ü.d.M. | **Landschaft:** Salzkammergut

Das Ausseerland ist eine Bastion des Brauchtums in der Alpenrepublik. Trachten gehören zum Alltag und Volksfeste gibt es rund ums Jahr. Im Spätfrühling verwandelt die Narzissenblüte die Region zwischen Totem Gebirge und Dachstein in ein einziges Blumenmeer. Die wild wachsende, weiß-gelbe Blütenpflanze ist Patin für das bezaubernde Narzissenfest. Zwischen Bad Aussee, Altaussee und Grundlsee können Feriengäste auf den Spuren berühmter Sommerfrischler wandeln und Romantiker einer großen Liebe nachträumen.

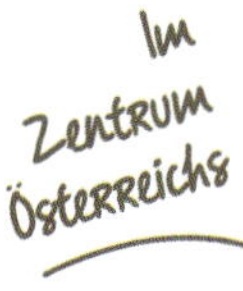

Vielleicht liegt es ja an der Topografie der Landschaft, dass die Bewohner des Ausseerlandes so traditionsbewusst, eigenständig und – wie manche munkeln – eigenwillig sind. Der Landstrich liegt in einem weiten, abgeschotteten Talkessel genau in der Mitte Österreichs. Im Westen rahmen ihn das Dachsteinmassiv und im Osten die Ausläufer des Toten Gebirges ein. Das Ausseerland gehört zur Steiermark und bildet zusammen mit dem Hinterberger Tal das steirische Salzkammergut.

Wohin im Ausseerland?

Bad Aussee

Schauplatz einer verbotenen Liebe
Der beschauliche Ort hat im 19. Jh. vor allem durch die vom Wiener Hof misstrauisch beäugte Liebe des Erzherzogs Johann zu Anna Plochl

Das Narzissenfest mit Bootskorso beflügelt sichtlich die Fantasie.

(1804–1885) Berühmtheit erlangt. Die Postmeisterstochter war zarte 15, als der 40-jährige Bruder des damaligen Kaisers Franz I. am Toplitzsee ein Auge auf sie warf. Schon bald waren die beiden ein Paar. »Nanni, ich lasse nicht von Ihnen!«, schrieb der Erzherzog seiner Geliebten. Nach langem Katz-und-Maus-Spiel durfte er sie im Jahr 1829 endlich heiraten. Der Verbindung entsprang ein Sohn, der den Titel Graf von Meran erhielt. Zu dessen Nachfahren – mit einigen Generationen dazwischen – zählen der Dirigent Nikolaus Harnoncourt (1929–2016) und der ehemalige deutsche Verteidigungsminister Karl-Theodor zu Guttenberg. Anna Plochl, seit 1850 Gräfin von Meran, überlebte ihren Mann um 26 Jahre. Ihr Geburts- und Sterbehaus, das sogenannte **Meranhaus** gegenüber der Spitalskirche, einem Sakralbau aus dem 14. Jh. mit gotischem Steildach, befindet sich noch heute im Besitz ihrer Nachfahren. Ein Teil der Ausstellung im Bad Ausseer **Kammerhofmuseum** ist der mehrmals verfilmten Geschichte dieser großen Liebe gewidmet. Das Museum befasst sich mit der Volkskultur des Ausseer Landes und dem die Region über Jahrhunderte prägenden Salzabbau. Besonders sehens- und hörenswert ist die Volksmusik-Schau. Hier können die Besucher in einer Klanginstallation »Paschen« üben, ein viel Taktgefühl erforderndes rhythmisches Klatschen zu Tanzmusik, das immer eine Männer-Angelegenheit war. Das Museum residiert im Gebäude des ehemaligen Salzamtes, des ältesten bis heute erhaltenen Profanbaus der Steiermark.

Bad Aussee ist die Hochburg von Brauchtum und Trachten in Österreich. Fans von Dirndl und Lederhosen können zwischen mehreren Trachtenbekleidungs- und Stoffgeschäften, Hut- und Schuhmachern wählen. Die zum Grundlsee führende Hauptstraße säumen einige ansehnliche historische Wohnhäuser. Am Chlumeckyplatz bilden das Hoferhaus und der Kammerhof einen unübersehbaren Blickfang. Der skurrile »Mittelpunktstein« im kleinen Kurpark markiert die geografische Mitte Österreichs.

Kammerhofmuseum: Chlumeckyplatz 1
Mai - Mitte Juli u. Mitte Sept. - Okt. Di. - Fr., So. und Fei. 10 - 13 Uhr; Sa. 11 - 16 Uhr; Mitte Juli - Mitte Sept. Di., Mi. u. Fr. - So. 10 - 16 Uhr; Do. 10 - 13 u. 17 - 20 Uhr | www.kammerhofmuseum

PLÄTTEN STATT GONDELN

In Venedig gleiten Gondeln über das Wasser, auf dem Altausseer See sind es Plätten. Während ein »Gondoliere« in Lederhose das Boot steuert, genießen die Passagiere bei einem Frühstück die Aussicht auf die imposante Bergwelt. Entspannter kann der Tag im Ausseerland nicht starten! (www.seevilla.at, Tel. 03622 713 02)

DAS AUSSEERLAND ERLEBEN

TOURISMUSVERBAND AUSSEERLAND – SALZKAMMERGUT

Pratergasse 388
8990 Bad Aussee
Tel. 03622 54 04 00
www.ausseerland.at

NARZISSENFEST

Jährlich Ende Mai begeht das ganze Ausseerland das größte Frühlingsfest Österreichs. Für den Stadkorso von Bad Aussee und den Bootskorso von Altaussee bzw. Grundlsee werden Tausende von Narzissen gebraucht, die überlebensgroße, am Weg aufgestellte Figuren schmücken.
www.narzissenfest.at

ALTAUSSEER KIRTAG

Tracht ist Pflicht beim Altausseer Kir- oder »Kiritag« am ersten Septemberwochenende auf der Fischerwiese.

NARZISSEN VITAL RESORT BAD AUSSEE

Um Solebäder und Saunagenuss dreht sich das Angebot der 2014 eröffneten Therme mit angeschlossenem Hotel. Hier lässt sich die Aussicht auf die Ausseer Bergwelt genießen.
Pötschenstr. 172
Tel. 03622 553 00-100
Tgl. 9–21 Uhr
www.narzissenbadaussee.at

RASTL GWAND–TRACHTEN

Die Dirndlwerkstatt schneidert ihren Kundinnen die Trachten auf den Leib.
Meranplatz 39
Tel. 03622 532 78-0
Mo.–Fr. 8.30–12, u. 14.30–18, Sa., So. 8.30–12.30
www.rastl.info

ATELIER GREUL

Ob Lederhose, Gamsfrack oder Dirndl: Hier ist alles maßgeschneidert.
Meranplatz 57
Tel. 03622 547 85
Mo.–Fr. 8–18,
Sa. 8–14 Uhr

MARIETTA WACH

Tücher, Meterware und Krawatten: Die Werkstatt bedruckt feine Seidenstoffe nach alter Tradition noch von Hand.
Bahnhofstr. 108
Tel. 03622 521 14
Mo.–Fr. 8–12 u. 14–18,
Sa. 8–12 Uhr
www.handdrucke-seppwach.at

HUTMACHER LEITHNER

Die Firma hat über 200 verschiedene Hüte, darunter den »Ausseer«, im Angebot.
Bahnhofstr. 129
Tel. 03622 528 18-0
Mo.–Fr. 9.30–12 u. 14.30–17,
Sa. 9.30–12 Uhr

GASTHAUS STÖCKL €€€

Das Ambiente ist ohne großen Schick, dafür ist der Blick auf den Grundlsee fantastisch – am schönsten von der Terrasse. Die Gerichte sind üppig und bodenständig.
Bräuhof 61, Grundlsee
Tel. 03622 84 71
Mi.–So. 11–22 Uhr
www.gasthausstoeckl.at

GASTHOF ZUM HIRSCHEN €€€

Das Haus ist auf Köstlichkeiten der regionalen Küche wie leckere Wildgerichte und fangfrischen Saibling spezialisiert. Die Vinothek ist gut sortiert. Im Juli und August spielen jeden Samstag steirische Volksmusiker auf.
Fischerndorf 17 | Altaussee
Tel. 03622 713 47
www.hirschen-altaussee.at

FISCHERHÜTTE AM TOPLITZSEE €€

In dieses Ausflugslokal kehren Sie am besten nach einer Wanderung ein und genießen die gemütliche Gaststube oder den Seeblick von der Terrasse bei einem leckeren Fiscgericht. Auch Vegetarier werde hier gut bekocht.
Goessl 172
Grundlsee – Toplitzsee
Tel. 03622 829 60
Do.–Di. 11–22 Uhr

ERZHERZOG JOHANN €€€€

Das im Relax-Guide mit einer Lilie ausgezeichnete Traditionshaus verbindet klassisches Ayurveda mit dem Heilwissen der heimischen Bauern zu AlmYURVEDA. Spektakulär ist der Sky Pool mit Blick auf die Naturlandschaft um Loser und Totes Gebirge.
Kurhausplatz 62
Tel. 03622 525 07-0
www.erzherzogjohann.at

HOTEL SEEVILLA €€€€

In dem traditionsreichen Haus – schon Johannes Brahms residierte hier – genießen die Gäste privilegierte Seeblicke und ein großzügiges Wellness-Angebot. Im Sommer wird das Abendessen auf der Seeterrasse serviert.
Fischerndorf 60 | Altaussee
Tel. 03622 713 02
www.seevilla.at

HOTEL WASNERIN €€€€

Eine 1a-Aussicht auf die Ausseer Bergwelt und ein 2400 m² großer Spa-Bereich sorgen für erholsame Rahmenbedingungen. Mit Lesungen namhafter Autoren knüpft die Wasnerin an die große Ausseer Literaturtradition an. Weiblichen Gästen wird der rote Teppich ausgerollt – von Yoga Alpin-Wochenenden über Detox-Tage bis zu Natur-Kosmetikanwendungen reicht das Angebot für »Göttinnen«.
Sommersbergseestr. 19
Tel. 03622 521 08
www.diewasnerin.at

VILLA KRISTINA €€

Die Pension residiert in einer ehemaligen Jagdvilla. Zimmer und Gasträume sind rustikal möbliert. Den Sommer über lädt ein herrlicher Garten zum In-der-Sonne-Dösen ein. Der Weg entlang der Traun führt in 10 Minuten ins Ortszentrum von Bad Aussee.
Altausseerstr. 54
Tel. 03622 520 17
www.villakristina.at

Sommerfrische der Belle Époque

Altausseer See

»Dunkelblaues Tintenfass« – so wird der See nördlich von Bad Aussee auch genannt. Sein Wasser schimmert in der Tat tiefblau und ist doch glasklar. Die dicht bewaldeten Ausläufer des Toten Gebirges rahmen ihn ein. Seit der Mitte des 19. Jh.s zog diese märchenhaft schöne Landschaft Aristokraten und Künstler an. Später verbrachten Schriftsteller wie Arthur Schnitzler oder Hugo von Hofmannsthal und Gelehrte wie Sigmund Freud und Theodor Herzl die Sommermonate dort. Den stattlichen Holzbauten in der kleinen **Gemeinde Altaussee** am West-

ufer haftet bis heute das Flair der vergangenen Tage an. Wie verzaubert träumen sie in üppigem Grün vor sich hin. Die **Via Artis Altaussee** rollt die Geschichte des **Sehnsuchtsortes Altaussee** auf einem Kunst-Spaziergang auf. Auch im **Literaturmuseum**, unter der Schirmherrschaft der Autorin Barbara Frischmuth, kann man den Genius loci auf sich wirken lassen. Leseecken und ein Literaturgarten laden zum Verweilen ein, regelmäßig finden Lesungen und Literaturspaziergänge statt. Der Altausseer See lässt sich auf einem Spaziergang in nur zwei Stunden umrunden. Ein Fahrt mit dem **Solarschiff**, das vom Frühjahr bis in den Herbst regelmäßig über das Wasser gleitet, ist eine besonders entspannende Art die Landschaft zu genießen.
Ein Aufstieg zum 1838 Meter hohen **Loser**, dem steinernen Wahrzeichen des Ausseerlandes, erfordert allerdings etwas mehr Kondition. Die kurvenreiche Loser-Panoramastraße, die tolle Ausblicke über das Land bietet, führt hinauf zum Loser Alm Bergrestaurant in 1600 Meter Höhe. Von dort geht es in einer Stunde zum Losergipfel oder auf dem Geo-Erlebnisweg über bizarre Karstflächen zum Augstsee. Die Pisten des Loser-Skigebiets sind insgesamt 30 Kilometer lang.

Literaturmuseum im Kur- und Amtshaus: Fischerndorf 61 | Juli bis Sept. Mo.–Sa. 10–12, 14.30–18, Okt.–Juni Mo.–Sa. 14.30–17 Uhr | Erw. 4 € | www.literaturmuseum.at, www.altausseeschifffahrt.at, www.loser.at

Ein »dunkelblaues Tintenfass«, der Altausseer See vor der Trisselwand

Dramatische Rettungsaktion

Salzwelten Altaussee

Das Salzbergwerk zwei Kilometer nordwestlich von Altaussee ist das größte Österreichs und seit 1319 in Betrieb. Ab 1943 versteckten die Nazis in einem stillgelegten Teil der Anlage von ihnen **in ganz Europa zusammengeraubte Kunstwerke von unschätzbarem Wert**. Nur dem Bergwerksdirektor und einigen mutigen Bergleuten ist es zu verdanken, dass die Kulturgüter, darunter Gemälde von Michelangelo, Dürer und Rubens, den Krieg unbeschadet überstanden. Durch ihr entschlossenes Eingreifen verhinderten die Männer nämlich, dass die SS das Bergwerk und mit ihm die Raubkunst noch kurz vor Kriegsende in die Luft sprengen konnte. Im Mai 1945 stellten amerikanische Truppen die Kunstwerke sicher und leiteten ihre Rückgabe an die Eigentümer ein. Im **Schaubergwerk** informieren eine Multimediashow und Sonderführungen (Sommer) über die Aktion. Das Museum bietet aber auch Führungen durch die Stollen an. Über Bergmannsrutschen geht es ins Herz des Bergwerks, einen unterirdischen Salzsee.
Lichtersberg 25 | Führungen: April – Juni, Mitte Sept. bis 1. Nov. tgl. 9, 11, 13, 15, Juli – Mitte Sept. tgl. 9 – 16 Uhr zur vollen Stunde; Dauer 2 Stunden | Erw. 22 € | www.salzwelten.at

Alpenblühen

Alpengarten

In einem stillgelegten Steinbruch am Fuß des Ischlbergkogels zwischen Altaussee und Bad Aussee ist ein kleines Paradies entstanden: Etwa 2500 verschiedene Arten von Blütenpflanzen, Stauden und Gehölzen gedeihen dort. Im Sommer wogt ein richtiges Blumenmeer. In den Themengärten können die Besucher Heilpflanzen und Orchideen bestaunen und sich vom Duft aromatischer Kräuter betören lassen. Ein Erlebnisweg führt an einen kleinen Moorsee.
Ischlbergstr. 67 | Mai–Sept. tgl. 8–18 Uhr | Erw. 5 €
www.badaussee.at/alpengarten

Drei Seen auf einen Streich

Grundl-, Toplitz- und Kammersee

Der Grundlsee liegt östlich von Bad Aussee in einem von dicht bewaldeten Berghängen eingerahmten Wiesental. Die verträumten, kleinen Ortschaften an seinem Ufer bieten Sommerfrischlern heute wie vor 100 Jahren Erholung pur. Der zumeist frei zugängliche Badestrand zieht sich auf einer Länge von zwölf Kilometern fast um den ganzen See herum. Von Mai bis in den Oktober bietet die Reederei »Schifffahrt Grundlsee« Ausflugsfahrten an. Natürlich gibt's am Grundlsee auch Bootsverleih. Die **Via Artis** führt von der **Ortschaft Grundlsee** das Nordufer entlang bis nach **Gößl** am Ostufer und informiert an sieben Stationen über Künstler, die sich von der lieblichen Landschaft inspirieren ließen. Von Gößl aus gelangt man auf einem etwa 20-minütigen Spaziergang Richtung Osten zum geheimnisumwitterten **Toplitzsee**, von dem es lange hieß, dass die Nazis dort einen gigantischen Goldschatz versenkt hätten. Da ein Großteil

des Ufers auf dem Landweg nicht zugänglich ist, lassen sich die meisten Ausflügler auf schmalen Lastkähnen, den Plätten, hinüber zum Ostufer bringen. Von der Anlegestelle dort sind es nur wenige Minuten einen kurzen Anstieg hinauf, dann liegt ihnen der von hohen Bergwänden eingeschlossene **Kammersee** zu Füßen. Die »Schifffahrt-Grundlsee« hat auch 3-Seen-Touren im Programm. Der Geotrail führt das Südufer des Grundlsees entlang bis zum Toplitzsee und informiert über die Geologie des Salzkammerguts.
www.grundlsee.at, www.schifffahrt-grundlsee.at

Schwieriges Terrain

Totes Gebirge

Ambitionierte Bergsteiger schätzen die anspruchsvollen Touren und grandiosen Ausblicke im Toten Gebirge. Karg bis vegetationslos präsentiert sich der Gebirgszug zwischen dem Trauntal im Westen und Stodertal im Osten. Die Gemeinde Grundlsee am südlichen Gebirgsfuß ist Ausgangspunkt für die Wanderung zum Albert Appelhaus in 1663 m Höhe. Eine Überschreitung des Hochplateaus führt hinab zum **Almsee** (▶Traunsee), noch schweißtreibender ist die Route über den **Großen Priel** (2515 m) hinab ins **Stodertal**. Unbedingt ausreichend Wasser mitnehmen! Auch von Altaussee lässt sich das von Karrenfeldern durchzogene Gebirge gut erkunden – die **Loser-Panoramastraße** nimmt den Kletterern einiges an Höhenmeter ab.

Paradies für Aktivurlauber

Bad Mitterndorf, Tauplitz

Dank eines facettenreichen Freizeit-Angebots bieten die beiden Ortschaften südöstlich von Bad Aussee Aktivurlaubern das ganze Jahr über Urlaubsvergnügen. Erst 2015 sind sie zusammen mit Pichl-Kainisch zur neuen Marktgemeinde Bad Mitterndorf zusammengeschlossen worden. Die in 1650 Meter Höhe gelegene Tauplitz-Alm, die über eine Mautstraße erreicht werden kann, ist von Dezember bis April eine der schneesichersten Skiregionen der Alpen. Auf der **Skiflugschanze Kulm** südlich von Tauplitz geht hier 2024 bereits zum sechsten Mal eine Skiflug-Weltmeisterschaft über die Bakken. Den Sommer über ist die Region ein Paradies für Wanderer und Kletterer. Sowohl untrainierte Spaziergänger als auch erfahrene Trekker kommen hier auf ihre Kosten und finden einen bunten Strauß von ausgewiesenen Tourenwegen vor. In der **Grimming-Therme** tanken die Gäste mit Blick auf den namensgebenden Berg-Solitär in Thermalwasserpools und bei Erlebnisaufgüssen neue Energie. Auf einer Anhöhe bei **Pürgg**, sieben Kilometer östlich von Bad Mitterndorf und beinahe schon im Ennstal, lohnt die romanische Johanneskapelle einen Besuch. Der Freskenzyklus stellt einen **Krieg zwischen Katzen und Mäusen** dar und ist wohl weltweit einzigartig.
Skiregion: www.dietauplitz.com
Grimming-Therme: Neuhofen 183 | tgl. 8–22, Sauna ab 9 Uhr
www.grimming-therme.com

DER SCHATZ IM TOPLITZSEE

Der kleine Toplitzsee im Salzkammergut ist seit Kriegsende Gegenstand wildester Gerüchte: Hier sollen die Nazis 1945 einen sagenhaften Goldschatz und dazu noch Geheimdokumente versenkt haben. Mehrfach fanden Tauchexpeditionen statt. Ein Schatz wurde nicht gefunden, aber dafür das wahre Geheimnis des Sees inzwischen gelüftet.

In der Nacht vom 28. auf den 29. April 1945 fuhren Lkws aus dem nahen KZ Ebensee an den Toplitzsee. SS-Männer sprangen ab, luden Kisten in Fischerboote, ruderten auf den stillen See hinaus und kehrten mit leeren Booten zurück.

Liegt der Schatz da hinten? Das wahre Geheimnis des Toplitzsees entdeckte ein Meeresbiologe.

»Leider nicht!«

Um diese Mission entstanden viele Gerüchte. Was enthielten die im See versenkten Kisten? Gold und Geheimdokumente der Nazis? Im Sommer 1959 beauftragte der »Stern« ein Taucherteam, das sieben Kisten an die Oberfläche holte. Drin war **Falschgeld**, dicke Bündel britischer Pfundnoten, mit denen der englische Geldmarkt überschwemmt werden sollte. Die Vorgeschichte der sogenannten »Aktion Bernhard« erzählt der österreichische Film »Die Fälscher« von Stefan Ruzowitzky, der 2008 mit einem Oscar als bester Auslandsfilm ausgezeichnet wurde. Auch die Behälter, die Taucher 1963 im Auftrag des österreichischen Innenministeriums zu Tage förderten, enthielten nur Blüten. Bei weiteren Expeditionen wurden Gegenstände der deutschen Kriegsmarine und Bomben gefunden. Eine Expedition im Juni 2000 barg eine Blechkiste, in der **Bierkapseln** mit der Aufschrift »Leider nicht!« lagen. Eine fröhliche Stammtischrunde aus Bad Aussee soll sie 1984 versenkt haben, um den **Meeresbiologen Dr. Fricke** zu necken. Doch der war nicht hinter dem Nazischatz her, er untersuchte eine biologische Besonderheit.

Biologisches Geheimnis

Denn in dem bis zu 103 m tiefen See fehlt ab ca. 20 m Tiefe der Sauerstoff. In der mehr als 80 m mächtigen, zunehmend salzigen Tiefenschicht fand Fricke auch bis dahin unbekannte Würmer und Bakterien, die **ohne Sauerstoff** auskommen. Mit anderen Worten: Die Fische schwimmen hier immer oben, und die auf dem Grund liegenden Bäume verwittern wegen des Sauerstoffmangels nicht. Das erklärt auch, weshalb die Funde aus den Tiefen noch relativ gut erhalten sind.

★ BAD GASTEIN

Höhe: 840 – 1200 m ü.d.M. | **Einwohnerzahl:** 4500
Landschaft: Pongau

»Hier bin ich mitten in der erlesenen Schönheit unserer Alpen« schrieb Sigmund Freud 1920 bei einem Besuch in Bad Gastein. Der weltbekannte Kurort liegt herrlich mitten im Nationalpark ▶Hohe Tauern. Die reine Gebirgsluft und die radonhaltigen Thermalquellen zogen bereits im 19. Jh. Schöngeister, Aristokraten und Geldmagnaten aus ganz Europa an. Heute kuren und urlauben hier Menschen aus vielen Bevölkerungsschichten.

Historischen Quellen können wir entnehmen, dass die Thermalquellen im Gasteiner Tal bereits im 14. Jh. für therapeutische Zwecke genutzt wurden. Doch erst gegen Ende des 18. Jh.s setzte ihre systematische Erschließung ein. Der Salzburger Fürsterzbischof Colloredo (1732 bis 1812) unternahm einen ersten Schritt, als er ab 1791 nahe dem Gasteiner Wasserfall ein Badeschloss für sich errichten ließ, das 1807 in ein öffentliches Kurhaus umgewandelt wurde. Mit dem Aufkommen der Sommerfrische in Laufe des 19. Jh.s entdeckte Europas High Society Bad Gastein für sich. Majestäten wie Kaiser Franz Joseph I. und seine Sisi, aber auch Denker wie Arthur Schopenhauer und Komponisten wie Franz Schubert kurten in dem Alpenort. Der deutsche Kaiser Wilhelm I. logierte ab 1863 regelmäßig in dem zu einem Hotel umgebauten und heute denkmalgeschützten Badeschloss Colloredos. In der K.-u.-k.-Monarchie war Bad Gastein als mondänes Kurbad in aller Munde. Der Anschluss an das österreichische Eisenbahnnetz 1905 tat ein Übriges. Die stetig wachsende Gästeschar sorgte für einen Bauboom. Als nach dem Ersten Weltkrieg die betuchten Gäste ausblieben, setzte der Niedergang ein. Nach wie vor liegt über den Grandhotels, die in der Blütezeit Bad Gasteins entstanden, ein Hauch von Nachsaison.

Wohin in Bad Gastein?

Deutliche Zeichen eines Aufbruchs

Kaskaden im Ort

Der besondere Reiz des historischen Zentrums von Bad Gastein verdankt sich sicherlich auch der pittoresken Lage beiderseits der **Gasteiner Ache**, die mitten in der Stadt über drei Stufen talwärts fließt und einen beeindruckenden Wasserfall bildet. Direkt an dem donnernden Naturschauspiel ziehen sich die Belle-Époque-Paläste den Hang hinauf. Auf einem historischen Spaziergang kann man dem längst verblichenen Glanz vergangener Tage nachspüren und zugleich Zeichen eines Neubeginns vernehmen. Die jahrelang dem Verfall preisgegebenen Luxusherbergen der Blütezeit am Straubingerplatz wie das Badeschloss

Schönheit der Alpen: Willkommen in Bad Gastein!

und das Hotel Straubinger, in dem einst Kaiser Franz Joseph abzusteigen pflegte, wurden von 2019 an umfassend saniert und sollten im Herbst 2023 wieder ihre Pforten für ein zahlungskräftiges Publikum öffnen. Das tun bereits seit einiger Zeit Designhotels wie das Miramonte oder das Regina. Auch das seit 2010 alljährlich stattfindende Festival »sommer.frische.kunst« kündet von einer neuen Zeit und zieht junges Publikum an. Dem **Hotel de L'Europe** an der Kaiser-Franz-Josef-Straße unweit des Straubinger Platzes wurde bereits neues Leben eingehaucht. Bei seiner Eröffnung 1909 zählte der Prunkbau zu den modernsten und größten Hotels auf dem Kontinent. Nach der endgültigen Schließung 1988 richtete der Besitzer in den oberen Stockwerken Ferienapartments ein. In den prunkvollen Sälen des Erdgeschosses und im Souterrain finden regelmäßig Konzerte und andere Veranstaltungen statt. Seit 2011 residiert auch das **Gasteiner Museum im Grandhotel.** Dort können die Besucher die Geschichte des Kurbades anhand allerlei Anschauungsmaterial Revue passieren lassen.

Museum: Mitte Juni –Anf. Okt. Mi. –So. 14.30 –18 Uhr, Zwischensaison: Do. 14.30 –18 Uhr | Erw. 4 € | www.gasteinermuseum.com
www.europe-Gastein.at

Gastein aus der Vogelperspektive

Wasserfall

Das Wahrzeichen Gasteins, das zwischen den Belle-Époque-Bauten tosend talwärts stürzt, drückt dem Ort auch akustisch seinen Stempel auf. »Ich kann stundenlang dabei stehen und dies Treiben, Kochen und

BAD GASTEIN UND DAS GASTEINER TAL ERLEBEN

GASTEINERTAL TOURISMUS GMBH

Tauernplatz 1
A-5630 Bad Hofgastein
Tel. 06432 339 32 60
www.gastein.com

WANDERN

Im Sommer sind die Bergstationen Schlossalm, Stubnerkogel, Fulseck und Graukogel hervorragende Ausgangspunkte für Almwanderungen und anspruchsvolle Bergtouren. Der Gasteiner Höhenweg zwischen den beiden Hauptorten des Tals bietet Panorama-Höhepunkte ohne nennenswerte Steigungen. Schöne Seitentäler wie das Kötschachtal oder das Angertal wollen ebenso erkundet werden wie die Bergseen im Nationalpark Hohe Tauern.

KLETTERN

Erste Adresse für Kletterkurse und geführte Touren ist die Alpinschule Angerer.
Bergbahnstr. 42
Dorfgastein
Tel. 0664 202 97 93
www.ski-alpinschule.at

GOLF

Auf dem anspruchsvoll designten 18-Loch-Golfplatz von Bad Gastein genießen vom Anfänger bis zum Profi alle die erstklassigen Ausblicke auf die Hohen Tauern.
www.golfclub-gastein.com

SNOW-JAZZ-FESTIVAL

Rund ums Jahr finden in Bad Gastein viele Jazz-Konzerte statt. Ein besonderes Schmankerl ist aber das Snow-Jazz-Festival, zu dem sich jedes Jahr im März international renommierte Jazzer treffen.
www.jazz-im-saegewerk.org

SOMMER.FRISCHE.KUNST

▶ S. 59, 62

WEITMOSER SCHLÖSSL €€€

Mit Türmchen und weiß-roten Fensterläden grüßt das Schlösschen an der Straße zwischen Bad Hofgastein und Bad Gastein. Rindfleischgerichte sind die Spezialität des Hauses. Auf der Speisekarte stehen Filetsteak, Tafelspitz und Co. vom Pinzgauer Bio-Jungrind. Der Autor empfiehlt den »Indianer mit Schlag«!
Schlossgasse 14, Bad Hofgastein
Tel. 06432 66 01
www.weitmoser.at

CAFÉ KRAFTWERK €€€

Das Café im historischen Wasserkraftwerk betreibt der aus Gastein stammende und in Berlin als Gastronom erfolgreiche Josef Laggner. Kraftwerksturbinen sorgen für Flair, die Gebirgsluft macht Hunger – etwa auf Flammkuchen mit Lachs.
Wasserfallstr. 7
Tel. 0664 197 02 00
www.kraftwerk-badgastein.com

SCHMARANZ-GUT €€

»Alles hausgemacht«, lautet die kulinarische Devise bei der Familie Viehauser. In der urigen Gaststube labt man sich an einer Jause mit Verhackertem und Blutwurst zu Dinkelbrot. Für den größeren Hunger gibt's Holzknechtgröstl oder Steak vom Bio-Rind. Möglich machen das der von der Familie geführte Öko-Bauernhof

und die eigene Schlachterei. Auch die Bio-Weißbiere sind vom Hof. Die großzügigen Ferienwohnungen und Zimmer bieten Ausblicke in die Gasteiner Bergwelt und werden mit erneuerbarer Energie beheizt.
Wieden 52
Bad Hofgastein
Tel. 06432 67 19
www.biobauernhof-gastein.com

ALPENGASTHOF HAUSERBAUER €€

Ob Erdäpfelsuppe nach Großmutters Art, Gasteiner Fleischkrapfen oder gefüllte Waidmannschnitzel: Das Restaurant serviert hoch über Dorfgastein Schmankerl der regionalen Küche in urigen Stuben oder auf der Sonnenterrasse.
Bergl 15
Tel. 06433 73 39
www.hauserbauer.com

DAS REGINA €€€€

Das vom Hamburger Gastronomen Olaf Krohne geführte Haus verbindet schickes Design mit Vintage-Elementen – angefangen von Thonet-Stühlen bis zu venezianischen Marmortischen in der angesagten Bar. Der Skibus ist 50 m entfernt. Vom Kaminzimmer mit Bibliothek bis zum Private Cinema mit Filmklassikern bietet das Boutiquehotel ansprechende Extras nach der Devise »urban soul meets the alps«.
Karl Heinrich Waggerl Str. 5
Tel. 06434 216 10
www.dasregina.com

DAS.GOLDBERG €€€€

Natürliche Materialien wie Holz, Stein, Glas und Leinen prägen das preisgekrönte Natur- und Designhotel direkt an der Skipiste hoch über den Dächern Bad Hofgasteins. Der Name erinnert an die glorreichen Zeiten des Goldbergbaus. Die 67 gemütlichen Panorama-Studios und lichtdurchfluteten Loftsuiten sowie das Spa Chalet für zwei Personen lassen keine Wünsche offen. Eine Whiskeybar, eine hauseigene Kaffeerösterei sowie ein Spa vervollständigen das Angebot. Das Restaurant serviert Spezialitäten der heimischen Küche.
Haltestellenweg 23
Bad Hofgastein
Tel. 06432 64 44
www.dasgoldberg.at

VILLA EXCELSIOR €€€

Ein Tipp für Romantiker: Das Hotel residiert in einer geräumigen, größtenteils mit Originalmöbeln ausgestatteten Belle-Époque-Villa direkt an der Kaiser-Wilhelm-Promenade. Sigmund Freud verbrachte in dem Haus seine Sommerfrische. Heute treffen sich dort Künstler und Gäste aus aller Welt.
Reitlstr. 20
Tel. 06434 213 50
www.villa-excelsior.at

HAUS SEIDL €

Das Hotel wartet mit gepflegten Apartments und Studios im alpinen Stil auf. Es liegt nur 500 m vom Thermalbad Felsentherme und dem Skilift Stubnerkogel entfernt.
Ederplatz 1
5640 Bad Gastein
Tel. 06434 22 79
www.haus-seidl.at

HINTERMANN BIO BAUERNHOF €€

Hier urlauben Sie in gemütlichen Ferienwohnungen mit Naturholzmöbeln und Strom aus erneuerbaren Energien. Im Sommer können die Gäste Gemüse und Kräuter im hauseigenen Bio-Garten ernten.
Gadaunern 70
Bad Hofgastein
Tel. 06432 25 61
www.hintermann.at

Sprudeln mit ansehen«, schwärmte schon Wilhelm von Humboldt bei seinem Besuch in Bad Gastein 1827. Seit der Sommersaison 2015 kann man mit der **Zipline Flying Waters** über den Wasserfall sausen und das spektakuläre Setting Gasteins aus der Vogelperspektive erleben. Der Flug endet nach 300 Metern beim Thermalquellpark. Vom Zentrum Bad Gasteins führt der idyllische **Wasserfallweg** die Kaskaden und die **Gasteiner Ache** entlang bis in den Ortsteil Badbruck. Auf der etwa 45-minütigen Tour lohnt die spätgotische Nikolauskirche an der alten Poststraße am Baderberg eine Besichtigung. Das Gotteshaus wartet mit wunderbaren Fresken auf.

Flying Waters: Kaiser-Franz-Josef-Str. 16 | Erw. 22 €
www.flyingwaters.at

Gasteins wertvollster Schatz

Thermalquellpark

In dem lauschigen Park nahe dem alten Kraftwerk sprudelt aus einem Felsen das rund 40 Grad warme Thermalwasser hervor, das Gastein weltberühmt gemacht hat. Den Schautafeln dort ist zu entnehmen, dass ein hoher Radongehalt dem Wasser die Heilkraft verleiht. Wannenbäder, Unterwassertherapie, Dunstbad und der Gasteiner Heilstollen sind die wichtigsten Kurmittel, die gegen chronische Erkrankungen des Bewegungsapparates, der Atemwege und der Haut zum Einsatz kommen. Für die Thermen im Gasteinertal wird das Wasser entradonisiert.

Schauen und Genießen

Altes Kraftwerk

Bis 1996 wurde in dem 1914 in Betrieb genommenen Kraftwerk am Fuß des Wasserfalls Strom erzeugt. Heute bieten die Hallen jungen Künstlern ein Refugium, in dem sie kreativ sein und gleichzeitig ihre Arbeiten vorstellen können. Im Rahmen eines Artists-in-Residence-Programms laden die Veranstalter des Festivals **sommer.frische.kunst** jedes Jahr neue Kunstschaffende ein. Dazu gehen quer durch den Ort sowie im benachbarten Sportgastein Ausstellungen sowie Performances in Szene. Zusammen mit sommerlichen Jazz-Konzerten hat das Festival zeitgenössischer Kunst das etwas angestaubte Image Bad Gasteins aufpoliert. Im **Café Kraftwerk** kann man es sich in poppigen Sesseln zwischen alten Turbinen gutgehen lassen. Auf der Terrasse, die direkt am Wasserfall liegt, atmet man durch Zerstäubung ionisierte Luft ein – auch dies ist der Gesundheit förderlich.

Festival: Mitte Juli bis Anf. Sept., kostenlos
Ateliernachmittage: Ende Juli–Mitte Aug. Mi.–So. 14–18 ,
www.sommerfrischekunst.de
Café: Tel. 0664 197 02 00 | Mi.–So. 11–18 Uhr

Relaxen und Schauen

Felsentherme

Genug gelaufen? Dann auf in die Felsentherme! Die etwa **18 Gasteiner Quellen** sprudeln nach ihrer Reise durch die Tiefen des Grauko-

gel-Massivs mit einer Temperatur von bis zu 47,5°C ans Tageslicht und speisen unter anderem die Pools der Felsentherme. Im Wellnessbereich auf dem Sonnendeck eröffnet sich ein herrlicher Panoramablick auf die Gasteiner Berge. Das Thermalwasser ist leicht mineralisiert, entspannt die Muskeln und verbessert die Durchblutung.
Bahnhofplatz 5 | tgl. 9–21 Uhr | Erw. 3 Std. 29 €
www.felsentherme.com

Nichts für schwache Nerven!

Stubnerkogel

Bad Gastein ist in eine herrliche Bergwelt gebettet – vor den Toren des Kurortes hebt der **Nationalpark Hohe Tauern** an. Eine erstklassige Aussichtsloge ist der 2246 m hohe Stubnerkogel, auf den eine Kabinenbahn führt. Unweit der Bergstation bietet die wie ein Blütenkelch geformte **Aussichtsplattform Glocknerblick** bei schönem Wetter freie Sicht auf Österreichs höchsten Berg, den 3798 m hohen **Großglockner**. Dank entsprechender Hinweistafeln lassen sich alle Bergriesen, die sich dem Blick bieten, ganz leicht bestimmen. Wer möchte, kann das an sich schon aufregende Erlebnis der Bergwelt mit einem Schuss Adrenalin würzen. Von der Bergstation der Kabinenbahn führt nämlich eine **140 m lange Hängebrücke** hinüber zu der Sendeanlage auf der anderen Seite des Gipfels. Wenn die Stahlseil-Konstruktion im Wind schwankt, wird ein Spaziergang über dem Abgrund ein besonderen Nervenkitzel.
Juni – Mitte Okt. tgl. 8.30–12 u. 13–16 Uhr
Erw. ab 28,50 € (Berg- und Talfahrt)

Auf der Spur edlen Holzes

Graukogel

Der 2492 m hohe Hausberg Bad Gasteins, in dessen Gebiet die Thermalquellen entspringen, ist für seinen uralten **Zirbelkiefernwald** bekannt. Einige der Bäume sind mehr als 300 Jahre alt. Die Gasteiner Bergbahnen haben einen Themenweg angelegt, auf dem man die Natur der Waldes erfühlen und riechen kann. Die Wanderer erfahren zudem alles Wissenswerte über die »Königin der Alpen« und ihren Nutzen für die Menschen. Die rund 2,5 Stunden dauernde Tour beginnt und endet an der Bergstation des Sessellifts in 1983 m Höhe. Unterwegs laden Bänke und sogar ein Bett aus Zirbenholz immer wieder zu einer Rast ein. Die Aussicht über die ganze Länge des Gasteiner Tals ist fantastisch.
Mitte Juni–Sept. jeden Mo. geführte Zirbenwanderung
www.skigastein.com

Verblasster Glanz des Goldes

Bergbausiedlung Altböckstein

Der Radhausberg bei **Böckstein**, einem Ortsteil von Bad Gastein am Südende des Tals, war eine der bedeutendsten Golderzlagerstätten der Hohen Tauern. Im 14. und 15. Jh. machte der Abbau des Edelmetalls einige Gasteiner Familien und natürlich die Salzburger Fürsterzbischöfe, die die Abbaurechte vergaben, reich. Mit dem Verfall des Goldpreises nach der Entdeckung Amerikas setzte der Niedergang ein. Erst nach der Einführung neuer Technologien zum Abbau und zur Aufbereitung des Erzes im 18. Jh. kehrte der Erfolg zurück. Unter den Fürsterzbischöfen Andreas Jakob von Dietrich (1689–1753) und Christoph von Schrattenbach (1698–1774) entstanden neue Werksanlagen und eine heute für Besichtigungen offene **Bergarbeitersiedlung mit Schule, Wohnhäusern und einer barocken Kirche.** Der alte Salzstadel und ein Säumerstadl beherbergen das spannende **Montanmuseum**, wo an einer Erzaufbereitungsanlage der Weg vom Golderz zum Gold verfolgt werden kann. Wenige hundert Meter weiter liegt der Eingang zum **Gasteiner Heilstollen im Radhausberg**. Bis 1944 wurde hier Gold abgebaut. Weil etliche Bergleute eine deutliche Besserung ihrer rheumatischen Beschwerden verspürten, kamen Mediziner auf die Idee, dort ein **Gesundheitszentrum** einzurichten. Die Kurgäste werden mit einem Stollenzug ins Berginnere gebracht, Neugierigen bietet das Zentrum Kennenlern-Einfahrten an.

Montanmuseum: Mai–Okt. Di.–So. 15–18 Uhr | Erw. 4 €
Führungen Di., Do. 15 Uhr | Goldwaschen Mi., Fr. 10–14 Uhr
https://montanmuseum-boeckstein.at/montanmuseum/
Gesundheitszentrum: www.gasteiner-heilstollen.com

Wohin im Gasteiner Tal?

Thermalwasserseen als neue Attraktion

Ski, Berge und ein Wellness-Angebot der Extraklasse – dafür steht Bad Hofgastein, das inmitten des Gasteiner Tals auf 870 m Höhe liegt. Hauptattraktion des Orts ist die **Alpentherme**, einer der modernsten Wellness-Tempel Österreichs. Hier kann man in zwei mit rund 25° C warmem Thermalwasser gespeisten Seen entspannen und neue Energie tanken. Täglich sprudeln 150 m³ des Gasteiner Schatzes in die 1300 bzw. 370 m² großen Seen. Die Reinigung des Wassers erfolgt durch eine biologische Filteranlage.

Bad Hofgastein ist ein charmantes Alpenstädtchen und wirkt weitläufiger als der größere Nachbarort im Süden. Schöne Geschäfte, Hotels und Restaurants säumen die Fußgängerzone im Zentrum. Einen Besuch lohnt die Liebfrauen-Pfarrkirche mit ihrem Stern- und Netzrippengewölbe.

Dank des Goldbergbaus war Bad Hofgastein im 16. Jh. die nach Salzburg reichste Stadt im Fürsterzbistum. Im nahen **Angertal** vergegenwärtigt der Nachbau eines frühindustriellen Hüttenplatzes, die sogenannte Knappenwelt, die »goldene« Vergangenheit Gasteins.

Alpentherme: tgl. 9–21/22 Uhr | Erw. 4 Std. 35 €
www.alpentherme.com

Goldwaschen im Angertal: Pfingsten bis Mitte Sept., So., Mi. u. Do. 10–17 Uhr | Erw. 6 € | bei Waldgasthof Angertal
Montanhistorische Führung: auf Anfrage unter www.via-aurea.vom

Gut fürs Immunsystem

Waldbaden

Der Kur- & Tourismusverband Bad Hofgastein bringt Gästen das »Waldbaden« näher, eine Naturheilmethode, die in Japan entwickelt wurde. Darunter wird das bewusste Erleben der Waldumgebung mit allen Sinnen verstanden, was Stress reduzieren und das Immunsystem stärken soll. Eine kostenlose Broschüre listet Übungen auf, um mit den Kräften des Waldes intensiver in Beziehung zu treten. Außerdem werden im Sommer geführte Waldbade-Einheiten unter Anleitung von Outdoor-Experten geboten.

Waldbaden: Juni bis Sept., jeden Mittwoch um 9.30 Uhr | Anmeldung beim Kur- & Tourismusverband Bad Hofgastein | Tel. 06432 3393 260

Schauflüge

Dorfgastein

Weiter nördlich bzw. talauswärts wartet mit Dorfgastein der ruhigste der drei Gasteiner Orte. Herrliche Wanderwege führen auf die umliegenden Gipfel. Wer sich das zutraut, kann mit Lois Grugger in einem Zweier-Gleitschirm über das Gasteiner Tal fliegen. Der erfahrene Pilot nimmt auch Laien zwischen fünf und 91 Jahren mit. Dorfgasteins Alpen-Solarbad bietet Wellness und Badespaß bei jedem Wetter.

Tandem-Gleitschirmflug: Bergstr. 46 | Tel. 0664 423 23 22
www.tandem-flying.com
Solarbad Dorfgastein: Erw. 10 € | www.solarbad.at

Geschichtsträchtige Höhle

Entrische Kirche

Der Sage nach sollen in der größten Höhle der Salzburger Zentralalpen Riesen und andere Fabelwesen gehaust haben. Ihnen verdankt sie vermutlich ihren Namen, denn »entrisch« ist Salzburgisch und bedeutet wörtlich übersetzt »unheimlich«. Zur Zeit der Gegenreformation hielten dort verfolgte Protestanten heimlich ihre verbotenen Gottesdienste ab. Heute lassen sich die Besucher von weiten Hallen und glitzernden Tropfsteingebilden faszinieren. Die Höhle kann nur im Rahmen von Führungen besichtigt werden. Ihr Eingang liegt in einer Höhe von 1040 m und ist vom Dorfgasteiner Ortsteil **Klammstein** über einen Naturlehrpfad erreichbar. Während des 45-minütigen Aufstiegs sind rund 240 Höhenmeter zu überwinden.

Mai–Sept., Mi., Fr. und So. um 11, 12 und 14 Uhr
Führung 18 € | www.dorfgastein.net

Vielfältige Schneevergnügen

Skigebiete im Gasteiner Tal

Ob Anfänger oder alter Hase: Skifahrer finden im Gasteiner Tal ideale Bedingungen vor. Das Skigebiet **Schlossalm – Angertal – Stubner-**

kogel wartet mit abwechslungsreichen Abfahrten für erfahrene Skifahrer und mit Übungspisten auf. Für Kids wurde dort der Gasti Schneepark angelegt. Im **Skigebiet Graukogel** dagegen sind die Abfahrten anspruchsvoll und führen meist durch Wald. Am 2700 m hohen Kreuzkogel (**Skigebiet Sportgastein**) können Freerider durch Tiefschnee pflügen. Im **Skigebiet Dorfgastein** am Taleingang kommen sowohl Anfänger als auch Könner auf ihre Kosten.
www.skigastein.com

★★ BAD ISCHL

Höhe: 468 m ü.d.M. | **Einwohnerzahl:** 14 000
Landschaft: Salzkammergut

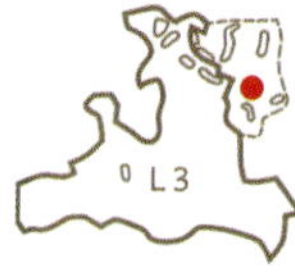

Von Geschäftsschildern grüßt der Doppeladler, in Cafés steht das Kaiserdessert auf der Karte und alljährlich zum »Kaisergeburtstag« am 18. August scheint die Monarchie wieder aufzuerstehen: Die Habsburger sind auch gut hundert Jahre nach dem Untergang ihres Reiches das touristische Zugpferd von Bad Ischl. Ein Muss ist der Besuch der Kaiservilla, in der Kaiser Franz Joseph I. und seine Sisi viele Sommer verbrachten. 2024 ist Bad Ischl, gemeinsam mit Tartu (Estland) und Bodø (Norwegen), Europäische Kulturhauptstadt.

Kaiserlicher Sehnsuchtsort

Bad Ischl verdankt seinen Aufstieg zum mondänen Treffpunkt der Aristokratie den salz- und schwefelhaltigen Quellen, deren gesundheitsfördernde Wirkung um 1820 die ersten Kurgäste anlockte. Ab 1827 nahmen Erzherzog Franz Karl und seine Gattin Sophie in Ischl Solebäder, weil es mit dem Nachwuchs nicht klappen wollte. Der Erfolg stellte sich rasch ein: Am 18. August 1830 erblickte der ersehnte Thronfolger auf Schloss Schönbrunn das Licht der Welt. Der spätere Kaiser Franz Joseph hing sehr an dem »lieben, lieben Ischl«, wie er es in einem Brief an seine Mutter nannte. Von 1849 bis zu seinem Tod 1916 sollte er sein Riesenreich im Sommer meistens vom Salzkammergut aus regieren. Bad Ischl war es auch, wo sich der junge Monarch 1853 in seine Sisi, die erst 15-jährige Bayern-Prinzessin Elisabeth, verliebte (▶Baedeker Wissen, S. 72). Wohl auch deshalb war Ischl für ihn der »Himmel auf Erden«, wie er einmal schrieb. In seinem Bannkreis stieg das ehemalige Salzstädtchen zur klassischen Sommerfrische auf. Im Juli siedelte praktisch der gesamte kaiserliche Hof nach Ischl über. Wiener Kulturschaffende wie Johann Nestroy, Theodor Herzl, Johann Strauß, Franz Lehár und Anton Bruckner schlossen sich ihm an.

BAD ISCHL ERLEBEN

TOURISMUSVERBAND

Auböckplatz 5, 4820 Bad Ischl
Tel. 06132 277 57, https://badischl.salzkammergut.at

FÜHRUNGEN

Anekdoten ohne Zahl ranken sich um die einstige Ischler Hautevolée. Bei den Stadtführungen erfährt man einiges über das Welttheater von einst.
So. 10, Do. 16 Uhr | 7 €

KAISERGEBURTSTAG

Wenn Kaisers Geburtstag naht, steht halb Bad Ischl Kopf. Die mehrtägigen Feierlichkeiten zu Ehren des berühmtesten Kurgastes erreichen am 18. Aug., dem Kaisergeburtstag, ihren Höhepunkt. Kaisermesse und Kaiserball etc. ziehen Tausende Schaulustige an.

KULTURHAUPSTADT 2024

Gut 100 Projekte - von Ausstellungen bis Festivals - gehen über die Bühne, wenn Bad Ischl mit den umliegenden Salzkammergut-Orten das Jahr als Europäische Kulturhauptstadt feiert.
www.salzkammergut-2024.at

GOISERER GAMSJAGATAGE

Trachtenvereine, Volksmusikgruppen und Handwerker geben sich alljährlich in der zweiten Augusthälfte in Bad Goisern ein Stelldichein. Highlights sind die Gamsbartschau und die Radlpirsch auf alten Drahteseln.
https://gamsjagatage.goisara.at

SALZKAMMERGUT-THERME

Der moderne Wellness-Tempel bietet entspannendes Badevergnügen mit den Ischler Klassikern Salz und Sole. In der Alhambra-Oase mit Hamam und türkischem Dampfbad können die Gäste auf orientalische Art relaxen und sich verwöhnen lassen.
Voglhuberstr. 10
Tel. 06132 2040 | tgl. 9–24 Uhr
www.eurothermen.at/bad-ischl

GOISERER SCHUHMACHER

Einst leisteten die maßgefertigten und strapazierfähigen Goiserer-Schuhe gute Dienste im rauen Gelände, mittlerweile gibt es sie auch in schicken Ausführungen.
Untere Marktstr. 9, Bad Goisern
Tel. 0664 464 32 34, Do. 8.30 bis 12.30, 13.30–18.30
www.dergoiserer.at

KURAPOTHEKE

Von traditionellen Hausspezialitäten bis zu neu interpretierten Schönheitsrezepten der Kaiserin Elisabeth reicht das Angebot ungewöhnlicher Souvenirs im Retrolook.
Kreuzplatz 18, Tel. 06132 232 05
Mo.–Fr. 8–18, Sa. 8–12.30
www.kurapotheke.at

WOCHENMARKT

Freitag vormittags steht Bad Ischl ganz im Bann des traditionellen Wochenmarktes. Auf den Ständen am Auböckplatz stapeln sich dann Fische, Würste, Brot, Käse und vieles mehr.

1 LANDGASTHAUS ZUR NOCKEN TONI €€€

Den Kaiser zog es wegen der Holzknechtnocken hierher. Heute stehen Fisch- und Fleischgerichte, meist aus der Region, auf der Speisekarte.

Auch die Vinothek ist gut sortiert.
Köhlerweg 1
Tel. 06132 233 27, Mi.- Sa. 11.30 bis 14, 18 –21, So 11.30 –14 Uhr
www.nockentoni.at

❷ GOLDENER OCHS €€

Fangfrisch sind die Fische aus den Seen des Salzkammerguts, das Wild stammt aus den ehemaligen kaiserlichen Jagdrevieren – in diesem Traditionsgasthaus kommen gutbürgerliche Gerichte auf den Tisch.
Grazer Straße 4, Tel. 06132 235 29
Do. –So. 11.30 –14, 17 –21 Uhr
Mo. –Mi. nur abends
www.goldenerochs.at

❸ KONDITOREI ZAUNER €€

Das 1832 gegründete Haus ist ein Süßspeisen-Schlaraffenland. Das Stammhaus wartet mit einem Jugendstilsalon auf, die Dependance an der Esplanade mit einem Garten direkt an der Traun.
Pfarrgasse 7 bzw. Hasnerallee 2a
Tel. 06132 233 10 20
Tgl. 8.30 –18 bzw. 9.30 –22 Uhr
www.zauner.at

Essen

❶ Landgasthaus Zur Nocken Toni
❷ Goldener Ochs
❸ Konditorei Zauner

Übernachten

❶ Goldenes Schiff
❷ Hotel Goisererhof

❶ GOLDENES SCHIFF €€€
Das Haus punktet nicht nur mit seiner Lage am Ufer der Traun gegenüber der Lehár Villa, sondern auch mit elegantem Design. Es dominieren warme Farben und edles Holz.
Adalbert Stifterkai 3, Tel. 06132 242 41, www.goldenes-schiff.at

❷ HOTEL GOISERERHOF €€
Die Unterkunft im Zentrum von Bad Goisern besticht durch ihre schöne Lage am Kurpark, verfügt über gemütliche Zimmer sowie einen Wellness-Bereich.
Bahnhofstraße 8
Bad Goisern
Tel. 06135 8311
www.hotel-goisererhof.at

Wohin in Bad Ischl?

Kaiservilla

Schicksalsort der europäischen Geschichte
Die Zeit scheint stehen geblieben zu sein in der kaiserlichen Sommerresidenz, die links der Ischler Ache in einem weitläufigen Park am Fuß des Jainzenbergs steht. Erzherzogin Sophie erwarb die Villa 1853 und schenkte sie ihrem Sohn Franz Joseph I. und seiner Gemahlin Elisabeth zur Hochzeit. Der Kaiser ließ das ursprüngliche Gebäude zu einem **klassizistischen Schlösschen mit säulenbewehrtem Eingangsportal** ausbauen und um die beiden Seitenflügel erweitern. Der E-förmige Grundriss, der so entstand, war wohl auch als Hommage an seine Frau gedacht. Obwohl die Regierungsgeschäfte ihn auch in der Sommerfrische nicht losließen, standen für Franz Joseph Erholung und Freizeitvergnügen im Vordergrund. Alte Fotografien belegen, dass er in Bad Ischl am liebsten Lederhosen trug. Unzählige Trophäen im Stiegenhaus zeugen überdies von der großen Jagdleidenschaft des Monarchen, der in seinem Leben gut 55000 Tiere schoss. Edle Tapeten, funkelnde Lüster, Biedermeiermöbel, knarrendes Parkett – in der Kaiservilla hat sich seit dem 28. Juli 1914, dem Tag, an dem Franz Joseph dort die **Kriegserklärung an Serbien** unterzeichnete, praktisch nichts verändert. Ein Faksimile liegt heute noch auf seinem Schreibtisch im Arbeitszimmer, so als wäre der greise Monarch nur kurz hinausgegangen, um sich das Ganze noch mal durch den Kopf gehen zu lassen. Er tat es nicht, der Erste Weltkrieg brach aus, in sein geliebtes Ischl kehrte Franz Joseph nie mehr zurück. Bis heute befindet sich die Villa im Besitz der Habsburger-Familie und ist daher nur im Rahmen von Führungen zugänglich.
Führungen: Jan.–April u. Okt. tgl. 10–16, Mai–Sept. 9.30–17 Uhr
Adventwochenenden und Weihnachten: Sonderöffnungszeiten
Park mit Kaiservilla und Marmorschlössl: Erw. 27 €
www.kaiservilla.at

OBEN: In der Konditorei Zauner ist man immer noch stolz auf die Vergangenheit als K.-u.-k-Hoflieferant.

UNTEN: Eher Kalorienarmes wurde einst in der Trinkhalle verabreicht.

Träumereien im Café

Kaiserpark

Vom Café der Kaiservilla geht der Blick auf den im Stil eines englischen Landschaftsgartens angelegten Kaiserpark, wo – nur einen Steinwurf weit entfernt – **Elisabeths Lieblingsplatz**, das 1865 errichtete **Teehaus**, vor sich hin träumt. In dem Schlössl aus Untersberger Marmor absolvierte die Monarchin ihr Turnprogramm und schrieb Gedichte. Heute zeigt ihr einstiges Privatissimum Sonderausstellungen zum Thema Salzkammergut. Im Café wird die »Kaiserjause« serviert, ein Verlängerter mit einem Stück Guglhupf, genauso wie es Franz Joseph mochte. In späteren Lebensjahren soll er den Kuchen schon zum Frühstück bei seiner **Geliebten Katharina Schratt** gegessen haben. Die Burgschauspielerin verbrachte die Sommer immer in der etwas außerhalb von Ischl gelegene Villa Felicitas, bis heute »Schratt-Villa« genannt. Das Landhaus im alpenländischen Stil (Steinbruch 43) ist in Privatbesitz und steht nicht für Besichtigungen offen.

Café: Juni–Sept. tgl. geöffnet

Kaiserlich-königliches Flair

Ortskern

Im historischen Ortskern ist die goldene Ära Bad Ischls an jeder Ecke präsent. In der **Trinkhalle** an der Bahnhofstraße etwa trafen sich die Kurgäste zu ihren Trinkkuren. Heute residiert in dem klassizistischen Bau die Touristeninformation. Von dort führt die **Kaiser-Franz-Joseph-Straße** Richtung Norden zum Kreuzplatz mit dem **Kur- und späteren Lehártheater.** Wenn der Kaiser und sein Hofstaat in Bad Ischl weilten, gastierten dort Wiener Schauspielgrößen. Nach Nutzung als Kino steht es seit 2020 leer. Die **Kurapotheke** gleich neben dem Theater belieferte Kaiserin Sisi, wie die Hauschronik vermerkt, u. a. mit destilliertem Wasser für ihre Haarpflege und Rosenbadesalz. Der Kreuzplatz mündet im Westen in die Wirerstraße, die nach dem **Leibarzt Kaiser Franz I.** benannt ist. Franz Wirer von Rettenbach führte als Erster Solebadkuren vor Ort durch und legte damit das Fundament für den Aufstieg Bad Ischls zum mondänen Kurort. In den Adelsstand erhoben wurde er aber wohl wegen seiner Verdienste um das Haus Habsburg. Das ihm gewidmete Denkmal im **Kurpark** ziert im Sockel ein Relief, das eine Frau mit Trinkschale, Kind und Klapperstorch zeigt. Der Kurpark erstreckt sich an der Westseite der Wirerstraße. Zu Kaisers Zeiten war das in 1870er-Jahren errichtete einstige Kur- und heutige **Theater- und Kongresshaus** im Zentrum des Parks Schauplatz glanzvoller Feste. Seit 1961 führt das Lehár Festival, das im Juli und August dort stattfindet, diese Tradition mit Operettenaufführungen fort.

Im **Seeauerhaus** südlich des Kurparks feierten Kaiser Franz Joseph und Elisabeth 1853 ihre Verlobung. Heute residiert hier das **Stadtmuseum**, das über Geschichte und Brauchtum informiert.

Stadtmuseum: Esplanade 10 | Do.–So. 10–17, Mi. 14–19, Jan.–März nur Fr.–So. Uhr | www.stadtmuseum.at | www.leharfestival.at

DIE TRAURIGE KAISERIN

Mit den schnulzigen Sissi-Filmen der 1950er-Jahre hat Kaiserin Elisabeth von Österreich so gut wie nichts gemein. Sisi fühlte sich am Wiener Hof nie heimisch, ihre Rolle als Monarchin lehnte die blitzgescheite, nach heutigen Erkenntissen wohl manisch-depressive Kaiserin ab.

Es begann wie im Märchen: Kaiser Franz Joseph I. sollte eigentlich Helene, Tochter des bayerischen Herzogs Maximilian aus dem Haus Wittelsbach heiraten. Doch er verliebte sich Hals über Kopf in deren schöne Schwester, die fünfzehnjährige Elisabeth, geboren am 24. Dezember 1837. Die **Traumhochzeit des Jahrhunderts** am 24. April 1854 war an Pomp und Prunk praktisch nicht zu übertreffen.

Verweigerung bei Hofe

Doch nach den Flitterwochen in Laxenburg war das Märchen schon zu Ende. Der kaiserliche Alltag war überaus reglementiert – mit aller Härte versuchte der Hof, aus dem bayerischen Landkind eine würdige Kaiserin zu machen; v. a. die Mutter des Kaisers, Sisis Tante Sophie, achtete streng darauf, dass sich Sisi (die **Schreibweise Sissi** wurde erst in den Kinofilmen mit Romy Schneider verwendet) an das steife Hofzeremoniell hielt. Sisi verabscheute das Leben am Hof, hasste Wien und ihre Schwiegermutter. Franz Joseph liebte sie, doch der fand wegen der Regierungsgeschäfte kaum Zeit für seine Frau, hatte diverse Liebschaften und stand sehr unter dem Einfluss seiner Mutter, die auch die Erziehung der Kinder (drei Töchter und ein Sohn) übernahm. Von ihrer Mutter hatte Sisi sich einmal sagen lassen müssen, eine Prinzessin habe zu lernen, sich mit Anmut zu langweilen. Stattdessen versuchte sie, aus ihrer Rolle herauszutreten.

Eitel, klug und ruhelos

Über Jahre hinweg war Sisis Schönheit Gesprächsthema in Europa; sie galt als

die »schönste Monarchin der Welt«. Und das, obwohl sie sich ab 30 nicht mehr fotografieren ließ und ab 40 auch nicht mehr porträtieren, weil man sich nur an ihr jugendliches Aussehen erinnern sollte. Das Thema **Schönheit** wurde für Sisi ein zentraler Punkt: Für ihr bodenlanges Haar kreierte sie eine Flechtfrisur, die ihren Kopf wie eine natürliche Krone schmückte. Sie fastete exzessiv, hatte bei einer Größe von immerhin 1,72 m eine Taillenweite von maximal 50 cm und trat nur an die Öffentlichkeit, wenn sie sicher war, makellos auszusehen. Sie konnte stundenlang reiten und legte lange Fußwanderungen in einem irrwitzigen Tempo zurück. Und hinter dem schönen Gesicht verbarg sich ein kluger Kopf: Sisi beherrschte **elf Sprachen**, las Bücher wie Homers »Ilias« und »Odyssee« im Original, ebenso Byron und Shakespeare. Sie dachte liberal, befürwortete Reformen der maroden Monarchie und deponierte ihr Geld wohlweislich in der Schweiz. Sie reiste viel in der Welt umher, besuchte u. a. England, Madeira, Spanien, Griechenland und den Vorderen Orient. Wohl zum Zeichen ihres Freiheitsdrangs und ihrer Liebe zum Reisen trug sie eine **Tätowierung** in Form eines Ankers auf der Schulter, was die ihren Leichnam obduzierenden Ärzte schockierte, da man so etwas damals nur bei Schwerverbrechern und Seeleuten vermutete. Das Tattoo soll sie sich ganz unstandesgemäß bei einer Reise in der Ägäis in einem Hafenlokal haben stechen lassen. Und das 1888, da war sie immerhin schon 51 Jahre alt.

Für die Liebe zu ihrem Mann hatte Sisi keinen Platz mehr in ihrem Leben – ihrem Gemahl besorgte sie als Gefährtin die Schauspielerin Katharina Schratt, mit der der Monarch bis zu seinem Tod 1916 eine Beziehung unterhielt. Sie war wohl unbekümmert und sehr diskret, was Sisi zu schätzen wusste.

Am 10. September 1898 wurde Sisi in Genf von dem italienischen Anarchisten Luigi Lucheni mit einer Feile erstochen; sie war eher Zufallsopfer denn bewusst gewähltes Anschlagsziel.

Haus und Park der Kaiservilla stecken voller Erinnerungen an die schöne und eigenwillige Kaiserin.

Operettenseligkeit

Lehár-Villa

Schräg gegenüber dem Stadtmuseum steht am rechten Ufer der Traun die Villa von Franz Lehár. Der Meister der Wiener Operette erwarb das Anwesen 1912 und lebte dort bis zu seinem Tod 1948. In seinem Testament vermachte er es der Stadt Bad Ischl unter der Bedingung, dort ein Museum einzurichten. Die Räumlichkeiten präsentieren sich noch heute so wie zu Lebzeiten des Komponisten.

Derzeit wegen Generalsanierung geschlossen.

Mondäne Welten

Sisi-Park und historische Villen

Zu Kaisers Zeiten war die baumbestandene **Esplanade**, die sich vom Südende der Wirerstraße Richtung Westen das linksseitige Ufer der Traun entlangzieht, die **Flaniermeile** für Adelige, Offiziere, Adabeis und Kurschatten. In ihrer Verlängerung mündet sie in die Kaltenbachau mit dem bezaubernden **Sisi-Park**, der anlässlich der Landesgartenschau 2015 errichtet wurde. Weiter südlich schlummern ein monumentales Kaiserjagdstandbild und mondäne Villen vor sich hin. Sehenswert sind die **Villa Rothstein** und die **Villa Blumenthal**, ein Fertigteilhaus aus kanadischer Pechkiefer, das der Berliner Theaterbesitzer Oscar Blumenthal 1893 von der Weltausstellung in Chicago nach Bad Ischl transportieren ließ. In dem mit Giebeln, Türmchen und Balkonen reich verzierten Haus schrieb Blumenthal das Lustspiel »Im Weißen Rössl« – benannt nach einem Gasthaus in Lauffen bei Bad Ischl. 1930 arbeitete Ralph Benatzky den Stoff zur Operette um und verlegte die Handlung an den ▶Wolfgangsee – ein Evergreen bis heute.

Schöne Aussichten und kulinarische Genüsse

Katrinalm, Siriuskogl

Vom Ortsteil Kaltenbach führt eine Seilbahn auf die Katrinalm in 1400 m Höhe. An der Bergstation werden die Ausflügler mit einem wundervollen **Blick bis zum Hallstätter See und dem Dachsteinmassiv** im Süden verwöhnt. Die nahegelegene Almhütte und der Berggasthof servieren Spezialitäten der regionalen Küche.

Auch der 599 m hohe Siriuskogl südlich von Bad Ischl bietet fantastische Aussichten über die Stadt und die Bergwelt ringsum. Der **hölzerne Aussichtsturm** auf dem Gipfel stammt aus der Kaiserzeit und steht unter Denkmalschutz. In der Küche des Gasthauses nebenan schwingt Christoph Held den Kochlöffel und zaubert feinste Leckerbissen aus frischesten Zutaten. Auf den Siriuskogl führen zwei Wanderwege und eine Schotterstraße, die allerdings nur von Anliegern befahren werden darf. Von Bad Ischl aus ist der Gipfel in rund 30 Minuten erreicht.

Katrinseilbahn: Winter 9–16, Sommer 9–17 Uhr
Berg- und Talfahrt 24 € | www.katrinseilbahn.com
Siriuskogl Restaurant: Ende April–Anfang Jan. Mi.–So. 10–22 Uhr
http://siriuskogl.at

BAEDEKER ÜBERRASCHENDES

6X UNTERSCHÄTZT

Genau hinsehen, nicht daran vorbeigehen, einfach probieren!

1. ABSTAND

Was anderswo die Parks, sind **in Salzburg Mönchsberg und Kapuzinerberg**. Ein paar Höhenmeter sind zu machen, schon bieten sich lauschige Wäldchen und schöne Panoramen. (▶ **S. 213, 224**)

2. HÖHEN-JAZZ

Saalfelden wird Ende August zum Jazz-Mekka Europas – eine Schiene des Festivals sind die (Gratis-)Konzerte auf den Almen. (▶ **S. 173**)

3. HANDWERK

Bad Goiserns Handwerkhaus zelebriert die innovativen Seiten von Schuh-, Hemden- und Hutmachern, Brauern und Goldschmieden aus dem Salzkammergut. Frische Designs, tolle Souvenirs.. (▶ **S. 76**)

4. WELLNESS GRATIS

Der feine Sprühnebel der **Krimmler Wasserfälle** bringt Erleichterung für Asthma- und Allergiegeplagte. Wellness fürs Auge bietet das Naturspektakel ohnehin. (▶ **S. 132**)

5. UNFAIR?

Das **E-Bike in Bergversion** erschließt neue Welten für jene Radler, die nicht ganz so fit sind. Und wer sich noch nicht recht traut: Einfach bei einer geführten Tour mitmachen, etwa durch den Oberpinzgau in Bramberg! (▶ **S. 79**)

6. STILLE ÖRTCHEN

Die Sanitärkultur ist ein faszinierender Spiegel der Gesellschaft, wie die **Klo & So-Sammlung** in Gmunden aufzeigt. Von getarnten bis zu hochherrschaftlichen Klos reicht die Sammlung. (▶ **S. 256**)

Rund um Bad Ischl

Brotbacken wie anno dazumal

Anzenaumühle

Hinter dem Namen des Anwesens bei Lauffen rund 6 km südlich von Bad Ischl verbirgt sich ein **großer Wirtschaftsbetrieb des 18. Jahrhunderts**, der außer einer Müllerei auch eine Bäckerei und Sägemühle sowie Stallungen und Wohnräume umfasste. Heute ist der Komplex als Erlebnismuseum gestaltet, wo im Sommer mitunter wie anno dazumal Brot gebacken wird.

Mitte Juli–Aug. Di.–Fr. 10–15 Uhr | freiwillige Spende
www.anzenaumuehle.at

Tradition, Volksmusik und altes Handwerk

Bad Goisern

Der Geburtsort des Weltmusikers und wichtigsten Vertreters des Alpenrocks Hubert von Goisern liegt 10 km südlich von Bad Ischl und ist eine Hochburg von Handwerkskunst und Brauchtum. Im Zentrum der 7500-Einwohner-Gemeinde setzen hübsche Holzhäuser mit uraltem Baumbestand Akzente. An der Nordseite des Kurparks erinnert das **Heimat- und Landlermuseum** an die »Landler« genannten Protestanten, die im 18. Jh. zur Zeit der Gegenreformation aus dem Salzkammergut nach Siebenbürgen im heutigen Rumänien deportiert wurden und dort aus der alten Heimat mitgebrachte Traditionen pflegten. Nach dem Ende des Kommunismus wanderten viele ihrer Nachkommen aus und überließen dem Heimatmuseum von Bad Goisern die Zeugnisse ihrer einzigartigen »Exil-Kultur«. Die Ausstellung im Erdgeschoss des Museums informiert anhand von Mobiliar, Trachten, Werkzeugen und vielen anderen Dingen über den Alltag dieser Minderheit. In den Obergeschossen erfahren die Besucher alles Wissenswerte über die Volkskultur des Goisertals.

Das **Handwerkhaus im Schloss Neuwildenstein** südöstlich des Kurparks führt in die Kunst lokaler Handwerker ein. Die Palette reicht vom Harmonika-Erzeuger über den Craftbier-Brauer und der Schuhmachermeisterin bis zur Hemdenmacherin. Im Sommer und im Advent finden Sonderausstellungen und Vorführungen statt. Der Museumsladen bietet handgemachte Mitbringsel an.

Heimat- und Landlermuseum: Kurparkstr. 10
Juni–Sept. Do.–So. 10–12 Uhr | Erw. 5 € | www.museum-goisern.at
Handwerkhaus: Rudolf von Alt-Weg 6 | Mo.–Fr 9–12 u. 14–18, Sa 9–12 Uhr | Erw. 5 € | www.handwerkhaus.at

Auf den Spuren der Holzfäller

Chorinsky-Klause

Die **einzige noch funktionsfähige Holzklause Österreichs** staut das Wasser des Weißenbachs nördlich von Bad Goisern. Wenn das hölzerne Klaustor der steinernen Wehr entriegelt wird, strömen rund 13 m³ Wasser pro Sekunde in das Bachbett. Einst ließen die

Holzfäller mit der Kraft dieser Fluten Baumstämme zur Traun triften. Heute wird die historische Wehr zwar nicht mehr genutzt, aber eine Besichtigung lohnt sich dennoch. Von Bad Goisern führt eine ausgeschilderte Mountainbike-Strecke zu dem technischen Wunderwerk (E-Bike-Verleih im Ort). Die Klause wurde zu Beginn des 19. Jh. errichtet und ist nach dem bei ihrer Inbetriebnahme anwesenden Präsidenten der Hofkammer Ignaz von Chorinsky benannt.
Führungen: Termine beim Tourismusbüro Bad Goisern
Kirchengasse 4a | Tel. 05 95 095

BRAMBERG AM WILDKOGEL

Höhe: 819 m ü.d.M. | **Einwohnerzahl:** 4000 | **Landschaft:** Pinzgau

Der kleine Ort im Herzen des Nationalparks Hohe Tauern hat etwas ganz Besonderes zu bieten: In seinem Habachtal liegen die bedeutendsten Smaragdfundstellen Europas. Noch heute sind am Leckbach Schatzsucher unterwegs und fahnden im Schotter nach dem grünen Edelstein. Manchmal haben sie Erfolg!

Bramberg liegt im westlichen Salzachtal am Fuß des Wildkogel, der sich nördlich der Salzach bis auf eine Höhe von 2224 Meter erhebt. Das sonnenreiche Bergmassiv ist im Sommer wie im Winter ein Paradies für Aktivurlauber. Von den Gletschern der Venedigergruppe im Süden kommend, mündet das Habachtal nahe dem Ortszentrum in das Salzachtal. Bereits die Menschen der Bronzezeit sollen dort nach Edelsteinen gesucht haben. Den Versuchen, die Smaragdvorkommen systematisch und gewinnbringend zu erschließen, war allerdings für Jahrhunderte kein Erfolg beschieden. Das Bergwerk, das der Wiener Juwelier Samuel Goldschmidt 1860 anlegen ließ, war bis 1939 in Betrieb. Wertvollster Fund aus dieser Ära dürfte ein 42 Karäter sein, der zu den britischen Kronjuwelen gehört. Heute ist das Tal ein El Dorado für Mineraliensammler.

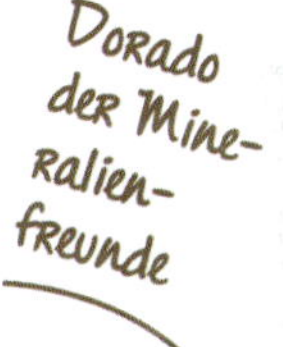

Wohin in Bramberg und Umgebung?

Schatzkammer der Hohen Tauern

Museum Bramberg

In der Mineraliensammlung des Museums, das in einem denkmalgeschützten Anwesen des 14. Jh.s residiert, können sich die Besucher

BRAMBERG ERLEBEN

TOURISMUSBÜRO BRAMBERG

Stoitznergasse 3
5733 Bramberg am Wildkogel
Tel. 06566 72 51
www.bramberg.at
Mo.–Fr. 8–12, 13–17,
Sa. 8.30–12 Uhr

WILDKOGELARENA NEUKIRCHEN – BRAMBERG

Tel. 720 710 730
www.wildkogel-arena.at

KRÄUTERFÜHRUNG

Die Pinzgauer Kräuterspezialistin Rosemarie Möschl kultiviert am Schützingergut einen Bio-»Kratergarten«, dessen ringförmigen Terrassen zugleich Kleinklimazonen bilden. Die angestaute Wärme lässt unzählige Kräuter- und Beerensorten gedeihen – eine Naturoase. Rund um den Bauernhof gackern glückliche Sulmtaler Hühner.
Schönbach 16
Tel. 0699 11 46 84 48, https://biokratergarten.jimdofree.com

ZEITREISE IM SAMPLHAUS

Im Sommer lädt der Kulturverein Tauriska zur Zeitreise ins Samplhaus. Beinahe im Originalzustand ist das von einem blühenden Garten umgebene, 500 Jahre alte Wohngebäude mitten in Bramberg in der Gegenwart angekommen und von den handgeschnitzten Balkonen bis zum üppigen Blumenschmuck in den kleinen Fenstern eine einzige Augenweide.
Hadergasse 11
Juni – Sept. Mi. 10 Uhr
sowie für Gruppen unter
Tel. 06566 7465
samplhaus.at

PER E-BIKE DURCH DEN OBERPINZGAU

Mit dem E-Bike lässt sich die Ferienregion Hohe Tauern ganz einfach auch per Rad erkunden. Intersport Harms etwa unterhält an den Talstationen der Wildkogelbahn und an der Wildkogelarena in Neukirchen Fahrradverleihe. Ein dichtes Netzwerk aus Ladestationen sorgt zudem dafür, dass den Pedalrittern auch auf ausgedehnten Touren im Oberpinzgau nicht der Saft ausgeht.
www.intersport-harms.at

TÄLERTAXIS

Die Nationalparktäler sind verkehrsberuhigt, aber mit den Tälertaxis ab Neukirchen und Bramberg lassen sich lange Anmarschrouten oder Rückwege deutlich verkürzen. Allerdings sollten Sie die Fahrzeuge bei der Gästeinformation Wildkogelarena vorher bestellen.
Tel. +43 720 710 730

MINERALIEN & SCHMUCK

Der Familienbetrieb Steiner verarbeitet Mineralien aus den Hohen Tauern zu ansehnlichen Schmuckstücken. Eine Ausstellung zeigt die Schätze des »Tauernfensters«.
Steinach 12, Tel. 06566 75 97
Mo.–Sa. 9–12 und 14–18 Uhr
www.mineralien-steiner.at

GASTHOF WEYERHOF €€€

Das Restaurant ist bekannt für seine leckeren Wildgerichte aus eigener

Ein solches Prachtexemplar von Smaragd findet man nicht alle Tage im Habachtal.

Jagd und Lammgerichte vom Pinzgauer Schaf. Die Küche verwendet Produkte und Zutaten der Region.
Weyer 9, Bramberg
Tel. 06566 72 38, Do.– So. 11.30–13.30, 17.30 –21 Uhr
www.weyerhof.at

GASTHOF FRIEDBURG €€

Auf der Terrasse genießen die Gäste die Spezialitäten der österreichischen Küche mit einem Blick ins Salzachtal. Wirtsstube und Stüberl sind hell und rustikal, die Atmosphäre familiär.
Scheffau 96, Neukirchen
Tel. 06565 648 60
www.gasthof-friedburg.at

HOTEL STEIGER €€€

Die Gästezimmer verteilen sich auf einen Neubau und das Stammhaus. Das bei der Einrichtung verwendete Zirbenholz wirkt gemütlich und fördert den Schlaf. Der Wellness-Bereich bietet sowohl eine Sauna, als auch Dampfbad und ein Schwimmbiotop.
Steigergasse 259, Neukirchen
Tel. 06565 63 59
www.hotel-steiger.at

LANDHOTEL KASERER €€

Hier nächtigen die Gäste in gemütlichen und komfortablen Zimmern. Das Hotel liegt im Dorfzentrum und wartet mit einem Kinderspielplatz sowie einer Sauna auf.
Dorfstr. 20, Bramberg
Tel. 06566 72 48, www.kaserer.at

HOTEL SENNINGERBRÄU €€€

Familie Voithofer führt das Haus im Herzen von Bramberg als gemütlich-gediegenen Rückzugsort. Die 26 Zimmer sind mit hellem Holz eingerichtet und kombinieren traditionellen Charme mit modernen Komfort. Die Seilbahn ist nur einen Katzensprung entfernt. Nach dem Tag am Berg lockt eine feine Wellness-Oase mit verschiedenen Sauna-Kammern sowie Outdoor-Whirlpool samt tollem Alpinpanorama!
Senningerstraße 2, Bramberg
Tel. 06566 73 12
www.senningerbraeu.at

---

ein Bild vom Mineralienreichtum der »Tauernfenster«– Region machen. Seit ihren Anfängen in den 1950er-Jahren ist die Sammlung dank der vielen Leihgaben und Schenkungen von Mineraliensammlern stetig gewachsen und deshalb seit 2010 in einem modernen, unterirdischen Anbau untergebracht. Zu den Prunkstücken gehören ein riesiger, 350 Kilogramm schwerer Bergkristall sowie eine mit kleinen Smaragden gespickte Gesteinsstufe, die wegen ihrer Form den Namen »Habachtaler Madonna« verliehen bekam. Im Erdgeschoss und den oberen Stockwerken widmet sich das Museum dem bäuerlichen Leben vergangener Tage. Eine **historische Imkerei** mit einem lebenden Bienenstock gewährt Einblicke in die Arbeit von Imkern. Im Außenbereich können eine Mühle und eine Brennhütte besichtigt werden.
Weichseldorf 27
Mai und Okt. Di., Do., So. 10–18, Juni–Sept. tgl. 10–18, Ende Dez.–März Do. 19–21.30 u. Fr. 10–17 Uhr | Erw. 8 €
www.museumbramberg.at

Wollwissen witzig wiederbelebt

Salzburger Wollstadel

In strengem Kontrast zur glatten, kühlen Oberfläche der Mineralien stehen die flauschigen Erzeugnisse aus dem Wollstadel eine Tür weiter. Vor gut 25 Jahren taten sich Pinzgauer Bäuerinnen mit dem Ziel zusammen, das alte Wissen um erstklassig verarbeitete Schafwolle wiederzubeleben. Das Angebot reicht von Walkjankern über Mützen und warme Socken bis hin zu witzigen Schlüsselanhängern. Traditionelle Designs wie die Pinzga Doggeln (Hausschuhe) aus Wollloden gehören ebenso zum Repertoire wie leichte Sommerpantoffeln aus reinem Wollfilz.

Weichseldorf 27a | Mo.-Fr. 9-12 u. 14-17, Sa. 9-12 Uhr
Filzkurse n.V. | www.wollstadel.at

Edelsteine mit mystischem Glanz

Habachtal

Der »Habachtaler« zeichnet sich durch seine intensive Grünfärbung aus, wie man auf dem **»Smaragdweg«** durch das Habachtal erfährt. Der **Geolehrpfad** bietet an mehreren Stationen Informationen zur Geologie der Hohen Tauern und zu den Mineralienvorkommen in dem Gebiet. Im **Gasthaus Alpenrose** können sich Ausflügler eine Schaufel sowie ein Smaragdsieb ausleihen und sich in dem nahen Murenschutt auf Schatzsuche begehen. »Ein bis zwei Brösel findet jeder, der einen Tag lang ordentlich sucht«, meint Mineralienprofi Andreas Steiner aus Bramberg. Hoch oben in den Felsen liegt der Eingang zu dem einstigen **Bergwerk**. Über die Leckbachrinne und Muren gelangte Material von der Abraumhalde ins Tal. Dort wird heute mit dem Bagger Unteres nach oben gekehrt, um die Fundchancen etwas zu verbessern. Ein grün leuchtendes Smaragd-Körnchen ist ein ungewöhnliches Urlaubsmitbringsel. Schatzsuchern, denen kein Glück beschieden ist, trösten sich mit der **berückend schönen Berglandschaft** um sie herum.
Der Samaragdweg endet auf der urigen **Moa-Alm**, die sich in 1410 m Höhe vor der Kulisse des Habach Kees ausbreitet. Im Sommer richtet der Bramberger Tourismusverband jeweils donnerstags **Smaragdschürf-Exkursionen** aus.

Exkursionen: Mitte Juni – Mitte Okt. Do. 8.45 Uhr ab Parkplatz Habachtal | Übernachtungsgäste der Region Wildkogelarena gratis; externe Gäste: 10 €/Erw., 5 € Kinder; Tälertaxi Smaragdexpress 9 €/ Erw. 5,50 Kinder; einfach; hin und zurück 16 bzw. 8 €, Anmeldung beim Tourismusbüro Bramberg am Vorabend, ►S. 79.

Im Sommer und Winter eine Sportarena

Wildkogelarena

Von Bramberg und vom 6 km westlich gelegenen Neukirchen erschließen komfortable Seilbahnen die familienfreundliche Wildkogelarena. In 2100 m Höhe verästeln sich die Liftanlagen in alle Himmelsrichtungen und erschließen insgesamt **64 Kilometer Pisten**. Auch für Nicht-Skifahrer ist gesorgt: Ein Highlight ist die **längste beleuchtete Ro-**

delbahn der Welt. Auf 14 km langen Strecke überwindet sie 1300 Höhenmeter. Im Sommer ist die Wildkogelarena ein **herrliches Wandergebiet** und außerdem auch ein sehr ab-wechslungsreiches Terrain für **Mountainbiker**. An der Bergstation der Wildkogelbahn II lockt ein riesiger **Abenteuerspielplatz.** Für **Paragleiten** vom Wildkogel ist die Flugschule Pinzgau zuständig (▶S. 328).
www.wildkogel-arena.at

Die weltalte Majestät ...

Königstour Großvenediger

... so nannte der Mittersiller Rechtspfleger Ignaz von Kürsinger den vergletscherten Gipfel an der Grenze zwischen Salzburg und Osttirol in einem über die Zeitung lancierten Aufruf. Sein Ziel: Pinzgauer sollten bei der Erstbesteigung des 3657 m hohen Bergriesen die Nase vorne haben. Gesagt, getan. Im Jahr 1841 brach eine 40-köpfige Expedition von Neukirchen aus auf. 28 von ihnen, darunter Kürsinger, gelang am 3. September 1841 die Erstbesteigung. Wen heute das Großvenediger-Fieber packt, reist am besten mit dem Tälertaxi von Neukirchen aus ins Obersulzbachtal und nützt die in 2550 m Höhe gelegene Kürsingerhütte als Sprungbrett. Der Berg macht gletscherkundigen Wanderern keine allzu großen Schwierigkeiten, alle anderen sollten sich an das Bergführerbüro in Neukirchen wenden. Venedig ist vom Gipfel aus übrigens nicht zu erspähen.
Ende Juni bis Ende Sept. | Bergführerbüro Neukirchen
Tel. 06565 6243 | http://bergfuehrer-buero.at

Gletscherschmelze und Mineralienkunde

Obersulzbachtal

Auch zu Füßen des Großvenedigers gibt es genug zu bestaunen. Im Obersulzbachtal führt der **Venedigerweg** vom Parkplatz Hopffeldboden (Ranger-Station) zur **Berndlalm**. Mehrere Spielstationen lassen die einstündige Tour auch für Familien mit Kindern zu einem Vergnügen werden.
Auf dem **Gletscherweg** am Ende des Tals gelangen Wanderer bis an die Ausläufer des Obersulzbach-Kees. Das Studium der Schautafeln entlang der Strecke zeigt: Die Gletscher um die »weltalte Majestät« schmelzen rapide dahin, statt auf die Eisriesen fällt der Blick an mehreren Stellen nun auf Seen und Tümpel.
Von Neukirchen aus führt ein 45-minütiger Spaziergang zum **Naturdenkmal Untersulzbachfall.** Dort beginnt am Gasthof Schütthof der Lehrpfad »Blick ins Tauernfenster«, der zum Schaubergwerk Hochfeld führt. Verschiedene Stationen entlang des Wegs informieren über den geologischen Aufbau der Hohen Tauern und den Mineralienreichtum in der Region. Einen vertiefenden Einblick bieten Führungen im Schaubergwerk Hochfeld.
Schaubergwerk: Juli–Anf. Sept. Mo.–Fr. 11 und 14 Uhr
Erw. 10 € | Anmeldung Tel. 06562 408 49 33

★★ DACHSTEIN

Höchste Erhebung: Hoher Dachstein (2995 m ü.d.M.)
Landschaft: Salzkammergut/Ramsau

Eisige Gletscher, die sich malerisch in Seen spiegeln, Aussichtskanzeln in schwindelerregenden Höhen, die grandiose Fernsichten über schneebedeckte Alpengipfel bieten, und einsame verkarstete Hochflächen: Das Dachsteinmassiv ist von geradezu abweisender Schönheit. In seinem Inneren tut sich eine wahre Wunderwelt aus riesigen Höhlen auf.

Gradiose Gipfel- und Gletscherwelt

Von der steirischen Ramsau aus gesehen schraubt sich das Dachsteinmassiv in senkrechten Wänden an die 3000-Meter-Marke, von Norden aus geben seine Gletscher und Schneefelder schon aus der Ferne gleißend ihre Visitenkarte ab. Wie ein scheinbar unüberwindbarer Block liegt diese vor Jahrmillionen durch die Kontinentaldrift aufgeworfene und durch Eiszeitgletscher abgehobelte Urlandschaft im »Dreiländereck« Oberösterreich, Steiermark und Salzburg. Auf Weideplätzen gefundene und von Archäologen untersuchte Hüttenreste belegen, dass bereits bronzezeitliche Menschen am Dachstein Almwirtschaft betrieben. Offenbar waren an den Rändern des Massivs schon vor 3000 Jahren Hirten und Jäger unterwegs. Doch erst im 19. Jh. gelang es, den 20 mal 30 km großen Gebirgsstock zu bezwingen. Erzherzog Johann (1782–1859), ein Bruder von Kaiser Franz I. war der Erste, der ihn 1810 überquerte. 1834 folgte die Erstbesteigung des 2995 m aufragenden Hauptgipfels, des Hohen Dachstein. Pionierarbeit leistete der Geograf Friedrich Simony, der das ganze Gebiet über mehrere Jahre erforschte und auch Hütten für andere Gipfelstürmer anlegte. Heute ist das Massiv durch zwei Seilbahnen und die Dachsteinstraße erschlossen. Das Massiv gehört zum UNESCO-Welterbe Hallstatt-Dachstein-Salzkammergut.

Wandererlebnisse für alle Fitnessgrade

Wanderregion Dachstein

Das Dachsteinebiet ist ein Paradies für Hiker und Kletterer. Das Netz an ausgewiesenen Wanderwegen ist dicht geknüpft und die Auswahl an Klettersteigen groß. Sowohl Wanderer als auch ambitionierte Gipfelstürmer finden hier bestimmt die passende Tour. Die Seilbahnen verkürzen den Anstieg und gut ausgebaute Wege führen zu den Berghütten im Gletschergebiet, etwa zur **Simony-Hütte (2206 m) beim Hallstätter Gletscher** oder der **Adamek-Hütte (2196 m) beim Gosaugletscher**. Von dort geht es über den nicht ungefährlichen **Linzer Steig** zur Hofpürglhütte unterhalb der **Bischofsmütze**, dem höchsten Berg des **Gosaukamms** im Westen des Dachsteinmassivs. Der

DACHSTEIN ERLEBEN

FERIENREGION DACHSTEIN SALZKAMMERGUT

Kirchengasse 4
4822 Bad Goisern am Hallstättersee
Tel. 059 50 95
https://dachstein.salzkammergut.at

SCHLADMING-DACHSTEIN TOURISMUSMARKETING GMBH

Ramsauerstraße 756
8970 Schladming
Tel. 03687 233 10
www.schladming-dachstein.at

DACHSTEIN-KRIPPENSTEINSEILBAHN

Die Seilbahn verkehrt auf insgesamt 3 Teilstrecken: Die Teilstrecke I verbindet die Talstation in Obertraun mit der Mittelstation auf der Schönbergalm. Die Teilstrecke II führt von dort auf den Krippenstein und die Teilstrecke III verbindet die Gjaidalm mit dem Krippenstein. An allen drei Stationen laden Restaurants zur Einkehr ein.
Dachstein Tourismus AG
Winkl 34
Obertraun am Hallstättersee
Tel. 05 01 40
Winter: Ende Dez.–Anfang April tgl. 8.30–16.50
Sommer: Ende April–Ende Okt. 8.40–17 Uhr (letzte Talfahrt)
https://dachstein-salzkammergut.com

DACHSTEIN GLETSCHERBAHN RAMSAU

Die Bergstation der Gondelbahn am Hunerkogel bildet das Tor zum Sommer- und Winterskigebiet Dachsteingletscher. Spektakuläre Attraktionen wie die »Treppe ins Nichts« bieten überdies Nervenkitzel für Leute ohne Höhenangst. Im Gletscherrestaurant trifft man sich zum zu einer herzhaften Jause.
Schildlehen 79
Ramsau am Dachstein
Tel. 03687 22 04 28 10
Ende Dez.–April tgl. 8.30–16.30 u. ab Mitte Mai tgl. 7.50–17.30 Uhr
www.derdachstein.at

REGION DACHSTEIN-WEST

Die Ski- und Wanderregion Dachstein-West erschließen die Bergbahnen von Gosau, Annaberg und Russbach.
www.dachstein.at

DIE LODENWALKE

Bereits im 15. Jh. verarbeitete man in der Ramsauer Lodenwalke Wollstoffe mittels Drücken und Kneten in warmem Wasser zu robustem Loden. Heute stellt das Unternehmen, das seit 1825 von der Familie Steiner geführt wird, aus grobem Loden überaus schicke Mäntel, Kleider und Jacken.
Rössing 122
Ramsau am Dachstein
Tel. 03687 819 30
www.lodenwalker.com

FOSSILIEN GAPP

Vintage mal anders! Von Vasen und Pokalen über Teller und Tassen bis hin Schmuckstücken: Der Familienbetrieb macht aus den fossilienreichen Schichten des Gosaukamms originelle Souvenirs.
Gosauseestraße 9, Gosau
Tel. 06136 87 53
Mo.–Fr. 8–12 u. 15–18, Sa. 8–12 Uhr
www.fossilien-gapp.at

GASTHAUS KOPPENRAST €€€

Von Bio Schafskäse-Ravioli über das Ausseer Saiblingsfilet bis zum Rehkeulenstück mit Äpfel, Wirsing und Kürbis-Ravioli – da ist für jeden was dabei! Das familiengeführte Haus am Fuße des Koppen-Passes ist ein kulinarischer Fixpunkt der Dachstein-Region.
Obertraun 123, Tel. 06131 231
www.koppenrast.at

HAUS HEMETZBERGER €

Die Frühstückspension am Fuß des Krippenstein ist ein guter Ausgangspunkt für ausgedehnte Bergwanderungen und Bike-Touren um den Hallstätter See.
Obertraun 159
Obertraun
Tel. 06131 259

Ganz großes Naturkino: Licht- und Schattenspiele am Dachsteinmassiv

UNTERIRDISCHE WELTEN

Die Rieseneishöhle, die Mammut- und die Koppenbrüllerhöhle, südlich von Obertraun hoch über dem Trauntal gelegen, wurden schon bald nach ihrer Entdeckung für Besucher zugänglich gemacht. Mit ihren riesigen Hallen und Domen, bizarren Tropfsteinsäulen und faszinierenden »Eiswelten« zählen die Höhlen heute zu Publikumsmagneten im Salzkammergut.

▶ Höhlenarten

Schachthöhle
Eine Schachthöhle besteht aus schachtartigen, überwiegend senkrechten Gangpassagen. Schachthöhlen kommen in den nördlichen Kalkalpen häufig vor und sind auch in anderen Karstlandschaften der Erde verbreitet.

Horizontalhöhle
Das Gangsystem ist überwiegend horizontal.

Wasserhöhle
Wesentliche Teile der Höhle werden ständig von Wasser durchflossen. Das betrifft vor allem talnahe Höhlensysteme.

Eishöhle
In einer Eishöhle hält sich das ganze Jahr über Eis. Es entsteht im Winter durch kalte Luft, die in den abwärts gerichteten Zugang strömt.

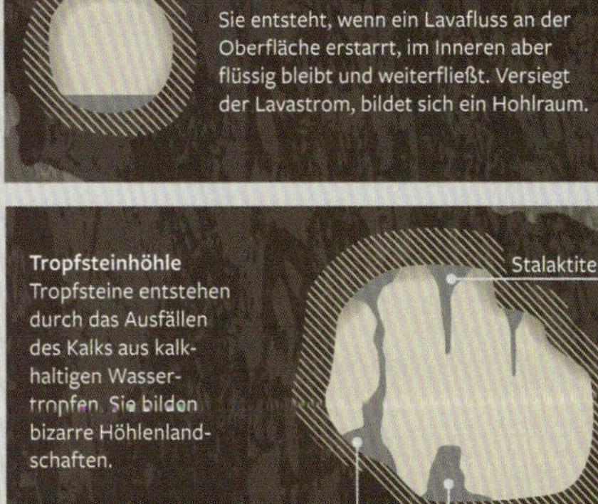

Lavaröhre
Sie entsteht, wenn ein Lavafluss an der Oberfläche erstarrt, im Inneren aber flüssig bleibt und weiterfließt. Versiegt der Lavastrom, bildet sich ein Hohlraum.

Tropfsteinhöhle
Tropfsteine entstehen durch das Ausfällen des Kalks aus kalkhaltigen Wassertropfen. Sie bilden bizarre Höhlenlandschaften.

OBER-
ÖSTERREICH
WIEN
Dachsteinhöhlen
SALZBURG
STEIERMARK
ÖSTERREICH

▶ Dachstein-Salzkammergut
www.dachstein-salzkammergut.com/sommer/unterirdisch/

Schönberg-Höhlensystem
bei Bad Ischl
Längste Höhle
Österreichs

130 km

Entdeckung	1921
Für Besucher nicht zugänglich	

Optymistytschna Petschera
Längste Höhle Europas
(in der Ukraine)

232 km

Entdeckung	1965
Für Besucher nicht zugänglich	

▶ Dachsteinhöhlen

Rieseneishöhle (bei Obertraun)

2 km

Entdeckung	1897
Für Besucher zugänglich	0,7 km

Koppenbrüllerhöhle (bei Obertraun)

4 km

Entdeckung	1910
Für Besucher zugänglich	0,6 km

Mammuthöhle (bei Obertraun)

67 km

Entdeckung	1910
Für Besucher zugänglich	1 km

Gebirgszug erstreckt sich über mehrere Kilometer im Süden des Gosautals und bildet dort einen unverwechselbaren Blickfang. Wer das vor 200 Millionen Jahren aus einem Riff im warmen Urmeer entstandene Wunderwerk der Natur ohne anstrengende Kletterei genießen möchte, kann sich ihm über die durch den Norden des Gosautals führende Pass Gschütt Straße (B 166) nähern. Am **Vorderen Gosausee** im Süden des Tals locken kinderleichte Touren.

Hinauf zur Bergstation

Panorama mit Ablaufdatum

Hallstätter Gletscher

Nicht wenige Passagiere überkommt ein leiser Schauder, wenn sie mit der **Seilbahn von Obertraun** auf den **2109 m hohen Krippenstein** fahren. Die Gondeln schwingen sich in zwei Etappen über tiefe Abgründe den Berg hinauf. Oben angekommen, dürften die meisten zunächst einmal erleichtert aufatmen und dann die Aussicht auf den Hallstätter Gletscher genießen, der sich südlich der Bergstation, von den Dachsteingipfeln kommend, zurzeit bis auf eine Höhe von 2200 Metern erstreckt. Gletscherberichten des Alpenvereins können wir entnehmen, dass das ewige Eis rasant schrumpft und Glaziologen dem Hallstätter

Lieber geradeaus als nach unten gucken: An der Aussichtsplattform »5Fingers« geht es 400 m senkrecht in die Tiefe.

wie auch den anderen Gletschern des Dachsteingebiets eine Lebenszeit von nur noch wenigen Jahrzehnten geben.

Nicht alltägliche Aussichten

Aussichtsplattformen

Von der Bergstation der Dachstein-Krippensteinseilbahn sind es nur wenige Minuten bis zur Aussichtsplattform **»Welterbespirale«**, auf der man fast wie auf einem Schiff flanieren und auf das bis zum Horizont reichende »Meer« aus Felsen und schneebeckten Gipfeln blicken kann. Am Aussichtspunkt **WeltNATURerbeblick**, der ebenfalls nur wenige Gehminuten von der Bergstation entfernt liegt, stellt eine Panoramatafel die Gebirgsmajestäten vor, die im Süden Spalier stehen – vom **Großen Koppenkarstein** (2863 m) bis zum **Hohen Dachstein** (2995 m). Die rund 20 Gehminuten von der Bergstation entfernte Aussichtsplattform **5Fingers** ist ein Muss für Adrenalin-Junkies. Fünf Metallstege ragen hier wie die Finger einer gespreizten Hand bis zu vier Meter über den Steilabfall der **Krippenstein-Nordwand** hinaus. Die Plattform bietet großartige Fernsichten über das Welterbe Salzkammergut. Hallstatt und der Hallstätter See liegen dem Betrachter von dort oben zu Füßen. Die Häuser scheinen winzig und die auf dem tintenblauen See verkehrende Fähre ist gerade einmal als Punkt erkennbar. Das gilt nach kurzer Zeit auch für die Gleitschirmflieger, die vom Krippenstein regelmäßig zu einem Flug über 1500 Höhenmeter ins Tal ansetzen.

Wandern auf altem Meeresgrund

Heilbronner-Rundwanderweg

Von der Bergstation der Dachstein-Krippensteinseilbahn führt ein **Lehrpfad** in die urtümliche, von grünen Latscheninseln durchsetzte Karstlandschaft des Dachsteinmassivs. Er ist gut ausgebaut und erschließt die ebenso schöne wie abweisende Hochfläche auch für Familien mit Kindern. Unterwegs informieren Schautafeln über Entstehung und Geologie des Dachsteinmassivs. Auch »Kuhtrittmuscheln« erinnern die Wanderer daran, dass sie auf Millionen Jahre altem Meeresgrund spazieren. Nach rund 1,5 Stunden ist das **Heilbronner Kreuz** erreicht, das zum Gedenken an eine der größten Tragödien in den österreichischen Alpen errichtet wurde. Am Gründonnerstag 1954 machten sich drei Lehrer und zehn Schüler aus Heilbronn trotz Schlechtwetterwarnungen zu einer Tour ins Dachsteinmassiv auf. Am Plateau von einem Schneesturm überrascht, verirrten sie sich und starben. Erst sechs Wochen später fanden Suchtrupps das letzte Opfer. Auch die Heilbronner Kapelle am Krippenstein erinnert an die Katastrophe. Der Rundwanderweg endet an der **Talstation der Teilstrecke III** der Seilbahn nahe der **Gjaidalm**, die zurück auf die Krippenstein-Bergstation führt.

GOSAUGLETSCHER IM DOPPELPACK

An windstillen Tagen lohnt sich ein Ausflug am Dachstein ganz besonders. Den Vorderen Gosausee entlang schmiegt sich der Weg an steile Felswände, gegenüber wogen die Zacken des Gosaukamms, doch die Sensation liegt taleinwärts: In Zahnpastaweiß grüßen die Eis- und Schneefelder des Gosaugletschers – und finden auf der Wasseroberfläche ihr perfektes Ebenbild. Ein Stück weiter liegen die Jagdhütten der Holzmeisteralm, wo der Roman »Die Wand« mit Martina Gedeck verfilmt wurde. (Gasthof Gosausee; Seeumrundung ca. 1 Stunde, Hinterer See 3 h hin und zurück)

Wenn der Dachstein gurgelt

Koppen-brüllerhöhle

Die gewaltigen unterirdischen Höhlen am Nordabfall des Dachsteinmassiv sind ebenso imposant wie die majestätischen Bergriesen. Den Auftakt bildet die über einen schönen Spazierweg erreichbare Koppenbrüllerhöhle nordöstlich von Obertraun. In Begleitung von Höhlenführern geht es auf hochwassersicheren Wegen in die Unterwelt des Dachsteinmassivs. Tausende Jahre alte Tropfsteine treten aus dem Dunkel hervor, das Rauschen der **Bäche im Berginneren**, das manchmal zu einem »Brüllen« anschwillt, begleitet die spannende, für Familien besonders geeignete Expedition. Klanginstallationen rufen die Kräfte in Erinnerung, die die Höhle über Jahrtausende geformt haben. Aus der **Karstquelle am Höhleneingang** sprudeln nur nach schweren Regenfällen oder zur Schneeschmelze die Wassermassen. Da in der Höhle eine Durchschnittstemperatur von 6° C herrscht, empfiehlt es sich, immer warme Kleidung und festes Schuhwerk zu tragen.

Mai–Sept. 9–16 Uhr stdl. Führungen, Anmeldung an der Höhlenkasse am Eingang | Erw. 16,50 € | http://dachstein-salzkammergut.com

Gänsehaut garantiert

Riesen-eishöhle

Der Rundgang durch die Höhle führt treppab und treppauf tief in das Innere des Berges hinein. Nicht weniger als 120 m Höhenunterschied sind bei einer Besichtigungstour zu überwinden. Doch der märchenhafte Anblick von **riesigen Eiszapfen und Eisvorhängen**, von bizarren Eisformen und Figuren entschädigt die Besucher für alle Strapazen. Die Eisbildung verdankt sich einer speziellen Luftzirkulation, die sich im Winter höhleneinwärts und im Sommer höhlenauswärts bewegt. Das Schmelzwasser, das im Frühling vom Dachsteinplateau durch Fugen und Spalten in die Höhle sickert, gefriert in der kalten Luft zu fantastischen Gebilden wie dem »großen Eisberg«, einem 9 m hohen Kegel, oder dem 25 m dicken **Eisparkett im Tristandom**. Dank einer ausgefeilten Beleuchtung schimmert das Eis in changierenden Farben von Weiß bis Dunkelblau. Den Eisverlust in der warmen Jahreszeit macht der frühlingshafte Zuwachs mehr als wett. Im August wird die perfekte Akustik des Parsifaldoms für die einzigartigen **Eisklangkonzerte** genutzt. Stehend, mit Anorak und Mütze ausgestattet, genießen die Besucher bei 0°C die Stimmen der Solisten und die Klänge des Glasflügels, der alljährlich mit großem Aufwand in die Höhle befördert wird. Gänsehaut garantiert – nicht nur wegen der Temperaturen. Die Rieseneishöhle ist in rund 15 Gehminuten von der Mittelstation der Dachstein-Krippensteinbahn auf der Schönbergalm aus erreichbar.

Führungen: Ende April–Mitte Juni u. Mitte Sept.–Ende Okt. 9.20–15.30, Mitte Juni–Mitte Sept. 9.20–16 Uhr
Erw. 44,20 € (inkl. Hin- und Rückfahrt Seilbahn) |
Höhlenkombiticket: 51,80 € | Anmeldung in der Mittelstation der Bergbahn | http://dachstein-salzkammergut.com

Unendliche Tiefen

Mammuthöhle

Die dritte im Bunde der Dachsteinhöhlen verdankt ihren Namen ihrer immensen Größe. Bis heute sind rund 70 Kilometer der Mammuthöhle erforscht, jedes Jahr kommen neu entdeckte Winkel und Ecken hinzu. Der Höhenunterschied zwischen dem tiefsten und dem höchsten bekannten Punkt der Höhle beträgt nicht weniger als 1200 m. Im Rahmen von Führungen können Besucher Räume und Gänge auf einem rund einen Kilometer langen Rundweg erkunden. In einigen der gigantischen Hallen, die für eine Besichtigung freigegeben sind, könnte problemlos ein Großflugzeug parken. **Lichtinstallationen** im sogenannten »Reich der Schatten« verleihen dem Höhlenerlebnis zusätzliches Flair. Bei den Führungen erfahren Besucher, wie die Megahöhle entstanden ist, die in puncto Länge und Tiefe zu den **Top-30-Höhlensystemen der Erde** zählt. Besonders abenteuerlustige Besucher können auf Trekking-Touren in Begleitung von erfahrenen Höhlenführern noch tiefer in die Unterwelt vordringen und sich dabei – ausgerüstet mit Overall, Stirnlampe und Helm – wie Höhlenforscher durch enge Spalten zwängen und an Klettersteigen Wände entlanghangeln. Die Mammuthöhle kann wie die Rieseneishöhle von der Mittelstation der Dachstein-Krippensteinbahn auf einem rund 15-minütigen Fußweg erreicht werden.

Führungen: Anf. Mai–Mitte Juni u. Mitte Sept.–Ende Okt. 10.30–14.25, Mitte Juni–Mitte Sept. 10.15–14.55 Uhr
Erw. 44,20 € (inkl. Hin- und Rückfahrt Seilbahn)
Höhlenkombiticket: 51,80 € | Anmeldung in der Mittelstation der Bergbahn | http://dachstein-salzkammergut.com

Wohin an der Dachstein-Südwand?

Der Berg ruft

Dachstein-Gletscherbahn

Die Gondelbahn führt vom steirischen Ramsau über 1000 stützenlose Höhenmeter zur **Bergstation am Hunerkogel** in 2698 m Höhe. Wem die Fahrt in der Kabine zu langweilig ist, kann sich auf der offenen Dachkanzel den Wind um die Nase wehen lassen und dabei das Geschehen auf den Klettersteigen verfolgen. Die Brüder Franz und Georg (»Irg«) Steiner waren 1909 die Ersten, die die Dachstein-Südwand durchkletterten. 1913 tat es ihnen ihre erst 16-jährige Schwester Susanna als erste Frau nach. Während Kletterer für den Aufstieg auch heute noch acht Stunden benötigen, bewältigt die Seilbahn die gut 1000 Höhenmeter in nur 6 Minuten.

Nervenkitzel in schwindelerregenden Höhen

Aussichtsplattformen

An der Bergstation am Rand des Dachsteingletschers warten für erlebnishungrige Ausflügler einige **spektakuläre Attraktionen**. Der 6 m unter dem Gletscher angelegte **Eispalast** etwa führt in eine Welt aus glitzernden Eisskulpturen, die Sehenswürdigkeiten aus Eis nachgebildet sind. In der Nähe überspannt eine **100 m lange Hängebrücke** einen 400 m tiefen Abgrund. Wer es schafft, sie zu überqueren, kann sich an die **»Treppe ins Nichts«** wagen. Ihre zwölf Stufen enden auf einer gläsernen Plattform, die an Stahlrohren im Fels befestigt ist und quasi in der Luft hängt. Auch die Aussichtsplattform **»Sky Walk«** erfordert starke Nerven, denn der 17 m lange »Balkon« aus Stahl ragt 4 m über die senkrecht abfallende Felswand des Hunerkogels hinaus. An klaren Tagen reicht die Sicht von dort bis zu den Hohen Tauern und nach Tschechien. Wermutstropfen für Skifahrer: Die Schlepplift-Anlagen am Dachsteingletscher wurden 2023 abgebaut – das Tempo der Gletscherschmelze erlaubte zuletzt keinen alpinen Skilauf mehr.

Höhe: 664 m ü.d.M. | **Landschaft:** Salzkammergut

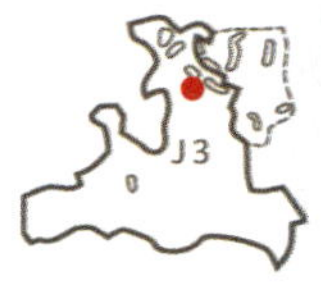

Wie gemalt ruht der See in seinem von dicht bewaldeten Berghängen eingerahmten Bett. Ein Hauch von Stille liegt über dem glasklaren Wasser, das man ohne Bedenken trinken kann.

Der nur etwas mehr als 2,5 km² große Fuschlsee liegt rund 20 km östlich von Salzburg und scheint doch Lichtjahre vom Trubel der Großstadt entfernt. Statt Lärm und Betriebsamkeit findet sich hier viel Waldeinsamkeit. Der See und seine Umgebung sind eine einzige Wohlfühloase, in der man im Winter wie im Sommer genussvoll entspannen und Energie tanken kann.

Wohin am Fuschlsee?

Klein aber fein

Fuschl am See

Der beschauliche, kleine Ort liegt am Ostufer des Sees und gilt als besonders familienfreundlich. Obwohl es an der Wochenenden mittlerweile immer mehr Kurzurlauber an den See zieht, haben die 1500 Einwohner Fuschls Gelassenheit bewahrt. An der **Seepromenade** laden Cafés und eine Aussichtsterrasse zu vergnüglichen Mußestunden und abends zum Genuss der herrlichen Sonnenuntergänge über dem See ein. Erste Adresse für Badespaß ist das **Fuschlseebad**, das mit einem 250 m langen Naturbadestrand und einem beheizten Freibecken aufwarten kann. An der Bundesstraße 158 bildet die 2014 eröffnete Firmenzentrale des Getränkekonzerns **Red Bull** von Dietrich Mateschitz (▶Interessante Menschen) einen besonderen Blickfang. Die beiden

DEN FUSCHLSEE ERLEBEN

URLAUBSREGION FUSCHLSEE

Lebachstr. 1
5322 Hof bei Salzburg
Tel. 06226 83 84
https://fuschlsee.salzkammergut.at

SCHIFFSRUNDFAHRT

Von Mai–Okt. schippert die Holzzille »Fuschlerin« lautlos und umweltschonend über den See.
Mai–Okt. tgl. 10.30 u. 12 Uhr ab Seepromenade Fuschl
Juli–Sept. tgl. auch um 14.30 und 16 Uhr, Erw. 10 €

FUSCHLSEEBAD

Das Strandbad ist eine Wohlfühl-Oase und bietet Gästen außer einem beheizten Außenbecken einen Wellness- und Fitness-Bereich, eine Sauna und einen 250 m langen Naturstrand. Für Kids gibt's eine Riesenrutsche.
Dorfstr. 30
Tel. 06226 82 88
Mai–Sept. tgl. 10–22 Uhr, www.fuschlseebad.at

NATURBADESTRAND HOF

Der Badestrand am Nordufer des Fuschlsees wartet mit einem langen Holzsteg ins Wasser sowie einer Liegewiese und zwei Beach-Volleyballplätzen auf. Sanitäranlagen und ein Badebuffet sind vorhanden.
Seestr. 11
Hof bei Salzburg
Tel. 06229 22 04
Bei Schönwetter tgl. geöffnet

STAND UP PADDLING

Auf dem Surfboard über den See, aber mit Paddel statt Windkraft. Die Ausrüstung für die Trendsportart kann man u. a. im Fuschlseebad mieten.

ANGELN

Die begehrten Lizenzen für die Petri-Jünger gibt Gerhard Langmaier von der Schlossfischerei aus.
Schloss-Straße 19
Hof bei Salzburg
Tel. 06229 22 53 15 33

EDENBERGERS CAFÉ AM SEE €€

Italienische Klassiker und einheimische Gerichte bestimmen in diesem Restaurant in Fuschler Toplage die Speisekarte. Die Fische kommen direkt aus dem Fuschlsee, die Auswahl der Salate überzeugt auch Vegetarier und Veganer. Wenn über dem See die Sonne untergeht, ist ein Moment, wie man ihn auch in Bella Italia nicht schöner erleben kann!
Seestraße 15, Tel. 06226 8220 11
https://edenberger.at
Mi. – Fr. ab 17, Sa. u. So. ab 12 Uhr

BRAUHAUS GUSSWERK €€

Für seine bahnbrechenden Bio-Biere hat Reinhold Barta zahlreiche Preise eingeheimst. Zur Brauerei gehört ein gemütlicher Pub, in dem Sie die Grüne Betty, den Eisbergbock und weitere Gerstensaft-Specials mit Bio-Burgern und Bio-Schmankerln probieren können.
Römerstr. 3, Hof bei Salzburg

AUF EINE RÄUCHERFISCHJAUSE

Schon die Fürsterzbischöfe ließen sich Fuschler Fische an den Salzburger Hof liefern. Heute holt Fischermeister Gerhard Langmaier die schmackhaften Reinanken, Saiblinge und Forellen aus dem See. Im Räucherofen der Schlossfischerei werden sie schonend zubereitet. Ein Saiblingsfilet, noch warm, dazu eine Scheibe Brot – so einfach wie genussvoll präsentiert sich die Jause. Zum Trinken gibt es Wasser, Wein oder Bier, und von den Holztischen am Bootshaus hat man Schloss und See im Blick (April – Nov. Tgl. 8 – 18 Uhr, Schloss-Straße 19, Hof bei Salzburg, Tel. 06229 2253 1533).

Tel. 06229 397 77
Pub ab 16 Uhr, Mi.– So. ab 11 Uhr
www.brauhaus-gusswerk.at

EBNER'S WALDHOF AM SEE €€€€

In diesem alpinen Spa & Golf Resort können Sie stilvoll relaxen und auch etwas für die Fitness tun. Ein Vital- und ein österreichisches Spezialitätenrestaurant sorgen dafür, dass auch kulinarisch keine Wünsche offen bleiben.
Seestr. 30,
Tel. 06226 82 64
www.ebners-waldhof.at

HOTEL SEEWINKEL €€€

Das Hotel residiert in einem romantischen Schlösschen direkt am See und bietet seinen Gästen allen erdenklichen Komfort inkl. Sauna und Dampfbad sowie einen Privatstrand. In der behaglich-modernen Lounge lässt sich der Sonnenuntergang mit Blick auf den See genießen. Das Restaurant verwöhnt mit Spezialitäten der österreichischen Küche. Die Tennisplätze sind gratis. Außerdem gibt es einen Fahrrad- und einen Bootsverleih.
Seestr. 31
Tel. 06226 83 44
www.seewinkel.com

HOTEL JAKOB €€€€

Gastgeber Jakob Schmidlechner bietet maßgeschneiderte Betreuungs-Pakete für Sportbegeisterte – das reicht vom Lauftraining bis zum Trainingscamp für Triathleten! Im hoteleigenen Radverleih gibt es die aktuellsten Modelle zum Testen. Relaxen dürfen die Gäste am Privatbadestrand oder im Spa. Ein 5-Gänge-Abendmenü setzt dem Aktivtag die kulinarische Krone auf.
Dorfplatz 3
Tel. 06226 8228
www.hoteljakob.at

Die Fischer holen Renken, Saiblinge und Karpfen aus dem Fuschlsee.

ineinander verschachtelten Hauptgebäude sind Vulkankegeln nachgebildet und nach drei Seiten von einem künstlich angelegten See umgeben. In dessen Mitte stürmt eine **Herde von 14 Bronzebullen** durch das Wasser auf die Gebäude zu.

Es klappert das Mühlrad ....

Ruming-mühle

In der **historischen Mühle** am Ellmaubach rund 20 Spazierminuten südöstlich des Fuschler Ortszentrums lebt die »gute alte Zeit« wieder auf. Jeden Freitagnachmittag wird dort das alte Mühlenrad in Bewegung gesetzt. Es treibt ein Mahlwerk an, das Getreide zu Mehl vermahlt. Dienstagnachmittags zeigen die Fuschler Bäckerinnen, wie köstliches **Holzofenbrot** entsteht. Beim Steckerlbrot-Backen können die Kids es am Stecken über dem Feuer rösten.

Rumingmühle: Am Mühlenweg | Juni–Sept. Di ab 12, Fr. ab 14, Sa. ab 13 Uhr

Am See und im Gebirge

Wandertouren

Zu den schönsten Salzburger Touren der Kategorie »einfach« zählt die **Umrundung des Fuschlsees**. Ein Wanderweg führt das insgesamt etwa 12 km lange und weitgehend unverbaute Ufer entlang. Es geht durch schattige Wälder, über Blumenwiesen und durch ein Moor, in dem der seltene Große Brachvogel brütet. **Traumhafte Badeplätze** verlocken zu einem Sprung ins klare Wasser, von überall her plätschern Bäche in den See. Wer trittsicher ist und die Mühen eines Aufstiegs nicht scheut, dem sei eine Wanderung von der **Burgruine Wartenfels (924 m) zum Gipfel des Schober (1328 m)** empfohlen. Der sagenhafte Blick über die sieben Seen des Salzkammerguts, den man dort oben genießen kann, ist jede Anstrengung wert.

Sissi lässt grüßen

Schloss Fuschl

Es waren vermutlich die Salzburger Fürsterzbischöfe Sigismund von Volkersdorf (1395–1461) und Burkhard von Weißpriach (1420 bis 1466), die das kleine **Jagdschloss** auf einer Anhöhe über dem See 6 km westlich von Fuschl in der Mitte des 15. Jh.s errichten ließen. Rund 500 Jahre später war es **Drehort für die Sissi-Filme** mit Romy Schneider. Heute zieht Schloss Fuschl als Fünf-Sterne-Luxushotel (mit Golfplatz) die Festspiel-, Polit- und Wirtschaftsprominenz an. Der denkmalgeschützte Turm mit Sissi-Zimmer, in dem Romy Schneider nächtigte, trägt die Handschrift von Renaissance-Künstlern. Die meisten Gäste residieren in schmucken Nebengebäuden. Die Luxusherberge soll 2024 nach Generalsanierung wieder geöffnet werden.

https://www.rosewoodhotels.com/en/schloss-fuschl-salzburg

Haus ohne Kamin

Rauchhaus Mühlgrub

Kurz vor Hof bei Salzburg westlich des Fuschlsees zweigt von der B 158 die Wartenfelsstraße (Schild Tahlgauegg) Richtung Norden ab. In Vorderelsenwang lohnt das historische Rauchhaus einen Besuch. Bei dem stattlichen Gebäude handelt es sich um einen **typischen Einhof**, in dem Wohnplätze und Stallungen in einem Haus vereint waren. Die Bezeichnung »Rauchhaus« rührt von dem Rauch, der vom offenen Herd im Eingangsbereich durch das Haus zog und über das Dach entwich. Diesem Umstand verdankt der Bau auch seine dunkle Farbe.

Riedlstr. 11 in Hof bei Salzburg
Führung: Juli– Mitte Sept., Fr. ab 10.30 Uhr | Erw. 4 €

Langläuferhochburg

Faistenau

Der idyllische Ferien- und Wintersportort westlich des Fuschlsees wartet mit einem botanischen Highlight auf. Den Dorfplatz überragt eine 20 m hohe **1000-jährige Linde.** In ihrem Schatten findet alle drei Jahre eine Mundartfassung des berühmten »Jedermann« statt (Termine: www.alte-linde.at). Im Winter ist das schneereiche Faistenau ein Mekka für Langläufer. Das Loipennetz hat eine Gesamtlänge von nicht weniger als 55 km. Eine 5 km lange Spur wird vom Einbruch der Dämmerung bis 21 Uhr beleuchtet. Den Sommer über bietet der **Hintersee** südlich von Faistenau Badevergnügen pur.

www.langlaufdorf.at

Wilde Canyoning-Tour und romantischer Mühlenwanderweg

Ebenau

Zwischen Faistenau und Ebenau begleitet eine enge und kurvige Straße die wilde **Strubklamm**. Hier geht Max Obermayr mit abenteuerlustigen Gästen auf Canyoning-Tour, Sprünge aus sechs Metern Höhe (alternativ: Abseilen) in metertiefe Gumpen des Almbachs gehören dazu! In Ebenau lockt das um 1635 erbaute **Fürstenstöckl**, in dem heute ein Heimatmuseum residiert, das die Geschichte der Metallverarbeitung in der Region dokumentiert. An der romantischen Waschlmühle am Ortsrand startet der rund 2,5 stündige Mühlenwanderweg, der vorbei an einem halben Dutzend alten Mühlen zum verwunschenen **Wasserfall und Naturbad »Plötz«** verläuft. Das Wasser stürzt aus 50 Meter Höhe in ein von Wäldern umgebenes Bassin – ein romantisches Plätzchen sondergleichen!

Canyoning Strubklamm: Wiestalstr. 74 | Tel. 06221 72 36

Heimatmuseum Ebenau: Messingstr. 31 | Juni–Sept. Di. u. Do. 10 bis 12, Sa. 14–17 Uhr | Erw. 5 €

Waschlmühle: Florianstr. 5 | Infos beim TVB Ebenau, Messingstr. 29 Tel. 06226 83 84 61

★★ GROSSGLOCKNER-HOCHALPENSTRASSE

Bundesländer: Salzburg und Kärnten

Murmeltiere und Steinböcke, blühende Bergwiesen und glitzernde Schneefelder, Österreichs höchster Berg und der längste Gletscher der Ostalpen – auf der spektakulären Panoramastraße, die sich wie ein Wurm über Österreichs bestimmende Gebirgskette windet, jagt ein Höhepunkt den nächsten.

Prestigeprojekt der Zwischenkriegsära

Nichts weniger als die »schönste Straße der Welt« – dies sollte die Großglockner-Hochalpenstraße nach dem Willen ihres Erbauers, des aus Wien stammenden Ingenieurs Franz Wallack (1887–1966), sein. Nach dem Untergang der Donaumonarchie kam das ambitionierte Vorhaben, eine Erlebnisstraße über Österreichs höchstes Gebirge zu bauen, wie gerufen, um das angeschlagene Selbstwertgefühl des geschrumpften Landes aufzurichten. Die Strecke, von vorneherein als Touristikstraße geplant, sollte vermehrt Urlauber in die junge Alpenrepublik locken und dem Heer der Arbeitslosen neue Beschäftigungen verschaffen. Im August 1930 ließen die ersten 100 Sprengungen die Murmeltierbauten im Fuscher Tal erzittern. Fünf Jahre lang wühlten

DIE GROSSGLOCKNER-HOCHALPENSTRASSE ERLEBEN

GROSSGLOCKNER-HOCHALPENSTRASSE

Die Panoramastraße ist meist von Anfang Mai bis Anfang November befahrbar. Im Mai öffnet sie um 6 und schließt um 20 Uhr, von Juni bis August ist sie von 5 bis 21.30 Uhr offen und im September bis zur witterungsabhängigen Wintersperre von 6 bis 19.30 Uhr. Die reine Fahrzeit beträgt 1,5 Std., für eine Besichtigungstour sollte man aber schon mehr Zeit einplanen. Eine Pkw-Tageskarte kostet 40 €, ein Motorrad-Tagesticket 30 €. Auto- oder Motorradfahrer, die die Strecke mit einem umweltfreundlichen E-Mobil befahren, erhalten das Ticket günstiger. Zudem gibt es an der Strecke mehrere Ladestationen. Von Salzburg und von Zell am See fahren von Ende Mai bis Ende September Busse zur Kaiser-Franz-Josefs-Höhe.
www.grossglockner.at

TOURISMUSVERBAND BRUCK-FUSCH GROSSGLOCKNER

Raiffeisenstr. 2
5671 Bruck-Fusch
Tel. 06545 72 95
www.bruck-fusch.at

TOURISMUSVERBAND HEILIGENBLUT

Hof 38, 9844 Heiligenblut am Großglockner
Tel. 04824 27 00 20
www.heiligenblut.at

OLDTIMER TRAKTOR-WM

Kaum zu glauben, aber Mitte September schnaufen tatsächlich Hunderte Traktoren die Serpentinen zur Fuscher Lacke hinauf und kämpfen um den Weltmeister-Titel!
www.traktorwm.at

GLOCKNERKÖNIG

Dieses Radrennen am ersten Sonntag im Juni führt Ausdauersportler von Bruck bzw. Ferleiten hinauf bis zum Fuschertörl.
www.glocknerkoenig.com

PINZGAUER WALLFAHRT

Von Ferleiten und vom Rauriser Tauernhaus brechen am 28. Juni, dem Vorabend des Peter und Paul-Tages, Hunderte Pilger zur traditionellen Wallfahrt nach Heiligenblut auf. Am Hochtor treffen sich die Gruppen, dann geht es hinab nach Kärnten.
www.raurisertal.at

DER BÄRENWIRT €€

Auf österreichische Hausmannskost und deftige Pinzgauer Schmankerl versteht man sich beim Bärenwirt. Dazu schmecken die Craft-Biere des örtlichen Pinzgau-Bräu. Nach der Kurvenorgie auf der Hochalpenstraße am besten auf der Terrasse genießen!
Zeller Fusch 73, Fusch an der Großglocknerstraße
Tel. 06546 254, www.gasthof-grossglockner.com/de/

NATIONALPARK LODGE GROSSGLOCKNER €€€€

Mit seinen behaglichen Zimmern, dem guten Restaurant und einem bemerkenswerten Wellness-Bereich ist das

Haus ein idealer Ausganspunkt für Outdoor-Abenteuer rund um »König« Glockner.
Hof 6
Heiligenblut am Großglockner
Tel. 04824 224 40
www.nationalparklodge.at

BERGGASTHOF EDELWEISSHÜTTE €/€€/€€€

Übernachten auf 2570 m Höhe ist ein Erlebnis – auf der Edelweißhütte ist das in einfachen Zimmern, Komfortzimmern mit Blick auf die Dreitausender oder im schnuckeligen Chalet möglich. Das Restaurant des Hauses serviert köstlichen Apfelstrudel mit Vanillesauce und viele andere österreichische Spezialitäten.
Edelweißspitze an der Großglocknerstraße
Tel. 06545 74 25
www.edelweissspitze.at

FRÜHSTÜCKSPENSION OBERREITER €€

Das barrierefreie, familiengeführte Haus liegt im Zentrum des Dorfs Fusch an der Panoramastraße. Wer hier nächtigt, kann gleich nach einem reichhaltigen Frühstück und noch bevor der Run am späten Vormittag einsetzt die Großglockner-Erlebnistour starten.
Zeller Fusch 72
Fusch an der Großglocknerstraße
Tel. 06546 609
www.pension-oberreiter.at

---

sich die sogenannten »Glockner-Baraberer« durch das Hochgebirge. Obwohl die Arbeiten aufgrund der Wetterverhältnisse ganze acht Monate im Jahr ruhen mussten, konnte die Straße, an deren Bau rund 3000 Arbeiter mitgewirkt hatten, nach nur fünf Jahren Bauzeit am 3. August 1935 freigegeben werden. Schon im Eröffnungsjahr kletterten hier 13 000 Autos über den Alpenhauptkamm.
Auch heute zählt die Großglockner-Hochalpenstraße zu den **spektakulärsten Panoramastraßen der Welt**. Mehr als eine Million Touristen nehmen die 36 Kehren auf der 48 km langen Route zwischen Bruck im Salzburger Land und Heiligenblut in Kärnten alljährlich in Angriff und durchfahren dabei mehrere Klima- und Vegetationszonen. Unterwegs machen zahlreiche Aussichtspunkte, Lehrwege und Ausstellungen Jung und Alt einen Naturraum zugänglich, den zuvor nur Bergsteiger kannten. Seit der Gründung des Nationalparks ►Hohe Tauern rückt mehr und mehr die einzigartige Tier- und Pflanzenwelt des Hochgebirges in den Blick.

Fahrt auf der Großglocknerstraße

Auf geht's!

Mautstelle Ferleiten und erste Etappen

Das nördliche Tor zur Hochalpenstraße ist die **Gemeinde Bruck** südlich des Zeller Sees. Von Kilometer Null in Bruck geht es geradewegs Richtung Süden. In der Gebühr, die Fahrer von Pkws und Motorrädern an der Mautstelle Ferleiten 14 km hinter Bruck entrichten müs-

Kurve auf Kurve erfordert volle Konzentration. Zum Glück gibt es Parkplätze, um Anblicke wie das Brennkogel-Massiv genießen zu können.

sen, ist der Eintritt in die Ausstellungen entlang der Strecke enthalten. In Ferleiten lockt kurz vor der Mautstelle ein **Wildpark**, in dessen Gehegen Tiere der Alpen wie Muffel-, Gams- und Steinwild, aber auch Wölfe und Luchse leben. Für Kinder ist dies sicherlich ein unvergessliches Erlebnis! Nach dem Passieren der Mautstelle beginnt die Kurvenorgie. Nach 5 km gelangt man zum **Parkplatz Piffkar in 1620 m Höhe**, an dem ein Naturlehrpfad lockt. Beim **Parkplatz Hochmais in 1850 m Höhe** ist die Baumgrenze bereits überschritten und man genießt einen spektakulären Blick auf das **Wiesbachhorn** (3564 m). Nahe der Hexenküche (2058 m), einem alten Felssturzgebiet, fand man Eisenketten aus dem 17. Jh., an die Sträflinge gekettet waren, die über das Hochtor nach Venedig zum Galeerendienst getrieben wurden. Das **Haus Alpine Naturschau** 3 km weiter wartet mit einem botanischen Lehrpfad und einer Sammlung von Mineralien aus den Hohen Tauern auf.

Wildpark: Mai–Nov. tgl. 8–19 Uhr | Erw. 10 € | Kinder 5,50 €
http://wildpark-ferleiten.at
Haus Alpine Naturschau: tgl. 9–17 Uhr

Am Gipfelpunkt

Abstecher zur Edelweißspitze

Südlich des Museums zweigt eine 2 km lange Seitenstrecke mit einer Steigung von 14 Prozent zur Edelweißspitze ab. Der Parkplatz dort liegt auf 2571 m Höhe und bildet den **höchsten Punkt der Großglocknerstraße**. Bei gutem Wetter sind 37 Dreitausender auszumachen! Der Gasthof dort bietet auch Unterkunft an.

Zurück an der Hauptstrecke geht es weiter zum Aussichtspunkt Fuscher Törl und dann ein Stück weit abwärts zu dem 2262 m hoch gelegenen Gebirgssee Fuscher Lacke. Dort informiert in dem unter Denkmalschutz stehenden ehemaligen Straßenwärterhäuschen eine Ausstellung über die Geschichte der Hochalpenstraße.

Vieltausendjähriger Handelsweg

Am Hochtortunnel

Hinter dem Gebirgssee führt die Strecke zunächst durch den 117 m langen **Mittertörl-Tunnel** und dann durch den 311 m langen **Hochtortunnel**, der den gleichnamigen Pass unterquert und die Bundesländer Salzburg und Kärnten verbindet. Beim Bau der Straße fanden Arbeiter eine Herkulesstatue, die belegt, dass bereits die Römer den Pass überquerten. Eine Ausstellung am Südausgang des Tunnels bezeugt anhand von archäologischen Funden darüber hinaus, dass der Pass seit mehreren Tausend Jahren eifrig benutzt wurde. Im Mittelalter transportierten Saumpferde Wein, Südfrüchte, Glas, Seide sowie Gewürze nach Norden und Salz, Pelze sowie Edelmetalle nach Süden. Nach dem Hochtortunnel führt die Straße hinunter zum **Tauerneck (2099 m)**, wo sich die **Zlamitzenkehren** gut aufs Foto bannen lassen.

Auf Augenhöhe mit Großglockner und Pasterze

Kaiser-Franz-Josefs-Höhe

Die Aussicht auf den höchsten Berg Österreichs und den längsten Gletscher des Ostalpen ist für viele sicherlich das Highlight an der Großglockner-Hochalpenstraße. Die Kaiser-Franz-Josefs-Höhe in 2369 m Höhe, zu der man über eine 9 km lange Stichstraße mit spektakulärer Trassenführung gelangt, bietet einen Logenplatz für den Genuss der beiden Riesen. Von der **Sonnenterrasse**, eine der schönsten der Alpen, scheint der Großglockner (3798 m) zum Greifen nah. Den Betrachtern zu Füßen windet sich die Pasterze die Felsen entlang. Seit Kaiser Franz Joseph 1856 den Gletscher besuchte, hat er etwa die Hälfte seines Volumens eingebüßt. Heute ist die Pasterze etwa 7 km lang und knapp 1,5 km breit. Am Steig hinab ins »ewige Eis« (auch kostenpflichtige Bahn) geben Schautafeln Auskunft über den »Füllstand« der Eiswanne seit etwa 1850.

Die Hänge rund um die Franz-Josefs-Höhe bevölkern gut **gefütterte Murmeltiere.** An der einem Bergkristall nachgebildeten **Wilhelm-Swarovski-Beobachtungswarte** können die Besucher die grandiose Bergwelt mithilfe modernster Fernrohre heranzoomen. Manchmal geraten dabei Kletterer oder Steinböcke in den Blick. Am Besucherzentrum der Kaiser-Franz-Josefs-Höhe beginnt auch der 2,5 km lange **Naturlehrweg Gamsgrube**, der über die Entstehung der Gletscher sowie über die Flora und Fauna der hochalpinen Region informiert. Enzian, Steinbrech und Arnika, die die Bergwiesen sprenkeln, sind vielen Wanderern bekannt. Parkranger weisen auf der kostenlosen Führung zudem auf Pionierpflanzen wie Tauerneisenhut und Gletschergemswurz hin, die den Extremen im Pasterze-Vorfeld trotzen.

Gratis-Rangertour Juli – Sept. tgl. 10.30 und 13.30 Uhr | Dauer 1,5 Std.
Pasterze-Wanderungen, Steinbock-Touren und weitere kostenpflichtige Angebote unter Tel. 04824 27 00 oder www.nationalpark-hohetauern.at

Endspurt

Heiligenblut

Zurück auf der Hauptstrecke erreicht man den **Rastplatz Kasereck**, der eine tolle Aussicht über das Mölltal bietet. Dort liegt auf einer Höhe von 1300 m das 1000-Seelen-Dorf Heiligenblut, der südliche Endpunkt der Großglockner-Hochalpenstraße. Fast scheint es so, als wolle der Turm der gotischen **Wallfahrtskirche St. Vinzenz** mit dem Großglockner-Gipfel konkurrieren – ein klassisches Fotomotiv. Das Gotteshaus besitzt einen Flügelaltar (1520) aus der Schule von Michael Pacher. Vom malerischen Dorf starten gut ausgeschilderte Wanderwege über Almwiesen zu bewirtschafteten Hütten. Das nach dem Vorbild von Ansiedlungen des 16. Jh.s errichtete **Goldgräberdorf Alter Pocher** bei Heiligenblut entführt Besucher in eine Ära, in der das Tauerngold noch leichter zu finden war als heute. Gegen eine kleine Gebühr kann man sich am Fleißbach im Goldwaschen versuchen.
Juni, Sept. tgl. 11–16, Juli u. Aug. tgl. 10–17 Uhr
www.goldgraeberdorf-heiligenblut.at

★★ HALLEIN

Höhe: 450 m ü.d.M | **Einwohnerzahl:** 19 900
Landschaft: Tennengau

Schon vor gut 2500 Jahren bauten vermutlich Kelten bei Hallein das »weiße Gold« ab, die vor Jahrmillionen entstandenen Salzvorkommen. Das weltweit führende Keltenmuseum zur La-Tène-Zeit wirft einen faszinierenden Blick in den Alltag der ersten Salzherren vom Dürrnberg, das Schaubergwerk Salzwelten lässt die zweite Blüte der Salzabbaus ab etwa 1200 Revue passieren. In der bezaubernden Altstadt klingt die goldene Ära Halleins nach.

Erste Siedlungshinweise werden auf etwa 700 v. Chr. datiert, als wahrscheinlich keltische Siedler 15 km südlich von Salzburg am Austritt der Salzach ins Voralpenland mit der Salzgewinnung am Dürrnberg bei Hallein begannen. Die erste Blütezeit endete mit dem Auftauchen der Römer um 15 v. Chr. Im Mittelalter begründete der neu aufgenommene Salzabbau die wirtschaftliche Machtstellung der Saline Hallein im Ostalpenraum und bildete die Grundlage für den Auf-

HALLEIN ERLEBEN

TOURISMUSVERBAND HALLEIN

Mauttorpromenade 6
Pernerinsel | 5400 Hallein
Tel. 06245 853 94
www.hallein.com

DOPPELSESSELLIFT ZINKENKOGEL

Vom Zinkenkogel, erschlossen per Sessellift von Bad Dürrnberg, sausen im Winter die Skifahrer talwärts, im Sommer geht es auf der 2,2 km langen Sommerrodelbahn »Keltenblitz« hinunter zur Talstation.
Weissenwäschweg 19
Bad Dürrnberg, Tel. 06245 851 05
Anfang Mai–Mitte Juni u.
Mitte Sept.–Ende Okt. Mo.–Fr.
11–17, Sa./So. 10.30–17, Mitte
Juni–Mitte Sept. tgl. 10–18 Uhr
www.duerrnberg.at

BRENNEREI GUGLHOF

Hier können Sie besonders geistreiche, hochprozentige Mitbringsel wie die Jahrgangsbrände aus Marillen oder Vogelbeere oder auch aus alten Birnensorten erwerben. Außerdem gibt es ganz zeitgemäß Gin Alpin oder Single Malt Whisky aus Tauernroggen im Sortiment. Die Brennerei bietet zudem Besichtigungen mit Verkostung an.
Davisstr. 13 A, Tel. 06245 806 21
Mo.–Fr. 8–12, 13.30–18,
Sa. 8–12 Uhr, Besichtigung n. V.
www.guglhof.at

UNTEREGG'S KRÄUTERGARTL

Am Fuße des Schlenken in Adnet hegt und pflegt Christine Brunauer einen prachtvollen Garten mit einheimischen Kräutern und Heilpflanzen. Produkte daraus, wie die Kapuzinerkressetropfen und Salzburger Waldsalz, kann man im Hofladen kaufen. Und falls das Interesse geweckt sein sollte: Auf Anfrage führt Frau Brunauer Sie persönlich durch den Garten.
Spumberg 9, Adnet
Tel. 06245 743 48
http://untereggs-kraeutergartl.at

WOCHENMÄRKTE

Lust auf Lokalkolorit und regionale Köstlichkeiten? Dann auf zu den Halleiner Wochenmärkten! Jeden Freitag (14 – 17 Uhr) geht am Kornsteinplatz in der historischen Altstadt der Bio-Markt in Szene, beim Grünmarkt am Samstag (6.30 – 12 Uhr, ebendort) ist die Auswahl noch größer!
www.hallein.com/geniessen/wochenmaerkte/

❶ HALLEINER STADTKRUG €€

In der urigen Gaststube kommen leckere österreichische Schmankerl auf den Tisch – selbstverständlich aus regionalen Produkten.
Bayrhamerplatz 10
Tel. 06245 701 60
Fr.–Mo. 10–24 Uhr
www.stadtkrug-hallein.at

❶ KRANZBICHLHOF €€€€

Das familiengeführte Hotel Garni bietet seinen Gästen behagliche Zimmer, ein Spa und ein üppiges Frühstücksbuffet mit köstlichen Bio-Produkten.
Hofgasse 12, Bad Dürrnberg
Tel. 06245 737 72
www.kranzbichlhof.net

stieg Salzburgs unter seinen Fürsterzbischöfen. An einer der wichtigsten Nord-Süd-Verbindungen über die Alpen gelegen, kam Hallein zu beträchtlichem Wohlstand - heute noch ablesbar an der schönen Altstadt und gut dokumentiert im Schaubergwerk am Dürrnberg.

Wohin in Hallein und Umgebung?

Verwinkelte Gassen, schmucke Bürgerhäuser und Stille Nacht

★ Altstadt

»Ein wenig sauberer Ort mit vielen Bettlern …«, befand der Baedeker im Jahr 1868 über Hallein, das nach Salzburgs Eingliederung in Habsburg-Österreich 1816 einen Niedergang erlebt hatte. Heute begeistert die Altstadt mit kleinen Gässchen und großen Plätzen. Hübsch restaurierte Bürgerhäuser laden zum Bummeln und Shoppen ein, das Auge streift über Barock- und Rokokofassaden, elegante Torbögen und Statuen. Freitags ist **Bio-Bauernmarkt** auf dem Kornsteinplatz. Im Sommer sind die Salzburger Festspiele in der Alten Saline auf der Pernerinsel zu Gast. An der Nordseite der Pfarrkirche liegt das Grab des Komponisten von »Stille Nacht, heilige Nacht«, Franz Xaver Gruber (1787–1863, ►Baedeker Wissen, S. 310). In seinem Wohnhaus gegenüber ist das **Stille-Nacht-Museum** eingerichtet. Zu sehen ist u. a. jene Gitarre, die das Lied bei der Uraufführung begleitete.

Stille-Nacht-Museum: Gruberplatz 1 | tgl. 9–17 Uhr | Erw. 5 € | www.keltenmuseum.at

DAS WEISSE GOLD

Dank reicher Steinsalzvorkommen entwickelte sich im Salzkammergut der Salzbergbau bereits in der Jungsteinzeit. Im Mittelalter brachten Abbau und Handel mit Salz, das zeitweise sogar den Wert von Gold überschritt, großen Wohlstand und gaben der Region und einigen Orten ihre Namen. So geht z. B. der Begriff »Hall« (Hallein, Hallstatt) auf das germanische Wort für »Salz« zurück.

▶ **Wie Salz gewonnen wird**

Aus dem Meerwasser
Zunächst wird Meerwasser zur Konzentration in Verdunstungsteiche gepumpt. Durch Verdampfung entsteht eine gesättigte Sole, die dann in Kristallisierungsteiche geleitet wird. Dort verdunstet das Wasser vollständig. Ein Kubikmeter Meerwasser hinterlässt ca. 23 kg Meersalz.

Aus der Sole
Die Gewinnung künstlicher Sole erfolgt in Kavernen (Hohlräume), in die durch Bohrungen Süßwasser eingebracht wird. Die so erzeugte Rohsole durchläuft eine chemische Reinigung (Salzaufbereitung) und wird am Ende durch Eindampfung auskristallisiert.

▶ **Verbreitung der Hallstattkultur in Europa**

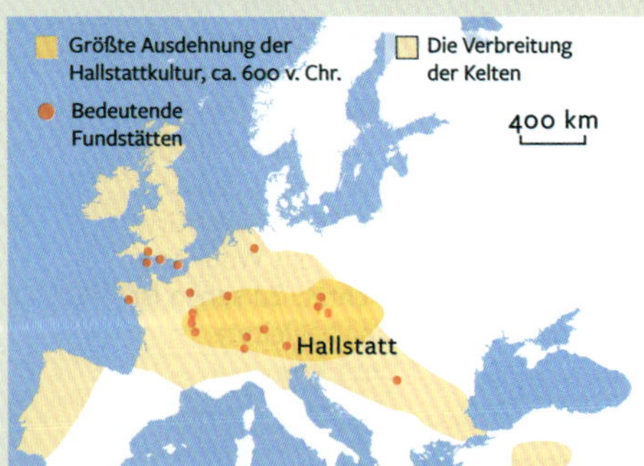

Die Hallstattkultur (ca. 800-45c Chr.) war eine aus bronzezeitlic Kulturen entstandene keltische Kultur. In ganz Mitteleuropa finden sich Gräber mit vielen Beigaben, die von einem hohen Stand der Metallverarbeitung zeugen. Der Salzabbau in Hallst und Hallein in Österreich war d Basis des Reichtums der Hallstattkultur.

Aus dem Bergwerk
Der Abbau des Steinsalzes geschieht durch Bohren und Sprengen. Es entstehen rechteckige Kammern, die durch verbleibende Pfeiler aus Salzgestein gestützt werden. Das herausgebrochene Steinsalz wird zerkleinert und über Förderbandanlagen zum Förderschacht transportiert.

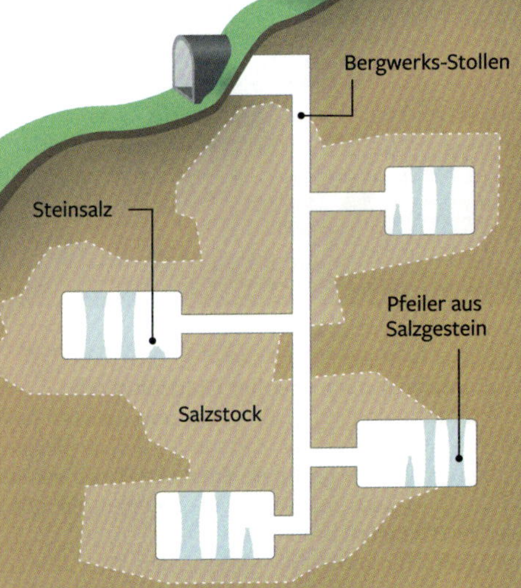

▶ Salz als Verbrauchsmittel

Im Jahr 2016 wurden in Deutschland rund **12 Mio. Tonnen Salz** verbraucht.

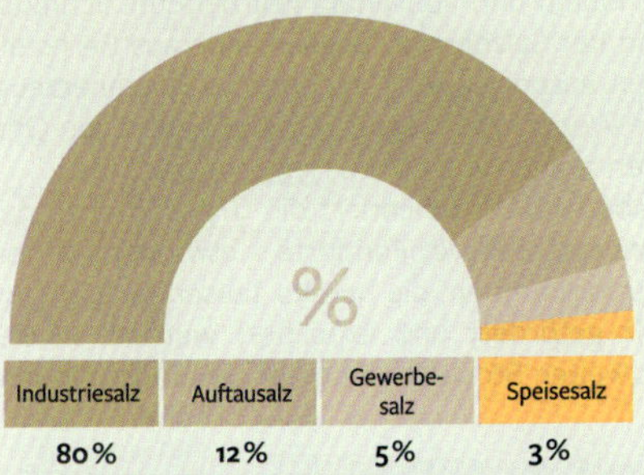

▶ 7000 Jahre Salzabbau in Hallstatt

Steinzeit
In Europa herrschte nach dem Rückzug der Gletscher ein warmes und mildes Klima. Menschen wurden sesshaft, betrieben Ackerbau und Viehzucht – und hinterließen dabei Spuren: So fand man bei Ausgrabungen eine Hirschgeweih-Haue, mit der vor ca. 7000 Jahren am Hallstätter Berg nach Salz gegraben wurde.

Römische Zeit
Ab dem ersten vorchristlichen Jahrhundert gruben keltische Bergleute wieder Salz aus dem Berg im Hallstätter Hochtal. Einige Jahrhunderte zuvor waren durch Hangrutschungen sämtliche Zugänge verschüttet worden.

Mittelalter
Im 12 Jh. konnte Salz erstmals mit Hilfe von Wasser abgebaut werden. Die wässrige Salzlösung (Sole) wurde über hölzerne Leitungen ins Tal geführt. 1595 entstand in der Region mit über 40 km Länge die älteste Pipeline der Welt. Sie bestand aus 13 000 durchbohrten Baumstämmen. Heute folgt ihr ein idyllischer Wanderweg.

Neuzeit
Um 1877 begann mit dem Bau der Eisenbahn das Industriezeitalter auch im Salzkammergut. Maschinen erleichterten die Arbeit im Berg und Exportwege wurden ausgebaut. Gewonnene Sole wurde auch für Kuranwendungen benutzt. So begann der Tourismus im Salzkammergut. Seit Dezember 1997 hat die Region Hallstatt-Dachstein/Salzkammergut UNESCO-Welt-kulturerbe-Status.

Auch die kriegerische Seite der Kelten zeigt das Keltenmuseum.

Kelten-museum

Salzherren, Grabkammern und kunstvoller Goldschmuck

Mit eisenzeitlichen Gräberfunden vom Dürrnberg und Relikten des prähistorischen Bergwerks gewährt das Keltenmuseum am linken Salzachufer gegenüber der Pernerinsel tiefe Einblicke in das Leben der **Hallstatt- und La-Tène-Zeit** (750 – 15 v. Chr., ▶Baedeker Wissen, S. 302). Die Siedler erzeugten Lederschuhe für die Arbeit unter Tage und Schnabelschuhe für modische Anlässe. Aus Birkenrinde entstanden wasserabweisende Hüte. Dass die Dürrnberger Schmiede nicht nur Meister der Waffenproduktion waren, zeigt die berühmte, **2500 Jahre alte Schnabelkanne** – ihren Henkel bildet Taranis, der höchste Gott der keltischen Mythologie. Eine 3D-Animation verdeutlicht die Herstellung der aus einem Stück Bronzeblech gearbeiteten Kanne. Filigrane Fibeln und aufwändig gearbeiteter Schmuck zeugen vom Wohlstand der Salzherren, Gegenstände aus Bernstein und Koralle belegen ein europaweites Handelsnetz. Spitzenerzeugnisse schufen auch die Weber und Wagner, Grabbeigaben von Ohrlöffelchen und Pinzetten zeugen von hohen Hygienestandards.

Ein weiterer Museumsbereich dokumentiert die **Urgeschichte des Salzburger Landes** anhand weiterer Fundorte – etwa dem Mitterberg mit seinen Kupfervorkommen, die bereits Tausende Jahre vor dem Dürrnberger Salz gefördert und exportiert wurden. In den **Fürstenzimmern** im zweiten Stock zeigen mehr als 70 detailreiche

Gemälde aus der Mitte des 18. Jh.s den gesamten Vorgang der **Salzgewinnung**, von der mühsamen Arbeit im Berg über die Extraktion des Salzes aus der Sole im Sudhaus bis zum Transport des »Weißen Goldes« auf Salzach-Zillen.

Pflegerplatz 5 | tgl. 9 - 17 Uhr | Erw. 8 € | www.keltenmuseum.at

Prachtvoller Adneter Marmor

Adnet

Ob im Wiener Stephansdom, in der Kirche St. Peter in Salzburg oder bei der Mariensäule auf dem Münchner Marienplatz: Vielerorts fand der wunderbar rötlich schimmernde Stein aus den Marmorbrüchen von Adnet östlich von Hallein Verwendung. Er wird im **Marmormuseum** im Gemeindeamt Adnet vorgestellt, ebenso wie der seltene weiße Marmor, »Korallenmarmor« genannt. Schon die alten Römer priesen den Naturschatz aus Kalk, der Abbau im großen Stil begann jedoch erst um 1500. Der vom Museum ausgehende, etwa zweistündige Rundwanderweg durch das Steinbruchareal verdeutlicht auch die Gegenwart des kostbaren Materials.

Marmormuseum: April–Okt. Do.–Sa. 16–18.30, Nov.–März Sa. 14 bis 16.30 Uhr | Erw. 4 € | http://marmormuseum.adnet.at

Relaxen in der Therme

Bad Vigaun

Das 3 km südlich von Hallein im Salzachtal gelegene Bad Vigaun besitzt eine moderne Heiltherme. Die Thermalquelle hat eine Temperatur von wohlig warmen 34 °C und eignet sich hervorragend sowohl für Bade- wie für Trinkkuren.

Tgl. ab 10 Uhr | 3 Std. 23 € | www.badvigaun.com

Zum Dürrnberg

Keltische Bergmänner

Mit dem Auto oder Postbus geht es hinauf nach **Bad Dürrnberg**, wo im Keltendorf SALINA der Freilichtteil des Keltenmuseums zu erkunden ist. Im einzigen ebenen Hochtal des Dürrnbergs standen einst Blockwandbauten, die über eine Isolierung gegen Bodenfeuchtigkeit verfügten. Jedes Haus konnte nur mit einem einzigen Schlüssel aufgesperrt werden, erfährt man. Mit audiovisuellen Installationen werden Alltag und Kultur der Kelten bis zum Auftauchen der Römer um die Zeitenwende greifbar. Anschaulich ist auch der Garten, der die Würz- und Heilpflanzen der Dürrnberger Siedlung präsentiert.

» Der Dürrnberg bei Hallein ist des Erzstiftes Salzburg höchstes Kleinod. «

Paris Lodron, Fürsterzbischof 1619 – 1653

Glück auf!

Wallfahrtskirche Maria Dürrnberg

Vom geistigen Leben weiß man dagegen wenig – die Kelten hinterließen keine schriftlichen Zeugnisse. Ein Symbol des Christentums erhebt sich oberhalb des Bergwerkeingangs in Form der Pfarr- und Wallfahrtskirche Maria Dürrnberg. Sie wurde im Auftrag von Erzbischof Wolf Dietrich von Raitenau 1594–1612 aus **rötlichem Adneter Marmor** errichtet – unter seiner Herrschaft erlebte die Salzförderung mit 36 000 Tonnen einen Höhepunkt.

In den Bauch des Dürrnbergs

Salzwelten

Nun aber hinab in die Tiefen des Dürrnbergs, der um 1200 von den Fürsterzbischöfen wieder als Quelle des Wohlstands entdeckt wurde – diesmal mit dem Sudverfahren (►Baedeker Wissen, S. 106). Schon früh stand das Salzbergwerk auch Publikum offen. Im 18. Jh. bereisten zunächst Adelige das ungewöhnliche touristische Ziel, unter ihnen Alexander von Humboldt, der französische Schriftsteller Stendhal und Kaiser Franz II. Auch erste Besucherinnen wagten sich bald in die Finsternis hinab, wie die britische Reiseschriftstellerin Frances Trollope: »Nur diejenigen, die sich auf ihr unerschrockenes Herz verlassen können, dürfen es wagen, mir in das Innere des Dürrnberges zu folgen ...«, warnte sie 1838 – ein Kunstgriff, der erst recht Lust auf ein Abenteuer machte. Seit dem Ende der Salzproduktion 1989 steht das Bergwerk ganz im Zeichen des Tourismus. Kinder unter vier Jahren dürfen noch nicht in die Salzwelten.

Platz nehmen auf dem Grubenhunt, dann kann es losgehen!

Über lange **Bergmannsrutschen** ist das älteste Besucherbergwerk der Welt erschlossen. Per Floß geht es über den spektakulär beleuchteten Salzsee, eine weitere Schaustelle thematisiert die Funde zweier **prähistorischer Bergmänner** in den Jahren 1577 und 1616. Ein Kuriosum ist die Grenzmarkierung mitten im Berg: »**Staatsgrenze** Republik Österreich – Bundesrepublik Deutschland« steht auf dem Schild zu lesen. Die Erklärung hängt mit einem historischen Deal »**Salz gegen Holz**« zusammen. 1217 vereinbarten die damaligen Landesherren einen Austausch: Die Salzburger durften unterirdisch die Salzlagerstätten jenseits der Grenze anzapfen, während die unter Holzmangel leidenden Rivalen der Saline Reichenhall dafür Forstrechte bei Lofer im Pinzgau eingeräumt bekamen.
70 Minuten später geht es **mit Grubenhunten durch lange Stollen** zum Ausgang, wo man Fotos, die auf der Rutsche von Besuchern gemacht wurden, als Ausdruck erstehen kann.

April–Okt. tgl. 9–17, Nov. bis Anf. Jan. tgl. 10–15 Uhr
Erw. 32 € (mit dem Ticket hat man ermäßigten Eintritt im Keltenmuseum und Stille-Nacht-Museum) | unbedingt warme Kleidung mitnehmen | www.salzwelten.at

★★ HALLSTATT

Höhe: 511 m ü.d.M. | **Einwohner:** 800 | **Bundesland:** Oberösterreich

Schon Alexander von Humboldt nannte Hallstatt »den schönsten Seeort der Welt«. Angesichts des bezaubernden Anblicks der wie Schwalbennester am steilen Berghang über dem Hallstätter See klebenden Häuser ist man geneigt, ihm recht zu geben.

Archäologische Funde belegen, dass jungsteinzeitliche Jäger schon vor mehr als 7000 Jahren am Hallstätter Berg mit Hirschhornwerkzeugen nach Salz gruben. In der späten **Bronze- und der Eisenzeit** entwickelte sich dort im Zuge eines nunmehr systematisch betriebenen Salzbergbaus eine **komplexe, prosperierende Gesellschaft**, die mit vielen Teilen Mitteleuropas Handelsbeziehungen unterhielt und einer ganzen Epoche den Namen gab. Die sogenannte Hallstattkultur verbreitete sich zwischen etwa 800 und 450 v. Chr. auf einem Gebiet, das von Nordostfrankreich bis in den Nordwesten des Balkans reichte. Die kostbaren Grabbeigaben, die Archäologen in einem bereits im 19. Jh. freigelegten **bronzezeitlichen Gräberfeld im Hochtal über Hallstatt** fanden, zeugen von dem Wohlstand, der damals dank des Salzes am Hallstätter See herrschte. Bis in die Mitte des 20. Jh.s bildete der Salzabbau die Grundlage des Wirtschaftle-

HALLSTATT ERLEBEN

TOURISMUSBÜRO HALLSTATT
Seestr. 114
A-4830 Hallstatt
Tel. +43 5 950 95-30
www.hallstatt.net

ORTSFÜHRUNGEN
Mai–Okt. Mo. und Sa. 16.30 Uhr ab Tourismusbüro.
Für Gäste der Region gratis, sonst 8 €

PARKPLÄTZE
Hallstatt ist mit dem Auto über eine Straße am Seeufer erreichbar. Elektronische Anzeigen informieren über freie Plätze auf den beiden Großparkplätzen. Zu Fuß geht es weiter in den Ortskern, der nur für Anwohner mit dem Auto erreichbar ist.

HALLSTATTSCHIFFFAHRT
Durch eine Fähre, die zwischen Ortszentrum und Anlegestelle Hallstatt Bahnhof am Ostufer verkehrt, ist Hallstatt an das Schienennetz der ÖBB angeschlossen. Die Hallstattschifffahrt bietet auch Rundfahrten an.
http://hallstattschifffahrt.at

SOLELEITUNGSWEG
Der Wanderweg führt hoch über dem Hallstätter See entlang der ältesten Pipeline der Welt nach Bad Goisern.

FORSCHER MALER LITERATEN
Der Themenwanderweg führt auf den Spuren von Künstlern und Forschern des 19. Jh.s zu den Naturwundern des wildromantischen Echerntals westlich von Hallstatt.

OSTUFERWANDERWEG
Der leicht begehbare Uferwanderweg zwischen Bad Goisern und Obertraun bietet immer neue Perspektiven auf Hallstatt am anderen Ufer.

FRONLEICHNAMSPROZESSION
Die Seeprozession findet seit 1623 statt und ist ein Publikumsmagnet.

BRÄUGASTHOF AM HALLSTÄTTER SEE €€
Genießen Sie auf der Seeterrasse oder in den prachtvollen Gaststuben exzellente Küche mit fangfrischem Fisch.
Seestr. 120
Tel. 06134 206 73
www.brauhaus-lobisser.com

GASTHAUS STEEGWIRT €€€
Hier gibt es Spezialitäten wie das legendäre Bratl in der Rein mit Blick auf die 1511 errichtete Seeklause am Nordende des Sees. Fischliebhaber kommen bei Fisch aus der eigenen Räucherkammer auf ihre Kosten.
Au 12, Steeg (Bad Goisern)
Tel. 06135 83 02
www.steegwirt.at

SEEHOTEL GRÜNER BAUM €€€€
Wohnen, wo schon Kaiserin Sisi, Adalbert Stifter und Agatha Christie logierten: Die umfassend renovierte, romantische Nobelherberge wurde im Jahr 1700 erstmals erwähnt.
Marktplatz 104
Tel. 06134 826 30
www.gruenerbaum.cc

Der schönste Seeort der Welt – ganz unrecht hatte Alexander von Humboldt nicht.

bens. Über die Jahrhunderte lieferte er den Rohstoff für die Schaffung, Entwicklung und Pflege einer einzigartigen Kulturlandschaft, die die **UNESCO 1997 auf ihre Welterbeliste setzte**. Mittlerweile lockt das Welterbe »Hallstein-Dachstein/Salzkammergut« Tag für Tag Tausende Bustouristen aus aller Welt an. Seit 2012 in der südchinesischen Stadt Boluo eine Kopie von Hallstatt aus dem Boden gestampft wurde, wollen besonders viele Besucher aus dem Reich der Mitte das Original sehen. Hallstatt wurde zu einem Symbol für »Übertourismus«. Im Zuge der COVID-Pandemie ging es ruhiger zu – fragt sich für wie lange.

Wohin in Hallstatt und Umgebung?

Dorfidyll

Dicht gedrängt stehen die entzückenden Häuser des 800-Seelen-Dorfs auf soliden Steinfundamenten am Fuß des 1953 m aufragenden Plassen. Seit Jahrhunderten behaupten sie ihren Platz auf dem Schwemmkegel des Mühlbachs, der aus dem Gebirge kommend nahe dem Ortszentrum in den See mündet. Die **kunstvoll geschnitzten Balkone schmücken** im Sommer in allen Farben leuchtende Blumen. Allerorten klettert dichtes Blattwerk die Fassaden hoch. Der spitze Turm der 1863 erbauten neugotischen **Christuskirche** ist ein Wahrzeichen Hallstatts und ein schon von weitem sichtbarer Blickfang. Das evangelische Gotteshaus ist Symbol für die Beharrlichkeit der Protestanten, die über Generationen hinweg ihren Glauben im Verborgenen ausüben mussten. Nur wenige Meter weiter nördlich ragt auf einer Anhöhe die spätgotische, **katholische Pfarrkirche** auf, die einen aufwändig gearbeiteten Marienaltar aus der Werkstatt von Leonhard Astl (um 1515) und einen schönen neugotischen Flügelaltar birgt. Um den seit dem Ende des 18. Jh.s auf dem winzigen **Friedhof** an der Nordseite der Kirche herrschenden Platzmangel zu beheben, wurden die Gebeine vieler Verstorbener bei Bedarf in die **Michaelskapelle** am Rand des Gottesackers umgebettet. Viele der über 600 Totenschädel, die dort aufbewahrt werden, sind bemalt und mit Namen sowie Lebensdaten versehen. Der jüngste Schädel fand 1995 seinen Weg ins Beinhaus. Hallstätter, die das so in ihrem Testament vermerken, können sich immer noch auf diese Weise bestatten lassen. Hallstatts **Welterbe–Museum** in der Seestraße 56 spannt einen Bogen von den Anfängen des Salzabbaus vor 7000 Jahren über die Gräberfunde der Hallstatt-Zeit und den Beginn des Tourismus im 19. Jh. bis zur Aufnahme der Region in die Welterbeliste der UNESCO 1997.

Welterbe-Museum: Jan.–März, Nov. und Dez. Mi.–So. 11–15; April und Okt. tgl. 10–16; Mai–Sept. tgl. 10–18 Uhr | Erw. 10 €
www.museum-hallstatt.at

Hallstätter See

Hallstatt von seiner schönsten Seite

Schon Biedermeier-Maler bannten das Dorf am liebsten vom Wasser aus auf die Leinwand. Der Blick vom Boot fällt auf einen wie verzaubert wirkenden kleinen Ort, der im Schutz dicht bewaldeter Berghänge vor sich hin zu träumen scheint. Der bis zu 125 m tiefe, dunkle Hallstätter See erinnert ein wenig an einen norwegischen Fjord. Er ist immerhin 8,6 km lang, im Durchschnitt aber nur einen Kilometer breit und die Berghänge an seinem West- wie an seinem Ostufer fallen sehr steil ab. Nur dort, wo die Traun in den See mündet bzw. abfließt, nämlich im Südosten und im Norden, ist das Gelände flacher.

Schaubergwerk

Zeitreise unter Tage

Ein Besuch des Schaubergwerks im Hochtal 400 m über Hallstatt ist fast schon touristische Pflicht. Denn immerhin hat der Salzabbau den Ort wohlhabend und berühmt gemacht. Wer nicht mit der Salzbergbahn hinauffährt und stattdessen die Mühen eines Aufstiegs auf sich nimmt, wird allerdings mit den Schattenseiten des Bergbaus bekannt gemacht. An der sogenannten **Kernbank** erinnert eine Inschrift an die Kerntragweiber, die noch im 19. Jh. zweimal täglich das gebrochene Steinsalz (Kern) in Körben aus dem Tal hinunter ins Dorf schleppen mussten. Die Kernbank bot ihnen Gelegenheit, die schwere Last abzusetzen und zu verschnaufen. Von der Bergstation der Salzbergbahn geht es über eine Brücke zum **Rudolfsturm**, in dem bis 1954 der Bergmeister residierte. Heute serviert dort ein Gasthaus Schmankerl der österreichischen Küche. Direkt vor dem Haus ragt die **Aussichtsplattform »Welterblick«** 12 m über den Abgrund hinaus und bietet spektakuläre Fernsichten über den Hallstätter See und die Bergwelt. Auf der anderen Seite des Rudolfturms führt ein kurzer Spazierweg an dem **Hallstätter Gräberfeld** vorbei zum Bergwerk. Dort fahren die Besucher auf Bergmannsrutschen in die Unterwelt. Von den insgesamt 65 Stollenkilometern, die im Laufe von Jahrhunderten in den Berg getrieben wurden, sind 22,5 Kilometer begehbar. Bei den Führungen erfahren Besucher alles Wissenswerte über die Geschichte des Salzabbaus und die Arbeit unter Tage. Highlight ist das 400 m unter der Erde angelegte **Bronzezeit-Kino**, in dem dank hochmoderner Computeranimationen Udlo, ein Junge der Bronzezeit, über eine mehr als 3500 Jahre alte Holztreppe marschiert und den Zuschauern zeigt, wie ein Arbeitstag in dem bronzezeitlichen Bergwerk aussah. Wer noch mehr über Udlos Zeitgenossen wissen möchte, kann eine prähistorische Exkursion buchen, die in sonst nicht zugängliche Teile des Bergwerks führt. Kinder unter vier Jahren dürfen noch nicht in das Bergwerk.

April-Okt. tgl. 9.30-16.30 | Nov.-Anf. Jan. bis 14.30 Uhr | Erw. 40 € (inkl. Salzbergbahn), Kinder 4 - 15 Jahre 20 € | warme Kleidung ist auch im Sommer unbedingt erforderlich | www.salzwelten.at

★ HOCHKÖNIG

Landschaften: Pinzgau und Pongau

Der Hochkönig, eines der eindrucksvollsten Gebirgsmassive der Nordalpen, schließt südöstlich an das Steinerne Meer an. Am Südfuß des mächtigen, schroff abfallenden Massivs finden Wanderer und Skifahrer traumhafte Bedingungen vor.

Mit 2941 m ist der Hochkönig der **höchste Gipfel der Salzburger Kalkhochalpen**. Zahlreiche Kletterrouten ziehen sich durch die Kalkwände des Hochkönigmassivs; sie sind aber, besonders der Königsjodler-Klettersteig, nur erfahrenen Alpinisten vorbehalten. Mit **Kräuterwanderungen** sind ein neuer thematischer Schwerpunkt. In puncto **Mountainbikes** und **E-Bikes** zählt der Hochkönig zu den Vorzeige-Regionen im Salzburger Land. »Hochkönigs Winterreich« ist dem **Skiverbund Amadé** angeschlossen (► S. 333).

Ganz im Trend

Zertifiziert vegan

Salzburgs eher fleischlastige Küche wird in der einzigen zertifizierten veganen Region Österreichs durch ein kulinarisches Alternativangebot ergänzt. Vegetarier und Veganer finden am Hochkönig in einigen Alm- und Skihütten Schmankerl nach ihrem Gusto – dem »veganen Einkehrschwung« steht jetzt nichts mehr entgegen.

HOCHKÖNIG ERLEBEN

TOURISMUSVERBAND HOCHKÖNIG

Am Gemeindeplatz 7
5761 Maria Alm
Tel. 06584 203 88
www.hochkoenig.at

SKI, WANDERN, BIKEN AM HOCHKÖNIG

In dem familienfreundlichen Ski- und Wandergebiet am Hochkönig hat man stets das gigantische Hochkönigmassiv im Blick. Im Sommer verkürzen gleich sechs Lifte den Anstieg zu Almen und Gipfeln. Von Frühjahr bis Mitte Okt. pendelt der Wanderbus entlang des Hochkönigmassivs zum Arthurhaus oberhalb von Mühlbach. Auch beim Bike-Verleih, geführten Bike-Touren und einem Online-Tourenportal spielt die Region Hochkönig in der Oberliga mit.
www.hochkoenig.at

BACHWIRT €€€

Kasnocken, Schweinsbraten und Pinzgauer Kaiserschmarren – hier wird den Spezialitäten der Region gehuldigt.
Dorfstr. 3, Maria Alm, Tel. 06584 22 00, www.bachwirt.com

ÜBERGOSSENE ALM €€€€

Hier residieren Sie in großzügigen und eleganten Zimmern bzw. Suiten mit Hochkönig-Traumblick. Das Alpinresort bietet außerdem geführte Wanderungen und im Wellness&Spa-Bereich ein vielfältiges Wohlfühlprogramm. Müde Wanderer-Beine werden mit Arnikawickeln und Murmeltieröl-Massagen wieder fit. Das Restaurant verwöhnt die Gäste mit Schmankerln vom Biobauern.
Sonnberg 23, Dienten
Tel. 06461 23 00
www.uebergossenealm.at

HOTEL PINZGAUER HOF €€€

Die familiengeführte Pension liegt nahe der Wallfahrtskirche Maria Alm (20 Zi., 3 App.). Das Frühstücksbuffet ist sehr reichhaltig, abends werden die Gäste mit Schmankerln aus der Region verwöhnt.
Am Kirchplatz 6, Maria Alm
Tel. 06584 74 62, www.hotel-pension-mariaalm.com

Wohin am Hochkönig?

Kirchen als Blickfang

Maria Alm

Maria Alm, der westlichste der Urlaubsorte am Hochkönig, wartet mit der **höchsten Kirchturmspitze im ganzen Salzburger Land** auf. Stolze 84 m ragt der nadelspitze Turm der Wallfahrtskirche auf. Fast ist es so, als wolle er den mächtigen Berggipfeln im Hintergrund etwas entgegensetzen. Auch im 14 km weiter östlich gelegenen Dienten scheinen die Mächte des Himmels und der Natur im Wettstreit zu liegen. Die **Pfarrkirche St. Nikolaus** auf dem Kirchbühel nimmt sich vor den grauen Felswänden des Hochkönigs besonders malerisch aus. Innen sind das gotische Sternrippengewölbe und der Hochaltar von 1660 sehenswert. Die Kirche diente oft als Kulisse für Heimatfilme. Aus Maria Alm stammt der heute in Wien lebende Krimiautor **Wolf Haas**, der mit seinen Brenner-Romanen große Erfolge auch im Kino feierte.

Dienten am Hochkönig

Durchs Urslautal führt die Straße nach **Dienten am Hochkönig** (1071 m). Das gemütliche Bergdorf hat seinen traditionellen Charakter bewahrt und erfreut seine Gäste jedes Jahr mit üppigem Blumenschmuck.

Ungeahnte Schätze

Bergbaumuseum Hochkönig

In **Mühlbach** südlich des Hochkönigs gewährt das Bergbaumuseum spannende Einblicke in die **Geschichte des Kupferabbaus** in der Region. Archäologische Funde belegen, dass in der Bronzezeit zwischen 2000 und 800 v. Chr. die Kupferminen am Mitterberg eine Rolle spielten. Illyrische Bergleute bauten dort Kupfererz im Untertagebau ab und drangen mit der Feuersetzmethode bis zu 120 Meter in den Fels vor. Das Kupfer in der 1999 bei Halle an der Saale gefundenen, berühmten Himmelsscheibe von Nebra stammt vermutlich vom Mitterberg. Am Ende der Bronzezeit verlor das Kupfer seinen Wert und der Abbau wurde eingestellt. Fast 3000 Jahre ahnten die Menschen der Region nicht, welche Schätze sich in der Erde verbargen. Erst 1827 entdeckte ein Bauer, der auf der Suche nach einem verlorenen Bortlaib war, die Lagestätten neu. Bis 1977 wurde am Mitterberg wieder Kupfer abgebaut. In der Ausstellung erfahren die Besucher anhand von Schautafeln, Werkzeugen und Grabungsfunden alles über prähistorische und neuzeitliche Abbautechniken. Dort ist auch eine Replik der Himmelsscheibe von Nebra zu sehen. Die Führungen durch den **Schaustollen** gleichen einer Zeitreise durch 4000 Jahre Bergbaugeschichte.

Im Kupferbergwerk arbeitete auch der Vater von **Sepp Bradl** (1918–1982), der 1936 im slowenischen Planica als erster Skiflieger der Welt mit einer Weite von 101,5 m die magische 100-Meter-Marke übersprang. Bradl, der als Zwölfjähriger den Tod seines Vaters am Hochkönig miterleben musste, war vielfacher österreichischer Meister, gewann 1939 den Weltmeistertitel im Skispringen (für das »Großdeutsche Reich«) und 1953 die Vierschanzentournee. Er beendete seine aktive Karriere 1958 und trainierte danach sowohl die österreichische als auch die deutsche Springer-Nationalmannschaft. In Mühlbach betrieb er bis zu seinem Tod den Alpengasthof Rupertihaus.

Bergbaumuseum Mühlbach: Mai, Juni, Sept. Mi.–Fr. 13–17, Juli und Aug. auch Di., Okt. nur Do., Jan.–März Mi. 14.30–16 Uhr, Schaustollen-Führungen (ab Museum) 14, im Sommer auch 15.30 Uhr
Erw. 7 € | Stollen 7 € | www.museum-hochkoenig.com

Bergsteiger-Arena

Hochkönig-massiv

Der Gebirgsstock südöstlich von Saalfelden zählt zu den gewaltigsten Bergmassiven der Alpen. Nur wenige Giganten wie Mont Blanc, Großglockner oder Piz Bernina nehmen es an Mächtigkeit mit ihm auf. Am Rand der 12 km^2 großen Hochfläche ragen mehrere Gipfel weit über 2000 m auf. Im Westen ist der Hochkönig durch die **Torscharte** mit dem Steinernen Meer verbunden. An seine steil abfallenden Südwände schmiegen sich herrliche Almen. Der gleichnamige Hauptberg des Plateaus ist mit 2941 m zugleich der **höchste Gipfel der Salzburger Kalkhochalpen**. Wer über eine entsprechende Kondition verfügt, kann den Hochkönig in fünf bis sechs Stunden auf mehreren Routen erklimmen. Die Aussicht ist dank der freien Lage des Bergstocks großartig; sie reicht bis zur Zugspitze und zum Großglockner. Einplanen sollte man eine Übernachtung im **Matrashaus** am Gipfel, einer Schutzhütte des Österreichischen Touristenklubs. Sie bietet Schlafplätze, Duschen, Toiletten und à-la-carte-Speisen an.

Tel. 06467 75 66 | Juni–Okt. | www.matrashaus.at

Almgenießen

Almen am Hochkönig

Der Gletscherrest unterhalb des Hochköniggipfels verdankt den Namen **»Übergossene Alm«** einer Sage, die berichtet, dass die Hoch-

Nicht ganz so hoch wie die Kirche von Maria Alm, aber auch hübsch: das Kirchlein von Dienten am Hochkönig

fläche einst mit saftig grünen Wiesen bedeckt war, die Rindern reichhaltige Nahrung boten. Die Kühe gaben so viel Milch, dass die Sennerinnen mit der Produktion von Butter und Käse gar nicht mehr nachkamen und sehr reich wurden. In ihrem Übermut badeten sie in Milch, bewarfen sich mit Butter und taten noch andere gotteslästerliche Dinge – bis sie mit einem fürchterlichen Unwetter, das die Wiesen und Hütten unter Schnee und Eis begrub, für ihren Frevel bestraft wurden. Dass es auf dem Plateau des Hochkönigs jemals Wiesen gab, darf zwar bezweifelt werden, doch die saftiggrünen Almen an seiner Südseite sind auf jeden Fall fruchtbares Weideland und die Hütten dort bieten tausenderlei kulinarische Genüsse. Überdies zählen sie zu den **panoramaträchtigsten Abschnitten des Salzburger Almenweges** (▶ Das ist Salzburg, S. 8 ff.). Brandstädt-Hütte, Molterau-Hütte und Co. bieten Brettljause, Buttermilch und Kaspressknödel.
Auf den **14 Kräuteralmen** der Region werden die Schätze der Natur zu Heidelbeeressig, Holunderblütenlikör, schmackhaften Aufstrichen oder einer Böse-Stiche-Salbe und Majoran-Balsam verarbeitet.

www.salzburger-almenweg.at | www.hochkoenig.at

★★ HOHE TAUERN

Höchste Erhebungen: Großglockner (3798 m ü.d.M.) und Großvenediger (3657 m ü.d.M.) | **Bundesländer:** Salzburg, Tirol (Osttirol) und Kärnten

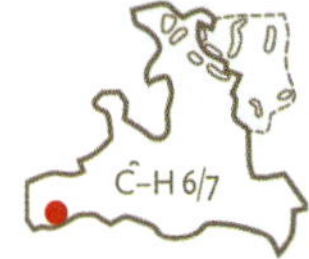

Der gewaltige Gebirgszug der Hohen Tauern erstreckt sich von Westen nach Osten und grenzt das Salzburger Land südlich gegen Osttirol und Kärnten ab. Bergsteigen und Wandern stehen auf der To-do-Liste ganz oben. Die Ranger des Nationalparks Hohe Tauern bieten das ganze Jahr über ein hochkarätiges Naturerlebnis-Programm an.

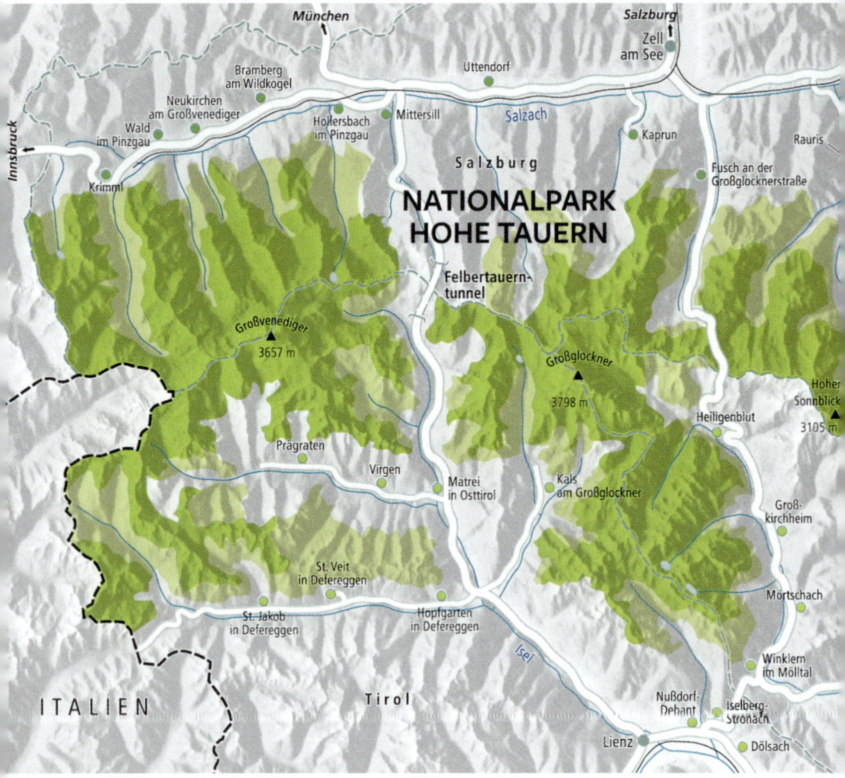

Weite Firnflächen und zerrissene Hängegletscher, steile Felsspitzen und blendend weiße Schneegiebel prägen den Hauptkamm der Hohen Tauern. Die tief eingeschnittenen und jäh abwärts führenden Nordtäler münden wie Zinken eines Kamms in das Salzachtal. Wild schäumende Gletscherabflüsse, »Achen« genannt, stürzen in gewaltigen **Wasserfällen** (Krimmler Fälle, Kessel-, Gasteinerfall) zu Tal oder zersägen es in tiefe **Klammen** wie Sigmund-Thun-, Kitzloch- und Liechtensteinklamm.

Naturerfahrung im Hochgebirge

Nach Süden ziehen vom Hauptkamm des Gebirges lange Seitenkämme abwärts zum Drautal. Seine Seitentäler, das Osttiroler Iseltal und das Kärntner Mölltal, dringen zwischen diesen Ausläufern tief in den Hauptstock vor. Freundlich geweitet und verhältnismäßig stark besiedelt, stehen sie in eindrucksvollem Gegensatz zur düsteren Großartigkeit der meisten Täler auf der Salzburger Nordseite.

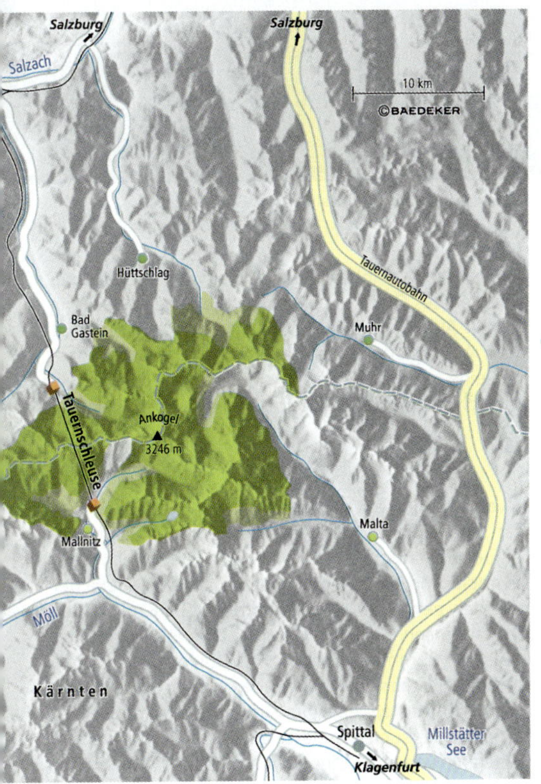

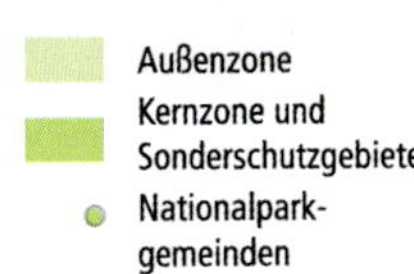

Salzburger Nationalparkgemeinden:
Krimml, Wald im Pinzgau, Neukirchen, Bramberg, Hollersbach, Mittersill **(Nationalparkzentrum)**, Uttendorf, Kaprun, Fusch, Rauris, Bad Gastein, Hüttschlag, Muhr

www.nationalpark.at

Nur einer von 120 Dreitausendern im Nationalpark: der Große Geiger

Der Zweithöchste

Venedigergruppe

Die westlichste Gruppe der Hohen Tauern, die Venedigergruppe, weist nach den Bergen des Ötztales die größte Gletscherbedeckung der österreichischen Alpen auf. Hauptgipfel ist der 1841 von Ignaz von Kürsinger mit 40 Begleitern erstmals bestiegene **Großvenediger** (3657 m). Seine prächtige, allseits von Eis umgebene Firnpyramide macht gletscherkundigen Wanderern keine großen Schwierigkeiten.

Der Höchste

Glocknergruppe

Der nur wenig vergletscherte Kamm der Granatspitzgruppe verbindet Venediger- und Glocknergruppe. In der Glocknergruppe ragen die Hohen Tauern am höchsten auf – etwa 40 Gletscher verteilen sich hier. Die noch rund 7 km lange **Pasterze**, größter Gletscher Österreichs, und der gewaltige **Großglockner** (3798 m) bilden den Kern dieser grandiosen Gebirgsformation. Die Hochregion der Glocknergruppe ist im Sommer über die ▶ Großglockner-Hochalpenstraße erreichbar. Bereits 1561 hatte der Hofkartograf Wolfgang Lazius in seinem Atlas als einzigen Gipfel den »Glocknerer« eingetragen. Der erste Versuch der Besteigung des Großglockners im August 1799 gelang wegen widriger Witterungsverhältnisse nur teilweise; die Expedition erklomm den Gipfel des 28 m niedrigeren

Kleinglockners, den man vom Tal aus für den höheren gehalten hatte. Am **28. Juli 1800** wurde dann tatsächlich der Gipfel des Großglockners gleich von mehreren Bergsteigern erreicht.

★★ Naturerlebnis im Nationalpark

Info: www.nationalpark-hohetauern.at

Geschichte

In weiten Teilen sind die Hohen Tauern zum Nationalpark erklärt worden, an dem die Bundesländer **Salzburg, Kärnten und Tirol** Anteil haben. Der Münchner Verein Naturschutzpark erwarb 1909 mit dem Ziel, Flora und Fauna zu schützen, 12 km² Alm- und Waldflächen im Felber- und Stubachtal. 1918 kaufte der Villacher Holzindustrielle Albert Wirth ein 40 km² großes Gebiet um den Großglockner und schenkte es dem Österreichischen Alpenverein mit der Auflage, es für die Nachwelt zu bewahren. Erst Jahrzehnte später verankerte sich der Naturschutzgedanke auch in den Köpfen der Politiker. 1971 vereinbarten Kärnten, Tirol und Salzburg die Gründung eines grenzübergreifenden Nationalparks. Kärnten ließ 1983 als erstes Bundesland Taten folgen, dann brachten Salzburg und Osttirol Flächen ein. Heute ist der Nationalpark Hohe Tauern **mit rund 1800 km² der größte Nationalpark in Mitteleuropa**.

Flora und Fauna

Im Hochgebirge ist die Vegetationsperiode kurz und die Pflanzen sind häufig extremen Witterungsschwankungen ausgesetzt. In den höchsten Regionen sieht man nur noch Zwergstrauchheiden, Polsterpflanzen und schließlich verschiedene Flechtenarten. Bis in die Gipfelregionen findet man Gletscherhahnenfuß. Gut angepasst an die Hochgebirgslage ist auch die **Zirbe**, eine langsam wachsende Kiefernart mit höchst widerstandsfähigen Nadeln. Im Nationalpark trifft man u. a. auf Gämse, Murmeltier und Hermelin, Birk- und Schneehuhn, Steinadler und Bartgeier.

Naturvermittlung und Artenschutz

Mit einem pfiffigen **Erlebnisprogramm** bringen Salzburgs Nationalparkgemeinden Besuchern die wunderbare Gebirgslandschaft und das empfindliche Ökosystem der Hohen Tauern näher. **Ranger** begleiten Besucher in den Sommermonaten auf die Almen, zu den Gebirgsseen und in die Welt des »ewigen« Eises am Alpenhauptkamm. Sie bestimmen Heilpflanzen und bringen Frühaufstehern bei, sich an brünftige Hirsche anzupirschen. Eine der vielen **familiengerechten Exkursionen** führt zu Katz, Bär und Affen – so heißen die Mitglieder der Murmeltierfamilie. Auch die Chancen, einen Bartgeier oder einen Steinadler zu erspähen, stehen nicht schlecht. Der Bartgeier wird seit 1986 im Rahmen eines alpenweiten Projektes in den Hohen Tauern wieder angesiedelt. Mehr darüber erfahren kann man in der **Nationalpark-Infostelle »Könige der Lüfte«** im Raurisertal. Weitere Artenschutzprojekte widmen sich dem Alpensteinbock und der »Urforelle«. Das ganze Jahr über ist im Nationalpark etwas los. Im Winter lädt der Nationalpark etwa zu mehrstündigen **Schneeschuhwanderungen** ins Krimmler Achental oder ins Stubachtal. Und bei schlechtem Wetter gibt es kaum ein besseres Programm als einen Besuch in den Nationalparkwelten in ▶ Mittersill.

★★ KAPRUNER TAL

Höhe: 786 m ü.d.M. | **Landschaft:** Pinzgau

Weit schweift der Blick über sich bis zum Horizont ausdehnende Gebirgsketten. Ihre Gipfel glänzen im gleißenden Sonnenlicht und scheinen beinahe den Himmel zu berühren – von den Aussichtsplattformen am Kitzsteinhorn bietet sich das vielleicht großartigste Panorama des Salzburger Landes! Der Berg ist eine der Hauptattraktionen des Kapruner Tals, das allerdings durch ein Kraftwerk zum Mythos geworden ist.

DAS KAPRUNER TAL ERLEBEN

ZELL AM SEE – KAPRUN TOURISMUS

Brucker Bundesstr. 1a
5700 Zell am See
Tel. 06542 770
www.zellamsee-kaprun.com

KAPRUN INFORMATION

Salzburger Platz 6
5710 Kaprun
Tel. 06547 80 80

SKI & WANDERN

Das Skigebiet am Maiskogel (1675 m) in Kaprun ist für Familien mit Kindern und Anfänger besonders attraktiv.
www.kitzsteinhorn.at

KLETTERN

Mooser-Mandl, Drossen-Hex und Limberg-Zwerg – so lauten die Namen der drei Klettersteige am Mooserboden, die sportlichen Naturen das Stausee-Panorama noch weiter versüßen. Seit 2017 kann man auf dem »MOBO 107« auch die 107 m hohe Staumauer hinaufklettern!

TAUERN SPA-THERME

▶ S. 126

FRÜHER FRISCHE- UND GENUSS-KICK

Im Hochsommer lässt sich eine Wanderung durch die Sigmund Thun-Klamm bestens mit einem Genusserlebnis kombinieren. Die Tore zur Wildwasserschlucht öffnen sich bereits um 8.30 Uhr. Im Klammseestüberl am Ufer des Klammsees wartet dann ein Frühstück mit feinsten regionalen Zutaten
Jeden Donnerstag von Mitte Juli bis Mitte Sept., Preis: 17 €/Erw.; Anmeldung unter office@klamm-kaprun.at oder unter Tel. 0681 84 92 47 37; www.klamm-kaprun.at/klammfruehstueck).

ICE CAMP

Wer das Außergewöhnliche mag, findet es bestimmt hier: Das Ice Camp am Kitzsteinhorn ist ein kleines Iglu-dorf, stilecht mit Bar und Lounge. Es ist vom Alpincenter aus gut zu Fuß zu erreichen und bis Mitte April frei zugänglich.
Tgl. im Winter 9–16 Uhr
www.kitzsteinhorn.at/de/kulinarik/ice-camp

DORFSTADL €€

In der urigen Bauernstub'n, die ganz im Salzburgerstil gehalten ist, schmecken Schmankerl wie das Steak vom heißen Stein oder ofenfrische Spareribs besonders gut.
Kellnerfeldstr. 15
Tel. 06547 72 80
Di.–Sa. 17–21.30 Uhr
www.dorfstadl-kaprun.com

HOTEL VIER JAHRESZEITEN €€€€

Vom großzügigen Spa-Bereich über das behagliche Kaminzimmer mit Bar bis zum gepflegten Restaurant: Die Luxusherberge bietet ihren Gästen alles, was man zum Wohlfühlen braucht (64 Zi. u. Suiten).
Schlossstr. 38, Tel. 06547 83 16
www.vayaresorts.com/destinationen/kaprun

HOTEL TAUERN SPA KAPRUN €€€€

Gäste des 4-Sterne-Hotels Tauern SPA Kaprun genießen alle Vorzüge der öffentlichen Therme und haben zudem Zugang zur Lounge mit offenem Kamin und zum Panorama SPA mit rundum verglasten Skylinepool samt Kitzsteinhorn-Blick. Die Zimmer und Suiten bieten modernen Wohnkomfort und das Restaurant gehobene regionale und interna-tionale Küche.
Tauern Spa Platz 1
Tel. 06547 20 40-0
www.tauernspakaprun.com/de/hotel

Bis weit in die Mitte des 20. Jh.s war Kaprun nur ein kleines Dorf in einem abgeschiedenen Seitental des Salzachtals. Heute ist der Ort dank des 1955 in Betrieb genommenen Wasserkraftwerks über die Grenzen Österreichs hinaus bekannt und Symbol für die Modernisierung des Landes. Zwar hatten schon die Nazis 1938 mit dem Bau eines Tauernkraftwerks im Kapruner Tal begonnen. Doch weil sie die bei den Arbeiten eingesetzten Zwangsarbeiter und Kriegsgefangenen anderweitig benötigten, wurde das Projekt 1943 auf Eis gelegt. Erst 1947 wurde der Bau erneut in Angriff genommen. Mittel aus dem Marshallplan stellten die Finanzierung sicher. Heute tritt der Mythos des Kraftwerks gegenüber der herrlichen Bergwelt in den Hintergrund. Kaprun bildet zusammen mit Zell am See eine der bedeutendsten Ferienregionen Österreichs. Das Gletscherskigebiet am Kitzsteinhorn ist fast ganzjährig offen.

Wohin im Kapruner Tal?

Sport, Entspannung, Oldtimer

Kaprun

Das 3200 Einwohner zählende Alpendorf liegt am Ausgangs des Kapruner Tals. Vom Herbst bis weit in das Frühjahr haben Wintersportler, im Sommer Wanderer und Mountainbiker Hochsaison. Das **Tauern Spa** bietet Entspannung pur in wohlig-warmem Thermalwasser. Die mittelalterliche **Burg Kaprun** auf einer Anhöhe über dem Ort bildet die Kulisse für zahlreiche Events. Im denkmalgeschützten Steinerbauernhaus auf dem Kirchbichl rollt das **Kaprunmuseum** die Geschichte des Orts und seinen Wandel vom Weiler zum gefragten Urlaubsort auf. **Vötters Fahrzeugmuseum** ist ein Muss für alle Oldtimerfans. Über 150 Fahrzeuge aus den 1950er- bis 1970er-Jahren begeistern die Besucher – es sind jene »Blechdosen«, die in den Wirtschaftswunderjahren über die ▶Großglockner-Hochalpenstraße und an Italiens Strände rollten. Dem Messerschmitt Kabinenroller

Im eisigen Gletschergebiet am Kitzsteinhorn geht es stilecht in die Eisbar.

Zeeklassen

etwa trug seine schnittige Form den Spitznamen »Düsenjäger der Landstraße« ein. Auch das größte Cabrio der Welt – das Steyr-Zeiserl mit 23 Sitzplätzen und ein Goggomobil sind zu sehen.
Kaprun Museum: Kirchplatz 4 | Dez.–Febr. Mi.–Fr., So. 10–17, März–Okt. auch Di. u. Do. 10–14 Uhr | Erw. 4,50
www.museum-kaprun.at
Burg: www.burg-kaprun.at
Oldtimermuseum: Schlossstr. 32 | Mo.–Fr. 10–17 | Erw. 12 €
www.oldtimer-museum.at

Prickelndes Naturschauspiel

Sigmund-Thun-Klamm

»Tosend und mächtig eilen uns die Fluthen entgegen«, so beschrieb Graf Sigmund von Thun (1827–1897), Statthalter des Kaisers in Salzburgs, das Naturspektakel, das sich ihm 2 km südöstlich des Kapruner Ortszentrums bot. Die **Kapruner Ache** hat sich dort während der letzten Eiszeit auf einer Länge von 320 Metern bis zu 32 Meter tief in den Fels gegraben und eine enge Klamm geschaffen. Heute führen befestigte Holzstege und Treppen die steilen Felswände entlang und bieten berückende Aussichten auf die tosenden Wassermassen. Das dichte Grün, das an den Rändern der Klamm wuchert, taucht die ganze Szenerie in ein mystisches Licht. Die Begehung der Schlucht lässt sich gut mit einem Spaziergang um den nahen Klammsee verbinden.
Mitte Mai–Anf. Nov. tgl. ab 9, im Sommer bis 19 Uhr, sonst kürzer
Erw. 6,50 € | www.klamm-kaprun.at

Grandiose Ausblicke in dünner Luft

Kitzsteinhorn Gipfelwelt 3000

Von der Talstation (928 m) in Kaprun-Thörl geht es mit der Gondelbahn hinauf zu den glitzernden Eisfeldern am 3203 m hohen Kitzsteinhorn, dem Hausberg Kapruns und ein Wahrzeichen der Region. Nicht wenige der Passagiere überkommt das berühmte Knacken im Ohr, wenn die Gondel über zwei Zwischenstationen hinauf ins Hochgebirge saust. An der Bergstation in 3029 m Höhe warten in der Gipfelwelt 3000 einige spektakuläre Attraktionen. Zunächst geht es im Inneren des Bergs durch einen 360 m langen Stollen, in dem die **National Park Gallery** an sechs Stationen über die Hohen Tauern informiert. Die Besucher erfahren viel Wissenswertes über die Entstehung und die Geologie des Gebirges sowie seine Mineralien- und Edelmetallschätze. Der Tunnel führt zu einer Aussichtsplattform, auf der man sich in Augenhöhe mit dem Großglockner und anderen »Kumpeln« des Kitz wiederfindet. Auch die Panorama-Plattform **»Top of Salzburg«** an der Bergstation gewährt fantastische Fernsichten über die Bergwelt. Das **Cinema 3000** bringt den Zuschauern die facettenreiche Natur des Kitzsteinhorns in atemberaubenden Bildern näher.
Das **Skigebiet am Kitzsteinhorn** hat viele Facetten. Bis weit ins Frühjahr sausen Skifahrer aus der spürbar dünnen Luft in 3029 m

Höhe auf einem 41 km langen Pistennetz hinab ins Tal. Am **Alpincenter** in 2450 m Höhe können sich Freerider über Abfahrten im freien Gelände informieren. Etwas weiter oben liegt der **Snowpark** für die Boarder-Community. Am **Kitzsteinhorn–Gletscher**, der sich von der Bergstation bis auf eine Höhe von 2860 m erstreckt, sind auch in manchen Sommern Abfahrten möglich. Auf jeden Fall geöffnet ist die **Ice-Arena** direkt an der Bergstation, in der man am Schneestrand in der Sonne liegen oder durch Schnee rutschen kann.

Sommersaison ab Mitte April | Erw. Berg- und Talfahrt sowie die Attraktionen der Gipfelwelt 3000 54,50 € | www.kitzsteinhorn.at

Ein Mythos der Technik

Kapruner Stauseen und Kraftwerke

Wie ein Werk der Natur schmiegen sich die Speicherseen **Wasserfallboden (1672 m) und Mooserboden (2040 m)** an die bis auf 3000 m aufragenden Bergwände über dem Tal von Kaprun. Sie sind durch die Stauung von Schmelzwasser vornehmlich des **Pasterze-Gletschers** am Großglockner entstanden. Am Speicher Mooserboden halten zwei 107 hohe und insgesamt 850 m lange Sperrwerke die Wassermassen auf, die zuvor im **Speicher Margaritze** an der Pasterze gesammelt und durch einen 11,5 km langen Stollen gepumpt worden waren. Mittlerweile nutzen zwei Kraftwerke an der Sperre Mooserboden das Wasser zur Energiegewinnung und leiten es in den tiefer gelegenen Speicher Wasserboden, den eine 120 m hohe und 357 m lange Sperre abschließt. Von dort wird es zur Stromerzeugung wieder hinauf zum Mooserboden gepumpt oder über einen 7,7 km langen Stollen und eine Druckrohrleitung zum **Kraftwerk Haupt-**

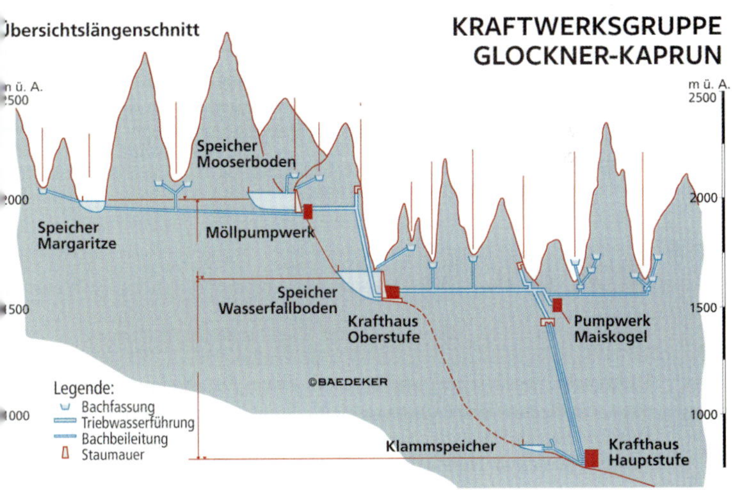

stufe am südlichen Ortsausgang von Kaprun geleitet. Dort erfährt man im Infozentrum alles Wissenswerte über die Kapruner Kraftwerke und die Stromerzeugung. Von der Galerie kann man einen Blick in die Maschinenhalle werfen. Der Besuch im Infozentrum ist ein guter Einstieg für einen Ausflug zu den beiden Stauseen in 2000 m Höhe. Der Weg dorthin führt über den **Lärchwand-Schrägaufzug,** zu dem man nur mit Shuttle-Bussen gelangt, die zwischen dem Kessenfall-Alpenhaus (Kassa) und der Talstation verkehren. In nur 4 Minuten überwindet das Gefährt eine Höhe von 431 m. Von der Bergstation in 1640 m Höhe geht es mit Bussen am Stausee Wasserfallboden vorbei zur **Mooserboden-Sperre**. Dort erinnert das **Denkmal Heidnische Kirche** an die Arbeiter, die beim Bau des Kraftwerks ums Leben kamen. Das Besucherzentrum **»Erlebniswelt Strom und Eis«** informiert über die Geschichte des Kraftwerks sowie das Gletschereis und bietet eine Führung durch das Innere der Staumauer an.

Infozentrum: Krafthausstr. 20 | tgl. 8–18 Uhr

Transfer zu den Stauseen ab Kassa Kesselfall: Ende Mai – Mitte Okt. tgl. 8.10–16.45 Uhr | Dauer mindestens 4 Std. | Erw. 28 €

Staumauerführung: Treffpunkt am Kiosk Mooserboden | 6,50 €

Natur ohne Technik

Aktivitäten an den Stauseen

Auch wer sich nicht so brennend für Technik interessiert, kommt an den Stauseen auf seine Kosten. Der Blick über die türkisblitzenden Gewässer reicht bis zu den schneebedeckten Bergen der Glocknergruppe im Süden und dem Steinernen Meer im Norden. Um den Speicher Mooserboden führt ein auf Kinder zugeschnittener **Lehrpfad**, der an sechs Stationen auf spielerische Weise in das Thema »Natur und Technik« einführt. Auf dem **Kräuterlehrpfad**, der vom Bergrestaurant Mooserboden am Speicher Wasserfallboden zur Fürthermoaralm führt, lassen sich in den Hohen Tauern heimische Kräuter und Blütenpflanzen studieren. Eine Expedition in die umliegende Bergwelt erfordert allerdings Trekking- und auch Klettererfahrung.

KRIMML

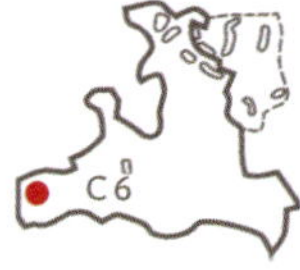

Höhe: 1067 m ü.d.M. | **Einwohnerzahl:** 830 | **Landschaft:** Pinzgau

Es rauscht, es plätschert und es tost in einem fort. So laut, dass man sein eigenes Wort kaum versteht. Nahe dem 850-Seelen-Dorf im oberen Pinzgau stürzen die höchsten Wasserfälle Mitteleuropas aus einer Höhe von 380 Metern in die Tiefe.

KRIMML ERLEBEN

TOURISMUSVERBAND KRIMML

Oberkrimml 37
5743 Krimml
Tel. 06564 723 90
www.krimml.at

SKI & WANDERN

Die Krimmler Lifte sind an das Skigebiet Zillertal Arena angeschlossen, das sich bis Zell im Zillertal zieht. Hier finden Ski- & Snowboardfahrer alle Schwierigkeitsgrade. Im Sommer ist Krimml Startpunkt für Wanderungen.
www.zillertalarena.com

DIE SCHÖNMOOSALM €€

Das Haus wartet mit einer rustikalen Atmosphäre auf. Im Restaurant kommen tradtionelle Gerichte aus dem Pinzgau oder Pizzen auf den Tisch.
Gerlosstr. 119
Tel. 06564 82 82 82
www.alpenwelt.net/de/genuss-kulinarik/die-schoenmoosalm/

ALPENGASTHOF FILZSTEIN €€€

Der Alpengasthof liegt traumhaft am Fuß des Plattenkogels in 1641 m Höhe. Von hier ist der direkte Einstieg in das Skigebiet Zillertal Arena möglich. Die Zimmer sind hell, modern und behaglich, Frühstück und Abendessen sind reichhaltig und abwechslungsreich. Das umfangreiche Angebot vervollständigt der Wellnessbereich, der neben einer konventionellen Sauna und einem Sole-Dampfbad auch eine Bio-Softsauna und einen Quellwasserbrunnen bietet.
Oberkrimml 65, Hochkrimml
Tel. 06564 83 18,
www.filzstein.at

PANORAMAHOTEL BURGECK €€

Das familiengeführte Hotel liegt rund 100 m oberhalb von Krimml mitten in der Natur. Die Zimmer sind großzügig und das Frühstücksbuffet ist reichhaltig.
Oberkrimml 79
Tel. 06564 72 49
www.burgeck.com

Über drei Stufen stürzt der Gletscherbach Krimmler Ache, aus dem Hochgebirge kommend, oberhalb von Krimml in ein felsiges Bassin und erzeugt dabei feine Sprühnebel. Schon Mediziner des 19. Jh.s wussten dessen Heilkraft zu schätzen. Der Zeller Landarzt Paul Oberlechner etwa empfahl stressgeplagten Städtern bereits 1808 ein solches »Spritzbad«. Erst vor wenigen Jahren haben Mediziner nachgewiesen, dass der Sprühnebel positiv auf die Atemorgane wirkt und Asthmageplagte wie Allergiker aufatmen lässt. Die 350 000 Menschen, die alljährlich nach Krimml kommen, zieht es aber nicht nur wegen ihrer Gesundheit an die Wasserfälle. Die »Niagarafälle« Österreichs bieten vielmehr ein einzigartiges Naturschauspiel, das sich nicht in den herabstürzenden Wassermassen erschöpft. Das feuchtigkeitsliebende Leuchtmoos beispielsweise, das die schäumende Gischt in Felsspalten gedeihen lässt, reflektiert das Licht und blinkt bei entsprechendem Lichteinfall golden hervor. Bei Sonnenschein spannt sich ein schimmernder Regenbogen über das tosende Wasser. Am meisten Wasser führt die Krimmler Ache in den Abendstunden, wenn das mittägliche Schmelzwasser der Gletscher eine »Flut« erzeugt.

Wohin in Krimml und Umgebung?

Krimmler Wasserfälle

Feuchtes Spektakel

Vor einem Ausflug zu den Wasserfällen bietet sich ein Besuch der **Wasserwelten** in Krimml an. Das Haus wartet mit einem ganzen Strauß von Informationen über das lebenspendende Nass auf. Experimentierstationen schärfen das Bewusstsein dafür, dass Wasser nicht überall im Überfluss vorhanden und vielerorts Mangelware ist. Beim Kneippen im Aquapark können die Besucher die Heilkraft des Wassers auf sich wirken lassen. Eine Aussichtsterrasse mit Wasserfallblick bereitet auf den Besuch des nahen Naturwunders vor. Von

Ein bisschen Niagara-Feeling kommt an den Krimmler Fällen schon auf.

den Wasserwelten führt ein Wanderweg direkt an die Wasserfälle. Die unterste Stufe ist in etwa 15 Minuten erreicht. Von dort aus schlängelt sich ein befestigter Weg bis zur obersten Stufe hinauf. Unterwegs bieten **Aussichtskanzeln** immer neue Aussichten auf die schäumenden Wassermassen. Da sie für ständigen Sprühnebel sorgen, sollte man auf angemessene Kleidung achten. Die gesamte Tour dauert ungefähr 1,5 Stunden.

Wasserwelten: Mai–Okt. tgl. 9–17 Uhr | Erw. 10,20 € bzw. 13,90 € (inkl. Wasserfälle) | www.wasserwelten-krimml.at

Unterwegs auf einem alten Handelsweg

Krimmler Achental

Vom oberen Ende der Wasserfälle führt ein parallel zur Krimmler Ache verlaufender Wander- und Bikeweg in **das höchstgelegene und längste der Tauerntäler hinein**. Das Tosen der Wassermassen ist hier weit weg und einer fast schon himmlischen Ruhe gewichen. Beiderseits des Flusses breiten sich fruchtbare Almböden aus. Die Berghänge dahinter sind mit dichtem Zirbelwald bedeckt. Durch das Krimmler Hochtal führte vermutlich schon zur Römerzeit ein Handelsweg, der bis in das 19. Jh. die Regionen südlich und nördlich des Alpenhauptkamms miteinander verband. Im **Krimmler Tauernhaus**, das nach einer 2-stündigen Wanderung erreicht ist, machten die Säumer, die auf ihren Lasttieren Waren über die Alpen transportierten, Station. Das 1389 erstmals urkundlich erwähnte Gasthaus bietet heute Wanderern moderne Unterkünfte und Verpflegung an. 1947 gelangten 5000 Juden, die dem Holocaust entronnen und in Österreich gestrandet waren, über das Krimmler Achental und den Krimmler Tauern-Pass nach Italien und von dort aus nach Israel. Die damalige Tauernhaus-Wirtin Liesl Geisler-Scharfetter unterstützte sie dabei. Seit 2007 führt der Verein Alpine Peace Crossing zum Gedächtnis an die **»Krimmler Judenflucht«** eine Wanderung über den Pass ins italienische Ahrntal durch. Überdies erinnert eine Gedenktafel an der Passhöhe an den Exodus.

www.krimmler-tauernhaus.at | http://alpinepeacecrossing.org

Beeindruckende Bergszenerie

Gerlosstraße

Über die Bundesstraße 165 oder die mautpflichtige, allerdings panoramareiche, 12 km lange Gerlos Alpenstraße geht es zum Gerlospass an der Grenze zu Tirol. Kurz vor dem 1405 m hoch gelegenen Stausee Durlaßboden zweigt nach Süden das Wildgerlostal ab. Zum Alpengasthof Finkau braucht man rund zwei Stunden, von dort weitere drei Stunden zur bewirtschafteten Zittauer Hütte (2329 m) im großartigen Talschluss am Unteren Gerlossee. Noch vor dem Stausee lohnt die Ortschaft Königsleiten einen Abstecher. Das Almdorf wartet nicht nur mit einem herrlichen Skigebiet, sondern auch mit dem weltweit ersten **Jodelwanderweg** auf.

www.jodelweg.at

LOFER

Höhe: 626 m ü.d.M. | **Einwohnerzahl:** 1910 | **Landschaft:** Pinzgau

Umgeben von den schroffen Gipfeln der Loferer Steinberge liegt am Ufer der Saalach der Ort Lofer. Bereits im späten 19. Jh. hielt der Tourismus hier Einzug. Der preisgekrönten Confiserie Berger sollte man unbedingt einen Besuch abstatten.

Wohin in Lofer und Umgebung?

Alles Fassade?

Marktzentrum

Der Ortskern mit seinen stattlichen Bürgerhäusern, altehrwürdigen und z. T. frisch renovierten Unterkünften sowie blumengeschmückten Fassaden bietet auch in seiner Gesamtheit ein schönes Bild. Blickfänge sind das im 16. Jh. erbaute Rathaus und die im Kern aus dem 14. Jh. stammende Pfarrkirche.

Familienski

Loferer Alm

Eine mautpflichtige Bergstraße und eine Seilbahn führen von Lofer nordwestlich zur gleichnamigen Alm (Bergstation 1400 m), im Sommer Wander-, im Winter Skigebiet. Die familienfreundliche Almenwelt Lofer (46 km) punktet mit vielen blauen (leichten) Pisten.

Vier Stunden bergauf

Loferer Steinberge

Schroff steigen im Süden die Kalkwände der Loferer Steinberge auf. Die höchste Erhebung ist das Große Ochsenhorn (2511 m). Von Lofer führt ein schöner Weg durch das Loferer Hochtal in vier Stunden zur Schmidt-Zabierow-Hütte (1963 m).

Alte Bauernpracht

Hallenstein

Nahe der Bundesstraße Richtung Unken steht die Hofgruppe Hallenstein, sehenswerte **Pinzgauer Bauernhöfe** mit zum Teil spätgotischen Elementen und reicher Fassadenmalerei.

Der Dom des Pinzgaus

St. Martin bei Lofer

Ca. 3 km südlich von Lofer erreicht man den hübschen Ferienort St. Martin bei Lofer. Seine Pfarrkirche St. Martin bewahrt zahlreiche Inschriftengrabsteine aus dem 17. und 18. Jahrhundert.
Berühmt ist St. Martin aber für die etwas außerhalb stehende **Wallfahrtskirche Maria Kirchental**, bekannt als Pinzgauer Dom. Man erreicht sie auf einem mautpflichtigen Bergsträßchen oder nach einem ca. einstündigen Spaziergang von St. Martin aus. Erbaut wurde das pittoresk in einem Hochtal gelegene und von steilen Felswänden um-

LOFER ERLEBEN

TOURISMUSVERBAND SALZBURGER SAALACHTAL

5090 Lofer 310, Tel. 06588 832 10
www.lofer.com

WASSERSPORT

Die Rafting- und Canyoning-Profis von Base Camp kennen die Saalach wie ihre Westentasche. Das wilde Wasser wird mit Schlauchbooten, Kanus und Riverbugs befahren, Canyoning geht in der Seisenbergklamm in Szene.
Base Camp, Hallenstein 25
Tel. 06588 723 53, www.base-camp.at, Mai – Okt. tgl. ab 9 Uhr

CONFISERIE BERGER

Mit edlem Konfekt und ungewöhnlichen Schoko-Kreationen sorgen die Süßwaren-Spezialisten aus Lofer überregional für Furore. Mitbringsel-Empfehlung: Die »Berglegenden«-Bioschokoladen mit Heublumen gefüllt oder mit Salzburger Birnbrand! Zum Shop gehört auch ein Café.
Schokoladenweg 1, Tel. 06588 76 16, www.confiserie-berger.at
Mo. – Fr. 8 – 18, Sa. 8 – 12 Uhr

STEINERWIRT €€€

Das Gasthaus von1606 wurde mit architektonischem Augenmaß in ein Lifestyle-Hotel verwandelt und wird von den Steinerwirtinnen Julia und Lisa als cooles »Hangout« geführt. Frühstück den ganzen Tag, eine tolle Bar und 16 individuell eingerichtete Zimmer erwarten die Gäste.
Lofer 48, Tel. 06588 83 03
https://dersteinerwirt.at

GASTHOF FRIEDLWIRT €€

E-Bike-Verleih und Ladestation am Haus, deftige Pinzgauer Gerichte, um wieder zu Kräften zu kommen, eine Kegelbahn zum Entspannen und Zimmer mit Waldblick – der Gasthof hat alles, was Radfahrer benötigen.
Gföll 28, Unken, Tel. 06589 4265
www.friedlwirt.at

rahmte Gotteshaus um 1700 nach Plänen von Johann Bernhard Fischer von Erlach. Das Marienbild am Hochaltar war hier bereits Jahrhunderte zuvor verehrt worden. Im Gegensatz zu anderen Barockkirchen des Landes weisen die Gewölbe im Innern weder Stuckverzierungen noch Gemälde auf. Von der ursprünglichen Einrichtung sind zwei wertvolle Seitenaltäre aus Marmor (um 1700) erhalten. Das Gotteshaus ist gespickt mit **Votivtafeln**, die Gläubige der Gottesmutter aus Dank für Hilfe in Notsituationen gestiftet haben. Die künstlerisch einfach ausgeführten Bildgeschichten reichen vom 17. Jh. bis in die Gegenwart. Insgesamt verfügt Maria Kirchental über 1200 solcher Kleinbildnisse. Ein großer Teil davon ist im **Wallfahrtsmuseum** zu sehen. Die Pinzgauer Spezialitäten beim Kirchentalwirt nebenan sind eine eigene Wallfahrt wert! (www.kirchentalwirt.com)
Museum: n. V: Tel. 06588 85 28 | www.maria-kirchental.at

Lang und weit verzweigt

Schauhöhle Lamprechtsofen

Der Bundesstraße 311 nach Süden folgend, passiert man vor Weißbach rechts der Straße die Schauhöhle Lamprechtsofen. Rund 660 m der insgesamt fast 35 km langen, **weltweit längsten bekannten Durchgangshöhle**, kann man auf gut angelegten Wegen erkunden.

Führungen: Anfang Mai - Ende Okt. tgl. 8.30-19 im Winter bis 16 Uhr | Erw. 7 € | www.lamprechtshoehle.at |

Hochburg der Heilkunde

Kräuterdorf Unken

Weiter nördlich im Saalachtal liegt die kleine Gemeinde Unken, wo man sich besonders um traditionelles Pinzgauer Heilwissen bemüht. Drehscheibe für Workshops und Kochwerkstätten sowie den Verkauf von Kräuterprodukten ist der Verein **TEH naturwerke**. Zu den Attraktionen des Ortes gehören das **Alpenbad** und das aus dem 16. Jh. stammende Kalchofengut mit seinem **Heimatmuseum**.

TEH naturwerke: im alten Zollgebäude am Steinpass | Di., Mi. 13 bis 18, Do., Fr. 10-18, Sa. 9-16 Uhr | www.teh.at/teh-naturwerke
Heimatmuseum: Ende Mai-Anf. Okt. So 14-18 Uhr | Erw. 5 €
www.kalchofengut-unken.at

Hochmoor

Heutal

Das Heutal westlich von Unken wird als Ski- und Wanderregion geschätzt. Man findet hier eine eindrucksvolle Hochmoorlandschaft (1000–1960 m) sowie am Ende des Tals den Staubfall. Einen schönen Rundblick über die Loferer Steinberge und das Berchtesgadener Land hat man vom Sonntagshorn (1961 m).

MARIAPFARR

Höhe: 1119 m ü.d.M. | **Einwohnerzahl:** 2380 | **Landschaft:** Lungau

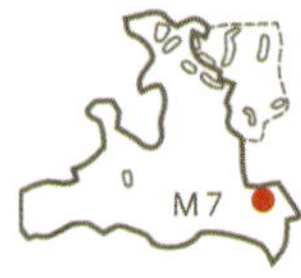

Mariapfarr auf der Hochfläche zwischen ▶Tamsweg und ▶Mauterndorf ist einer der sonnenreichsten Orte Österreichs und ein hervorragender Tourenstützpunkt für die Niederen Tauern. Das Skigebiet Fanningberg ist ein guter Tipp für Familien.

Wohin in Mariapfarr und Umgebung?

Inspiration für »Stille Nacht«?

Kirche Zu unserer Lieben Frau

Die Geschichte des Orts ist eng mit seiner Pfarrkirche verknüpft, die als »Mutterpfarre« des Lungaus gilt. Ab dem 15. Jh. erlebte die Wallfahrt nach Mariapfarr ihre Blütezeit. Das Gotteshaus präsentiert sich im Stil der Gotik mit Elementen vom romanischen Vorgängerbau. Der Chor wurde 1360, das dreischiffige Langhaus Mitte des 15. Jh.s erbaut. Künstlerisch bedeutend sind v. a. die romanischen und gotischen Fresken im Altarraum sowie in der Georgskapelle und acht spätgotische Tafelbilder am Hochaltar. Eines der Tafelbilder (um 1520) diente möglicherweise Joseph Mohr, dem Textdichter des »Stille Nacht«-Liedes, als Inspiration für die Zeile »holder Knabe mit lockigem Haar«. Joseph Mohr wirkte 1815–1817 in Mariapfarr. Am Stille-Nacht-Brunnen und im **Wallfahrtsmuseum** in der Pfarrstr. 19 wird an ihn erinnert (▶ Baedeker Wissen, S. 310).

Museum: Mo. und Do. 14–17 Uhr, Okt. nur Do., April, Mai u. Nov. geschl. | Erw. 5 € | www.wallfahrtsmuseum.at

Zu den Murmeltieren

Göriach

Nördlich im Göriachtal liegt die **höchstgelegene Bergbauerngemeinde Salzburgs**. Das stimmungsvolle Hochtal ist ein wahres Paradies für Wanderer. Beliebtes Ziel ist das malerische **Almhüttendorf** am Talende, wo man mit einer zünftigen Almjause beköstigt wird. Einige der Hütten kann man auch für einen »Weg-von-allem«-Urlaub anmieten. Von hier aus führt eine etwa zweistündige Wanderung, an einem Wasserfall und markanten Steilhängen entlang, in denen Murmeltiere leben, zur Hütte an den **Landawirseen**.

Byzantinisches in den Alpen

Weißpriach

In Weißpriach, 6 km nordwestlich von Mariapfarr, starten viele Touren in die Niederen Tauern. Absolut sehenswert ist die Kirche **St. Rupert** mit ihren byzantinischen Fresken aus dem 11. und 12. Jahrhundert. Von der Dicktler-Hütte gelangt man mit dem Auto (mautpflichtig), dem Lungauer Tälerbus oder zu Fuß entlang der am Oberlauf wilden Longa (Lonka) tief ins **Weißpriachtal**. Nach einer angemessenen Stärkung auf der Grangler-Hütte locken Touren zum Wirpitschsee, auf das Gurpitscheck (2526 m) oder zu den Giglachseen. Die landschaftlich geschützten **Longa-Mäander** am Taleingang sind bei Badenden und Fliegenfischern gleichermaßen beliebt.

Noch eine Schönheit

Lessach

Dritte Tälerschönheit im Norden von Mariapfarr ist das **Lessachtal**. Eine Besonderheit des Ortes ist der alte Friedhof mit bemalten Holzeinfassungen (»Sarchen«) und kunstvollen Grabkreuzen. Zur Wildbachhütte (Zufahrt am Ortsbeginn) am Fuß des Gumma (2316 m) führt ein **Familien-Erlebniswanderweg** mit Wasserspielplatz und Hörstationen. Das Talende ist Ausgangspunkt für traumhafte Touren zu den Landschitzseen, zum Klafferkessel und auf den **Hochgolling**, den mit 2862 m höchsten Berg der Niederen Tauern.

MATTSEE

Höhe: 505 m ü.d.M. | **Einwohnerzahl:** 3200 | **Landschaft:** Flachgau

Altehrwürdige Klosterbauten und stille Seen, die in das sanft gewellte Hügelland des Flachgau eingebettet sind: Die Region um den Mattsee und den Obertrumer See bietet Kultur- und Naturgenuss zugleich. Seit Eröffnung der Ferdinand Porsche Erlebniswelten 2013 zieht es auch Automobil-und Technik-Fans hierher.

MATTSEE ERLEBEN

SALZBURGER SEENLAND TOURISMUS

Seeweg 1
A-5164 Seeham
Tel. 06217 20 22 0
www.salzburger-seenland.at

SEENLAND-SCHIFFFAHRT

Die elektrisch betriebene Seenland befährt den Sommer über mehrmals in der Woche den Matt- und Obertrumersee. Beide Gewässer sind durch einen Kanal verbunden, über den eine Brücke führt. Bei der Unterquerung muss das Dach des Schiffes abgesenkt werden. Zu dem Schifffahrtsbetrieb gehört eine Segel- und Surfschule. Außerdem verleiht der Betrieb Elektro-, Motor- und Segelboote.
Seestr. 23
Tel. 06217 54 32
Mai, Juni, Sept, Okt. Do.-Mo.,
Juli, Aug. Do.-Di.
Rundfahrt: Erw. 18 €
www.segelschule-mattsee.at

STRANDBAD MATTSEE

Das historische Strandbad besetzt einen 400 m langen Uferabschnitt und bietet allerlei Vergnügen für Alt und Jung. Es gibt eine 80 m lange Wasserrutsche, einen 3-Meter-Turm und viele andere Wasserspielgeräte sowie 4 Beachvolleyball-Plätze.
Strandbadstr. 16
Tel. 0680 500 48 20
Mai, Juni, Sept. 9–19,
Juli, Aug. 8–19 Uhr
Erw. 6,50 €

BADE- UND CAMPINGPLATZ PERWANG AM GRABENSEE

Der im Sommer bis zu 24°C warme Moorsee nordwestlich von Mattsee bietet Badevergnügen für die ganze Familie. Das Strandbad liegt am Nordwestufer des Gewässers. Am seichten Ufer gibt es einen abgegrenzten Nichtschwimmerbereich.
Mai–Sept., Erw. 4,50 €

RADWEGE

Im Westen lockt der grenzübergreifende Bajuwaren-Erlebnisradweg, kunstsinnige Radler können Barocktouren unternehmen. Außerdem gibt es eine Radtour zu den Kräutergärten der

14 Seenland-Gemeinden. Verleihstationen, teils auch für E-Bikes, gibt es u. a. in Mattsee (Weyerbucht), Obertrum (Schulstraße 2) und in Seeham (Dorf 12, Tourismusbüro).

KRÄUTERWISSEN

Die Initiative »KRÄUTERleben« hat sich die Pflege und Weitergabe des lange nur mündlich überlieferten Kräuterwissens der Region zum Ziel gesetzt. Kräutergarten- und Wildkräuterführungen, Workshops und Kochkurse, Kräuterfeste und Kräuterwochen in den Gasthäusern der Region: Rund ums Jahr wird ein beeindruckendes Programm geboten. Eine eigene Broschüre listet alle Aktivitäten und Adressen auf, etwa jener Gärten, die besucht werden können.
www.salzburger-seenland.at

DIABELLI-SOMMER

In Mattsee wurde 1781 der Komponist Anton Diabelli geboren, bekannt v. a. für seine im Unterricht benutzten Klavierstücke. Das Klassikfestival ihm zu Ehren ist ein Ohrenschmaus
www.diabellisommer.at

SEEBÜHNE SEEHAM

Die Seebühne Seeham erfreut jedes Jahr im Sommer mit Theater, Konzerten, Kabarett und dem traditionellen WasserKunstFest.
www.seebuehneseeham.at

BRAUGASTHOF SIGL €€

Bodenständige Küche und eine gute Auswahl an Salaten bietet der Gasthof gegenüber der Trumer Brauerei. Verfeinert wird mit Zutaten aus dem eigenen Kräutergarten. Der Gastgarten ist eine Wucht – nicht nur als Zwischenstopp auf einer Radtour durch das Seenland.
Dorfplatz 1 | Obertrum
Tel. 06219 77 00
Mo., Do., Sa. 11–24, So. 9–22 Uhr
www.braugasthof-sigl.at

STIFTSKELLNEREI MICHAELBEUERN €€€

Im Garten der Stiftskellnerei Michaelbeuern wird man mit typischen Gerichten der Region bewirtet. Unter den Süßspeisen ragt der »B'soffene Kapuziner« heraus, ein in Wein getränkter Haselnusskuchen, serviert mit Schokosauce und Schlagobers.
Dorfbeuern
Tel. 0650 520 60 10
Mi., Do. 16–23, Fr., Sa. ab 11,
So. 10–21 Uhr
www.kellnerei-michaelbeuern.at

VITALHOTEL SEEWIRT €€€€

»Kuschel- und Romantikhotel« am See mit eigenem Badestrand und Seeterrasse. Vom Pool am Dach blickt man weit über die Seenlandschaft des Flachgaus. Zwei neue Luxus-Suiten verfügen über eigene SPA-Terrasse bzw. Privatsauna. Ein gediegenes Wellness-Programm und die edle Küche von Haubenkoch Helmut Blüthl runden das Angebot ab. Kinder sind hier allerdings nicht erwünscht.
Seestr. 4, Tel. 06217 52 71
www.seewirt-mattsee.at

BIOHOTEL SCHIESSENTOBEL €€€€

Massivholzmöbel und ein köstliches Salzburger Biofrühstück für den Start in den Tag – Familie Rosenstatter bietet ihren Gästen einen Aufenthalt im Einklang mit der Natur. Von den Balkonen geht der Blick bis ins Gebirge.
Schiessentobel 1, Seeham
Tel. 06217 53 86
www.schiessentobel.at

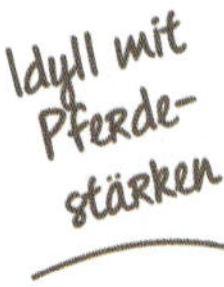

Die Marktgemeinde Mattsee liegt 18 km von Salzburg entfernt im Herzen des Salzburger Seenlands und ist touristisches Zentrum der Region. Die malerische Seenlandschaft lädt zu entspannten Radl- und Wandertouren ein. Der Ort hat sich um die 777 von dem Bayernherzog Tassilo III. gegründete Benediktinerabtei entwickelt.

Wohin in Mattsee?

fahr(T)raum-Ferdinand-Porsche-Erlebniswelten

Frühe Rennwagen und Hybrid-Fahrzeuge

Mit der Eröffnung dieses Museums im Jahr 2013 hat sich Ernst Piëch, der den Sommer über in Mattsee lebende ältere Bruder Ferdinand Piëchs und Enkel des legendären Ferdinand Porsche, einen Traum erfüllt: Die Erlebniswelt beleuchtet die Beiträge seines Großvaters zur Entwicklung von Kraftfahrzeugen und zeigt einige epochemachende Modelle **aus der Frühzeit der Automobil-Ära**. Der Austro-Daimler »Prinz-Heinrich«-Wagen etwa brachte es 1911 auf gerader Strecke in der Wiener Neustadt auf 172 km/h und fuhr damit einen Geschwindigkeitsrekord. Dass Ferdinand Porsche und sein Mitstreiter Ludwig Lohner schon zu Beginn des 20. Jh.s an Elektro- und Hybridfahrzeugen tüftelten, belegt der Lohner Mixte Hybridwagen, bei dem ein Verbrennungsmotor den Akku auflud. Sowohl die von Porsche und Lohner zusammengebauten E-Autos als auch die Wagen mit Hybrid-Antrieb konnten sich damals nicht durchsetzen, weil ihre Reichweite zu gering war. Das Museum bietet aber mehr als nur eine Ausstellung von Oldtimern, es lässt seine Besucher u. a. auch unter die Motorhauben schauen und bietet so Gelegenheit, Kraftfahrzeugtechniken näher kennenzulernen. Wie die Fahrer um 1910 ein Autorennen erlebten, können sie im Hightech-Simulator nacherleben und dabei auch dem Motorensound von damals lauschen. Auf Knopfdruck starten Videos, in denen der 1929 geborene Ernst Piëch Episoden aus dem Leben seines Großvaters erzählt. Der **»Traktor-Stadl«** zeigt Porsches Beiträge zur Mechanisierung der Landwirtschaft auf. Wer es sich leisten möchte, kann sich (für viel Geld) im offenen Austro-Daimler aus den 1920er-Jahren über die Hügel der Mattseeregion chauffieren lassen.

Passauer Str. 30 | tgl. 10–17 Uhr | Erw. 14 € | https://fahrtraum.at

Stift Mattsee

Geistliches Zentrum der Seenregion

Im Zentrum von Mattsee liegt das drittälteste, 777 von Tassilo III. als Benediktinerabtei gegründete und ab 1045 als Kollegialstift fortgeführte Kloster Österreichs. Bis heute treffen sich dort mehrmals im Jahr Kleriker aus der Erzdiözese Salzburg und dem Bistum Linz zum gemeinsamen Gebet. Das **Stiftsmuseum** zeigt in den Räumen der ehemaligen Propstei u. a. Gemälde von Johann Michael Rottmayr, eine Kopie des Tassilo-Kelchs und eine Dokumentation zum ungari-

Ruhiges Ausflugsziel und schönes Segelrevier: der idyllische Mattsee

schen Kronschatz, der in den letzten Kriegsmonaten in Mattsee aufbewahrt und bei Kriegsende der anrückenden US-Armee übergeben wurde. Weithin sichtbar ist der 1766 errichtete Turm der **Stifts- und Pfarrkirche**, auch »Goliath des Mattiggaues« genannt. Das schlichte Äußere steht im Gegensatz zum barocken Prunk im Innern.

Juni–Aug. Mi., Fr., Sa. 15–17 Uhr | Erw. 5 €
www.stiftmattsee.at

Hochkultur und Hochzeiten

Schloss Mattsee

Von einer Anhöhe, die auf drei Seiten vom Wasser umgeben ist, grüßt das kleine Schloss Mattsee. Der aus einer mittelalterlichen Burg hervorgegangene Bau war im 17. Jh. **Sommerresidenz der Salzburger Fürsterzbischöfe**. Heute wird Schloss Mattsee für Kulturveranstaltungen wie den **Diabelli-Sommer** genutzt und erfreut sich als Hochzeitsort großer Beliebtheit. Vom Schlosscafé bieten sich prachtvolle Ausblicke auf den Ort und die Trumer Seenlandschaft.

Rund um Mattsee

Wildromantische Natur

Seeham

Das 1500-Seelen-Dorf am Westufer des Obertrumersees ist als **Österreichs erstes Biodorf** bekannt. Durch den in dichtem Wald versteckten und von einem Bach durchflossenen nahen Teufelsgraben führt ein Lehrpfad, der mit der besonderen Geologie, Tier- und Pflanzenwelt des Gebiets vertraut macht. Ein Wildkarwasserfall gehört zu den Highlights der Tour. In einer Kugelmühle wird im Sommer altes Handwerk gezeigt. Im Norden des Teufelsgrabens wartet ein Hochseilgarten au Actionfans.

Tourismusbüro Seeham, Tel. 06217 54 93
www.seeham-info.at, www.teufelsgraben.at

Die Alpen grüßen

Buchberg

Von dem 801 m hohen Aussichtsberg südlich von Mattsee bietet sich ein grandioses Panorama über die Hügel des Alpenvorlandes bis hin zu den Kalkalpen im Süden. Sechs Themenwege führen auf den Gipfel.

Biererlebnisse im Doppelpack

Obertrumer Brauereien

Obertrum am Südende des gleichnamigen Sees ist ein **Zentrum der Salzburger Bierkultur**. Die von Diplom-Biersommeliere Johanna Panholzer geleiteten kurzweiligen Führungen durch das ultramoderne Sudhaus der 1601 gegründeten **Trumer Privatbrauerei** enden mit einem Panoramablick über das Seenland und einem Trumer Pils.
Im **Bierkulturhaus** des Dortmunder Braumeisters Axel Kiesbye schräg gegenüber können Bierliebhaber ihren eigenen Gerstensaft brauen, die Kunst der genussvollen Verkostung erlernen und sich zum Biersommelier oder -sommeliere ausbilden lassen.

Trumer Brauerei: Führungen Mai, Juni, Sept. Di 16.30, Juli, Aug. auch Do. 18 Uhr, nur n.V., Tel. 06219 74 11 0 | www.trumer.at
Bierkulturhaus: www.bierkulturhaus.com

Durchs Moor

Schleedorf

Von dem beschaulichen 1000-Seelen-Dorf, 5 km östlich von Mattsee, bieten sich botanisch ausgesprochen interessante Wanderungen zu den winzigen **Egelseen und den nahen Moorgebieten** an. Im Ort selbst lohnt ein Besuch der Schneiderei Wimmer. Seit 1741 fertigt der Familienbetrieb maßgeschneiderte Trachten an.

Trachten Wimmer: Dorf 96 | Mo.–Fr. 8–12 u. 13–18, Sa. 8–12 Uhr | www.wimmertracht.at

Klösterliche Bildungsanstalt

Abtei Michaelbeuern

Das vermutlich im 8. Jh. gegründete Kloster 13 km nordwestlich von Mattsee hat im Laufe seiner Geschichte einige Höhen und Tiefen erlebt. Nach einer im 14. Jh. einsetzenden Phase des Niedergangs begann erst im 17. Jh. ein neuerlicher Aufschwung. Die Mönche übernahmen wieder entsprechend der Tradition ihres Ordens Seelsorge- und Bildungsaufgaben. Heute betreiben die Benediktiner eine Mittelschule mit Tagesheim.

Barock und Rokoko
Die 1072 geweihte **Stiftskirche**, ursprünglich eine romanische Pfeilerbasilika, lohnt auf jeden Fall eine Besichtigung. Gegen Ende des 17. Jh.s erfuhr sie eine barocke Umgestaltung, an der bedeutende österreichische Künstler beteiligt waren. Den kostbaren Hochaltar schufen der Bildhauer Meinrad Guggenbichler (1649 bis 1723) und der Maler Johann Michael Rottmayer (1654–1730). Highlights der Stiftsführung sind die barocke Klosterbibliothek und der im Rokoko-Stil freskierte Abteisaal.

Klosterführung: Ostern bis Ende Okt. Sa. 14, am ersten Sa. im Monat um 16 Uhr | www.abtei-michaelbeuern.at

MAUTERNDORF

Höhe: 1123 m ü.d.M. | **Einwohnerzahl:** 1700 | **Landschaft:** Lungau

Stolz thront die mittelalterliche Burg auf einer Anhöhe über dem charmanten Lungauer Ort. Für die Skifahrer, die im Winter die Pisten der Skischaukel Großeck-Speiereck hinuntersausen, und für die Wanderer, die im Sommer das Gebirge durchstreifen, bildet sie fast schon einen Orientierungspunkt.

Mauterndorfs Geschichte ist eng mit der mittelalterlichen Burg verbunden. Seinen Namen verdankt der Ort der Mautstelle, die das Salzburger Domkapitel im 13. Jh. in der Festung einrichtete. Die Abgaben, die Handelsreisende, die über den Tauernpass zogen, zu zahlen hatten, bescherten auch dem kleinen Markt einen gewissen Wohlstand. Während des Mittelalters war Mauterndorf, das bereits seit 1023 dem Salzburger Erzbischof unterstand, der wichtigste Handelsplatz im Lungau. Im Jahr 1253 fand die Burg erstmals urkundlich Erwähnung. Nach der Auflösung des Salzburger Fürsterzbistums Anfang des 19. Jh.s wurde Mauterndorf österreichisch und die Besitzverhältnisse wechselten mehrfach. Zu den Burgherren gehörte auch der Nazi-Reichsmarschall Hermann Göring, der 1945 im Salzburger Land in US-Gefangenschaft geriet. Seit 1968 ist die Burg Mauterndorf im Besitz des Landes Salzburg.

MAUTERNDORF ERLEBEN

TOURISMUSVERBAND MAUTERNDORF

Markt 52
5570 Mauterndorf
Tel. 06472 79 49
www.mauterndorf.at

SCHMALSPURBAHN

Ein schriller Pfiff, ein lang gezogenes Pfauchen, dann setzt die Dampflokomotive der Taurachbahn am Bahnhof Mauterndorf zu ihrer 11 km langen Sommerreise durch das Lungauer Zentraltal an. Der Geruch von Kohle durchzieht die originalgetreu renovierten Waggons, unterwegs wird eine Schranke händisch bedient – der Trip auf der Schmalspurbahn ist für Kinder ein Highlight! Von Juni bis Sept. ist die Bahn jeden Sa. und So. im Einsatz, im Juli und Aug. auch Fr.
www.taurachbahn.eu

BERGBAHN

Vom Skizentrum Mauterndorf führen Kabinenbahnen und Sessellifte in die Skischaukel Großeck-Speiereck. Im Sommer ist die Speiereckhütte Ausgangspunkt u. a. für die Tour auf das 2411 m hohe Speiereck.
www.grosseck-speiereck.at

RADFAHREN

Auf über 1100 m tritt es sich schon etwas schwerer – da hilft vielleicht ein E-Bike weiter. In Mauterndorf verleiht u. a. Sport Rest die Drahtesel mit Extra-Power. Ein Klassiker ist die Mitterberg-Runde über 30 Kilometer, aber auch Weißpriachtal oder Göriachtal (▶Tamsweg, Umgebung) lohnen!
www.sport-rest.com

SAMSON-UMZUG

Das mittelalterliche Ortsbild verleiht den örtlichen Samson-Umzügen (zum Hintergrund: ▶Tamsweg) ein ganz besonderes Flair. In Mauterndorf begleiten Zwergenfiguren den Lungauer Riesen. Stets dabei sind auch Musikkapelle und die Schützen. Seit 2010 steht der Umzug auf der Liste für das immaterielle UNESCO-Welterbe. Termine können im Tourismusbüro erfragt werden.

TRAUSNERS GENUSSWERKSTATT

Das Erfrischungsgetränk »Enzo« ist der Renner in der Genusswerkstatt der Trausners. Dabei wird ein aus der Wurzel des Gelben Enzians gewonnener Sirup mit Soda aufgespritzt und so zu einem herrlich-köstlichen Durstlöscher. Aber auch die biozertifizierte Preiselbeer-Marmelade, der schwarze Holler- oder der Zirbensirup und andere natürliche Aromabomben sind schöne Mitbringsel.
Steindorf 65
Tel. 06472 200 65
Mo.–Fr. 9–12 u. 14–17 Uhr
www.trausners.at

MESNERHAUS €€€€

Das Haubenrestaurant von Maria und Josef Steffner ist eine erste Adresse

für Feinschmecker. Wild aus den Lungauer Wäldern, Lammfleisch von heimischen Tieren, regionaler Käse und Kaviar vom Weißen Stör sind Spezialitäten des Hauses.
Markt 56
Tel. 06472 75 95
www.mesnerhaus.at

GASTHOF WEITGASSER €€€

Wenn der Hausherr selbst kocht, kann es nur gut schmecken! Der gemütliche Gasthof setzt auf regionale Zutaten und österreichische Hausmannskost, die allerdings wundervoll verfeinert wird! Wie wäre es mit gebackenem Saurüssel auf Senfsauce an Erdäpfelsalat, Nockerln mit gebratener Hechtschnitte oder Lungauer Lammbraten? Die Blutwurst, auch als Gröstl mit frischem Kren und Sauerkraut, kommt frisch vom Dorfmetzger Lankmayer.
Markt 106
Tel. 06472 73 66
www.gasthof-weitgasser.at

LANDGASTHOF STEFFNER-WALLNER €€€

Das zentral gelegene Landhotel bietet Komfort- und Kulinarik-Pakete für Sommer- und Wintersportler. Nach einem anstrengenden Tag in den Bergen können die Gäste im Saunagewölb' oder im Gartenrefugium neue Energie tanken.
Markt 90
Tel. 06472 72 14
www.steffner-wallner.at

HOTEL BINGGL €€€

Das Hotel garni liegt zentral am Marktplatz von Mauterndorf und bietet gut ausgestattete Zimmer sowie einen Wellness-Bereich mit Mühlensauna.
Markt 91
Tel. 06472 72 04
www.binggl.com

Wohin in Mauterndorf?

Häuser wie Kunstwerke

Durch den Ort

Mauterndorfs Wohlstand spiegelt sich in den ansehnlichen Bauten im Ortszentrum wider. An den mehrstöckigen **Bürgerhäusern**, die an der Marktstraße Spalier stehen, fallen die für die Region ungewöhnlichen Treppengiebel auf. Sie sind ein Erbe der Unternehmer aus dem bayrisch-fränkischen Raum, die in der Blütezeit des Bergbaus im 16. Jh. ins Land kamen und die Architektur ihrer Heimat mitbrachten. Heute beherbergen die mustergültig renovierten Häuser Geschäfte, Lokale und das Tourismusbüro. Im Ortszentrum bildet die wuchtige **Pfarrkirche St. Bartholomäus** einen weiteren Blickfang. Sie weist romanische, frühgotische und barocke Elemente auf. Folgt man der Marktstraße weiter Richtung Burg so kommt man an weiteren Zeugen der Geschichte wie einem Römerstein oder einer alten Sonnenuhr vorbei. An der Fleischbrücke über die Taurach springt die **Brückenkeusche,** ein Bau des 15. Jh.s, ins Auge. Trotz Wind und Wetter hat ihre Holzfassade dem Zahn der Zeit getrotzt.

OBEN: Wer wissen möchte, worin die Profession der Sauschneider bestand, muss sich nach Burg Mauterndorf aufmachen. UNTEN: Ein einzelner Mann steckt unter der riesigen Samson-Figur.

Mittelalter zum Anfassen

Burg Mauterndorf

Im Sommer wird auf Burg Mauterndorf das Rad der Zeit 500 Jahre zurückgedreht. Selbst junge Besucher schlüpfen dann in Wams und Rüstung: Mit den Spectaculum-Erlebniswochenenden, Nachtführungen und Ferienprogrammen kommt wieder Leben in die Mauern. Das größte Spektakel ist das Mittelalterfest Anfang Juli, wenn sich die Burg und das Ortszentrum von Mauterndorf in eine einzige Bühne für Ritter, Knappen, Burgfräulein, Bader und Handwerker verwandeln.
An den eventfreien Tagen bringen spannende Audioguide-Führungen (Extra-Version für Kinder) Jung und Alt einen typischen Burgtag des Jahres 1498 näher. Ein Blick in die Burgkapelle mit den gotischen Fresken und eine Besichtigung des Keutschachzimmers mit Rankenbemalung und Holzvertäfelung aus dem Jahr 1513 gehören zum Rundgang dazu. Danach geht es auf den großen Ritterspielplatz. Im Südturm ist das **Lungauer Landschaftsmuseum** untergebracht. Eines der spannendsten Kapitel widmet sich den **Lungauer Sauschneidern**, die einst selbst in Ungarn und Deutschland als Experten für die Kastration von Nutzvieh geschätzt und oft monatelang unterwegs waren. Als Erkennungszeichen trugen die Sauschneider einen weißen Adlerflaum am Hut. Ein Stopp in den vertäfelten Stuben oder auf der Sonnenterrasse der Burgschänke rundet die Tour ab.
Mai – Okt. tgl. ab 9.30 Uhr, Winteröffnungszeiten im Tourismusbüro erfragen | Erw. 13 €, Kinder 4,70 €
www.salzburg-burgen.at/de/mauterndorf, www.mittelalterfest.org

Rund um Mauterndorf

Unrühmliche Vergangenheit

Schloss Moosham

6 km südlich von Mauterndorf steht auf einem Vorsprung des Mitterberges das im 13. Jh. erbaute mächtige Schloss Moosham, das eine recht unrühmliche Vergangenheit hat. Vom 14. bis zum 18. Jh. residierte dort der Salzburger Landpfleger, der auch die landesfürstliche **Blutgerichtsbarkeit** ausübte. Mit Schaudern hören die heutigen Besucher von den **Hexenprozessen**, die für die Beschuldigten oft am Galgen in Tamsweg endeten (▶Tamsweg, Richtstättenweg). 1886 ließ der Polarforscher und Kunstmäzen Graf Hanns Wilczek die verfallene Anlage im historisierenden Stil instand setzen. Die Kulisse animierte auch zahlreiche Filmemacher, etwa den Regisseur des Horror- und Trash-Streifens »Hexen bis aufs Blut gequält« mit Udo Kier aus dem Jahr 1969. Das Schloss befindet sich in Privatbesitz. Seine Sammlung profaner und sakraler Kunst, die Wehrgänge und auch die Folterkammer können im Rahmen von Führungen besichtigt werden.
Mai–Sept. Di.–So. Führungen 10, 11, 14, 15, Okt. und Mitte Dez. bis April Di.–So. 11 u. 14 Uhr | | Kinderführungen Sommer Do. 10 Uhr Erw. 15 € | www.schlossmoosham.at

MITTERSILL

Höhe: 790 m ü.d.M. | **Einwohnerzahl:** 5400 | **Landschaft:** Pinzgau

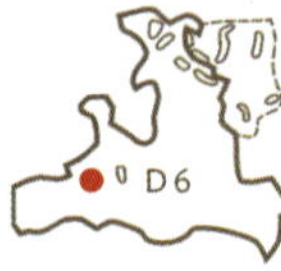

Das Salzach-Städtchen ist das Tor zur einzigartigen Gebirgswelt des Nationalparks ▶Hohe Tauern. Im Sommer bieten bunt blühende Almen und dichte Wälder, rauschenden Bäche und tosende Wasserfälle unvergessliche Naturerlebnisse. Im Winter dreht sich alles um den alpinen Skisport, Mittersill bildet den südlichen Einstieg zum berühmten Skigebiet um Kitzbühel.

Mittersill liegt am Kreuzungspunkt alter und bis heute wichtiger Verkehrswege. Die Pass-Thurn-Straße Richtung Nordwesten nach Kitzbühel und St. Johann in Tirol biegt hier von der durch das Salzachtal führenden Landesstraße ab. Über die Felbertauern-Straße gelangt man nach Osttirol und Kärnten. Als Zentrum der Ferienregion Nationalpark Hohe Tauern hat die Stadt eine gut entwickelte touristische Infrastruktur mit vielfältigen Einkaufsmöglichkeiten. Die Ausstellung »Nationalparkwelten« der Salzburgischen Nationalparkverwaltung ist ein Besuchermagnet.

Wohin in Mittersill?

National-parkwelten

Perfektes Schlechtwetterprogramm

Fast schon ein Muss für alle, die die ganze Vielfalt der Landschaftsräume in den Hohen Tauern erst einmal »erschnuppern« möchten, ist ein Besuch der Ausstellung im Besucherzentrum des Nationalparks in Mittersill. Im neu eingerichteten **360°–Panoramakino** kann man schneebedeckte Gipfel, schäumende Bergbäche, Klammen und Wälder in 3D an sich vorbeiziehen lassen. Im **Lawinendom** werden Lawinenabgänge simuliert und im **begehbaren Murmeltierbau** kann man eine ausgestopfte Familie der possierlichen Nager besuchen. Wer am **Pasterze-Rad** dreht, kann die Veränderungen der Gletschermasse über die vergangenen Jahrtausende zurückverfolgen. Mit beeindruckenden akustischen und filmischen Effekten macht das Nationalparkzentrum Mittersill seinen Besuchern die Lebensräume der Hohen Tauern erfahrbar, auch wenn es draußen stürmt und regnet.

Gerlosstr. 18 | tgl. 9–17 Uhr | Erw. 13 €, Kinder 6,50 €
www.nationalparkzentrum.at

Felberturm-museum

Dorfkultur zum Anfassen

Das Mittersiller Regionalmuseum im Felberturm, einem Wohn- und Wachturm des 12. Jh.s, wurde nach zweijähriger Generalsanierung 2021 neu eröffnet. Im Mittelpunkt steht nun das Thema der historischen Tauernwege. Wanderhändler, die sogenannten Säumer, zogen

MITTERSILL ERLEBEN

MITTERSILL PLUS GMBH
Zeller Straße 2
5730 Mittersill
Tel. 06562 42 92
www.mittersill.info

TOURISMUSVERBAND UTTENDORF
Schulstraße 2
5723 Uttendorf
Tel. 06563 8279 0

GOLFCLUB NATIONALPARK HOHE TAUERN
Mit Aussicht auf die Bergwelt macht ein Partie Golf gleich doppelt Spaß!
Felben 133
Tel. 06562 57000
www.golfclub-nationalpark-hohetauern.at

HOTEL-RESTAURANT BRÄURUP €€€
Seine urigen Holzstuben und Gewölbe aus dem 18. Jh. verleihen dem Haus im Ortszentrum Patina – und auch auf der Speisekarte steht Traditionelles aus der Region im Vordergrund. Aus dem hauseigenen Fischwasser kommen Forelle und Saibling, serviert werden sie klassisch mit Petersilerdäpfeln und Kräuterbutter. Leckere Alternativen sind die Spezialitäten vom Pinzgauer Rind und die würzigen Pinzgauer Kasnocken. Dazu passt am besten eine Bierspezialität aus der Hausbrauerei!
Kirchgasse 9, Tel. 06562 62 16
http://www.braurup.at
Tgl. 11.30 – 14.00 u.
17.30 – 21.15 Uhr

GASTHOF HOTEL BREITMOOS €€
Familie Neumaier verwöhnt Gäste in gemütlichen holzvertäfelten Stuben. Atemberaubend ist die Panoramaaussicht aus 1250 m Höhe hinab ins Tal und Richtung Hohe Tauern. Gekocht wird gut bürgerlich – Klassiker sind die saftigen Steaks und Paprikarahmschnitzel, Eierschwammerl im Sommer und Wild-Spezialitäten im Herbst. Die Nähe zum Nobelskiort Kitzbühel beschert dem Haus Prominenten-Besuch, wie die Bildergalerie verrät.
Breitmoos 1, Tel. 06562 83 78
www.breitmoos.at
Tgl. 11.30 –14.30 Uhr und
17 –21 Uhr

KINDERHOTEL FELBEN €€€€
Das ausgezeichnete Kinderhotel bietet praktische Ganztagsverpflegung zusammen mit Erlebnis-Urlaub auf dem Biobauernhof.
Felberstr. 51, Tel. 06562 44 07
www.felben.at

SPORTHOTEL KOGLER €€€€
Das Hotel bietet in rustikalem Ambiente modernsten Komfort. Auch für die Kids ist bestens gesorgt: Ein Streichelzoo mit Ponys verspricht viel Spaß.
Hallenbadstr. 1, Tel. 06562 46 15
www.hotel-kogler.at

FRÜHSTÜCKSPENSION HEILBAD BURGWIES €€
Das familiengeführte Haus in ruhiger Lage kann mit behaglichen Zimmern und guten Zugang zu Wanderwegen und Skipisten punkten. Wer möchte, kann im Heuhotel auf Stroh nächtigen.
Burgwies 42, Stuhlfelden
Tel. 0664 303 02 25
www.heilbad-burgwies.at

bereits im Mittelalter mit Lastpferden über die „Tauern“ (Pässe) nach Süden, die Tiere schwer beladen mit Salz oder Metallen. In die Gegenrichtung gelangten u.a. Wein, Gewürze und Stoffe in das Salzburger Land. Den zweiten Schwerpunkt der auch inhaltlich neu konzipierten Schau bildet der Aufstiegs Mittersills zur Stadt. Auch mit filmischen Mitteln vergegenwärtigt wird dabei ein sehr unrühmliches Kapitel: Der Hexenprozess von 1575, aufgrund dessen der Pfarrer von Bramberg und seine Köchin verurteilt und auf dem Scheiterhaufen verbrannt wurden. Im angrenzenden Bauernhaus wird das Alltagsleben der Bauern, die oftmals auch als Säumer tätig waren, dargestellt. Der quadratische Felberturm mit nur wenigen kleinen Fenstern und niedrigem Dach wirkt äußerst wehrhaft. Nebenan lohnt es sich, einen Blick in die spätgotische Kirche St. Nikolaus zu werfen. Das Innere präsentiert sich als Mix verschiedener Stilrichtungen, von der Gotik bis zum Rokoko.
Museumsstr. 2 | Mai-Okt. Mi.-So. 10-17, März/April Mi. u. Fr. 11- 17, Feb. Mi.-Fr. 11-17 Uhr | Erw. 8,60 €
www.museumswelten-hohetauern.at

Treffpunkt der Reichen und Schönen

Schloss Mittersill

In den 1950ern und 1960ern war das Schlossauf einer Anhöhe am Nordrand von Mittersill Treffpunkt der internationalen High Society. In dem hochexklusiven **»Sport und Shooting Club«**, den der damalige Besitzer Baron Hubert von Pantz, seines Zeichens Spross eines uralten österreichischen Adelsgeschlechts, auf Schloss Mittersill betrieb, verkehrten Berühmtheiten wie der Schah von Persien oder der Herzog von Windsor und Hollywoodstars wie Clark Gable und Rita Hayworth. Heute residiert dort ein romantisches Luxushotel mit Gourmetrestaurant. Die Anfänge des Schlosses gehen auf das 12. Jh. zurück. Bis zur dessen Auflösung im Jahr 1806 gehörte es dem Fürsterzbistum Salzburg. Danach wechselte es häufig den Besitzer.
www.schloss-mittersill.at

Rund um Mittersill

Tosende Wasserfälle und ein stiller See

Schösswendklamm

8 km südlich von Mittersill führt ein Abzweig von der Felbertauernstraße zur Schösswendklamm – ein Naturdenkmal allerersten Ranges. Einige größere und kleinere Wasserfälle haben hier bizarre Formen und Trichter aus dem Fels geschliffen. Ihr Tosen ist schon von Weitem zu hören. Die Klamm ist über Stege zugänglich. Besonders im Frühjahr wenn der Bach Schmelzwasser führt, bietet sie ein beeindruckendes Schauspiel. Fährt man die Straße 4 km weiter, so gelangt man zum malerischen Hintersee, der bei einem gewaltigen Felssturz entstanden und von hohen Bergwänden eingerahmt ist. Ein **Naturlehrpfad** führt um das glasklare Gewässer herum.

Das Kräuterdorf

Hollersbach

7 km westlich von Mittersill liegt Hollersbach, das seinen Beinamen »das blühende Dorf« seiner großen Kräutertradition verdankt. Hollersbach gehört zu den Nationalparkgemeinden und ist Ausgangspunkt für Touren in die Hohen Tauern, etwa durch das Hollersbachtal zum Kratzenbergsee. Die **Info-Stelle des Nationalparks** residiert im Klausnerhaus, ein im Kern aus dem 16. Jh. stammendes Pinzgauer Bauernhaus. Im Schaugarten hinter dem Haus gedeihen über 500 verschiedene Kräuter. Von der Resterhöhe (1894 m, Kabinenbahn) lassen sich die Kitzbühler Grasberge erkunden, nach Süden tun sich schöne Blicke auf die Dreitausender der Tauernkette auf.

Tgl. von Mai bis Okt. Eintritt frei | Führungen (mit Anmeldung) Ende Mai – Ende Sept. Di. 16 Uhr | Erw. 5 € | Tel. 0676 66 16 299
www.hollersbacher.at

Hochgebirgskomfort

Uttendorf, Stubachtal

Von wenigen anderen Orten kann man so bequem in die höchsten Nationalpark-Regionen gelangen wie von Uttendorf, das 8 km östlich von Mittersill liegt. Vom Enzingerboden am Ende des Stubachtals, das nahe Uttendorf in das Salzachtal mündet, befördern die **Weißsee-Gletscherbahnen** Ski- und Wanderfreunde in zwei Etappen in die Gletscherwelt Weißsee (2308 m). An der Bergstation zeigt die Nationalparkausstellung »Gletscher-Klima-Wetter« die dramatischen Auswirkungen des Klimawandels im Hochgebirge. Am Ufer des aufgestauten **Weißsees** (2315 m) liegt inmitten der grandiosen Hochgebirgsszenerie die **Rudolfshütte**, ein Komforthotel mit Spa-Bereich, wie es in dieser Höhenlage nur wenige in den Alpen gibt. Die Luxushütte ist Ausgangspunkt leichter und mittelschwerer Bergtouren. Ein **Gletscherlehrweg** führt zum Ödenwinkelkees (ca. 1,5 Stunden). In rund 2 Stunden gelangt man zurück zum Parkplatz im Tal. Nur erfahrene Bergwanderer sollten sich die hochalpinen Touren zur Granatspitze (3086 m) und zum Sonnblick (3088 m) zumuten. Von der Bergstation führt die Medelzkopfbahn auf 2550 m. Das **Skigebiet ist familienfreundlich** – das Kinderland an der Mittelstation macht es den Jüngsten leicht, das Skifahren mit Spaß zu erlernen.

www.gletscherwelt-weissee.at

Auf den Spuren der Kelten

Keltendorf

Am **Steinerbichl**, einer Anhöhe bei Uttendorf fanden Archäologen Spuren einer bedeutenden keltischen Siedlung, die bis 1800 v. Chr. zurückreicht. Die bedeutendsten Funde sind in der Landeshauptstadt im Salzburg Museum ausgestellt. In einem rekonstruierten Keltendorf wird die Lebensweise der einstigen Bewohner nachgezeichnet, die vom Kupferbergbau lebten.

Führungen: Mai–Okt. Do. 13, 15 und 17 Uhr | Anmeldung TVB Uttendorf/Weißsee, Tel. 06563 827 90 | Keltenfest Mitte August

MONDSEE

Höhe: 481 m ü.d.M. | **Landschaft:** Salzkammergut

Türkisfarben schlummert der stille See in einem Wald- und Wiesenbett vor der traumhaften Kulisse von Drachenwand und Schafberg. Im Sommer ist er ein Paradies für Wasserratten. An seinen Ufern warten einige Zeugnisse der Vergangenheit auf ihre Entdeckung.

Der Mondsee liegt südwestlich des Attersees und erstreckt sich bei einer Breite von maximal 1,5 km rund 11 km Richtung Nordwesten. Pfahlbaufunde belegen, dass an seinen Ufern schon in der Jungsteinzeit Menschen siedelten. Seit Napoleon I. die Herrschaft Mondsee 1810 dem bayerischen General und Diplomaten Carl Philipp von Wrede zum Geschenk machte, befindet sich das Gewässer in Privatbesitz. Dennoch gibt es an vielen Stellen öffentliche Strandbäder. Auch Segeln, Windsurfen und Kiten sind ohne Einschränkung möglich. Die Segelschule Mondsee gilt als eine der besten Adressen für Wassersport im Salzkammergut (► S. 328). 2008 stand der See zum Verkauf. Die Besitzerin und die öffentliche Hand konnten sich damals nicht einigen – es war von einem Verkaufspreis von 14 Mio. € die Rede – und der See ist weiterhin privat.

Wohin am Mondsee?

Pioniere hinter Klostermauern

Kloster Mondsee

Die Marktgemeinde Mondsee (3400 Einw.) am Nordufer des Sees kann sich rühmen, Standort des ältesten Klosters auf österreichischem Boden zu sein. Die Benediktinerabtei wurde 748 vom bayerischen Herzog Odilo gegründet und betrieb eines der ersten Skriptorien im Land. Der **Tassilopsalter** von 788 gilt als ältestes in Österreich geschriebenes Werk und der Mondseer Matthäus (um 800) als älteste althochdeutsche Bibelübersetzung. Mit der Aufhebung des Klosters 1791 kamen die kostbaren Werke u. a. nach Linz. In den aufs Schönste restaurierten Mauern residiert heute ein Hotel und in der Klosterbibliothek ist das Mondseer Pfahlbaumuseum untergebracht.

Barockes memento mori unter gotischen Gewölbedecken

Pfarrkirche St. Michael

Die ehemalige Kloster- und heutige Pfarrkirche von Mondsee zählt zu den bedeutendsten Sakralbauten Österreichs. Hinter der barocken doppeltürmigen Westfassade verbirgt sich ein dreischiffiger gotischer Kirchenbau mit reich ornamentierten Netzrippengewölbedecken. Seitenaltäre und Kanzel gelten als Opus Magnum des großen

DEN MONDSEE ERLEBEN

TOURISMUSVERBAND MONDSEE

Dr. Franz Müller Str. 3
5310 Mondsee
Tel. 06232 22 70
http//:mondsee.salzkammergut.at

SEEFEST MONDSEE

Während des dreitägigen Sommerfestivals geben sich internationale Popstars ein Stelldichein. Ein kindergerechtes Rahmenprogramm gehört immer dazu. Ein Riesenfeuerwerk bildet den Abschluss des Spektakels.
http//:mondsee.salzkammergut.a

MUSIKTAGE MONDSEE

Das Kammermusikfestival findet Ende Aug., Anfang Sept. statt und setzt jährlich neue Themenschwerpunkte.
www.musiktage-mondsee.at

MANINSEO €€€€

Das zum Hotel Seehof Mondsee gehörende Haubenrestaurant bietet österreichische Küche, die man bei einem fantastischen Seeblick genießen kann.
Auhof 1 | Loibichl am Mondsee
Tel. 06232 50 31
www.seehof-mondsee.at

HOTEL KRONE €€

Ob im Restaurant, im heimeligen Stüberl oder im überdachten Gastgarten: Das Restaurant serviert leckere Spezialitäten der österreichischen Küche. Die Zutaten kommen ausschließlich von Erzeugern aus der Region.
Rainerstr. 1
Tel. 06232 22 36
www.hotel-krone-mondsee.at

KONDITOREI FRAUENSCHUH €

Österreichische Kaffeehauskultur und erlesene Mehlspeisen – das Traditionshaus ist genau das Richtige für den kleinen Hunger zwischendurch.
Marktplatz 8
Tel. 06232 23 12
www.konditorei-frauenschuh.at

SEEHOF MONDSEE €€€€

Die 5-Sterne-Nobelherberge liegt inmitten eines herrlichen Parks an der schönsten Bucht des Mondsees und ist die erste Adresse für Wohlfühltage. Der Wellness-Bereich bietet finnische Sauna, Massagen, Fitnessraum und Solarium. Am 300 m langen Privatstrand können die Gäste die Seele baumeln zu lassen.
Auhof 1 | Loibichl am Mondsee
Tel. 06232 50 31
www.seehof-mondsee.at

HOTEL DORFERWIRT €€€

Die familiäre Traditionsherberge liegt traumhaft schön am Irrsee, einem naturgeschützten, warmen Moorsee, und bietet seinen Gästen einen hoteleigenen Badeplatz. In der zum Haus gehörenden Schokolateria gibt es raffinierte Schokokreationen.
Am Irrsee 40
Zell am Moos
Tel. 06234 82 75
www.dorferwirt-irrsee.at

GASTHOF DRACHENWAND €€€

Das familiengeführte Haus am Fuß der Drachenwand bietet Salzkammergut-Ambiente. Im Restaurant (Mo. Ruhetag) kommen u. a. leckere Fischspezialitäten auf den Tisch.
St. Lorenz 46, Tel. 06232 33 56
www.drachenwand.at

Vom Schafberg hoch über dem Mondsee liegt einem das Salzkammergut zu Füßen.

Barockbildhauers Meinrad Guggenbichler (1649 – 1723), der 44 Jahre bis zu seinem Tod in Mondsee wirkte. Sein Corpus-Christi-Altar im linken Seitenschiff mit seinen von Weinlaub umrankten Säulen ist ein Meisterwerk. Der 1626 entstandene Hochaltar ist noch der Formensprache der Renaissance verhaftet. Der Figurenschmuck stammt von Hans Waldburger (1570–1630). Eye-Catcher der gruseligen Art sind die gläsernen Reliquienschreine beiderseits des Tabernakels, in denen gut sichtbar die reich geschmückten Gebeine von Heiligen ruhen. Über allem hockt das Skelett von Abt Konrad II. (1100–1145), einen Weihestab in der Hand.

1965 gaben sich Julie Andrews und Christopher Plummer als **Filmehepaar Trapp** in St. Michael das Jawort. Bis heute beschert die Verfilmung des Musicals »The Sound of Music« (1965) der Gemeinde Mondsee einen nicht abreißenden Besucherstrom aus Übersee. Alljährlich finden in der Kirche und im Mondseer Standesamt, das im benachbarten Hotel residiert, Dutzende von Trauungen statt. Die Hochzeitsplaner bieten sie in mehreren Sprachen an und vergessen nicht zu versichern, dass die Scheidungsrate gegen null tendiert.

Mondsee-museum

Fenster in die Jungsteinzeit

Ein Haus am See – danach strebten schon die Menschen vor 5000 Jahren, wie das spannend gestaltete Pfahlbaumuseum in der einsti-

gen Klosterbibliothek zeigt. Die Ausstellung rollt die ganze Geschichte der jungsteinzeitlichen Mondseekultur (etwa 3770 v. Chr. bis 3200 v. Chr.) auf. Anhand der Überreste von Pfahlbauten, Kunst- und Gebrauchsgegenständen, die man ab 1860 in ufernahen Bereichen des Sees fand, konnten Archäologen den **Alltag der Ur-Mondseer** rekonstruieren. Diese jungsteinzeitlichen Menschen waren Meister der Töpferei, beherrschten die Kupferverarbeitung und trieben offensichtlich Handel bis über die Alpen. Archäologen entdeckten im Schlick des Sees eine Klinge aus Feuerstein, der aus einem oberitalienischen Steinbruch stammt. Ein Kuriosum ist ein verbrannter Teigrest, dem man sinnigerweise den Namen »Urknödel« gab. Einige Wissenschaftler vertreten die Meinung, dass eine durch einen Bergsturz am Schafberg verursachte Flutwelle den Untergang der Mondseekultur auslöste. Andere machen einen Klimawandel und eine damit einhergehende Gletscherschmelze dafür verantwortlich. Seit 2011 gehören die Fundstellen am Mondsee und Attersee zur UNESCO-Welterbestätte Prähistorische Pfahlbauten um die Alpen.

Das **Pfahlbau- und Klostermuseum** informiert anhand einer Fülle von Materialien über die Geschichte des Klosters, seine Bedeutung als Zentrum der Buchmalerei und über die volkstümliche Kultur.

Das **Freilichtmuseum** wartet mit einem voll eingerichteten Rauchhaus samt Nebengebäuden auf. Das Besondere an dieser im Mondseeland weit verbreiteten Gehöftform ist, dass der Rauch im Küchen- und Wohnraum nicht über einen Rauchfang, sondern frei über das Dach abzieht und dabei auf dem Dachboden gelagertes Getreide trocknet. Interessant sind auch die **alten Obstbaumsorten**, die auf dem Gelände gepflanzt wurden. Das Bauernmuseum bildet das Entrée zum Museumsareal und gewährt Einblicke in **6000 Jahre Landwirtschaft am Mondsee.**

Freilichtmuseum: Hilfberg 6 | Mai–26. Okt. Di.–Fr. 10–17 Uhr | Erw. 5 € | **Pfahlbau- u. Klostermuseum:** Marschall-Wrede-Platz 1| Mai bis 26. Okt. Di.–Fr. 10–17 Uhr | Erw. 7 € | www.museum-mondsee.at

Für Eisenbahnfans

Verkehrs- und Ischlerbahn museum

Das in einem ehemaligen Heizhaus unweit des Mondseer Strandbades residierende Museum informiert über die schmalspurige Salzkammergut Lokalbahn, die zwischen 1894 und 1957 die Strecke von Salzburg nach Bad Ischl befuhr und dabei auch einen Abzweig nach Mondsee unterhielt. Highlights der Ausstellung sind u. a. ein nobler Salonwagen von 1906, den Kaiser Franz Joseph nutzte, und eine nostalgische Modelleisenbahn.

Seebadstr. 2 | Mai–26. Okt. Di.–Fr. 10–17 Uhr | Erw. 6 €
www.museum-mondsee.at

Auf höchster Stufe steht auch die barocke Kunst in der Basilika St. Michael.

Treten Sie in die Pedale!

Mondsee-Rundweg

Es lohnt sich, den Mondsee und seine Umgebung per Drahtesel zu erkunden. Die 25 km-Runde führt mit wenigen Ausnahmen über einen eigens angelegten Radweg um den See herum. Unterwegs bieten sich unentwegt Ausblicke auf die malerische Berglandschaft. Der **Irrsee** (auch Zeller See genannt) wenige Kilometer nördlich von Mondsee ist dank sommerlicher Wassertemperatur von bis zu 27 °C ein beliebter Badesee. Die insgesamt knapp 12 km lange Uferzone steht unter Naturschutz.

Radverleih: www.alpen-bike.com

Sakral-Architektur ganz aus Holz

Kolomanskirche

Einst zog das Kirchlein nahe dem Kolomansberggipfel vornehmlich fromme Pilger an. Heute nutzen auch vom Zentrum Mondsees aus die mittlerweile gut ausgeschilderten Pilgerpfade, die durch lichten Wald hinauf zur Kirche führen, vor allen Dingen Ausflügler, die die Stille der Natur suchen. Nur die Radareinrichtungen direkt am als Sperrgebiet nicht zugänglichen Gipfel stören die Idylle.

Das Gotteshaus selbst ist ganz aus Holz erbaut und ein richtiges Schmuckstück. Außen ist es ganz mit Schindeln verkleidet, die Wände innen schmücken zahlreiche Votivbilder.

★ OBERNDORF

Höhe: 394 m ü.d.M. | **Einwohnerzahl:** 5850 | **Landschaft:** Flachgau

Von dem kleinen Salzach-Städtchen aus trat ein Ohrwurm seinen Siegeszug um die halbe Welt an. Am Heiligen Abend des Jahres 1818 erklang in der Oberndorfer Kirche St. Nicola erstmals das Lied »Stille Nacht, heilige Nacht«, das bis heute in der kalten Jahreszeit für weihnachtliche Stimmung sorgt.

Oberndorf liegt 17 km nördlich von Salzburg direkt an der Grenze zu Bayern. Genau wie der Nachbarort Laufen am linken Salzachufer gehörte es vom 14. Jh. bis zu dessen Auflösung 1803 zum Fürsterzbistum Salzburg. Nach einer kurzen Phase, in der zunächst die österreichischen Habsburger und dann Bayern die Herrschaft über die ganze Region ausübten, fiel Oberndorf 1816 an Österreich, während Laufen bei Bayern verblieb. Heute sind beide Städte nicht nur über die alte Jugendstilbrücke, sondern auch durch Kooperationen auf wirtschaftlichem und kulturellem Gebiet miteinander verbunden.

OBERNDORF ERLEBEN

TOURISMUSVERBAND OBERNDORF

Stille-Nacht-Platz 7, 5110 Oberndorf, Tel. 06272 4422, www.salzburger-seenland.at/seen-orte/orte/oberndorf-bei-salzburg.html

SCHIFFERSTECHEN

Das traditionelle Spektakel auf der Salzach geht alle zwei Jahre Mitte August über die Bühne. Dabei versuchen die »Stecher«, den Gegner mit Holzlanzen von der Zille ins Wasser zu befördern. Mannschaften aus Oberndorf und Laufen treten gegeneinander an.

BAUERNBRÄU HOTEL ALTOBERNDORF €

Das Haus wartet mit einfachen, aber freundlichen Gästezimmern auf. Im Bauernbräu werden Schmankerl der österreichischen Küche serviert.
Salzburger Str. 119
Tel. 06272 54 22
www.hotel-altoberndorf.at

Wohin in Oberndorf und Umgebung?

Stille-Nacht-Museum

Punk und Pathos

Was verbindet Elvis Presley mit Mireille Mathieu, und was haben Udo Jürgens und die Toten Hosen gemeinsam? Sie alle haben das berühmteste Weihnachtslied der Welt interpretiert. In dem 2016 neu eröffneten Museum können die Besucher über Kopfhörer u. a. sowohl der dröhnenden Vollgas-Version der Punkrocker aus Düsseldorf als auch der pathetischen Interpretation des »Spatzes von Avignon« lauschen. Highlight der interaktiven Show ist aber die **Karaoke-Station**, an der die Besucher ihre eigene Fassung einspielen und per E-Mail versenden können. Natürlich kommt auch die Geschichte des weihnachtlichen Evergreens nicht zu kurz. Die Ausstellung informiert über seine Schöpfer **Joseph Mohr und Franz Xaver Gruber** (►Baedeker Wissen, S. 310) sowie den kulturellen Kontext, in dem es entstanden ist. Außerdem stellt sie die **300 Übersetzungen** in andere Sprachen vor. Das Stille-Nacht-Museum residiert im zweiten Stock des alten Pfarrhauses neben der Stille-Nacht-Kapelle.

Die Ausstellung im Erdgeschoss lädt zu einer Reise in die **Ära der Salzachschifffahr**t ein. Für Jahrhunderte sorgte der Salztransport auf dem Fluss in Oberndorf und Laufen für Butter und Brot. Mit der Verlagerung des Transports auf die Eisenbahn im 19. Jh. verlor die Salzachschifffahrt ihre Bedeutung. Bis heute hält das 1278 gegründete Schifferschützencorps Oberndorf, das die »Schöffleut« vor

Mann über Bord beim Schifferstechen auf der Salzach

Überfällen schützen sollte, Bräuche wie das alle zwei Jahre ausgerichtete **Schifferstechen** – eine Art Ritterturnier per Boot – lebendig. Der Hof des Museums ist dem Oberndorfer »Small is beautiful«-Philosophen Leopold Kohr gewidmet.

Museum: Jeweils 10–18 Uhr, von Nov. bis 6. Jan. tgl., bis Ende März Fr.–So., April–Juni Do.–So., Juli–Okt. Mi.–So. | Erw. 5 €
Tel. 06272 21 66 0 | www.salzburger-seenland.at/seen-orte/orte/oberndorf-bei-salzburg/stille-nacht.html

Wie Oberndorf zu einem Porträt von Joseph Mohr kam

Stille-Nacht-Kapelle

Das Kirchlein steht nur wenige Schritte vom Museum entfernt auf einer kleinen Anhöhe. Es wurde 1937 am Standort der wegen Hochwasserschäden abgerissenen Kirche St. Nikola errichtet, in der während der Christmette 1818 erstmals das berühmte Weihnachtslied zu hören war. Die Glasfenster zeigen den Komponisten Franz Xaver Gruber und den Verfasser des Textes Joseph Mohr. Dass es von Mohr überhaupt ein Bild gibt, ist dem künstlerisch begabten Pfarrer Josef Mühlbacher (1868–1933) zu danken, der um 1900 eine Büste von Mohr anfertigen sollte, dabei aber feststellen musste, dass er kein einziges Bild von dem bereits 1848 verstorbenen Künstler gab. Um dennoch eine gewisse Vorstellung vom Aussehen Mohrs zu erhalten, ließ er den in Wagrain bestatteten Leichnam kurzerhand exhumieren und nahm den Schädel als Vorbild für seine Büste. Dieser gelangte

auf verschlungenen Wegen nach Oberndorf, wo er als eine Art Reliquie **im Altar der Stille-Nacht-Kapelle** seine letzte Ruhe gefunden haben soll. Ab der zweiten Novemberhälfte wird im Stille-Nacht-Bezirk der Weihnachtsmarkt aufgebaut – dann steht Oberndorf sechs Wochen unter dem Bann von »Stille Nacht«, das seit 2011 **immaterielles UNESCO-Weltkulturerbe** ist.
Tgl. 8.30–18 Uhr

Gute Gedanken für die Schiffer

Wallfahrtskirche Maria Bühel

An dem barocken Kirchlein, das sich am nördlichen Stadtrand von Oberndorf auf einer Anhöhe erhebt, fallen die **ungewöhnlich schlanken Zwiebelhauben** auf, die beide Türme krönen. Vielleicht sollten sie den Schiffern, die nach einem Zwischenstopp in Laufen und dem Umladen des Salzes von kleinere auf größere Schiffe weiter flussabwärts fuhren, Gruß und Mahnung sein? Der Überlieferung zufolge ist das Gotteshaus nämlich an der Stelle einer Kreuzsäule mit einem Gnadenbild der Madonna errichtet worden, das die Schiffsleute auf »guete Gedanken« bringen sollte und Ziel von Wallfahrten war. Die Kirche selbst wurde zwischen 1670 und 1673 errichtet und später ausgebaut. Der Hochaltar mit dem Gnadenbild ist ein Entwurf Antonio Beduzzis (1675–1735), die Altarbilder schuf Michael Rottmayr (1654–1730) und die Statuen Josef Anton Pfaffinger (1684–1758).

Jugendstil überwindet Grenzen

Über die Salzachbrücke nach Laufen

Auf der anderen Seite des Salzach lockt das **bayerische Laufen** mit einer sehenswerten Altstadt. Stattliche Bürgerhäuser aus der Zeit, als der Salztransport der Stadt einen beträchtlichen Wohlstand bescherte, bestimmen dort das Ortsbild. Bis zum Ende des 19. Jh.s waren Laufen und Oberndorf nur durch eine bei Hochwasser mehrmals zerstörte Holzbrücke miteinander verbunden. Die stabile Eisenbrücke, die seit 1903 die Salzach überspannt, ist als großartiges Zeugnis der Industriekultur und des Jugendstils berühmt. Ihre Pylone sind reich verziert, von Adler-Skulpturen bekrönt und durch kunstvoll gebrochene Bögen, die Embleme des bayerischen und des österreichischen Herrscherhauses schmücken, miteinander verbunden. Die Brücke ist Fixpunkt am **Zwei-Städte-Rundweg**, der einige kulturhistorisch interessante Stätten in Laufen und Oberndorf erschließt.

Belehrung zu ebener Erd' und im ersten Stock

Arnsdorf

In dem Dorf 4 km nördlich von Oberndorf lockt ein **weiteres Stille-Nacht-Museum.** Es ist im Obergeschoss der Volksschule, in der der Komponist Franz Xaver Gruber 20 Jahre als Lehrer wirkte, untergebracht. Neben dem **Originalmobiliar** sind dort auch die **Krippenfiguren** zu sehen, die Gruber in der Kirche aufstellte. Kustos Max Gurtner weiß Grubers Lebensumstände anschaulich zu schildern. Im

Erdgeschoss des Gebäudes findet immer noch Unterricht statt. Die spätgotische **Kirche Maria im Mösl** neben der Schule unterstreicht die Bedeutung Arnsdorfs als Wallfahrtsort.

Stille-Nacht-Museum: Advent bis 6. Jan. an Schultagen 14–17, am Wochenende 10–17 Uhr, Rest des Jahres n.V. | Erw. 5 €
www.stillenachtarnsdorf.at

RADSTADT

Höhe: 856 m ü.d.M. | **Einwohnerzahl:** 4890 | **Landschaft:** Pongau

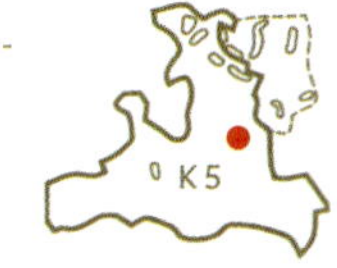

Die »alte Stadt im Gebirge« ist von Mittelalter-Flair durchweht und doch ein moderner Urlaubsort im Herzen eines ausgedehnten Ski- und Wandergebiets.

Radstadt hatte im hohen Mittelalter große Bedeutung für die Salzburger Fürsterzbischöfe und ihren Expansionsdrang nach Süden. Während der Bauernkriege 1525/1526 hielt die Stadt zur Freude von Fürsterzbischof Matthäus Lang von Wellenburg (1468–1540) einer Belagerung von immerhin 5000 Bauern stand. Einer seiner Nachfolger, Leopold Anton von Firmian (1679–1744), ließ 1731/1732 ohne Gnade protestantische Gläubige aus der Radstädter Gegend vertreiben.

Wohin in Radstadt?

Geschichtsträchtiger Ort

Stadtbummel

Wer Mittelalteratmosphäre einsaugen will, kann mit dem Nachtwächter auf Tour gehen. Ausgerüstet mit einer Hellebarde, führt er den Sommer über an zwei Abenden im Monat zu Schauplätzen der Historie und gibt dabei Schauergeschichten zum Besten. Radstadt lohnt aber auch ohne die Begleitung eines Nachtwächter eine Besichtigung. Im Zentrum prägen barocke Bürgerhäuser das Bild. Überreste der Stadtmauer, darunter drei wuchtige Rundtürme aus dem 16. Jh., umgeben den historischen Ortskern. Eine ständige Ausstellung des Radstädter Heimatmuseums im **Kapuzinerturm** ist den Bauernkriegen gewidmet. Auf **Schloss Lerchen** rollt das Heimatmuseum anhand einer Fülle von Anschauungsmaterial die Geschichte der Stadt auf. Das Leben der Handwerker und Bürger kommt dabei nicht zu kurz.

Schloss Lerchen: Schlossstr. 1 | **Kapuzinerturm:** Schießstatt 3 |beide Juni – Sept. Mi. – Fr. 10–12 u. 14.30–17 Uhr | Erw. 8 € (Schloss u. Turm)| www.radstadt.com
Nachtwächter: Termine auf Anfrage bei der Touristeninfo

RADSTADT ERLEBEN

TOURISMUSVERBAND RADSTADT

Schernbergstraße 8
5550 Radstadt
Tel.06452 74 72
www.radstadt.com

PAUL HOFHAIMER TAGE

Das Festival für Alte Musik & Neue Töne findet im Spätfrühling statt und ist jedem Musikliebhaber ein Begriff.
www.daszentrum.at

GOLFCLUB RADSTADT

Wälder, die Silhouette der mittelalterlichen Stadt und die Gipfel der Radstädter Tauern bilden die Kulisse für den Golfclub mit 18-Loch-Meisterschaftsplatz und 9-Loch-Kompaktplatz. Vom 11. Green zum 12. Abschlag gelangen die Gäste mit der Golfgondelbahn »Birdie-Jet«.
Römerstr. 20
Tel. 06452 51 11
radstadtgolf.at

DAS JOSEF'S €€€

Mit Blick auf den Golfplatz speist man im stylish eingerichteten Lokal. Kulinarisch geht es einmal rund um den Globus – vom Kokos-Süppchen mit scharfer Chorizo über mediterrane Köstlichkeiten bis zu Steaks und Burger, letztere auch in veganer Version. Lecker schmecken die hausgemachten Limonaden und Cocktails.
Römerstr. 20
Tel. 0664 750 553 37
www.josefsdas.restaurant
Donnerstag Ruhetag

GASTHOF LÖCKER €€

Familie Löcker führt ein Kulinarium mit Tradition im Herzen von Radstadt. Spezialitäten des Hauses sind Bauernsteak, Holzhackernock'n, Buntbarschfilet und Kaiserschmarren. Kosten Sie dazu ausgesuchte österreichische Weine und edle Brände.
Schernbergstr. 11
06452 42 86
www.loecker.biz

HOTEL GARNI EDELWEISS €€€€

Die Nobelherberge bietet ihren Gästen gediegen und gemütlich ausgestattete Zimmer und Suiten. Wenn die Eltern auf der Piste sind, sorgt eine Kinderbetreuung für die kleinen Gäste. Das elegante Spa umfasst einen Innenpool, Saunen, Fitnesscenter, Whirlpool und Massage-Angebote. Ein Beatles-Denkmal erinnert an die wohl berühmtesten Gäste, die 1965 im Edelweiss nächtigten. In der nur wenige Schritte entfernten Lürzer Alm geht beim Après-Ski bis in die frühen Morgenstunden die Post ab.
Römerstr. 75
Obertauern
Tel. 06456 72 45
www.edelweiss-obertauern.at

GUT WEISSENHOF €€€€

Tennis, Golf, Wellness, Reiten, Skifahren, Kinderprogramm, Babysitterservice – das Gut bietet schlichtweg alles, was das Urlauberherz begehrt. Vom reichhaltigen Frühstücksbuffet über eine Nachmittagsjause bis zum 5-Gänge-Abendmenü: Die Küche verwöhnt die Gäste von 7.30 bis 20.30 mit allerlei Leckerbissen.
Weißenhof 6, Tel. 06452 70 01
www.weissenhof.at

Radstadt aktiv – hier dreht sich alles ums Radl

Radstadt ist ein Treffpunkt für Genuss- wie für Extremradler. In Flachauwinkl südlich der Stadt beginnt der 250 km lange Ennsradweg, der über Schladming in der Steiermark bis nach Oberösterreich führt. Auch für Mountainbiker gibt es rund um die Stadt tolle Touren. Ennsradweg

www.ennsradweg.at

Aussichtsloge

Eine Königstour für die Bergradler und Wanderer führt auf den 1770 m hohen **Hausberg von Radstadt**. Bei klarem Wetter hat man Blick auf rund 150 Alpengipfel. Im Sommer können Aktivurlauber zwischen vielen Wanderwegen wählen. Almen, murmelnde Bäche, klare Bergseen und die Aussicht auf majestätische Bergriesen lassen die Streifzüge zum reinen Vergnügen werden. Mit regionalen Schmankerl und hausgemachten Kuchen verwöhnt am Gipfelplateau die 2019 renovierte **Radstädter Hütte** – auch Übernachtung wird angeboten. Tipp: Wecker stellen und den Sonnenaufgang genießen! Roßbrand

www.radstaedterhuette.at

Rund um Radstadt

Zweifache Schönheit

Der älteste Ort im Ennstal liegt 4 km westlich von Radstadt an der Mündung des Zauchtals. Die schöne Bergwelt lockt im Winter wie im Sommer sportbegeisterte Urlauber an. Altenmarkt

Kunstbeflissene Ausflügler zieht es aber wegen einer ganz anderen »Schönheit« nach Altenmarkt. In der Pfarrkirche am Marktplatz steht an einem Seitenaltar die **»Altenmarkter Madonna«**, eines der bekanntesten Kunstwerke der Erzdiözese Salzburg. Ein unbekannter böhmischer Künstler schuf die 88 Zentimeter große Statue vom Typ der sogenannten »Schönen Madonnen« Ende des 14. Jh.s aus kalkigem Pläner Sandstein. Das Heimatmuseum unweit der Kirche war einst Unterkunft der Bergknappen, die in der Region Eisenerz abbauten. Schmuckstück des Museums ist die über 250 Jahre alte mechanische »Grundnerkrippe« mit 80 beweglichen Figuren.

Heimatmuseum: Mi.–Fr., So. 16–18 Uhr | Erw. 6 €

www.altenmarkt.at

Bauernschlau durchs Jahr

Der Themenweg auf der Sonnenseite über Altenmarkt bereitet die meteorologischen Weisheiten auf, die die Landbevölkerung einst durch den Jahreslauf geleiteten. Die 5 km lange, familienfreundliche Route verbindet die Reitlehenalm und die Jausenstation Habersatt (Streichelzoo) und führt über einen leicht bewaldeten Bergrücken. Bauernregelweg

www.bauernregelweg.at

Vom Bergdorf zum Wintersportort

Skigebiete Zauchensee und Radstadt-Altenmarkt

Rund 10 km südlich des Ortszentrums von Altenmarkt liegt auf einer Höhe zwischen 1350 und 2176 m das Skigebiet Zauchensee, das ein **anspruchsvolles Pistennetz** von 65 km Länge bietet. Der gleichnamige Weiler hat sich zu einem modernen Wintersportort mit Hotels, Bars und Restaurants entwickelt. Wer es eher genüsslich mag, für den ist die Skischaukel Radstadt-Altenmarkt genau richtig. Dank ihrer Übersichtlichkeit ist sie bei **Familien mit Kindern** besonders beliebt.

www.altenmarkt-zauchensee.at

Herminators Heimat

Flachau

Wie Zauchensee wartet die kleine Gemeinde 13 km südwestlich von Radstadt mit einem ausgedehnten Skigebiet und einem facettenreichen Après-Ski-Angebot auf. Berühmtester Sohn Flachaus ist Skilegende Hermann Maier (▶Interessante Menschen), der in Flachau eine Skischule betreibt.

www.skischule-hermann-maier.at

Ski-Mekka aus dem Nichts

Obertauern

In dem Skigebiet am **Radstädter Tauernpass** (1640 m) kann man von Mitte November bis spät ins Frühjahr Skisport vom Feinsten erleben und betreiben (▶ S. 24 ff.). Noch vor 100 Jahren stand an der Passhöhe südöstlich von Radstadt kein einziges Haus, dann kamen mit den Skipionieren auch die ersten Quartiere. 1947 nahm am Seekarhaus der erste Schlepplift seinen Betrieb auf. Eine Pistenraupe versah erstmals 1963 ihren Dienst. Heute dominieren modernste Seilbahnen und Sessellifte mit Sitzheizung den Luftraum. Beiderseits der Passstraße reihen sich Hotels, Pensionen und Bars aneinander. Für Stimmung sorgen die unzähligen Skihütten, die den Schneekessel mit Alpenrock und volkstümlicher Schlagermusik beschallen. Events wie das mit Stars aufgepeppte Ski-Opening sorgen dafür, dass man in den Schlagzeilen bleibt. Im Sommer geht es in und um Obertauern etwas ruhiger zu. Die Almen und Seen der Umgebung verlocken – mit Unterstützung durch Seilbahnen – zu Wanderungen in den Radstädter und Schladminger Tauern.

Auf dem **Tauernfriedhof** liegen viele namenlose Menschen begraben, die in alten Zeiten bei der Überquerung des Passes durch Lawinen ums Leben kamen.

www.obertauern.com

Heißluftballons vor Bischofsmütze

Filzmoos

Der malerische kleine Ort nordöstlich von Radstadt ist Ausgangspunkt für **Almwanderungen und Bergtouren am Gosaukamm** (▶ Dachstein). Der höchste Gipfel des Gebirgsstocks, die pittoreske Bischofsmütze (2458 m), beherrscht das Bergpanorama. Alljährlich im Winter steigen in Filzmoos während der **Ballonwochen** farben-

OBEN: Almabtrieb mit Pferdeunterstützung bei Filzmoos
UNTEN: Von der Sulzenalm blickt man entspannt auf die Bischofsmütze.

frohe Heißluftballons auf und schweben über die verschneite Landschaft. Allein das Zusehen ist ein Vergnügen. Wer möchte, kann aber auch einen Flug buchen. Filzmoos war lange Zeit Wirkungsstätte der Spitzenköchin Johanna Maier (▶Interessante Menschen). Zu ihren Gästen zählte auch die deutsche Altkanzlerin Angela Merkel. Nach dem Verkauf ihres Hotels und Gourmettempels Hubertushof gibt Johanna Maier ihr Wissen heute in einer Kochschule weiter.
www.filzmoos.at | https://johannamaier.com/

Abstecher in die Steiermark

Schladming

Die Ennstal-Bundesstraße und eine Bahnstrecke verbinden Radstadt mit dem 20 km weiter östlich gelegenen Wintersportort. Die Schladminger **4-Berge-Skischaukel**, die die Abfahrten an Reiteralm, Hochwurzen, Planai und Hauser Kaibling umfasst, ist das größte Skigebiet der Steiermark. Am **Hausberg Schladmings**, der 1906 m hohen Planai, fanden 2013 die alpinen Weltmeisterschaften statt. Alljährlich sausen dort im Januar während des legendären Nachtslaloms die besten Rennläufer der Welt die Piste hinunter. Im Sommer ist Schladming Ausgangspunkt für Touren durch das **Dachsteinmassiv und die Niederen Tauern**. Die Fußgängerzone mit Cafés, Gasthöfen und Shops bildet das Herz des Orts. Das Museum im Bruderladenhaus (1681) widmet sich den Wirren der Reformationszeit, aber auch dem Bergbau und der regionalen Kultur- und Naturgeschichte.
Stadtmuseum: Talbachstr. 10 | Juni, Sept., Okt. Di. u. Do. 9–12 u. 14–16 Uhr, Mi. 9–12 Uhr; Juli, Aug. Di. u. Do. 9–12 u. 13–16, Mi. u. Fr. 9–12 Uhr | Erw. 5 € | https://museum.schladming.at

IM FRÜHTAU ...

Von Obertauern geht es im Zickzack über Wiesen den Berg hinauf. Die Luft ist klar an diesem Morgen, noch ist es kühl. Nach 500 Höhenmetern grüßt vom Grund eines Kars der Twenger Almsee. Wenn die Sonne in den Kessel kriecht, lässt sie das Gewässer wie einen Diamanten glitzern – ein Anblick, der sich ins Gedächtnis gräbt. (Juni bis Oktober, Start am Jugendhotel Schaidhaus Obertauern, drei Stunden hin und retour)

RAURISERTAL

Höhe: 950 m ü.d.M. | **Einwohnerzahl:** 3000 | **Landschaft:** Pinzgau

Bunt blühende Almen und dunkle Zirbenwälder ziehen sich im Sommer die Berghänge hinauf. In der üppig grünen Natur liegen einsame Bergbauernhöfe versteckt und am Talschluss ragen die schneebedeckten Gipfel der Hohen Tauern auf: Das Raurisertal präsentiert sich als Bilderbuchlandschaft, die der Winter in eine glitzernde Welt aus Eis und Schnee verwandelt.

Archäologische Funde belegen, dass Menschen seit dem späten 2. Jt. v. Chr. durch das Raurisertal zogen. Über viele Jahrhunderte führte ein wichtiger Handelsweg hindurch und verband so die Gebiete nördlich und südlich des Alpenhauptkamms. Im Mittelalter und in der frühen Neuzeit war das Raurisertal ein Zentrum des Goldabbaus. Die Bergwerke der Region galten als die profitabelsten in Europa. Erst 1944 wurde der Goldabbau endgültig aufgegeben. Doch auch heute begeben sich Touristen auf die Suche nach dem Edelmetall.

Wer führt die schönsten Zöpfe vor beim Hengstauftrieb in Rauris?

RAURISERTAL ERLEBEN

TOURISMUSVERBAND RAURIS

Sportstr. 2, 5661 Rauris
Tel. 06544 200 22
www.raurisertal.at

LITERATURTAGE

Die 1970 gegründete Veranstaltung lockt alljährlich im Frühjahr für vier Tage Talente, Koryphäen und Freunde der Dichtkunst mit Autorenlesungen und Diskussionen in die Berge. Meist gleich am ersten Abend wird der Rauriser Literaturpreis vergeben.
www.rauriser-literaturtage.at

GLOCKNERWALLFAHRT

Eine der bekanntesten Wallfahrten Salzburgs führt am 28. Juni über die Großglockner-Hochalpenstraße nach Heiligenblut in Kärnten. Ein Teil der Pilger startet vom Seidlwinkltal aus zum Hochtor.
www.raurisertal.at

NATIONALPARK-TOUREN

Die Ausflüge organisiert im Rauriser-tal der Tourismusverband. Es geht im Sommer etwa ins Tal der Geier, im Herbst zur Hirschbrunft.

RAURISERHOF €€€€

Aktivprogramm mit bis zu fünf geführten Wanderungen pro Woche (Sommer und Winter) sowie hoteleigene Tennisschule. Für entspannende Momente sorgen das BergSPA mit Sauna, Massage- & Beauty-Angebot sowie ein beheiztes Freiluftbecken mit Liegewiese.
Marktstraße 6
Tel. 06544 6213
www.rauriserhof.at

RESTAURANT GUSTO €€€

»Gaumenfreuden und Gemütlichkeit« ist das Motto des Haubenlokals. Die Küche zaubert aus frischen Produkten der Saison kulinarische Highlights wie etwa die in Rotwein geschmorte Bio-Ochsenbrust an Eierschwammerlpüree.
Dorfstr. 22, Tel. 06544 64 04
Mo., Di. Ruhetage
www.restaurant-gusto.at

AMMERERHOF €€

Der Talschlusswirt verköstigt die Wanderer und Wintersportler mit Pinzgauer Hausmannskost vom Feinsten. Das Hausbrot kommt aus dem eigenen Holzofen, für heimelige Atmosphäre sorgt die rustikale Gaststube mit Kachelofen. Helles Holz dominiert die geräumigen, behaglichen Gästezimmer und die Ferienwohnungen.
Kolmstr. 21
Tel. 06544 81 12
Tgl. 11.30–19 Uhr
ammererhof.at

LANDGASTHAUS WEIXEN €€

Das kleine Gasthaus im Seidlwinkltal serviert regionale Spezialitäten der Saison und selbstgebrautes Bier. Für kleine Gäste gibt es einen Streichelzoo. Außerdem kann man Ferienwohnungen mieten.
Seidlwinklstr. 114
Tel. 06544 64 37
Fr.–Di. 11.30–20 Uhr
www.weixen.at

GASTHOF BRÄU €€€
Das Haus im Zentrum von Rauris bietet Halbpension mit Frühstück und einem 3-Gänge-Menu. Die Zimmer sind hell und behaglich und die organisierten Wanderungen auf die hauseigene Almhütte in 1480 m Höhe sehr beliebt.
Marktstr. 35
Tel. 06544 62 06
www.braeu-rauris.at

Wohin im Raurisertal?

Frühneuzeitliche Boomtown

Rauris

Im Hauptort lassen lassen stattliche **Gewerkenhäuser aus Stein** das »goldene Zeitalter« des Tales architektonisch nachklingen. In der Blütezeit des Bergbaus sollen nicht weniger als 30 Gewerken, die Anteile an den Bergwerken und Schürfrechte besaßen, im Rauristal ansässig gewesen sein. Rund 3000 Bergleute legten damals Stollen an und förderten das Erz zutage. An den Hüttenplätzen herrschte Hochbetrieb. In einem Gewerkenhaus von 1563 lässt das **Rauriser Talmuseum** diese Zeit wieder lebendig werden. Die Ausstellung informiert überdies über den bäuerlichen Alltag und das Brauchtum in der Region. Auch die **Pfarrkirche St. Jakob und Martin**, die im Kern gotisch ist und eine Mondsichelmadonna von 1500 besitzt, lohnt einen Besuch.

Museum: Marktstr. 59 | Juni, Sept., Okt. Mo., Mi., Fr. 15–18; Juli, Aug. Mo.–Fr., Sa. 10–12 u. 15–18 Uhr | Erw. 4 €

Goldwaschen und Greifvogelschau

Hochalm

Die Hochalmbahn führt von Rauris hinauf auf die Alm in 1767 m Höhe, die sich als Ausgangspunkt für ausgedehnte Wanderungen anbietet. In der **Greifvogelwarte** direkt an der Bergstation führen den Sommer über Adler, Falken, Bussarde und große Eulen ihre Künste vor. An der Mittelstation der Bergbahn in 1458 m Höhe können sich Alt und Jung auf dem dort eingerichteten **Goldwaschplatz** als Goldschürfer betätigen.

Bahn-Sommerbetrieb: Ende Mai – Ende Juni,. Mitte Sept. – Ende Okt. Mi., Sa. u. So. 9–12 u. 13–16.30 Uhr; Juli, Aug. tgl. 9–12 u. 13–16.30 Uhr | Erw. 22,60 €
Bahn-Winterbetrieb: Mitte Dez. – Anf. April tgl. 9–16 Uhr
www.hochalmbahnen.at
Greifvogelschau: bis Anf. Okt. tgl. 11 u. 14.30 Uhr | Erw. 15,50 €
Goldwaschen: in der Saison bis Mitte Sept. tgl. 9–16 Uhr | 12 €

Comeback auf mächtigen Schwingen

»Könige der Lüfte« im Nationalparkhaus

Die Ausstellung der Nationalparkverwaltung im Rauriser Ortsteil Wörth informiert über **Steinadler, Bart- und Gänsegeier** – die größten Greifvögel der Hohen Tauern. Die Mitarbeiter des Nationalparks haben es sich zur Aufgabe gemacht, den bereits ausgerotteten Bart-geier in den Alpen wieder heimisch werden zu lassen. Dazu wurden und werden in Gefangenschaft geborene **Tiere ausgewildert**. Dass die Population in freier Wildbahn lebender Bartgeier tatsächlich wächst, lässt sich im wildromantischen Krumltal besichtigen. Mit etwas Glück und einem Fernglas lassen sich dort die imposanten Vögel, deren Flügel es auf eine Spannweite von 3 m bringen, beobachten. Der Nationalpark-Infopoint im »Tal der Geier« ist im Sommer nur teilweise besetzt.

Ausstellung: Juni, Sept., Okt. tgl 13–17, Juli, Aug. tgl. 10–18 Uhr
Erw. 5 €

Uralte Säumerstation

Rauriser Tauernhaus

In Wörth zweigt beim Andrelwirt eine Straße in das **Seidlwinkltal** ab. Vom Parkplatz Fleckweide gelangt man über Almen in etwa zwei Stunden zum Rauriser Tauernhaus, in dem einst Händler, die auf Lasttieren Waren über den Alpenhauptkamm transportierten, Station machten. Die Tauernwirte sorgten nicht nur für Unterkunft und Verpflegung der Säumer. Zu ihren Aufgaben gehörte es auch, Verunglückte zu bergen und die Tauernwege instandzuhalten. Das Rauriser Tauernhaus wurde 1491 erbaut und ist von Mai bis Oktober bewirtschaftet.

Im Bann des Butterbrots

Schule am Berg

Den Teig rühren, kneten, würzen, ruhen lassen und dann den Brotlaib formen: Auf der **Kalchkendlalm** 4 km südlich von Wörth macht Roswitha Huber in ihren spannenden **Brotbackkursen** ein Handwerk wieder lebendig, das einst auf jedem Hof zum Alltag gehörte. Eine gute Stunde dauert der Backvorgang im freistehenden Ofen. Viele junge Besucher erfahren in der »Schule am Berg« tatsächlich zum ersten Mal, was alles nötig ist, um ein einfaches Butterbrot auf den Tisch zu bekommen.

www.schule-am-berg.at

Schön das Tal, noch schöner der Talschluss

Kolm Saigurn

Von Kolm Saigurn (1598 m), 20 km südlich von Rauris, marschierten einst die Knappen zu den Goldminen hoch über der Waldgrenze. Archäologische Funde lassen darauf schließen, dass schon in der Jungsteinzeit in den Hohen Tauern nach Gold gegraben wurde. Auch Kelten und Römer kannten die Gold- und Silbervorkommen rund um die Rauriser Goldberggruppe. Die Ausbeutung im späten Mittelalter bescherte den Salzburger Fürsterzbischöfen – neben den Salzvorkommen – eine weitere Geldquelle. Auf dem Weg zu einem der schönsten Talschlüsse der Alpen gelangt man zunächst zum Goldwaschplatz am Parkplatz Bodenhaus, wo man unter fachkundiger Anleitung an der goldführenden Hüttwinkl-Ache sein Glück versuchen kann. Gummistiefel, Spaten und

DURCH DEN RAURISER URWALD

Wenn der Wanderer aus dem Dickicht auf eine verwunschene Lichtung tritt, ist das fast wie in einem Märchen der Gebrüder Grimm: In den Tümpeln des Rauriser Urwalds spiegeln sich knorrige Zirben und Spitzfichten. Zeit für eine Rast. (Juni bis Oktober, Start am Ammererhof, 2 Std. hin und retour, gainschniggalm.at)

Goldwaschpfanne werden bereitgestellt.

Das atemberaubende Panorama auf den Talschluss baut sich etwas weiter südlich auf: Der Blick fällt auf einen weiten Kessel, den gut ein Dutzend Dreitausenderberge einrahmen. Könige sind der Hocharn und der Hohe Sonnblick (3106 Meter) mit der höchsten ganzjährig besetzten Wetterwarte Europas (www.sonnblick.net). Vom **Naturfreundehaus** führt der Tauerngoldrundweg in gut drei Stunden zu den historischen Stätten des Goldbergbaus.

Auch im Winter bietet der Talschluss jede Menge. Am Naturfreundehaus ziehen gefrorene Wasserfälle die Eiskletterer an. Skitourengeher finden am Hohen Sonnblick bis ins Frühjahr ihr Glück, für Einsteiger besonders attraktiv sind zwei markierte und gespurte Routen. Schneeschuhwanderer bevorzugen die etwas niedrigeren Lagen, und Spaß für die ganze Familie verheißt eine **4 km lange Naturrodelbahn**. Der Alpengasthof Ammererhof sorgt im Sommer wie im Winter für das leibliche Wohl der Ausflügler.

Original Goldwaschplatz Bodenhaus: Ende Mai – Sept. tgl. 10–17 Uhr | Erw. 7 € | www.goldsuchen.at, https://ammererhof.at

Wildwasser in allen Variationen

Kitzlochklamm

Wo das Rauriser Tal ins Salzachtal mündet, lässt sich ein Naturspektakel der besonderen Art erkunden. Die Rauriser Ache hat dort eine etwa 1500 m lange wildromantische Schlucht geschaffen, die man auf einem gut gesicherten Steg durchwandern kann. Von tosenden Wassermassen, die zwischen senkrecht aufragenden Felswänden dahinschießen, über Wasserfälle und eine schwindelerregende Brücke bis hin zu einer alten Einsiedelei im Fels wird einiges geboten.

Mai-Sept. tgl. 8-18, Okt. 9-16 Uhr | Erw. 9 € | Dauer 1,5 Std. | www.taxenbach.at/de/sommer/kitzlochklamm/

SAALFELDEN · LEOGANG

Höhe: 748-788 | m ü.d.M | **Einwohnerzahl:** 16 000
Landschaft: Pinzgau

Bestens präparierte Skipisten und ein Snow-Park der Extraklasse, Mountainbike-Trails und ein dicht geknüpftes Netz von Wanderwegen: In der Urlaubsregion im Herzen des Pinzgaus ist im Sommer wie im Winter Action angesagt. Nach dem Pistenspaß sorgen Bars und Clubs für mondänes »Après«. Eine Reihe von Kulturveranstaltungen wie das Saalfeldener Jazzfestival rundet das Angebot ab.

It's party time

Saalfelden liegt am Westrand des Steinernen Meers in einem weiten Becken, in das das schmale Leoganger Tal mit dem gleichnamigen Dorf mündet. Das riesige Skigebiet in der Bergregion an der Südseite des Tals ist von Leogang aus durch eine Bergbahn erschlossen. Im Norden ragen die Leoganger Steinberge mit dem 2634 m hohen Birnhorn auf. Das Steinerne Meer im Grenzgebiet von Bayern und Österreich gehört geologisch gesehen zu den Berchtesgadener Alpen. Aus dem stark verkarsteten, rund 100 km² großen Hochplateau ragen ausgeprägte Gipfel wie die auf Pinzgauer Seite gelegene Schönfeldspitze (2653 m) auf. In den höheren Lagen setzen Latschenfelder Farbakzente, ansonsten macht eine ganz Vielfalt von Formen erodierenden Gesteins den Reiz dieser Landschaft aus. Eine Wanderung über die Hochfläche, führt vom Riemannhaus (2177 m) bei Saalfelden zum Ingolstädter Haus (2119 m) oder zur Torscharte und weiter zum majestätischen Hochkönig.

SAALFELDEN UND LEOGANG ERLEBEN

TOURISMUSVERBAND SAALFELDEN-LEOGANG

Mittergasse 21a
5760 Saalfelden
Tel. 06582 706 60
www.saalfelden-leogang.at

JAZZFESTIVALS

Ende August geben sich Großmeister und Avantgardisten des Jazz in Saalfelden die Klinke in die Hand. Was 1978 bei nasskaltem Wetter auf einer Wiese am Ortsrand über die improvisierte Bühne ging, ist längst ins Stadtzentrum gerückt und zu einem Fixpunkt des europäischen Musikkalenders geworden. Lester Bowie und Carla Bley ließen ihre Klasse vor der Kulisse des Steinernen Meeres aufblitzen. Als Hauptbühne wird der Congress Saalfelden bespielt, avantgardistische und zeitgenössische Töne erklingen im Kunsthaus NEXUS und am Rathausplatz ebenso wie auf der Alm. Die kostenfreien Almkonzerte auf drei Almen vereinen Ohrenschmaus und Augenschmaus.
Neben dem Internationalen Jazzfestival Ende August gibt es unter dem Titel »3 Tage Jazz« seit 2016 auch ein kleines Festival im Winter.
www.jazzsaalfelden.com

BARTHOLOMÄ-WALLFAHRT

Die Almer Wallfahrt oder Bartholomä-Wallfahrt am Samstag nach dem 24. August geht zurück auf ein Pestgelübde von Salzburger Bürgern im Jahr 1635. Frühmorgens starten die Wallfahrer in Maria Alm ihren Marsch, der über das Riemannhaus und das Steinerne Meer nach St. Bartholomä an den bayerischen Königssee führt. Die Bartholomä-Wallfahrt gilt als älteste Hochgebirgs-Wallfahrt Europas.

BRENNEREI SIEGFRIED HERZOG

Im Genussladen des 400 Jahre alten Keilbauer-Hofes von Edelbrenner Siegfried Herzog kann man preisgekrönte Destillate, hausgemachten Heumilchkäse, in Whisky eingelegten Schafmilchkäse, leckere Schokoladen und Fruchtaufstriche erstehen. Ein Erlebnis sind die Verkostungen mit Jause im stylischen »Wohnzimmer« mit Brennkessel (Dauer 2 Std.).
Breitenbergham 5
Tel. 06582 757 07
www.herzogdestillate.at

KLEIDERMACHER-MANUFAKTUR WIENERROITHER

Die Designerin Regina Wienerroither ist eine der innovativsten Kräfte im Salzburger Trachtenbusiness und hat unter anderem das bequeme Stretchdirndl erfunden. Im historischen Brücklwirtbau in Saalfelden findet man darüberhinaus echte Lodendirndl, Lederhosen, Pinzgauer Röcke und andere trachtige Mitbringsel.
Ramseiden 2a
Tel. 06582 749 97
www.wienerroither-tracht.at

SAALACHTALER BAUERNLADEN

Würste und Speck, Käse in allen Variationen, Obstsäfte und Marmeladen sowie weitere bäuerliche Qualitätsprodukte aus der Region führt der Saalachtaler Bauernladen in der Fußgängerzone von Saalfelden. Noch größer das Angebot am Bauernmarkt, der von Ostern bis Ende Oktober jeden Freitag vormittag am Stadtplatz in Szene geht.

Loferer Straße 26, Saalfelden
Tel. 06582 74 295
www.saalachtaler-bauernladen.at
Di., Mi., Do., Sa. 08.30 –12 Uhr,
Fr. 8.30 –12 und 14 –18 Uhr
Bauernmarkt: Fr. 8 –13 Uhr

NATURBAD RITZENSEE

Im Wasser des rund 6 ha großen, idyllischen Ritzensees spiegelt sich der Gebirgszug des Steinernen Meeres wider. Das Naturfreibad hat einen FKK-Bereich und auch einen Bootsverleih.
Mai – Mitte Sept. ab 9 Uhr

SKI-, WANDER- UND BIKEGEBIET LEOGANG

►S. 177

PRIESTEREGG €€€€

»Einfach leben. Einfach Mensch sein« ist das Motto von Renate und Huwi, die auf 1100 m Höhe eine ebenso romantische wie luxuriöse Version des Lebens auf der Alm verwirklicht haben. Altholz, Naturstein und Bauernleinen sorgen in den Chalets für eine heimelige Atmosphäre. Es duftet nach Zirbe. Modernste Technik ist diskret in das rustikal-charmante Interieur eingefügt. Zum Wohlfühlen tragen liebevolle Details, Kaminfeuer, Sauna und Hot Tub auf der blickgeschützten Terrasse bei. Vor der Tür wartet das grandiose Panorama der wild gezackten Leoganger Steinberge. Entspannung versprechen Massagen mit Naturprodukten aus Alpenkräutern. Mit g'schmackigen Genüssen verwöhnt das Gasthaus Huwi's Alm.
Sonnberg 22, Leogang
Tel. 06583 825 50
16 Chalets
www.priesteregg.at

FORSTHOFALM €€€€–€€€

Das erste Holzhotel im Salzburger Land wurde in dezentem Design aus massivem Mondholz erbaut mit Zirbenholzbetten und Panoramabad. Das lichtdurchflutete Sky Spa auf dem Dach begeistert Wellnessurlauber durch einen beheizten Außenpool inklusive 360°-Rundblick auf grandiose Gipfel. Claudia Widauer verwöhnt mit hausgemachten Massage-Ölen aus Kräutern der umliegenden Almwiesen. Im preisgekrönten Restaurant Kukka steht der Eigengeschmack der Bioprodukte im Vordergrund. Ob Steaks vom Holzkohlegrill, vegane Burger oder Roggenbrot der Haus-Bakery – alle Zutaten kommen von lokalen Lieferanten.
Hütten 37, Leogang
Tel. 06583 85 45
www.forsthofalm.com

MAMA THRESL €€€€–€€€

Leogang hat für Mountainbiker und Wintersportler viel zu bieten – so auch eine alpin-lässige Herberge mit urbanem Lifestyle für erlebnishungrige Naturliebhaber. Alle 50 Zimmer im Zirbenholz-Design haben Felsendusche und Balkon mit Bergblick. Hier lässt es sich herrlich entspannen. Aktivurlauber freuen sich über Biketresor und Skispind mit Trockner, die finnische Sauna und eine In- wie Outdoor-Kletterwand. Kostenfreies Highspeed WLAN versteht sich von selbst. Die offene Küche serviert hausgemachte Pasta, Flammkuchen, Steaks vom Feuerring und himmlische Desserts. Hingucker ist der über zwei Stockwerke reichende Weinhumidor. Do. bis Sa. sorgen Live-DJs für coole Beats.
Sonnberg 252
Leogang
Tel. 06583 208 00
www.mama-thresl.com

KIRCHENWIRT SEIT 1326 €€€€

Die Jahreszahl im Namen zeigt, dass in dem heute von der Familie Unterrainer geführten Haus seit Jahrhunderten Gastfreundschaft gepflegt wird. Die Zirbenholz-Zimmer sorgen für erholsamen Schlummer. In den holzvertäfelten Stuben und im Gastgarten auf der Wiese werden bodenständige Salzburger Gerichte und Gourmet-Menüs serviert. Starten Sie mit dem »Ox am Berg«, einem Beef Tatar mit Wachtelei, Wiesenzupfsalat und Schwarzbrot. Ob Maibock, Saiblingsfilet oder Tafelspitz – die Zutaten stammen aus der Region.
Dorf 3, Leogang, Tel. 06583 82 16
www.hotelkirchenwirt.at

BRANDLWIRT €€

Auf regionale Schmankerl und Hausmannskost ist der Brandlwirt spezialisiert. Probieren Sie das Brandlwirtschnitzl vom artgerecht gehaltenen Schwein, gefüllt mit Frischkäse vom Stillingbauer in Saalfelden und Speck von der Metzgerei Fürstauer. Die rund um die Uhr geöffnete Feinschmecker-Regiobox ist mit Take Away-Leckereien gefüllt.
Ritzenseestraße, Saalfelden
Tel. 0650 503 72 15
www.hotel-saalfelden.com/
Mo./Di. Ruhetag

SINNLEHENHOF €€

Vom 1648 erbauten Biobauernhof der Familie Scheiber geht der Blick auf die Leoganger Steinberge und das Steinerne Meer. Ferienhäuschen und Appartments sind geschmackvoll eingerichtet. Mit Brötchenservice und

Saalfelden begeistert rund ums Jahr mit seiner traumhaften Bergwelt.

den Bio-Produkten aus der Hofkäserei steht einem guten Start in den Tag nichts im Weg.
Hirnreit 8, Leogang
Tel. 06583 84 38
www.sinnlehen.at

RESTAURANT RITZENSEE €€€
Auf der Sonnenterrasse des Restaurants genießen Sie Pinzgauer Kaspressknödel, Edelkrebse aus heimischer Zucht und Moosbeernocken mit Blick auf den malerischen Ritzensee in Saalfelden und die majestätische Bergwelt ringsherum. Der Küchenchef legt Wert auf saisonale Produkte der Region.
Ritzenseestr. 35
Tel. 06582 723 54
Mi.–So. 11.30–22 Uhr
www.ritzensee.at

BIOBAUERNHOF OBERHASLING €€
Familie Stöckl bietet Ferien auf dem Bauernhof in komfortablen Ferienwohnungen für 2–7 Personen. Auf dem Hof leben Katzen, Hasen, Rinder und Zwergpony Max. Zum Frühstück gibt es Eier von glücklichen Hühnern, Biomilch und frisches Bauernbrot.
Breitenbergham 2
Tel. 0650 662 48 11
www.kinderbauernhof-saalfelden.at

Wohin in Saalfelden?

Einsiedler gesucht

Einsiedelei am Palfen

Alle paar Jahre wieder wird von der Gemeinde in besonderes Stelleninserat aufgegeben: Einsiedler für die Eremitage am Palfen gesucht! Die weithin sichtbare Einsiedelei thront bereits seit dem 17. Jh. hoch über Saalfelden. Wie Schwalbennester wurden die **Kapelle und die Klause** 1675 direkt in den Berg gebaut. Die Einrichtung ist spartanisch, fließendes Wasser und Strom gibt es nicht. Aufgabe des Eremiten ist es, dreimal täglich die Glocke zu läuten und Besuchern gegebenenfalls Trost zu spenden. Die Einsiedelei wird viel besucht und bietet herrliche Ausblicke auf das Saalfeldener Becken.
Von Mai–Okt. bewohnt

Rodelglück in Blumenwiesen

Sommerrodelbahn

Von dem südwestlichen Saalfeldener Ortsteil Kehlbach führt ein Sessellift hinauf zur **Huggenbergalm am Biberg**. Gleich an der Bergstation bietet ein uriger Berggasthof Unterkünfte und im Restaurant herzhafte Schmankerl der österreichischen Küche. Von dort windet sich auch eine 1600 m lange Sommerrodelbahn in 61 Kurven durch blühende Wiesen ins Tal hinunter. Im Winter warten gut 6 km Rodelspaß.
Mai–Okt., Dez.–März | www.restaurant-saalfelden.at

Wohin in Leogang?

Mega-Skizirkus bis nach Tirol

Skigebiet Saalbach Hinterglemm Leogang

Mehr als nur ein alpines Skigebiet mit modernsten Seilbahnen und Liften will dieser Verbund sein. Unter dem Motto **»Home of Lässig«** bietet er Wintersportlern ein einzigartiges Terrain, um sich auszutoben und die eigenen Grenzen auszutesten. Im Nitro Snowpark etwa können Snowboard-Rider dank eines Bagjump neue Sprünge trainieren. Die Skirunde »Ski your Limit« führt einmal um das ganze Skigebiet herum. Die Skifahrer haben dabei Abfahrten von mehr als 60 km Länge und nicht weniger als 12 000 Höhenmeter zu bewältigen. Das Pistennetz des Skizirkus, der bis Fieberbrunn in Tirol reicht, weist eine Gesamtlänge von 270 km und 150 km gespurte Loipen auf. Die Rodelbahn am Reiterkogel ist 3,2 km lang.

www.saalfelden-leogang.com

Im siebenten Bikerhimmel

Bikerregion

Im Sommer verwandelt sich die Region in ein Mekka für Genuss- wie Extremradler. Ein Netz von Talradwegen lädt zu entspannten Touren durch leichtes Gelände ein. Mountainbiker können sich auf 720 km Trails austoben. Im **Bikepark** können sie zwischen neun verschiedenen Strecken wählen. Profis führen dort ihre waghalsigen Kunststücke vor. Einsteiger verdienen sich in der Bikeschule ihre ersten Sporen. 2020 fand in Leogang zum zweiten Mal nach 2012 die UCI Mountain Bike WM statt – eine Mega-Party für alle Downhill-Radler.

www.saalfelden-leogang.com/biken

Für Adrenalinjunkies

Flying Fox

Wem die Talfahrt mit dem Mountainbike zu wenig aufregend ist, kann von der Mittelstation der Leoganger Bergbahn mit einer Seilrutsche talwärts düsen. Der Flying Fox ist 1,6 km lang, bringt es auf bis zu 130 km/h und ist damit eine der längsten und schnellsten Stahlseilrutschen der Welt. Die Flughöhe auf dem Weg ins Tal beträgt bis zu 140 m. Falsch machen kann man nichts – man ist fest verankert und das Bremsen erfolgt automatisch.

Flying Fox: Mai – Mitte Okt. Fr.–So. 9.30–16.30 (Juli – Mitte Sept. Di. bis So.) | Flug Erw. 85 € | www.saalfelden-leogang.com/de/flying-fox-xxl

Ein Training für alle Sinne

Sinne-Erlebnispark

Fühlen, Sehen, Schmecken, Riechen, Hören – der Erlebnispark an der Mittelstation der Bergbahn regt alle Sinne an. Vom Brotbacken über den Barfußweg bis zum Kräutergarten: An 30 Stationen können die Besucher auf spielerische Weise mehr über ihre sinnliche Wahrnehmung erfahren. Für Kids ist das ein unvergessliches Erlebnis.

Sinne-Erlebnispark: Mitte Mai – Okt.
www.saalfelden-leogang.com/Sinne-Park

Mitterer
HOTEL BAUER

Gotteshaus in Ketten

Pfarrkirche St. Leonhard

An der Kirche im Ortszentrum fällt eine Eisenkette auf, die den ganzen Bau umspannt. Sie signalisiert, dass die Kirche dem auch als »Kettenheiligen« bekannten hl. Leonhard geweiht ist, der sich bei dem Merowingerkönig Chlodwig I. (466–511) erfolgreich für die Freilassung von Gefangenen eingesetzt haben soll. Seit dem 11. Jh. wird er aber auch als Schutzpatron des Viehs verehrt. Die Kirche wurde um 1745 neu errichtet. Von einem gotischen Vorgängerbau ist nur der Turm erhalten. Innen wartet sie mit barocken Stukkaturen, Fresken und einem bemerkenswerten Hochaltar auf.

Der Bergbau und seine Schutzmächte

Bergbau- und Gotikmuseum

Im Ortsteil Hütten erzählt das Bergbau- und Gotikmuseum im ehemaligen Gewerkenhaus von 1593 die Geschichte des Bergbaus seit dem Mittelalter. Es besitzt eine **europaweit einzigartige Sammlung gotischer Figuren von alpenländischen Bergbauheiligen**. Die hl. Barbara von Nikomedien (3. Jh.) gibt dabei den Ton an. Noch heute verehren Bergleute sie als Schutzpatronin ihrer Zunft, weil sie sich der Legende nach auf der Flucht vor ihrem Vater, der ihre Hinwendung zum Christentum unterbinden wollte, in einer sich plötzlich öffnenden Felsspalte verstecken konnte. Dass sie durch den Verrat eines Hirten ihrem Verfolger doch noch in die Hände fiel und einen qualvollen Tod starb, macht sie umso verehrungswürdiger.

Die **St.-Anna-Kapelle** am Eingang zum Museumsareal besitzt einen der in ganz Europa seltenen Bergaltäre. Im Traditionsgasthaus Hüttwirt hinter dem Kirchlein isst man einfach aber gut.

Bergbaumuseum: Mitte Mai–Okt. Di.–So. 10–17 Uhr | Erw. 10 €
www.museum-leogang.at

Im Gänsemarsch durch den Berg

Schaubergwerk

Wer einmal hautnah erleben möchte, wie die Bergleute in längst vergangenen Zeiten unter Tage schufteten, dem sei ein Besuch des Schaubergwerks knapp 5 km westlich von Leogang im Schwarzleotal empfohlen. Es zeigt, **wie die Bergleute im 14. Jh. Stollen anlegten** und zunächst Kupfer, später auch Silber, Blei, Nickel und Kobalt abbauten. Die Besucher müssen sich häufig wie die Kumpel von einst gebückt und im Gänsemarsch durch die engen Stollen bewegen. Warme Kleidung und festes Schuhwerk sind bei einem Besuch ein Muss!

Mai–Okt. Mi.–So. 10–17 Uhr, Führungen 11 u. 13 Uhr,
bei Schlechtwetter laufend | Erw. 17 €
https://schaubergwerk-leogang.com

Im Skigebiet Saalbach – 2025 Austragungsort der alpinen Ski-WM – gibt es keine Pause.

★★ SALZBURG

Höhe: 424 m ü.d.M. | **Einwohnerzahl:** 159 100 | **Landschaft:** Flachgau

»Die ganze Stadt ist Bühne«, meinte Max Reinhardt, Mitbegründer der weltberühmten Festspiele, über Salzburg. Die Stadt Mozarts und machtbewusster Erzbischöfe, prunkvoller Barockbauten und eleganter Kaffeehäuser, die Heimat Georg Trakls und der Trapp-Familie ist ein Gesamtkunstwerk, über dem die in ihrer 950-jährigen Geschichte nie bezwungene Festung Hohensalzburg thront.

Jedermann, Mozart und Barock

Salzburg ist ein seltener Glücksfall. Die barocke Altstadt mit ihren Kirchen, Kuppeln und anmutigen Arkaden – seit 1996 UNESCO-Weltkulturerbe – scheint alle Zeiten überdauert zu haben. Ihrem zauberhaften Flair erliegen jedes Jahr Tausende von Besuchern aus aller Welt. Wenn im Sommer die »Jeeedermann!«-Rufe über den Domplatz hallen, herrscht in Salzburg ein fast schon babylonisches Sprachgewirr. Hugo von Hofmannsthals Theaterstück und die Festspiele locken alljährlich ein internationales Publikum an.
Der Name der Stadt ist eng mit dem ihres größten Sohnes, dem musikalischen Wunderkind **Wolfgang Amadeus Mozart**, verbunden. Ihr wohl größter Exportschlager, die berühmten Mozartkugeln, sind nach ihm benannt und ein beliebtes Souvenir. Sie sind so kalorienreich und köstlich wie die luftig-leichten Salzburger Nockerln, eine andere lokale Spezialität. Auch die oscarprämierte Hollywood-Verfilmung des Musicals »The Sound of Music« um die Salzburger Trapp-Familie 1965 prägt bis heute das »zuckersüße« Bild der Stadt in Übersee. Zu Recht, denn angesichts der Panoramen, die sich von den Salzburger Stadtbergen auf das weiße Häusermeer, die grüne Salzach und das noch grünere Umland bieten, kann man nur ins Schwärmen geraten! Dann heißt es wieder hinab zum Residenzplatz und in die Getreidegasse, wo an jeder Ecke architektonische Glanzlichter und Shopping-Versuchungen warten.

Zwischen Salzach und Domquartier

Marmorne Hommage an das Meer

Residenzplatz

Der weite Platz im Herzen der Altstadt bietet sich als Ausgangspunkt an. In seiner Mitte zieht seit 1661 der größte Barockbrunnen Mitteleuropas alle Blicke auf sich. Tommaso di Garona gestaltete ihn als Actionspektakel mit schnaubenden Meeresrössern, muskelbepackten Athleten, die Becken in die Höhe stemmen, und einem Triton, der durch eine Muschel eine Wasserfontäne in den Himmel bläst.

SALZBURG ERLEBEN

SALZBURG INFO

Auerspergstraße 6
(kein Publikumsverkehr)
5020 Salzburg
Tel. 0662 88 98 7-0
www.salzburg.info
Infobüros am Hautbahnhof (Ankunftshalle), Mozartplatz 5 (Altstadt)

SIGHTSEEING

Mit dem Fiaker (ab Residenzplatz) oder der Rikscha zur Altstadt-Runde, mit dem Bus zu den Filmschauplätzen von »The Sound of Music«, mit dem Panoramaschiff »Amadeus Salzburg« auf der Salzach oder mit dem Amphibienbus zu Wasser und zu Lande – diverse Veranstalter bieten einen bunten Strauß Sightseeing-Touren an. Auch Stadtführungen gibt es zuhauf – vom klassischen City-Spaziergang ab Mozartplatz über Literatur- und Musik-Touren bis zur Kultur-Radtour mit Helmut Ebergassner und zur Gruselführung von Sabine Rath.
www.salzburg.info
www.salzburgguides.at
www.rikschatours.at
www.amphibious-splash-tours.at

SALZBURGER VERKEHRSVERBUND

Hauptverkehrsmittel Salzburgs ist der Bus. Günstiger als mit Tickets vom Fahrer fährt man mit Vorverkaufstickets (in Tabakläden und an Automaten, 24 Std.-Ticket 4,50 €). Mit der Salzburg Card hat man für 24, 48 oder 72 Std. freien Eintritt zu den Hauptsehenswürdigkeiten und freie Fahrt in den öffentlichen Verkehrsmitteln.
www.salzburg-ag.at

LEIHRÄDER

Salzburg ist eine der fahrradfreundlichsten Städte in Österreich. Fahrräder leihen kann man bei Citybike am Ferdinand-Hanusch-Platz.
E-Bikes gibt's 50 m flussaufwärts an der Staatsbrücke bei aVelo.
www.citybikesalzburg.at
www.avelosalzburg.com

PARKEN

Parkplätze in der Innenstadt sind, vor allem bei Regenwetter, knapp und kostspielig. Am besten stellt man seinen Wagen auf einem der großen Parkplätze am Stadtrand ab und nimmt den Bus.
www.salzburg.info

SALZBURGER FESTSPIELE

Ein wenig Glück und Ausdauer braucht man schon, wenn man an eine der begehrtesten Karten etwa für den Jedermann oder Opernaufführungen kommen will. Tickets gibt es online oder im Kartenbüro der Salzburger Festspiele, etwaige Restkarten direkt im Festspiele Shop.

Kartenbüro:
Herbert-von-Karajan-Platz 11
Postfach 140
Tel. 0662 804 55 00
Mo.–Fr. 10–12.30 u. 13–16
Juli Mo.–Sa. 10–17,
Pfingsten und während der Festspiele tgl. 10–18 Uhr
www.salzburgerfestspiele.at

Salzburger Festspiele Shop:
Hofstallgasse 1
Ende März–Juni Mo.–Fr. 9.30–15
Juli Mo.–Sa. 9.30–17 Uhr
während der Festspiele
tgl. 9.30–20 Uhr

Barockes Gesamtkunstwerk: die Skyline von Salzburg mit jeder Menge Kirchen, Kuppeln und der weißen Festung

GETREIDEGASSE

Salzburgs Shopping-Meile par excellence wartet mit einem Mix aus alteingessenen Geschäften und Designerlabels auf. Originelle Mitbringsel findet man beispielsweise in der Schirmmanufaktur Kirchtag (Nr. 22), in der Teppichweberei Weiß (Nr. 18a) und bei Spirituosen Sporer (Nr. 39.)

LINZERGASSE

Das Angebot an Geschäften in der Haupteinkaufstraße der Altstadt rechts der Salzach ist ähnlich vielseitig wie das in der Getreidegasse.

KASLÖCHL

Bis zu 150 Käsesorten – meist Bioprodukte und mit Österreich-Schwerpunkt – bietet das nur 7 m² kleine Traditionsgeschäft unweit von Mozarts Geburtshaus.
Löchlbogen/Hagenauer Platz
Mo. – Fr. 10 – 18 Uhr,
Sa. 8 – 15 Uhr

EUROPARK

Von C wie Comma bis hin zu Z wie Zara: Hier verführen 130 Geschäfte zum Geldausgeben – eine Augenweide ist aber auch die preisgekrönte Architektur des Konsumtempels!
Europark: Europastr. 1
Tel. 0662 44 20 21-0
Mo.–Do. 9–19.30,
Fr. 9–21, Sa. 9–18 Uhr
www.europark.at

SCHRANNENMARKT

► S. 221

BIO-BAUERNMARKT

Hier gibt's Milchprodukte, Fleisch und Gemüse aus ökologischer Erzeugung.
Kajetanerplatz, Fr. 6–14 Uhr

GRÜNMARKT

► S. 210

1 SAITENSPRUNG BAR

Wer gerne einmal eine Nach durchmacht, ist in diesem schummrigen Club mit uriger Atmosphäre richtig.
Steingasse 11, Tel. 0662 88 13 77
Mi. – Sa. ab 21 Uhr

2 WATZMANN CULTBAR

Treffpunkt für Nachtschwärmer: Der Barkeeper mixt bis in die frühen Morgenstunden Cocktails.
Giselakai 17 a, Tel. 0660 434 40 42
Mo.–Mi. 20–4, Do.–So. 20–5 Uhr
www.cultbar.at

3 L'ALCHIMISTE BELGE

Hier kann man zwischen nicht weniger als 150 Bierspezialitäten aus aller Welt wählen.
Bergstr. 10
Tel. 0660 681 57 25, tgl. 17–1 Uhr
www.alchimiste-belge.at

4 JAZZIT

Der Jazzclub hinter dem Hauptbahnhof hat die besten Sounds der Stadt von Avantgarde über elektronische Klänge bis hin zu Weltmusik drauf.
Elisabethstr. 11
Tel. 0662 88 32 64
Di.–Sa. 18–24 Uhr
www.jazzit.at

5 ROCKHOUSE BAR

Diese charmante Bar ist dank ihres abgefahrenen Designs eine der innovativsten Locations der Stadt.
Schallmooser Hauptstraße 46
Tel. 0662 884 91 40
www.rockhouse.at

6 O'MALLEY'S

Der Pub lädt zu irischer Musik mit passendem Bier ein.
Rudolfskai 16
Tel. 0662 84 92 65
Di.–Sa. 20–4 Uhr
www.omalleyssalzburg.com

❶ GOLDENER HIRSCH €€€€

Nicht nur zur Festspielzeit ist das Haubenlokal ein Treffpunkt von Künstlern und High Society. Probieren Sie Daniel Milds Fuschlsee-Saibling oder den Rehrücken mit Rotkraut und Serviettenknödel. »Rigo Jancsi« heißt eine göttliche Schokocremeschnitte – benannt nach dem legendären Zigeunerbaron. Ein Haus weiter zieren Fotos von Weltstars wie Leonard Bernstein, Herbert von Karajan oder Curd Jürgens die Wände des charmanten Schwesterlokals s'Herzl.
Getreidegasse 37
Tel. 0662 80 84-0
Tgl. 12–14.30 u. 18.30–21.30 Uhr
www.marriott.com

❷ IKARUS €€€€

Erster Drei-Sterne-Koch Deutschlands, Koch des Jahrhunderts, Professeur de la Cuisine – Eckart Witzigmann besitzt Titel und Auszeichnungen wie kaum ein anderer. Der Mann aus Bad Gastein brillierte in ganz Europa, bevor er 2003 am Salzburger Flughafen die Schirmherrschaft übernahm. Das Team um den Executive Chef lädt jeden Monat einen anderen internationalen Spitzenkoch ein, der in der Küche neue Rezepte kreiert. Mit der Buchreihe »Die Weltköche zu Gast im Ikarus« können Sie sie nachkochen. Unbedingt rechtzeitig reservieren!
Wilhelm-Spazier-Str. 7a
Tel. 0662 21 97
Mo.–Mi. 19–22 Uhr,
Do.–So. 12–14 u. 19–22 Uhr
www.hangar-7.com

❸ BRUNNAUER €€€€

Getrüffelter Kapaun, Bauernente mit Serviettenknödel oder pochierter Waller an Wurzelgemüse: In der historischen Ceconi-Villa im ruhigen Nonntal begeben Sie sich mit Richard Brunnauer auf eine kulinarische Reise quer durch Österreich.
Fürstenallee 5
Tel. 0662 25 10 10
Di.–Fr. 12–14.30, 18–24,
Mo. ab 18 Uhr
www.restaurant-brunnauer.at

❹ GASTHOF GOLDGASSE €€€

Die Küche verarbeitet beste regionale Zutaten von Kräutern aus dem Pongau bis zum Rehbock aus dem Kobernaußer Wald zu exquisiten Gerichten. Empfehlung: Das Filet vom Bachsaibling, gegart auf Salzstein. Der Flambierwagen für die Palatschinken rollt über den handgehackten Eichenholzboden an den Tisch!
Goldgasse 10
Tel. 0662 84 82 00
Tgl. 7–23 Uhr
www.gasthofgoldgasse.at

❺ IMLAUER SKY - BAR & RESTAURANT €€€€

Bio-Schafskäse vom Wolfgangsee mit Oliven-Dattel Chutney, geschmortes Rinderbackerl mit getrüffelter Polenta, Saiblings-Filet und Hummer: Das Restaurant serviert auf dem Dach eines Hotels Spezialitäten der gehobenen Küche. Der fantastische Blick über die Salzburger Altstadt ist unbezahlbar.
Rainerstr. 6
Tel. 0662 88 97 86 66
Tgl. 9–21 Uhr
www.imlauer.com

❻ M32 €€€€

Das Restaurant neben dem Museum der Moderne am Mönchsberg versteht sich auf österreichische Küche, Mediterranes und Frühstücks-Specials. Zu Geschmortem vom Milchlamm mit Melanzane-Buchweizen-Ragout passt ein herrliches Trumer Bier. Aber auch die Weinkarte kann sich sehen lassen. Für das Design mit Hunderten Hirschgeweihen an der Decke, nacktem Beton und

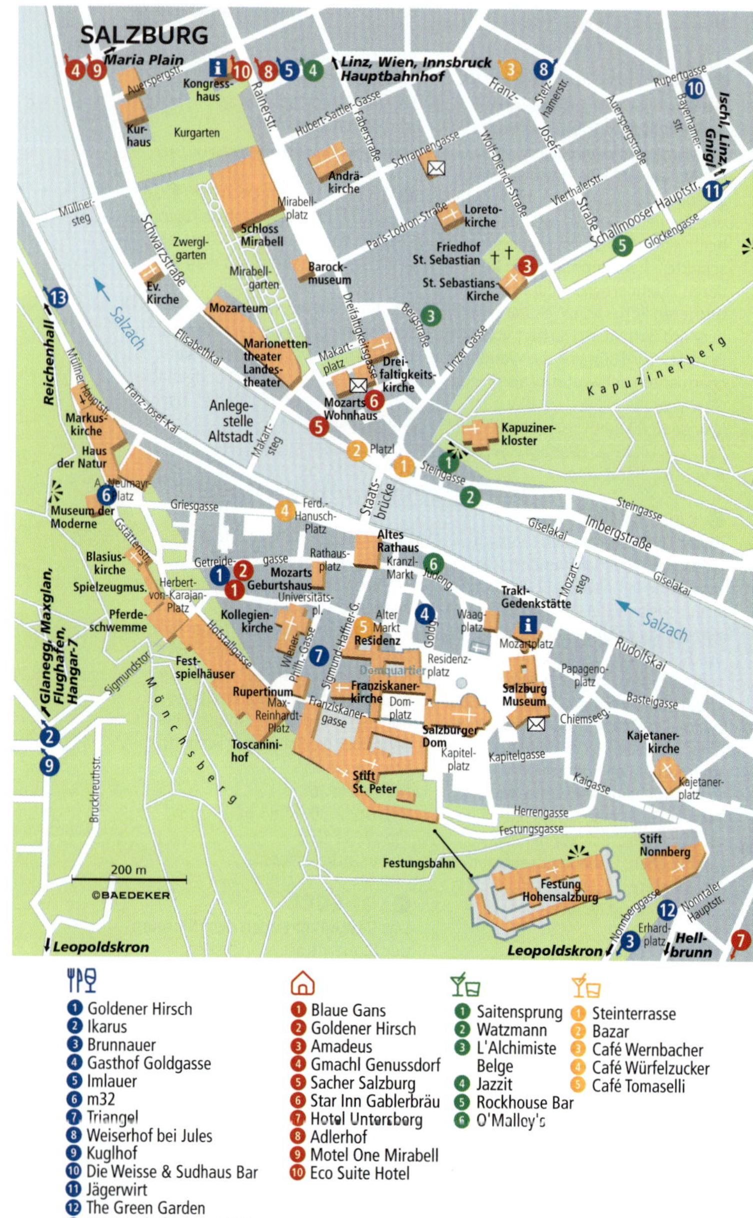
SALZBURG
Maria Plain
Linz, Wien, Innsbruck
Hauptbahnhof
Ischl, Linz, Gnigl
Reichenhall
Glanegg, Maxglan, Flughafen, Hangar-7
Leopoldskron
Hellbrunn
Hallein
Kongresshaus
Kurhaus
Kurgarten
Auerspergstr.
Rainerstr.
Hubert-Sattler-Gasse
Faberstraße
Schrannengasse
Franz-Josef-Straße
Stelzhamerstr.
Rupertgasse
Bayerhamerstr.
Auerspergstraße
Wolf-Dietrich-Straße
Vierthalerstr.
Schallmooser Hauptstr.
Glockengasse
Andräkirche
Mirabellplatz
Schloss Mirabell
Paris-Lodron-Straße
Lorettokirche
Friedhof St. Sebastian
St. Sebastians-Kirche
Müllnersteg
Schwarzstraße
Zwerglgarten
Mirabellgarten
Barockmuseum
Ev. Kirche
Mozarteum
Salzach
Dreifaltigkeitsgasse
Bergstraße
Linzer Gasse
Marionettentheater
Landestheater
Makartplatz
Dreifaltigkeitskirche
Mozarts Wohnhaus
Kapuzinerberg
Elisabethkai
Müllner Hauptstr.
Franz-Josef-Kai
Anlegestelle Altstadt
Makartsteg
Markuskirche
Haus der Natur
Platzl
Kapuzinerkloster
Steingasse
A.-Neumayr-Platz
Museum der Moderne
Griesgasse
Ferd.-Hanusch-Platz
Staatsbrücke
Giselakai
Imbergstraße
Gstättenstr.
Blasiuskirche
Spielzeugmus.
Getreidegasse
Rathausplatz
Altes Rathaus
Kranzlmarkt
Judeng.
Mozarts Geburtshaus
Herbert-von-Karajan-Platz
Universitätspl.
Trakl-Gedenkstätte
Mozartsteg
Pferdeschwemme
Kollegienkirche
Hofstallgasse
Sigmund-Haffner-G.
Alter Markt
Goldg.
Waagplatz
Residenz
Mozartplatz
Wiener-Philh.-Gasse
Residenzplatz
Domquartier
Papagenoplatz
Rudolfskai
Festspielhäuser
Sigmundstor
Mönchsberg
Rupertinum
Max-Reinhardt-Platz
Franziskanerkirche
Domplatz
Franziskanergasse
Salzburg Museum
Basteigasse
Chiemseeg.
Salzburger Dom
Toscaninihof
Kapitelplatz
Kapitelgasse
Kajetanerkirche
Stift St. Peter
Kaigasse
Kajetanerplatz
Bruckleuthstr.
Herrengasse
Festungsgasse
Festungsbahn
Stift Nonnberg
Festung Hohensalzburg
Nonnbergstiege
Nonntaler Hauptstr.
Erhardplatz
200 m
©BAEDEKER
1 Goldener Hirsch
2 Ikarus
3 Brunnauer
4 Gasthof Goldgasse
5 Imlauer
6 m32
7 Triangel
8 Weiserhof bei Jules
9 Kuglhof
10 Die Weisse & Sudhaus Bar
11 Jägerwirt
12 The Green Garden
13 Braugasthof Krimpelstätter
1 Blaue Gans
2 Goldener Hirsch
3 Amadeus
4 Gmachl Genussdorf
5 Sacher Salzburg
6 Star Inn Gablerbräu
7 Hotel Untersberg
8 Adlerhof
9 Motel One Mirabell
10 Eco Suite Hotel
1 Saitensprung
2 Watzmann
3 L'Alchimiste Belge
4 Jazzit
5 Rockhouse Bar
6 O'Malley's
1 Steinterrasse
2 Bazar
3 Café Wernbacher
4 Café Würfelzucker
5 Café Tomaselli

strahlenden Farben sorgte Matteo Thun. Schlicht konkurrenzlos ist die unvergleichliche Aussicht über die Stadt!
Mönchsberg 32
Tel.0662 84 10 00
Di.-So. 9-24 Uhr
Festspielzeit tgl.
www.m32.at

7 TRIANGEL €€€
Auf der Speisekarte des Lokals stehen feine Gerichte wie Carpaccio vom Bio-Rind, Räucherforelle auf Erdäpfelkas und frische Schwammerl aus dem Lungau. Fruchtsäfte und Weine gibt's ausschließlich von österreichischen Produzenten. Während der Festspiele ist das Triangel Treffpunkt von Gesang- und Schauspielstars.
Wiener-Philharmoniker-Gasse 7
Tel. 664 250 95 73
Di.-Sa. 11.30-24 Uhr
www.triangel-salzburg.co.at

8 WEISERHOF BEI JULES €€€
Gebeizte Lachsforelle mit Spargelsalat, Tafelspitz, Kalbsrahmgulasch vom Biokalb mit Butterspätzle – Julian »Jules« Grössinger zelebriert in seinem Lokal hinter dem Bahnhof bodenständig-genussvolle österreichische Kochkunst.
Weiserhofstr. 4
Tel. 0662 87 22 67
Mo.-Fr. 11.30-14, 17.30-22 Uhr
www.weiserhof.at

9 KUGLHOF €€€
Das Restaurant serviert traditionelle Gerichte, die nach überlieferten Rezepten und mit regionalen Zutaten zubereitet werden. Der Autor empfiehlt Esterhazy-Rostbraten mit Butternudeln und Speckbohnen.
Kuglhofstr. 13
Tel. 0662 83 26 26
Di.-Sa. 11-23 Uhr
www.kuglhof.at

10 DIE WEISSE & SUDHAUS BAR €€
Die traditionsreiche Gaststube in Österreichs ältester Weissbierbrauerei wartet mit bodenständiger Hausmannskost, originellem Kachelofen, stylisher Industriearchitektur und einem lauschigen Kastaniengarten auf.
Rupertgasse 10
Tel. 0662 87 22 46
www.dieweisse.at

11 JÄGERWIRT €€€
Das bekannte Ausflugslokal serviert in rustikalen Stuben bodenständige Schmankerl und ausgesuchte Bier- und Weinspezialitäten.
Kasern 4
Bergheim bei Salzburg
Tel. 0662 45 21 77
Mo.-Fr. 11.30-22 Uhr
www.jaegerwirt-salzburg.at

12 THE GREEN GARDEN €€€
Wildkräutersalat, Rote Rüben-Medaillons mit Kartoffel-Erbsen-Püree – Küchenchefin Julia Platzer zaubert im Nonntal vegetarische und vegane Köstlichkeiten auf den Teller. Dazu gibt's erlesene Bio-Weine. Grünen Appetit!
Nonntaler Hauptstr. 16
Tel. 0662 84 12 01
Di.-Sa. 12-15 u. 17.30-22 Uhr
www.thegreengarden.at

13 BRAUGASTHOF KRIMPELSTÄTTER €€€
Tafelspitz, Surschnitzerl oder gefüllte Krautroulade als Hauptmahlzeit, und als Dessert vielleicht noch saftige Apfelkiachl? Das Krimplstätter serviert gutbürgerliche Küche und das herrliche Augustinerbier von der Brauerei nebenan. Das authentische Braugasthof-Flair gefällt auch vielen Festspielkünstlern.
Müllner Hauptstr. 31
Tel. 0662 4322 74
Di.-Sa. 11-23 Uhr
www.krimpelstaetter.at

1 STEINTERRASSE €€

Mit Traumblick über die Stadt wird die wichtigste Mahlzeit des Tages variantenreich zelebriert. Tipp: Pancakes mit frischen Früchten!
Giselakai 3 - 5
Tel. 0662 877 277, tgl. ab 7 Uhr
www.steinterrasse.com

2 BAZAR €€

Seit 1882 treffen sich hier die Salzburger unter den großen Lüstern zum Frühstück, zu täglich wechselnden Mittagsmenüs oder zum Plausch bei Kaffee und Kuchen.
Schwarzstr. 3, Tel. 0662 87 42 78
Mo.–Sa. 7.30–19.30, So. 9–18 Uhr
www.cafe-bazar.at

3 CAFÉ WERNBACHER BY DIDI MAIER €€

Das Kaffeehaus-Juwel glänzt mit Mobiliar aus den 1950er–Jahren. Geboten werden erstklassige Kuchen, Sandwiches, Vitalsnacks und elf Frühstücksvarianten.
Franz-Josef-Str. 5
Tel. 0662 88 10 99
Tgl. 9–24 Uhr
https://didimaier.at/de/wernbacher

4 WÜRFEL ZUCKER €€

Auf Gmundner Keramik wird von Hand gezogener Apfel- und Topfenstrudel, Kürbisstrudel mit buntem Blattsalat oder ein leckeres Vitalfrühstück serviert.
Griesgasse 13
Tel. 0676 300 71 29
Mi.–So. 9–18 Uhr
www.wuerfelzucker.at

5 TOMASELLI €€

► S. 192

1 BLAUE GANS €€€€

Nach einer umfassenden Restaurierung hat sich das älteste Gasthaus Salzburgs zu einem schicken Arthotel gemausert. Die wohltuend minimalistisch gestalteten Zimmer erreichen die Gäste über verwinkelte Stiegenhäuser. Rund 100 originale Kunstwerke schmücken die Wände des Hauses. Zur Stadterkundung gibt es Leihräder, das Auto parkt in der Altstadtgarage nebenan.
Herbert-von-Karajan-Platz 3
Tel. 0662 84 24 91
35 Zi.
www.blauegans.at

2 GOLDENER HIRSCH €€€€

Die bereits 1407 erwähnte Nobelherberge ist beliebter Treffpunkt der Festspielprominenz. In dem Fünf-Sterne-Haus kann man auch in der brodelnden Atmosphäre der Festspielzeit richtig entspannen, wenn man rechtzeitig gebucht hat – und das heißt für den August ein Jahr im Voraus! Handgefertigte Möbel im nobel-rustikalen Salzburger Landhausstil und die lokalen Fleckerlteppiche zieren die bezaubernden Zimmer und Suiten. Das urige Lokal Herzl und das preisgekrönte Restaurant Goldener Hirsch servieren lokale Schmankerl.
Getreidegasse 37
Tel. 0662 808 40
70 Zi.
www.marriott.com

3 AMADEUS €€€€

Das über 500 Jahre alte, denkmalgeschützte Haus auf der rechten Salzach-Seite bietet 20 geschmackvoll eingerichtete Zimmer und einen gediegenen Lounge-Bereich samt Honesty Bar. Kaffee, Tee und Kuchen am Nachmittag sind inklusive.
Linzergasse 43–45
Tel. 0662 87 14 01
www.hotelamadeus.at

4 GMACHL GENUSSDORF €€€€

Naturbadeteich, Edel-SPA, Infinity-Pool mit 1a-Blick auf Salzburg – wer

gerne Wellness- und Stadturlaub kombiniert, ist im neu gestalteten Gmachl Genussdorf bestens aufgehoben. Die öffentliche Verkehrsmittel verbinden mit der 5 km entfernten Innenstadt.
Dorfstr. 35
Bergheim
Tel. 0662 45 21 24-0
www.gmachl.at

5 SACHER SALZBURG €€€€

Das Hotel residiert in einem prunkvollen Gründerzeitbau am Ufer der Salzach mit Blick auf die Festung. Jedes Zimmer, jede Suite hat eine eigene Note. Im traditionellen Roten Salon werden Köstlichkeiten der regionalen und internationalen Küche serviert. Das Haubenrestaurant »Zirbelzimmer« ist Anlaufstelle für ausgesprochene Feinschmecker. Außerdem gibt es ein Grillrestaurant, eine Bar und einen Ableger des berühmten Café Sacher.
Schwarzstr. 5
Tel. 0662 88 97 70
111 Zi.
www.sacher.com/de/salzburg/

6 STAR INN GABLERBRÄU €€€€

Das Hotel residiert in einem 600 Jahre alten Braugasthof, der zu einem modernen Haus mit geräumigen Zimmern umgebaut wurde. Die Shopping-Meile Linzergasse und Schloss Mirabell sind nur einen Steinwurf entfernt.
Richard-Mayr-Gasse 2
Tel. 0662 87 96 62
71 Zi.
www.leonardo-hotels.de

7 HOTEL UNTERSBERG €€€

Das freundliche Hotel liegt in der Nähe der Untersberg-Seilbahn und bietet Sauna sowie Dampfbad. Die Zimmer sind gemütlich und großzügig eingerichtet. Es gibt einen kostenlosen Fahrradverleih. Aber auch mit öffentlichen Verkehrsmitteln ist Salzburg nicht weit.
Dr. Friedrich Ödlweg 1
St. Leonhard
Tel. 06246 725 75
www.hotel-untersberg.com

8 ADLERHOF €€

Das in der dritten Generation von der Familie Pregartbauer geführte Hotel residiert in einem denkmalgeschützten Gründerzeitbau nur 300 Meter vom Hauptbahnhof entfernt. Die Zimmer sind hell und zweckmäßig. Außerdem stehen für die Hotelgäste kostenlose Parkplätze bereit.
Elisabethstr. 25
Tel. 0662 87 52 36
28 Zi.
www.gosalzburg.com

9 MOTEL ONE MIRABELL €€ – €€€

Das Haus der Motel One-Kette liegt an der Salzach, nur wenige Gehminuten von der Innenstadt entfernt. Die Zimmer sind im frischen, funktionalen Look gehalten.
Elisabethkai 58–60
Tel. 0662 88 52 00
www.motel-one.com

10 ECO SUITE HOTEL €€ – €€€

Ökologisch die Bauweise, günstig die Preise: Vom 20 m²-Einzelzimmer bis zu Familiensuiten bietet das Haus an der Salzach Stadturlaub für alle Ansprüche. 20 Gehminuten braucht man ins Zentrum. Es gibt aber auch eine Busverbindung in die Innenstadt. Die Anbindung an die Autobahn ist gut und die Parkplätze sind kostenlos.
Adolf-Kolping-Str. 12
Tel. 0662 466 15 12
www.ecosuitehotel.at

Neue Residenz

Salzburg wird romantisches Reiseziel ...

Die Neue Residenz an der Ostseite des Platzes entstand 1588–1602 als Gästehaus der Erzbischöfe. Heute gewährt hier die Ausstellung **»Mythos Salzburg«** spannende Einblicke in die Geschichte der Stadt und ihren Wandel zu einem Besucher-Magneten allerersten Ranges. Nach der Säkularisation von 1803, mit der die Epoche der Fürsterzbischöfe zu Ende ging, herrschten in Salzburg zunächst Not und Tristesse. So notierte Franz Schubert noch im 1825: »Viele Gebäude stehen leer ... Auf den Plätzen, deren es viele und schöne gibt, wächst zwischen den Pflastersteinen Gras, so wenig werden sie betreten«. Doch da hatten **romantische Geister** schon begonnen, dem 10000 Einwohner-Städtchen ein neues Image zu verpassen. **Bettina von Arnim** schwärmte Goethe vor:

»

Mit der Nacht waren wir in Salzburg, es war schauerlich, die glattgesprengten Felsen himmelhoch über den Häusern hervorragen zu sehen, die wie ein Erdhimmel über der Stadt schwebten im Sternenlicht.

«

Das kolossale **Salzburg-Panorama** von Johann Michael Sattler, das die Stadt in unzähligen Details an einem sonnigen Septembertag um 1830 zeigt, wird derzeit renoviert. Ab 2025 ist das 130 m² große Rundbild am neuen Standort im Mirabellgarten zu bewundern. Nach der Fertigstellung ging Sattler (1786 – 1847) mit dem Bild auf Europa-Tour und begründete so Salzburgs Ruf als Sehnsuchtsort mit. Der 1842 einsetzende Mozart-Kult und der Anschluss an das österreichische Eisenbahnnetz 1860 machten Salzburg endgültig zum Touristenmagnet.

Salzburg Museum: Mozartplatz 1 | Mai – Sept. tgl. 9 – 17 Uhr Erw. 9 € | www.salzburgmuseum.at | **Panorama Museum:** voraussichtlich wieder ab 2025 in der Orangerie im Mirabellgarten

Mozartplatz

Ein verlorener Sohn kehrt heim

Briefen Mozarts können wir entnehmen, dass sein Verhältnis zu seiner Heimatstadt nicht das beste war. Die Einweihung des **Mozartdenkmals** von Ludwig Schwanthaler auf dem Platz an der Nordseite der Neuen Residenz 1842 kam daher einer Heimkehr gleich. **Beide Söhne Mozarts** nahmen an dem Festakt teil, auf dem der Startschuss für den bis heute anhaltenden Rummel um das Musikgenie fiel. Schon damals befeuerten Mozartwein und Mozartstatuetten den Kult. Im Büro von Salzburg-Tourismus im Haus Mozartplatz 5 kann man Tickets für die zahllosen Konzerte erwerben, die Salzburg rund ums Jahr zu einer Musikhauptstadt machen. Im Hinterhof von Haus Nr. 4 steht die entzückende Hauskapelle der mit den Mozarts befreundeten Familie Antretter. Leider kann sie nur von außen besichtigt werden. Das **Weih-**

nachtsmuseum in Haus Nr. 2 informiert anhand einer Fülle von Exponaten über traditionelles regionales Brauchtum.

Weihnachtsmuseum: Mi.–So. 10–18 Uhr, Advent- und Festspielzeit tgl., Feb.–Mitte März geschl. | Erw. 9 €
www.salzburger-weihnachtsmuseum.at

Meister der Schwermut

Georg-Trakl-Haus

Am Waagplatz, der sich dem Mozartplatz im Westen anschließt, standen bis 1407 Gerichtshaus, Pranger und Galgen. Vielleicht ist das ja mit ein Grund dafür, dass die Gedichte Georg Trakls, der 1887 im **Haus Nr. 1 a** das Licht der Welt erblickte, um Verfall, Tod und Vergänglichkeit kreisen. Seit 1973 beherbergt das Geburtshaus des Dichters eine Gedenkstätte, die im Rahmen von Führungen, die das internationale **Trakl-Forum** anbietet, besichtigt werden kann. Übrigens gaben Salzburger Orte und Plätze Trakl Anregungen zu einigen seiner Gedichte. Am St.-Peters-Friedhof, am Mönchsberg, im Mirabell-Garten und im Hellbrunner Schlosspark sind Tafeln mit den entsprechenden Versen angebracht.

Führungen Mo.–Fr. 14 Uhr | Erw. 5 € | www.kulturvereinigung.com

Kaffeehauskultur und mittelalterliches Flair

Alter Markt

Vom Waagplatz führt die Judengasse in einem weiten Bogen zu dem lang gestreckten Platz, der bereits um 1250 angelegt wurde und bis in das 19. Jh. Standort des zentralen Salzburger Wochenmarkts war. Die Mitte des Alten Markts markiert der **Florianibrunnen**, der 1687 anstelle eines Ziehbrunnens errichtet wurde. Die **Alte Fürsterzbischöfliche Hofapotheke**, die seit 1903 im Haus Nr. 6 residiert, wartet mit rokokozeitlichem Interieur auf. »Nur schauen« oder fotografieren wird hier allerdings nicht gern gesehen! Deshalb gilt: Kaufen Sie eine

KLANGERLEBNIS

Dreimal täglich erklingt das Glockenspiel im Turm der Neuen Residenz. Alle bleiben stehen und lauschen. Auf der Plattform oben können Sie das helle Kling-Klang der 35 Glocken ganz nah erleben und ihr perfektes Zusammenspiel erst recht genießen. (Spielzeiten tgl. 7, 11 und 18; Touren Do 17.30, Fr 10.30 Uhr, Erw. 4,50 €)

Kleinigkeit! Im **Café Tomaselli** schräg gegenüber der Apotheke wird seit 1700 Kaffeehauskultur zelebriert. Schon die Familie Mozart ließ sich in dieser Salzburger Institution, die ursprünglich »Café Staiger« hieß, Kaffee, Eis und Schokolade schmecken. Mit einer Breite von nur 1,42 m ist das Haus daneben das kleinste der Altstadthäuser.

Alter Markt 9 | Mo.–Sa. 7–19 und So. ab 8 Uhr | www.tomaselli.at

Domquartier

Spektakulärer Kulturwalk

Wieder einheitlich barock

Unter Wolf Dietrich von Raitenau (reg. 1587–1612) und seinen Nachfolgern stieg das kleine Fürsterzbistum am Nordrand der Alpen zum Europäischen Player auf. Eine fiebrige Bautätigkeit, finanziert durch reiche Salzvorkommen am Dürrnberg und Gold aus den Hohen Tauern, untermauerte den absoluten Machtanspruch der Fürsterzbischöfe. In nur 14 Jahren wuchs der neue, monumentale Dom in den Himmel, glanzvolle Interieurs und Kunstsammlungen befüllten die Residenz gegenüber. Zu Beginn des 19. Jh.s ging die Epoche der Fürsterzbischöfe zu Ende – und damit auch die gewachsene Einheit zwischen der Residenz, dem Wohn- und Amtssitz der Salzburger Herrscher, und dem Dom als geistlichem Zentrum. Mehr als 200 Jahre dauerte es, bis 2014 mit der Eröffnung des Domquartiers die **ursprüngliche Einheit des barocken Gebäudekomplexes** wieder hergestellt werden konnte. Die 1,3 km lange **»Tour de Baroque«** führt in den oberen Etagen der Residenz, dem Dom und dem Konventsgebäude der Erzabtei St. Peter sowie dem Wallistrakt einmal um den Domplatz herum. Auf dem Weg ziehen rund 1300 Jahre Herrschafts-, Kunst- und Kirchengeschichte vorbei. Für den Rundgang mit Audioguide sollte man mindestens zwei Stunden einplanen.

Zugang via Residenz oder Dommuseum | Mi.–Mo. 10–17, Juli u. Aug. tgl. 10–18 Uhr, Advent tgl. 10–17 Uhr | Erw. 13 € (mit Gratis-Download Audioguide) | www.domquartier.at

Stätte der Repräsentation und Schauplatz der Geschichte

Alte Residenz

Das zwischen 1596 und 1619 um drei Höfe errichtete und später mehrfach erweiterte Stadtpalais der Fürsterzbischöfe, in dem auch der Domquartier-Rundgang beginnt, zählte im Zeitalter des Barock zu den prunkvollsten Repräsentationsbauten Mitteleuropas. Treppen aus rötlichem Adneter Marmor führen hinauf in die Prunkräume, in denen die Salzburger Regenten unter Lüstern aus böhmischem Glas und Deckenfresken von Johann Michael Rottmayr Hof hielten. Seidentapeten, venezianische Spiegel, Brüsseler Gobelins und kostbare Gemälde schmücken ihre Wände. Im **Carabinierisaal** fanden 1614 die vermutlich **ersten Opernaufführungen nördlich der Alpen** statt. 1767 gelangte im Residenzsaal Mozarts erstes Bühnenwerk, das

Roter Damast, edle Hölzer und böhmisches Glas im Thronsaal der Residenz

Singspiel »Die Schuldigkeit des ersten Gebots«, zur Uraufführung. Der Komponist war damals zarte elf Jahre alt. Im Weißen Saal wurde am 1. Mai 1816 jener Vertrag unterzeichnet, der Salzburg zum Teil Habsburg-Österreichs machte. Als Wohnsitz der Fürsterzbischöfe birgt die Residenz auch so manches delikate Geheimnis. So ließ Wolf Dietrich von Raitenau die Fürstenzimmer durch eine Geheimtür mit den Gemächern seiner Geliebten Salome Alt (▶Interessante Menschen) verbinden.

Die **Residenzgalerie** im Stockwerk über den Prunkräumen zeigt europäische Malerei vom 16. bis 19. Jahrhundert. Zu sehen sind Werke niederländischer Meister des 17. Jh.s wie Rembrandt, Brueghel und österreichischer Maler des 19. Jh.s wie Waldmüller oder Makart.

Schätze der Kirche

Dommuseum

Von der Residenz führt der Rundgang über den nördlichen Dombogen in die **Emporenräume der Kathedrale**, in denen das **Dommuseum** Kostbarkeiten aus seiner Schatzkammer zeigt. Besonders wertvoll sind das Rupertuskreuz aus der Zeit des heiligen Virgil aus dem 8. und eine vergoldete Hostientaube aus Limoges mit aufklappbaren Flügeln aus dem 13. Jahrhundert. Die **Orgelempore** bietet beeindruckende Blicke auf die kühle Pracht des Kircheninneren.

SALZBURGER DOM

Mit seiner markanten doppeltürmigen Fassade und dem mächtigen Baukörper beherrscht der Salzburger Dom das Bild der Altstadt. Die umgebenden barocken Plätze bilden eine einzigartige Bühne, die von den Salzburger Festspielen genutzt wird. Beinahe 10 000 Menschen finden in dem Gotteshaus Platz, das mit knapp 100 m Länge, 68 m Breite und einer Kuppelhöhe von 71 m zu den größten Kirchen der Welt zählt.

Öffnungszeiten: Jan., Feb., Nov. Mo.–Sa. 8–17, So. und Fei. ab 13, März bis Juli, Sept., Okt. u. Dez. Mo.–Sa. 8–18, So. u. Fei. 13–18 Uhr, Aug. jeweils bis 19 Uhr während der Gottesdienste keine Besichtigung.
www.salzburger-dom.at

❶ Taufbecken
In dem 1321 angefertigten Bronzetaufbecken in der ersten Seitenkapelle links vom Eingang wurde der berühmteste Sohn Salzburgs getauft: Wolfgang Amadeus Mozart. Auch Joseph Mohr, aus dessen Feder das Weihnachtslied »Stille Nacht« stammt, erhielt hier das hl. Sakrament der Taufe.

❷ Steinerne Wächter
Steinerne Kolossalstatuen aus weiß-rosa Untersberger Marmor flankieren das Hauptportal: die Heiligen Rupert und Virgil mit Salzfass und Kirchenmodell außen, Petrus und Paulus mit Schlüssel und Schwert innen bewachen die Tore des Portals.

❸ Kirchenschiff
Am 25. September 1628 konnte der Dom unter Paris Lodron geweiht werden. Heller Stuck beherrscht die kühle Pracht des gewaltigen dreischiffigen Sakralbaus – eine Machtdemonstration der Gegenreformation, beeindruckend in Ausmaß und Gestaltung.

❹ Die Vierungskuppel
Die Stuckarbeiten in der Vierungskuppel wurden 1631–1635 von Andrea Orsolini und Giuseppe Bassarino ausgeführt.

❺ Dommuseum
Zu den Schätzen des Dommuseums mit zahlreichen sakralen Kunstwerken gehört eine kleine vergoldete und mit Edelsteinen besetzte Hostientaube aus Limoges, die in der ersten Hälfte des 13. Jahrhunderts entstanden ist.

4
3
1
5

Die Lust am Obskuren

Wunderkammer

Im **südlichen Dombogen**, der die Kathedrale mit der Erzabtei St. Peter verbindet, richteten die Fürsterzbischöfe des späten 17. Jh.s eine **naturhistorische Sammlung** ein. Zwar verschwand die Kuriositäten-Sammlung in den Wirren der napoleonischen Ära, dank einer behutsamen Rekonstruktion erstrahlt sie heute in neu-altem Glanz. Ihre Schränke sind wieder mit Amuletten aus Steinbockhorn zum Schutz vor der Pest, Vasen aus Bergkristall, ausgestopften Tieren, Fossilien und Mineralien aller Art gefüllt.

Aus den Depots ans Licht

Museum St. Peter

Von der Kunst- und Wunderkammer im südlichen Dombogen geht es durch die **Lange Galerie** im Konventsgebäude der Abtei St. Peter in den Wallistrakt gegenüber dem Dom, in dem das Museum St. Peter residiert. Bis zur Eröffnung des Domquartiers waren die sakralen Kostbarkeiten nur selten ausgestellt, heute versetzen sie alle Welt in Staunen. Zu den Highlights zählen gotische Tafelbilder aus der **Werkstatt Michael Pachers,** reich verzierte Abtstäbe aus dem Hoch- und Spätmittelalter sowie die Keutzl-Mitra aus dem späten 15. Jahrhundert.

Ein Gotteshaus als Symbol absoluter Macht

Dom

Wolf Dietrich von Raitenau gab den Anstoß zum Bau der **ersten frühbarocken Kirche nördlich der Alpen**. Der Fürstbischof hatte die neue Architektur in Rom kennengelernt und beauftragte seinen Baumeister Vincenzo Scamozzi mit den Planungen. Die neue Kathedrale sollte die 1598 niedergebrannte romanische Basilika nicht nur ersetzen, sondern ein kraftvolles Symbol der Gegenreformation sein und zugleich dem Anspruch des Herrschers genügen, aus Salzburg **»das Rom des Nordens«** zu machen. Doch die Pläne gerieten ins Stocken, als bayerische Truppen 1612 in Salzburg einfielen und den Fürstbischof auf der Festung Hohensalzburg gefangen nahmen. Die Grundsteinlegung erfolgte erst 1614 unter Wolf Dietrichs Nachfolger Markus Sittikus (1574–1619). Er beauftragte den Italiener Santino Solari mit einem ungleich kleineren Bau. In nur 14 Jahren wurde die Kathedrale aus dem Boden gestampft und unter Fürsterzbischof Paris Graf von Lodron (1586–1653) 1628 geweiht. Die Feierlichkeiten gerieten zu einem rauschenden Fest, das sich über acht Tage hinzog. Die beiden 79 m hohen Türme wurden allerdings erst 40 Jahre später fertiggestellt.
An der dreifach gegliederten, **üppig verkleideten Westfassade** fallen vier überlebensgroße Statuen auf, die die drei Eingangsportale bewachen: rechts außen der erste Bischof Salzburgs, der hl. Rupert (650–718), links außen der hl. Virgil (700–784) und die Apostel Petrus und Paulus in der Mitte. Nicht weniger eindrucksvoll sind die drei mächtigen Bronzeportale (1957/1958) selbst, die die drei göttlichen Tugenden – Glaube, Liebe, Hoffnung – symbolisieren. Das Tor des Glaubens (links) stammt von Toni Schneider-Manzell (1911–1996),

das der Liebe (Mitte) von Giacomo Manzù (1908–1991) und das der Hoffnung (rechts) von Ewald Mataré (1887–1965). Das Innere des Gotteshauses überrascht durch seine lichte Helle und eine klare Raumgebung. Das tonnengewölbte Mittelschiff ist 32 m und die imposante Vierungskuppel 71 m hoch. Üppige Stuckaturen gliedern Decken und Wände. Ignazio Solari und Donato Mascagni (1579–1637) malten die Fresken in den Gewölbefeldern. Von Letzterem stammt auch das Gemälde auf dem Hauptaltar, das den auferstandenen Christus zeigt.
Der zumindest für die Fans moderner Kunst vielleicht interessanteste Teil des Doms ist die erst in den 1950er-Jahren als Grablege für die Erzbischöfe unter der Vierung eingerichtete **Krypta**. Der Franzose Christian Boltanski (1944–2021) installierte dort seine **»Vanitas«**, eine Art modernen Totentanz. Zwölf Blechfiguren werfen, beleuchtet von Kerzen, bizarre Schatten an die Wände, im Hintergrund zieht ein Todesengel schemenhaft seine Runden. Eine Zeitansage, die den Betrachter an die Vergänglichkeit erinnert, liefert die passende »Begleitmusik«. Der Altar in der Kapelle der Krypta steht auf Mauerresten des ersten Doms, der im 8. Jh. unter Bischof Virgil entstand und der während des angeblich von Kaiser Friedrich Barbarossa veranlassten großen Stadtbrands von 1167 zerstört wurde. Im Domgrabungsmuseum,

Das »Rom des Nordens« manifestierte sich auch baulich als Hort der Gegenreformation.

das vom Residenzplatz aus zugänglich ist, sind Reste des 1598 abgebrannten zweiten Doms, aber auch Funde aus römischer Zeit zu sehen.
Krypta: Mo.–Sa. 10–17, So. 13–17 Uhr
Domgrabungsmuseum: voraussichtlich bis Ende 2024 geschlossen

Wo Jedermann seinem Schöpfer begegnet

Domplatz

Seit 1920 wird jedes Jahr zur Festspielzeit auf den Stufen des Doms Hugo von Hofmannsthals »Jedermann« aufgeführt. Die prachtvolle Westfassade der Kathedrale bildet die richtige Kulisse für das schaurige Spektakel, an dessen Ende der Protagonist zum Glauben findet. Aber auch außerhalb der Festspiele hat der allseitig umschlossene Platz einiges zu bieten. Im Winter findet dort ein Christkindlmarkt statt. Die Mariensäule der Brüder Hagenauer, die seit 1771 in seiner Mitte steht, ist ein beliebter Treffpunkt von Jung und Alt. Die Maria Immaculata thront hier auf einer Weltkugel und ist von steinernen Allegorien der Weisheit, der Kirche, der Engel und des Teufels umringt.

Kapitelplatz und St. Peter

Neues Wahrzeichen in Gold

Kapitelplatz

Auf dem weitläufigen Platz an der Südseite des Doms nimmt seit 2007 eine riesige vergoldete Kugel den Blick gefangen. Sie ist Teil der **Installation »Sphaera«** des Bildhauers Stephan Balkenhol und Station des Walk of Modern Art. Das Gegenstück zu dem in Schwarz und Weiß gekleideten Mann bildet eine Frau in rotem Kleid, die in einer Nische des Toscaninihofs ein paar Gassen weiter westlich steht.
Bis zur Auflösung des Fürsterzbistums waren der Kapitelplatz und seine Umgebung dem hohen Klerus vorbehalten. Heute finden hier den Sommer über **Open-Air-Veranstaltungen** statt. Den imposanten Brunnen im Süden des Platzes ließ Fürsterzbischof Leopold Anton von Firmian (1679–1744) als Pferdetränke bauen. Die Neptunskulptur in der prunkvollen Nische über dem Wasserbassin ist ein Werk des Bildhauers Johann Anton Pfaffinger (1684–1758).

Das schmackhafteste Brot weit und breit

Stiftsbäckerei St. Peter

Wo das vom Wasser des Almkanals betriebene Mühlrad klappert, ist die Stiftsbäckerei St. Peter zu finden. In ihren Gewölben wird das Handwerk des Brotbackens wie vor Hunderten von Jahren ausgeübt. Im holzbefeuerten Ofen entsteht das »St. Peter-Brot«, ein reines Sauerteigbrot, das bis zu einer Woche lang frisch bleibt; doch auch das Kleingebäck ist ein Genuss. Der Verkauf erfolgt gleich in der Backstube.
Kapitelplatz 8 | Mo., Di., Do., Fr. 7–17.30, Sa. 7–13 Uhr
www.stiftsbaeckerei.at

Gemächlich zuckelt der Fiaker an der Mariensäule auf dem Domplatz vorbei. ▶

Europas ältester Wasserstollen

Almkanal

An der Talstation der Festungsbahn informiert eine kleine Ausstellung über ein Meisterwerk mittelalterlicher Ingenieursbaukunst – den Almkanal, der vermutlich bereits im 8. Jh. die Stadt mit Wasser aus der Königsseeache versorgte. Um den ständig wachsenden Bedarf zu befriedigen, ließen Erzbischof Konrad I. (um 1075–1147) und das Stift St. Peter ab 1136 einen **400 m langen Stollen in den Mönchsberg** treiben. Dieser Stiftsarmstollen ist der älteste Wasserleitungsstollen Mitteleuropas. An der Talstation teilt er sich in mehrere Nebenarme, die durch die Salzburger Altstadt führen und in die Salzach münden. Zur sogenannten »Almabkehr« im September, wenn er für Instandsetzungen trockengelegt wird, bietet der Verein zur Erhaltung des Kanals Führungen durch den Stollen an. Die Zeiten, als der Almwasserkanal Trink- und Brauchwasser lieferte, sind zwar längst vorbei, aber noch immer wird sein Wasser für die Stromerzeugung genutzt. An den Ufern des Gewässers laden Wege zu genüsslichen Rad- und Wandertouren ein und im Stadtteil Gneis reiten Surfer die **»Almwelle«**.

Termine für Führungen: www.almkanal.at

Am Anfang war ein Kloster

Stift St. Peter

Salzburg führt seinen Ursprung auf die Gründung dieses Klosters durch den hl. Rupert im Jahr 696 zurück. Bis 987 war der Abt von St. Peter zugleich Bischof der 739 gegründeten Diözese Salzburg. Als Fürstbischof Guidobald von Thun und Hohenstein (1654–1668) den Domplatz neu gestalten wollte, griff Abt Amand Pachler (1624 bis 1673) ein und setzte eigene Vorstellungen durch. Die Gebäude des Klosterbezirks stammen aus dem 17./18 Jh. und gruppieren sich um drei Höfe. Der östliche ist ebenso wie ein Großteil der Klosterbauten für die Öffentlichkeit nicht zugänglich, dafür steht aber die **Stiftskirche St. Peter**, die man vom mittleren Hof aus betritt, Besuchern offen. Obwohl die romanische Struktur der dreischiffigen Basilika noch gut erkennbar ist, atmet die Innenausstattung doch den **Geist des Rokoko**. Abt Beda Seeauer (1716–1785) ließ die Kirche zwischen 1770 und 1777 neu ausgestalten. Verspielte Stuckaturen und farbenfrohe Gemälde schmücken seitdem Decken und Wände, Säulen aus rotem Marmor und vergoldete Statuen flankieren die 16 Altäre. Nahezu alle Altarbilder schuf Martin Johann Schmidt (1718–1801) aus Krems. Das Stift St. Peter ist die **älteste noch bestehende Klostergemeinschaft im deutschen Sprachraum**. Heute leben dort 20 Mönche gemäß den gegen Ende des 9. Jh.s übernommenen Regeln des hl. Benedikt. Gleich neben der Kirche residiert der **Stiftskeller St. Peter,** die wohl älteste Gaststätte Salzburgs (seit 803) und seit 2021 als **St. Peter Stiftskulinarium** ein Fine Dining-Restaurant.

Kirche: tgl. 8–20 Uhr | www.stift-stpeter.at
St. Peter-Stiftskulinarium: www.stpeter.at

6X ERSTAUNLICHES

Überraschen Sie Ihre Reisebegleitung: Hätten Sie das gewusst?

1. BAROCKE ACTION

Ein typisches barockes Städtchen, vom feinen Pinkel über den Bierbrauer bis zum Tanzbär: Im **Mechanischen Theater** sorgt ein genialer Wasserkraft-Mechanismus für witzigen Anschauungsunterricht. (▶ S. 232)

2. MITTENDURCH

den Mönchsbeg führt der **Stiftsarmstollen des Almkanals**. Im September kann Europas ältester Wasserstollen begangen werden. Wem das zu eng ist, der schaut sich besser an, wie die Riversurfer die »Almwelle« reiten! (▶ S. 200)

3. CERVISIAM BIBAT!

Schon Hildegard von Bingen empfahl den Genuss von Bier. Auf ihrer tollen **Brauereitour** lotet Johanna Panholzer auch die Schnittmengen zwischen dem »Männergetränk« und der Frauenwelt aus. Es sind einige! (▶ S.142)

4. TOTAL VEGAN

Am Hochkönig hat man auch das Wohl jener Gäste im Blick, die ganz auf tierische Produkte verzichten. Im Winter wird zum »veganen Einkehrschwung« geladen. (▶ S. 118)

5. SALZRELIKTE

Im prähistorischen Teil des **Hallstätter Schaubergwerks** suchen Archäologen nach Relikten der Bergleute aus der Keltenzeit. Untertage gibt es einiges Unerwartete zu sehen! (▶ S. 115)

6. WELTMUSIK

Wie klingt die tibetische Meeresschneckentrompete? Wo wird mit Kürbissen musiziert? Ein Besuch des **Musikinstrumenten-Museums der Völker** in St. Gilgen wird zu einer fantastischen Sound-Expedition um den Globus. (▶ S. 275)

Verwunschener Ort

Friedhof St. Peter

Der außerordentlich stimmungsvolle Friedhof St. Peter hat Dichter wie Georg Trakl und Nikolaus Lenau inspiriert. Der Gottesacker ist auf drei Seiten von Arkaden (1627) mit Familiengräbern umgeben. Die sogenannten »Katakomben« in der Mönchsbergswand dienten frühen Christen höchstwahrscheinlich als Versammlungsstätten und als Einsiedeleien. Steile Felsstufen führen im Berginneren in die Maximus- und die Gertraudenkapelle. Beide wurden wie die anderen Katakomben in den Fels geschlagen und 1178 von Erzbischof Konrad III. (um 1120–1200) geweiht. Die Altäre im romanisch-gotischen Stil entwarf allerdings der erste Salzburger Denkmalpfleger Georg Pezolt (1820–1878). Vor dem Aufstieg passiert man die Kommunegruft mit den Gräbern von Johann Michael Haydn und Nannerl Mozart.

Friedhof: tgl. April–Sept. 6.30–19, Okt.–März bis 18 Uhr
Katakomben: tgl. 10–18, Okt.–April bis 17 Uhr

Ein »Best of« Romanik, Gotik und Barock

Franziskanerkirche

Westlich des Domlatzes ragt der gegen Ende des 15. Jh.s errichtete, schlanke Turm der Franziskanerkirche empor. Weil es Fürsterzbischof Max Gandolf von Kuenburg (1622–1687) missfiel, dass dieser höher war als die beiden Türme des Doms, ließ er die gotische Spitze kurzerhand durch eine barocke Haube ersetzen. Erst 1866 wurde die Maßnahme korrigiert. Die Kirche selbst ist um einiges älter als ihr Turm, ihr ursprünglicher Name »Unserer lieben Frau« taucht erstmals in einem Dokument des 8. Jh.s auf. Sie zeigt sich heute als augenfälliger Mix aus ganz verschiedenen Baustilen. Hinter der barocken Westfassade verbirgt sich ein spätromanisches dunkles Langhaus aus dem 13. Jh., dem sich der lichte hochgotische Chor mit Sternrippengewölbe aus dem 15. Jh. anschließt. In den barocken Hochaltar von 1709 hat J. B. Fischer von Erlach eine geschnitzte Madonna von 1498 aus dem gotischen Vorgängeraltar Michael Pachers integriert. In diesem reizvollen Crossover bringen der Chor und das Orchester der Franziskanerkirche ein anspruchsvolles kirchenmusikalisches Programm zur Aufführung.

Tgl. 6.45–19.45 Uhr | https://franziskaner.at/salzburg/

Moderne Kunst an alten Gemäuern

Rupertinum

In dem 1350 erstmals erwähnten Gebäude an der Wiener-Philharmoniker Gasse sind die **Grafik- und die Fotosammlung** des Museums der Moderne untergebracht. Die geschwungenen Keramikflächen unterhalb der Fenster schuf der berühmte **Friedensreich Hundertwasser**. Sie sind als »Zungenbärte« in die Kunstgeschichte eingegangen.

Di.–So. 10–18, Mi. bis 20 Uhr, zu Festspielzeiten auch Mo.
nur Kombiticket mit Museum am Mönchsberg Erw. 13 €
www.museumdermoderne.at

Westliche Altstadt

Festspielhäuser

Drei Bühnen für die Hochkultur
»Alles und von allem das Höchste«, lautete ein frühes Motto der Salzburger Festspiele. Nach akustischer und bühnentechnischer Perfektion strebten auch die Erbauer der Festspielstätten am Fuß des Mönchsbergs. Wenn glanzvolle Opernpremieren oder Gala-Konzerte auf dem Spielplan stehen, wird die **Hofstallgasse** zur Bühne von High-Society, Schaulustigen und Fotografen aus aller Welt.
Der Komplex der Festspielhäuser erstreckt sich über den ehemaligen fürsterzbischöflichen Hofstallungen und stammt im Kern aus den 1920er-Jahren. 1924/1925 wurde die ehemalige **Winterreitschule** zum ersten Festspielhaus ausgebaut. Seit dem letzten Umbau nach Entwürfen von Wilhelm Holzbauer und François Valentiny für das Mozartjahr 2006 heißt es **»Haus für Mozart«**.
Das **Große Festspielhaus** nebenan ist seit 1960 die zentrale Spielstätte. Um Platz für die riesige Bühne zu schaffen, ließ der Architekt Clemens Holzmeister (1886–1983) mehrere Tausend Kubikmeter Gestein vom Mönchsberg abtragen. Mit 100 m Breite zählt die Bühne zu den größten der Welt; der Zuschauerraum bietet 2180 Plätze.
Die Ursprünge der **Felsenreitschule** gehen auf einen Steinbruch zurück, in dem man Baumaterial für den Dom brach. 1693 ließ Fürst-

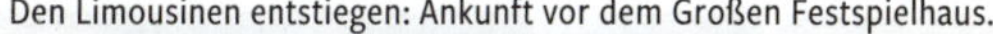

Den Limousinen entstiegen: Ankunft vor dem Großen Festspielhaus.

»JEEEDERMANN!«

»Jeder Platz, jede Straße hier scheint von vornherein zum Schauplatz eines Spiels geschaffen zu sein. Die Atmosphäre von Salzburg ist durchdrungen von Schönheit, Spiel und Kunst ...«, sagte einst Max Reinhardt, der geniale Theaterregisseur und Hauptinitiator der Festspiele.

Die ersten Salzburger Festspiele fanden 1920 statt, kurz nach dem verlorenen Ersten Weltkrieg, obwohl die Voraussetzungen nicht günstig waren. Hunger und Arbeitslosigkeit plagten die Menschen, viele waren verarmt. Doch Max Reinhardt hielt an einem Traum fest, den er gemeinsam mit Richard Strauss, dem Schriftsteller Hermann Bahr, dem Dirigenten Franz Schalk, dem Bühnenbildner Alfred Roller und Hugo von Hofmannsthal hegte: Ihnen schwebte ein **Festival als Gegenmodell zur Krise der Zeit** vor, aus barocker Architektur, Musik und Theater. Als Bühne für Hofmannsthals Mysterienspiel »Jedermann« wählte Reinhardt den Domplatz. Premiere war am 22. August 1920. Die Darsteller bekamen damals statt einer Gage Geschenke. Werner Krauss etwa erhielt als Dankeschön für seine Darstellung des Teufels eine Ledehose. Die monumentale Fassade des Doms bildet bis heute zumindest bei schönem Wetter die Kulisse für die alljährlich stattfindenden »Jedermann«-Aufführungen.

Nichtig ist das Diesseits

Die erste Aufführung war ein voller Erfolg. Nachdem zuerst dunkle Gewitterwolken über die Stadt gezo-

gen waren, brach beim »Vaterunser« die Sonne durch. Von den Kirchtürmen erklangen die Glocken, aus dem Dom Orgeltöne, vom Dach eines Gebäudes tönten die Posaunen des Jüngsten Gerichts wie aus dem Jenseits über den Domplatz, die Rufe von den Türmen, die den sterbenden Jedermann zur Buße mahnten, wirkten schauerlich. Salzburg erwies sich als hervorragende Kulisse für **Hofmannsthals Stück vom Sterben eines reichen Mannes**. Die moderne Fassung des mittelalterlichen Motivs von der Nichtigkeit irdischen Besitzes und weltlicher Freuden gegenüber den wahren Werten der Welt war in den Augen der Initiatoren der geeignete Auftakt für die geplanten Opern-, Konzert- und Theateraufführungen.

Jedes Jahr ein »Jedermann«

Mit den Festspielen ging es schnell aufwärts. Schon bald gaben sich Adelige, Millionäre, Society-Löwen und Filmdiven an der Salzach ein Stelldichein. Das erste Festspielhaus entstand 1925, seit damals spielen auch die Wiener Philharmoniker im Sommer auf. Die größten Künstler ihrer Zeit wirkten in Salzburg mit. Stark geprägt wurden die Festspiele von großen Dirigenten, darunter Richard Strauss und Arturo Toscanini, der 1934 aus Protest gegen die Nazis Bayreuth verließ und in Salzburg weiterarbeitete. Mit dem Ende der Nazi-Herrschaft, die Max Reinhardt und weitere führende Köpfe ins Exil getrieben hatte, schlug auch für die Festspiele die Stunde Null. Seit 1946 steht der »Jedermann«, der während der NS-Zeit von 1938 bis 1945 nicht aufgeführt werden durfte, alljährlich wieder auf dem Spielplan. Die Aufführungen sind eigentlich immer ausverkauft.

»Nur« eine Nebenrolle, und doch schauen alle gebannt hin: Die Buhlschaft (hier Verena Altenberger) umgarnt Jedermann.

Ein Fest der großen Namen

Maßgeblichen Einfluss auf die Entwicklung der Festspiele hatte Herbert von Karajan (▶ Interessante Menschen), der 1967 die Osterfestspiele ins Leben rief. Ein Dauerbrenner ist natürlich Wolfgang Amadeus Mozart, weitere Schwerpunkte bilden die Werke von Richard Strauss und zeitgenössischen Opern. Heute präsentieren sich die Salzburger Festspiele als umfassendste Schau der Welt: Theater und Oper, Konzerte, Lesungen und Performances, die sich auf mehr als ein Dutzend Spielstätten verteilen, stehen auf dem Programm. Die Stars der Gegenwart heißen Anna Netrebko und Rolando Villazon, Cecilia Bartoli und Riccardo Muti.

Wichtiger Wirtschaftsfaktor

Da sich nur in den Theaterferien herausragende Künstler wie die Wiener Philharmoniker engagieren lassen, finden die Festspiele immer im Sommer statt. Mittlerweile sind sie ein wichtiger Wirtschaftsfaktor. Die Hunderttausende von Besuchern, die alljährlich zur Festspielzeit nach Salzburg strömen, kurbeln das Geschäft nicht nur von Hotellerie und Gastronomie an. 2020 feierten die Festspiele ihren 100. Geburtstag. Und die multiplen Krisen der Gegenwart – von den Verwerfungen infolge der Corona-Pandemie über die Klimakrise bis zum Ukraine-Krieg – lassen den völkerverbindenden Gedanken, der dem Traum der Gründer zugrundelag, aktueller denn je erscheinen.

erzbischof Johann Ernst von Thun (1643–1709) dreigeschossige Arkaden in die Felswände schlagen, um von dort aus Reitvorführungen und Tierkämpfe besser beobachten zu können. Für Max Reinhardt war die Freiluftarena eine idealer Aufführungsort für Theaterstücke. Legendär ist seine Inszenierung von Goethes »Faust«, für die Clemens Holzmeister die Arkaden in das Bühnenbild mit einbezog. Mittlerweile sind sie integraler Bestandteil der Kulissen. Heute ist die Felsenreitschule eine Ganzjahres-Spielstätte mit einem mobilen High-Tech-Dach für allfällige Wetterkapriolen.

Führungen: tgl. 14, Juli, Aug. auch 9 Uhr
bei Proben und Aufbauarbeiten fallen sie eventuell aus
Festspielshop: Hofstallgasse 1
www.salzburgerfestspiele.at

Für launige Interpretationen offen

Furtwängler-Park

Der Park gegenüber den Festspielhäusern wartet mit gleich zwei Schlüsselwerken des **»Walk of Modern Art«** auf. Anselm Kiefers **A.E.I.O.U.-Pavillon** war die erste Installation des 2002 von der Salzburg Foundation begründeten Skulpturensammlung. In dem begehbaren Raum hat der Künstler an einer Wand ein Regal mit 60 Bleibüchern, aus dem dornige Zweige wachsen, aufgestellt. An der Wand gegenüber hängt das Gemälde »Wach im Zigeunerlager«. Seit 2011 wachsen wenige Meter weiter **fünf mannshohe Gurken** von Erwin Wurm aus dem Boden. Der »Walk of Modern Art« umfasst insgesamt zwölf Installationen international bekannter Künstler, die der Stadt Salzburg als Dauerleihgabe von der Sammlung Würth überlassen wurden. Die Salzburg Foundation will damit Kunst »zu den Menschen bringen«. Das geschieht auch mittels der Kunstprojekte auf den Wiesen am **Krauthügel** südwestlich des Festungsberges.

Walk of Modern Art: http://salzburgfoundation.at

Pferde, geputzt und gebändigt

Pferdeschwemme

Am Herbert-von-Karajan-Platz gegenüber der nordwestlichen Seite des Festspielhauses steht die zweite noch erhaltene **Pferdetränke** aus der Zeit der Fürsterzbischöfe. J. B. Fischer von Erlach (1656 bis 1723) baute sie im Auftrag von Johann Ernst von Thun. Für den künstlerischen Aufputz sorgte u. a. Bernhard Michael Mandl (1660 bis 1711) mit seiner **Rossebändiger-Skulptur**. Fast noch mehr als das Wasserbecken mit seinen Skulpturen beeindruckt die kunstvoll ausgestaltete riesige **Schauwand**, hinter der der Mönchsbergs aufragt. Die **Fresken**, die sie schmücken, zeigen Vollblüter und den mythischen Pegasus in Aktion.

Gleich neben der Pferdeschwemme führt das **Neutor oder Sigmundstor**, ein ursprünglich 1764 bis 1767 geschaffener, 123 m langer Tunnel durch den Mönchsberg, hinüber in den Salzburger Stadtteil Riedenburg.

Erlebniswelten für Kids

Spielzeugmuseum

Nordwestlich des Herbert-von-Karajan-Platzes bietet das Spielzeugmuseum am Bürgerspitalplatz Raum für allerlei spielerische Aktivitäten. Eine riesige Kugelbahn, eine Bastelwerkstatt und viele weitere Stationen sorgen dafür, dass keine Langeweile aufkommt.

Di.–So. 9–17 Uhr | www.spielzeugmuseum.at

Wissenschaft zum Anfassen

Haus der Natur

Das Museum bietet mehr und anderes als ausgestopfte Tiere, Fossilien und Skelette. Das **Science Center** lädt Alt und Jung zu einer spielerischen Erkundung der physikalischen und technischen Welt ein. Anfassen und Experimentieren sind ausdrücklich erwünscht! Im Bereich **»Körper und Fitness«** lassen sich Beweglichkeit und Geschicklichkeit trainieren: Skisprünge simulieren, aber auch im Rollstuhl einen Hindernisparcours durchlaufen und sich so in einen Menschen mit Handicap hineinversetzen. Natürlich kommt auch Salzburgs Wissenschaftsmuseum nicht ohne eine Reminiszenz an den größten Sohn der Stadt aus. Unter dem Motto **»Feel Mozart«** kann man in einer begehbaren Geige die Schwingungen erfühlen. Eines anderen Salzburger Genies wird in einer Dauerausstellung gedacht: Christian Andreas Doppler (1803–1853) ist als Entdecker des nach ihm benannten physikalischen Effekts in die Geschichte eingegangen. In den 38 Schaubecken des **Aquarium**s tummeln sich die Bewohner von Flüssen und Ozeanen der Welt. Wer sich für Dinos interessiert, dem sei ein Besuch der **Saurierhalle** im Innenhof empfohlen.

Museumsplatz 5 | tgl. 9–17 Uhr | Erw. 9,50 € | www.hausdernatur.at

Die Bergputzer wachen über die Stadt

Gstättengasse

Manch geschichtsbewussten Salzburger überkommt bei einem Gang durch die schattige Gstättengasse, die zwischen dem gleichnamigen Tor und dem Ursulinenplatz dicht an den **hohen Felswänden des Mönchsbergs** entlangführt, immer noch ein leichtes Gruseln. Im Jahr 1669 brachen gewaltige Steinbrocken aus dem Berg und stürzten auf die Häuserzeile herab. 220 Menschen kamen dabei ums Leben. Die Katastrophe bescherte Salzburg den Berufsstand der »Bergputzer«, die regelmäßig die Stadtberge von lockerem Gestein befreien.

Aufreger: der Lüpertz-Mozart

Mozartdenkmal

Vor der von J. B. Fischer von Erlach um 1700 erbauten Markuskirche steht eine eigenwillige Mozart-Statue von Markus Lüpertz, die bei ihrer Aufstellung 2005 für einigen Wirbel sorgte und eine Station des Walk of Modern Art ist. Der Künstler porträtierte den größten Sohn der Stadt als nackten, weiblichen Torso, dem er eine Büste des Komponisten mit charakteristischer Perücke aufsetzte.

Wo die Maß am besten schmeckt

Salzburger Vorstadt

Vom Ursulinenplatz führt die Müllner Hauptstraße entlang der Salzach in die historische Salzburger Vorstadt. Hier lädt der **Augustinerbräu** zur Einkehr ein. Die Maß Bier wird nach alter Tradition in Steinkrügen ausgeschenkt und ist überdies recht günstig. Im Schmankerl-Gang können sich die Gäste mit Leberkäs', Radi (Rettich) und Steckerlfischen versorgen. Die Betreiber dieser Salzburger Brauhaus-Institution haben aber auch nichts einzuwenden, wenn sich die Gäste ihre Jause von zu Hause mitbringen. Vor der Einkehr lohnt die **Müllner Pfarrkirche** eine Besichtigung. Der Hochaltar mit dem spätgotischen Gnadenbild »Unsere Liebe Frau« ist ein Juwel barocken Kunstschaffens.

www.augustinerbier.at | Kirche tgl. ab 8 Uhr

Altehrwürdige Shopping-Mall

Getreidegasse

Österreichs wohl meist fotografierte Gasse bildet seit jeher **das pulsierende weltliche Herz der Stadt**. Über die Jahrhunderte sorgten Geschäfte, Handwerksbetriebe, Mühlen, Brauereien, Wirtshäuser sowie Warenlager für Eisen, Weine und Co. für ein buntes Treiben – und für massive Verkehrsprobleme. So protestierte 1512 der damalige Erzbischof über die durch die Ladetätigkeit ausgelösten Staus – umsonst. Auch heute herrscht hier tagein und tagaus dichtes Gedränge. Die Getreidegasse ist ein einziges Shopping-Paradies. In den **stattlichen Bürgerhäusern**, die sie säumen, sind alteingesessene Salzburger Geschäfte und traditionsreiche Kaffeehäuser ebenso wie internationale Designerlabels und Fast-Food-Restaurants zu Haus. Obwohl die 500 m lange, enge Gasse längst Fußgängerzone ist, lassen die Besuchermassen ein zügiges Vorankommen kaum zu. Da bleibt viel Zeit zum Schauen und Staunen. Allerorten buhlen **schmiedeeiserne Geschäfts- und Wirtshausschilder sowie traditionelle Zunftzeichen** um Aufmerksamkeit. Selbst McDonalds hat sein Logo in das alte Geschäftsschild einer verblichenen Braugaststätte montiert. Viele der **14 Durchhäuser**, die von der Getreidegasse auf den Universitätsplatz und in die Griesgasse führen, sind bereits in der Zeit der Erzbischöfe entstanden und entlasteten den Verkehr auf Salzburgs Hauptgeschäftsstraße. Heute präsentieren sie sich als attraktive Einkaufspassagen, die nostalgisches Flair durchweht.

Eine liebevolle Familie

Mozarts Geburtshaus

Musikfreunden rund um den Globus ist die Getreidegasse 9 ein Begriff: Hier erblickte Wolfgang Amadeus Mozart am 27. Januar 1756 das Licht der Welt (▶ Interessante Menschen). Von 1747 bis 1773 wohnte die Familie Mozart im **dritten Stock des sogenannten Hagenauer-Hauses**. Von den sieben Kindern von Leopold und Anna Maria Mozart überlebten nur Wolfgang Amadeus und seine ältere Schwester Nannerl.

OBEN: Die Qual der Wahl zwischen allerlei Geschäften stellt sich in der Getreidegasse. UNTEN: Aber daran kommt niemand vorbei.

Die niedrigen Räume mit ihren knarrenden Böden sind als Museum eingerichtet. Gezeigt werden Gegenstände aus Leben und Schaffen des Musikgenies, darunter seine Kindergeige, ein Klavichord, auf dem er u. a. die Zauberflöte komponierte, Porträts und Noten. Anrührende Einblicke in das Familienleben gewähren die Briefe, die die Mozarts sich schrieben, wenn sie auf oft langen Reisen waren. »Ich küsse dich Millionen Mahl auf das Zärtlichste«, schrieb der Komponist seiner Frau Constanze 1789 aus Dresden. Seine Mutter, die das Wunderkind auf Konzerttouren durch Europa begleitete, kommt als humorvolle Frau herüber. In einem Brief aus dem Jahr 1777 beauftragt Anna Maria Mozart nach jeder Menge Küssen und Grüßen an alle die Dienstmagd, »den bimpes fleisig brunzen zu führen« – d. h. mit dem Foxterrier der Familie Gassi zu gehen.
Die Präsentation **»Bürgerliche Wohnung in Salzburg zur Mozartzeit«** und eine Küche im Stil der Epoche veranschaulichen den Alltag der Musikerfamilie. Eine andere Ausstellung im Hagenauer-Haus ist dem Komponisten und seinen Opern gewidmet..
tgl. 9–17.30 Uhr | Erw. 12 € | www.mozarteum.at

Gastlichkeit wie zu Mozarts Zeiten

Sternbräu

Zwischen Getreidegasse und der parallel verlaufenden Griesgasse, die in den Hanuschplatz mündet, lockt das Sternbräu, wo schon Mozart gerne ein Bier trank. Im Sommer kann man es sich unter den alten Kastanien des Gastgartens gut gehen lassen.

Schnörkelloses Barockjuwel

Kollegienkirche und Grünmarkt am Universitätsplatz

Seit 1857 findet auf dem autofreien Platz tagtäglich – außer sonntags – der Salzburger Grünmarkt statt. Bauern und Händler aus dem Umland bieten dort frisches Gemüse, Obst und deftige Fleischspezialitäten an. Die barocke Kollegienkirche mit ihrer schwungvoll gewölbten Schaufassade und den mit Balustraden bekrönten niedrigen Türmen bildet die richtige Kulisse für das muntere Treiben. Das 1707 geweihte Gotteshaus ist das **Hauptwerk J.B. Fischers von Erlach** und hat viele Barockarchitekten im süddeutschen Raum inspiriert. Innen besticht es durch seine Schnörkellosigkeit und Klarheit. Wände, Tonnengewölbedecken, Stuckaturen und Säulen erstrahlen ganz in Weiß. Nur der Hochaltar und die Seitenaltäre setzen einige Farbtupfer.
Markt: Mo.–Fr. 7–19, Sa. 6–15 Uhr
Kirche: tgl. bis zum Einbruch der Dämmerung

Festung Hohensalzburg

Vom uneinnehmbaren Bollwerk zur Touristenattraktion

Geschichte

Seit nunmehr fast 1000 Jahren thront die **größte noch vollständig erhaltene Festungsanlage Mitteleuropas** 120 m über der Salzach auf dem Südostgipfel des Mönchbergs. Heute ist sie das Wahrzeichen der Stadt sowie des Landes Salzburg und – mit über einer Million Besuchern – Österreichs größte Touristenattraktion außerhalb Wiens.

Die Anfänge der Festung reichen bis in die Zeit des **Investiturstreits** zurück, als Kaiser Heinrich IV. und Papst Gregor VII. um die Vormacht im Hl. Römischen Reich rangen. Bischof Gebhard I. (1010–1088) ließ ab 1077 einen befestigten Wohnturm samt Kirche auf dem Berg errichten. Die Fertigstellung erlebte der Bischof allerdings nicht, denn 1085 gelang es Heinrich IV., ihn zu vertreiben und Berthold von Moosburg als Gegenbischof einzusetzen. Der Bau konnte erst unter Konrad von Abenberg (um 1075–1147) vollendet werden. Ihre bis heute sichtbare Gestaltung erhielt die Festung dann rund 350 Jahre später unter Bischof Leonard von Keutschach (1442–1519). Unter Paris von Lodron (1586–1653) wurden die Verteidigungsanlagen der zeitgenössischen Festungsarchitektur angepasst und erweitert. Die Hohensalzburg konnte niemals erobert werden. Die französischen Truppen, die während der Napoleonischen Kriege in Salzburg einmarschierten, übernahmen sie kampflos. Als Salzburg 1816 dem Kaisertum Österreich angegliedert wurde, fiel die Festung an die Habsburger. Anlässlich des Jubiläums »200 Jahre Salzburg bei Österreich« 2016 schenkte die Republik Österreich die Festung dem Land Salzburg.

Reise ins Mittelalter

Burgareal

Seit 1892 fährt die **Festungsbahn** von der Talstation an der Festungsgasse in nur zwei Minuten hinauf auf die Burg und zurück ins Mittelalter. Wer genügend Zeit und Atem hat, kann den Berg natürlich auf Schusters Rappen erklimmen. Der rund 20-minütige Fußweg führt an interessanten Teilen der Befestigungsanlagen vorbei. Oben hilft ein Audioguide bei der Erkundung des mehr als 7000 m² großen und 50 Gebäude einschließenden Burgareals. Die Tour führt vom Stallgebäude zur **Aussichtsplattform am Reckturm**, die grandiose Panoramablicke über die mächtigen Basteien und die Dächer Salzburgs bis weit ins Salzburger Land bietet. Weiter geht es über den Wehrgang zum **»Salzburger Stier«**, einem Hornwerk, das Bischof Leonhard installieren ließ, um seinen lieben Salzburgern damit »die Retraite und Tagreveille zu blasen«. Bis heute ertönen die **200 Pfeifen der Walzenorgel** um 7, 11 und 18 Uhr vor und nach dem Glockenspiel der Neuen Residenz. Allerdings kommen sie kaum noch gegen den Lärm in der Stadt an.

Festungsbahn: Mai– Sept. 8.30 – 20.30/21.30, Rest d. J. ab 9 Uhr etwa alle 10 Minuten | www.salzburg-bahnen.at

Drei Museen unter einem Dach

Festungsmuseen

Wenn Gefahr im Verzug war, zogen sich die Erzbischöfe meist in den **»Hohen Stock«** zurück. Unter Leonard von Keutschach wurde der romanische Palast um 1500 zu einem herrschaftlichen Wohnschloss ausgebaut. Wo die Fürsterzbischöfe einst Hof hielten und wohnten, zeigen heute drei Museen ihre Schätze. Vom gotischen Himmelbett über Waffen, Rüstungen und Folterinstrumente bis hin zu einer komplett eingerichteten Burgküche und allerlei Gebrauchsgegenständen: Das **Festungsmuseum** informiert über die Geschichte der Burg und den Alltag bei Hofe. Die edlen Schnitzereien, Steinmetz- und Schmiedearbeiten, die die Fürstenzimmer im dritten Obergeschoss schmücken, zählen zum Besten, was die **spätgotische Kunst** hervorgebracht hat. In der »Goldenen Stube« entzückt ein überreich mit Früchten, Figuren und Blumen geschmückter blau-gelb-grüner Kachelofen. Der »Goldene Saal« mit seiner Holzvertäfelung in Blau und Rot und gedrehten Säulen aus rotem Adneter Marmor gibt heute den Rahmen für die Festungskonzerte ab. Im Erdgeschoss des »Hohen Stocks« zeigt das **Salzburger Marionettenmuseum** Puppen und Bühnenbilder des Salzburger Marionettentheaters. Das **Rainer-Regiments-Museum** gewährt Einblicke in die Geschichte des auf der Hohensalzburg stationieren K.-u.-k.-Infanterie-Regiments »Erzherzog Rainer«.

Jan.–April u. Okt.–Dez. tgl. 9.30–17, Mai–Sept. 8.30–20 Uhr
Erw. Kompletticket (mit Bahn) 17,40 €
www.salzburg-burgen.at

Ort zum Verschnaufen

Burghof

Im malerischen Burghof laden Sitzbänke unter alten Linden zu einer Rast ein. Den Sommer über finden hier »Jedermann«- Aufführungen statt, die den Inszenierungen auf dem Domplatz etwas Konkurrenz machen. Im Norden des Hofes zeigt an der Außenwand der St.-Georgs-Kirche ein Hochrelief aus rotem Marmor Leonhard von Keutschach, 1515 von Hans Valkenauer geschaffen. Im großen Zeughaus an der Südseite wird eine Sammlung historischer Waffen und Rüstungen gezeigt. Im Burghof endet auch der vom Nonnberg heraufführende sogenannte Reißzug, der bereits ab 1460 die Festung mit Gütern versorgte und damit die **älteste betriebene Standseilbahn der Welt** ist. Bis 1910 wurden die Wägelchen mittels einer durch Muskelkraft betriebenen Seilwinde nach oben gezogen. Heute erledigen Elektromotoren den Job.

Weltentrückter Ort

Stift Nonnberg

Noch tiefer in die Vergangenheit Salzburgs führt ein Abstecher zur Abtei Nonnberg am östlichen Ausläufer des Festungsbergs. Seit sagenhaften 1300 Jahren leben hier Ordensfrauen nach der Regel des hl. Benedikt an einem dem Trubel der Stadt gänzlich entrückten Ort. Frei zugänglich sind der **malerische Friedhof** sowie die Abteikirche mit dem auffälligen roten Zwiebelhelm, deren dicke Mauern die letzten Straßengeräusche aus den Niederungen verschlucken. Der Kirchenraum ist in Halbdunkel getaucht, Kunstschätze wie der spätgotische Flügelaltar im Chor lassen sich mit 50 Cent-Münzen illuminieren. Einzigartig in Salzburg ist die Krypta mit ihren freistehenden Säulen. Den Schlüssel zur Johanniskapelle mit einem spätgotischen **Flügelaltar aus der Schule von Veit Stoß** (1498) erhält man an der Klosterpforte. Vom Alltag der 15 Nonnen bekommen Besucher in der Regel nichts mit. Wenn aber ihre Lobgesänge aus dem Nonnenchor ertönen, fühlt man sich dem Klosterleben mit einem Mal nah.

tgl. ab 7 bis zum Einbruch der Dunkelheit, im Sommer bis 19 Uhr
Chorgesang mehrmals täglich, z. B. zur Vesper 17–17.15 Uhr

Mönchsberg

Kleine Stadtflucht?

Mönchsberglift

Für alle, die einmal eine Auszeit vom Trubel und dem Gedränge in der Altstadt nehmen möchten, ist der bis auf eine Höhe von 508 m aufragende Mönchsberg ein ideales Ziel. Der in den Fels gebaute Mönchs-

REINSTE POESIE ...

... ist im Salzburger Marionettentheater zuhause. Wie Papageno oder der Nussknacker sich über die Bühne bewegen – einfach zauberhaft. Dass sie von unsichtbarer Hand an dünnen Fäden gezogen werden und die Musik aus dem Tonstudio kommt, merkt man kaum. Und wenn doch: einfach für einen Moment vergessen (▶S. 219).

FESTUNG HOHENSALZBURG

Hoch über Salzburg thront das Wahrzeichen der Stadt. Die im Jahr 1077 von dem Erzbischof und Landesfürsten Gebhard I. von Helffenstein errichtete Hohensalzburg ist mit ihren mittelalterlichen und barocken Wehrbauten eine der besterhaltenen Burgen Europas.

Öffnungszeiten: Burghof, St.-Georgs-Kapelle und Museen können ohne Führung besichtigt werden: Jan. bis April, Okt.–Dez. tgl. 9.30–17, Mai bis Sept. 8.30 –20 Uhr. Adventwochenenden und Ostern 9.30 bis 18 Uhr. Besichtigung der Innenräume mit Audioguide im Rahmen von begleiteten Führungen
Tel. 0662 84 24 30 11
www.salzburg-burgen.at.

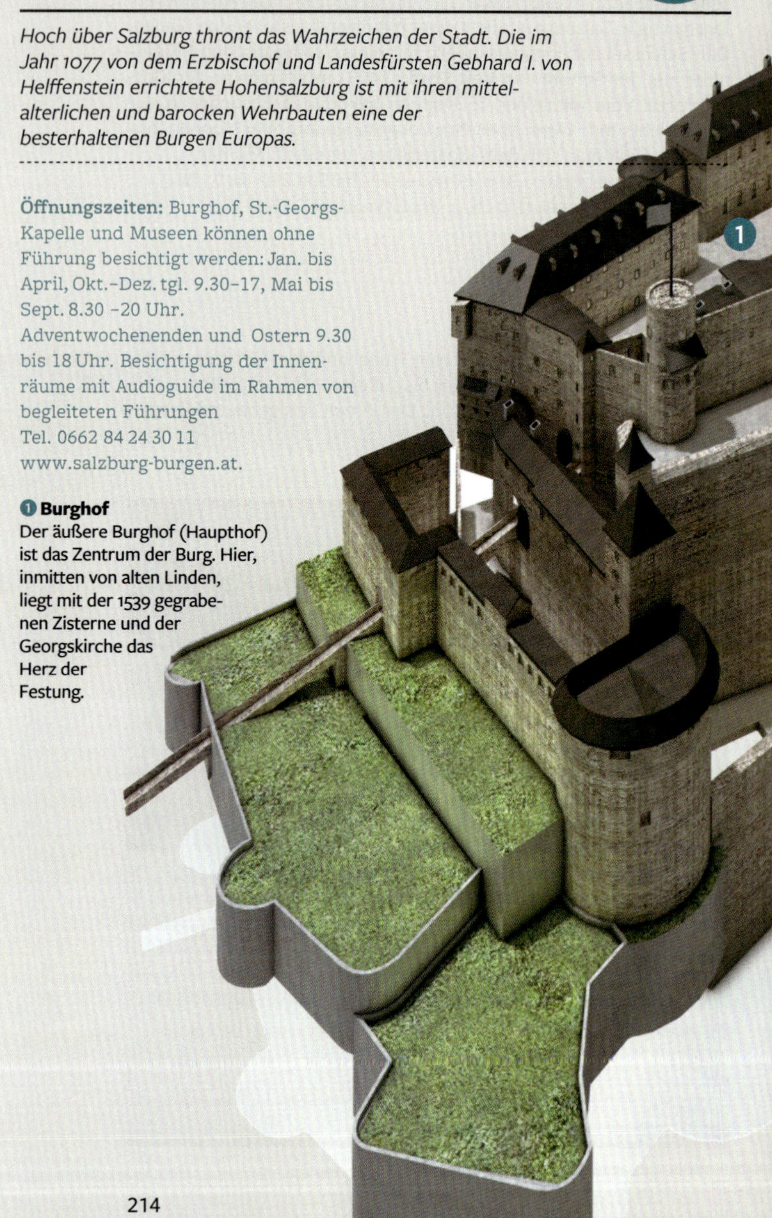

1 Burghof
Der äußere Burghof (Haupthof) ist das Zentrum der Burg. Hier, inmitten von alten Linden, liegt mit der 1539 gegrabenen Zisterne und der Georgskirche das Herz der Festung.

2 Salzburger Stier
Die Freiorgel (1502) im Krautturm spielt täglich um 7, 11 und 18 Uhr nach dem Glockenspiel der Neuen Residenz. Angelegt wurde das Hornwerk mit 200 zinnernen Pfeifen unter Erzbischof Leonhard von Keutschach, der damit die Stadtbürger zum Arbeitsbeginn ermahnen wollte.

3 Fürstenzimmer
Die Goldene Stube besitzt Marmorportale, deren Türen kunstvoll mit schmiedeeisernen Ranken beschlagen sind. Der sich anschließende Große oder Goldene Saal wirkt mit seiner blau und rot bemalten Holzvertäfelung und seinen Säulen aus Adneter Marmor außerordentlich festlich.

4 St. Georgs-Kapelle
Die 1501/1502 unter Erzbischof von Keutschach erbaute Kirche ist dem Heiligen Georg geweiht. Das Altarbild von Frans de Neve (1672) am Hochaltar zeigt Georg als Drachentöter.

LICHTSPIELE

Im »Sky-Space«-Turm von James Turrell nahe dem Museum führt die Natur ihre Künste vor. Durch das Dach fällt Licht, Wolken zaubern Schatten auf den Boden. Ein Fenster öffnet sich in den Wald hinaus. Die Stimmungen wechseln je nach Tageszeit und Wetter (Di.–So. ab 10 Uhr, tgl. während der Salzburger Festspiele).

berglift katapultiert die Ausflügler in Windeseile von der Gstättengasse nach oben. Der Bergrücken, der sich rund 1,7 km lang vom Festungsberg bis nach Mülln erstreckt, ist dicht mit **Wald und Wiesen** bedeckt. Verschlungene Wege durchziehen diese Naturoase.

Betriebszeiten: Mo. 8–19, Di.–So. 8–21, Juli u. Aug. tgl. 8–23 Uhr
Erw. Berg- und Talfahrt 4,20 €

Gruß aus der Moderne

Museum der Moderne

Gleich an der Bergstation des Mönchsberglifts steht mit dem Museum der Moderne ein Kunsttempel der Superlative. Das Haus wartet mit einigen **Meisterwerken der klassischen Moderne und der Gegenwartskunst** auf. Der minimalistische Bau aus Sichtbeton und Glas bildet einen scharfen Kontrast zum üppigen Barock der Altstadt und stellt doch eine Verbindung her. Denn die breite Fensterfront und die Terrasse des Restaurants gewähren faszinierende Aussichten auf das historische Salzburg.

Di.–So. 10–18, Mi. bis 20 Uhr, tgl. zur Festspielzeit | Kombiticket mit Rupertinum 13 € | www.museumdermoderne.at

Aussichtslogen

Humboldt-Terrasse

Wer sich vom Museum aus nach Norden wendet, gelangt zu einer weiteren Aussichtsloge, der Humboldt-Terrasse. Von der Panoramaloge geht es über die Augustinus- und Monikapforte hinab nach Mülln.

Wasserschätze

Wasser. Spiegel

Ein Spaziergang vom Museum Richtung Süden führt an den Überresten der **historischen Wehranlage** und urigen Lokalen wie der »Stadtalm« vorbei. Unweit der Richterhöhe informiert die Ausstellung »Wasser.Spiegel – Erlebnis Technik am Mönchsberg« über die Geschichte der **Salzburger Wasserversorgung**. Einst lieferten »Wasserreiter« das kostbare Nass tagtäglich vom Untersberg an den

Hof der Fürsterzbischöfe. Heute kann es jedermann an den 24 Trinkwasserbrunnen im Stadtgebiet gratis schöpfen.
Jan.– Mai u. Sept.–Dez. Sa. u. So. 10 –16, Juni–Aug. Fr.–So. 10–17 Uhr | Erw. 7,20 €

Erinnerung an einen großen Europäer

Stefan Zweig Zentrum

Auf dem Weg vom Mönchsberg zurück in die Altstadt lohnt ein Abstecher zur **Edmundsburg**, die am östlichen Rand des Mönchbergs über den Dächern der Festspielhäuser thront. Die **einstige Sommerresidenz der Erzbischöfe** beherbergt heute das Stefan Zweig Zentrum Salzburg, das über Leben und Werk des Autors informiert, der sich 1942 in Brasilien das Leben nahm. **Briefe, Texte und Filmausschnitte** zeichnen das Bild eines Menschen, der sich nach dem Ersten Weltkrieg für Pazifismus und den Zusammenhalt Europas stark machte. Von 1919 bis 1934 lebte und arbeitete Zweig in einem Schlösschen am Kapuzinerberg (▶ S. 224). Vier Jahre später landeten bei der Bücherverbrennung am Residenzplatz, der einzigen in Österreich, auch die Werke des jüdischen Autors im Feuer.
Mo., Mi., Do., Fr. 14–16 Uhr | Erw. 5 €
https://stefan-zweig-zentrum.at/stefan-zweig-zentrum-salzburg

Schloss Mirabell und Mirabellgarten

Hier dreht sich (fast) alles um die Liebe!

Schloss Mirabell

Am Beginn der Geschichte dieses Schlosses steht die Beziehung eines geistlichen Herrn zu einer schönen Kaufmannstocher. Fürsterzbischof Wolf Dietrich von Raitenau (1559–1617) ließ den Vorgängerbau der heutigen vierflügeligen Anlage 1606 als **Wohnsitz für seine langjährige Lebensgefährtin Salome Alt** (1568–1633) und die gemeinsamen Kinder errichten. Als Wolf Dietrich von seinem Vetter und Nachfolger Markus Sittikus (1574–1619) 1611 gestürzt wurde, musste auch Salome fliehen. Die beiden sollten sich nie wiedersehen. Der Fürsterzbischof starb 1617 auf der Festung Hohensalzburg und seine Geliebte 1633 im Welser Exil.
Markus Sittikus benannte »Schloss Altenau« in »Schloss Mirabell« um. Während er es wohl niemals betreten hat, hielt sich sein Nachfolger Paris von Lodron (1586–1653) gern dort auf. Aber erst Fürsterzbischof Franz Anton von Harrach (1665–1727) ließ es durch Johann Lucas von Hildebrandt (1658–1745) zur heutigen Größe erweitern. Das Schloss Wolf Dietrichs verschwand dabei vollständig. Nach einem verheerenden Brand 1818 erfolgte ein Facelifting im nüchternen klassizistischen Stil. Seit 1947 residieren Salzburgs Bürgermeister und Teile der Stadtverwaltung im Schloss. Im Marmorsaal im ersten Stock geben sich heute viele Paare das »Ja-Wort«. Eine **prunkvolle Stiege** mit Marmorbalustraden, auf denen pausbäckige

Im Mirabellgarten: Blick auf den Dom und die Festung Hohensalzburg

Putten hocken und Grimassen schneiden, bildet dabei die Ouvertüre zur Trauungszeremonie. Stiege und Stiegenhaus stammen noch aus der Zeit Franz Anton von Harrachs, der den Bildhauer Georg Raphael Donner (1693–1741) mit der Ausführung beauftragte. Bis heute finden im Marmorsaal auch Konzerte statt. Schon Leopold Mozart und seine Kinder Wolfgang und Nannerl begeisterten dort das Publikum.

Engelsstiege: tgl. 8–18 Uhr
Marmorsaal: Mo., Mi., Do. 8–16, Di. u. Fr. 13–16 Uhr
keine Besichtigung bei Sonderveranstaltungen | Eintritt frei
www.stadt-salzburg.at

Mirabellgarten

Vom Lustgarten zur Wellness-Oase

Wohl die meisten frisch vermählten Paare zieht es nach der Trauung in den Schlossgarten. Mit seinen Blumenrabatten, Marmorstatuen und Springbrunnen bietet er eine Fülle von zauberhaften Motiven für ein Hochzeitsfoto. Die barocke Anlage trägt unverkennbar die Handschrift J. B. Fischer von Erlachs, der sie ab 1687 für Fürsterzbischof Johann Ernst von Thun entwarf und eine **grandiose Sichtachse** von der Terrasse an der Südseite des Schlosses hin zu Festung und Dom schuf. Den Mittelpunkt des Gartens bildet die berühmte **große Fontäne,** die von steinernen Allegorien der vier Elemente umringt ist. Für den klei-

nen **Susannabrunnen**, etwas versteckt unter Kastanien am südwestlichen Rand des Mirabellgartens, soll niemand anders als Fürsterzbischof Wolf Dietrichs Geliebte Salome Alt Modell gestanden haben.
tgl. ab 6 Uhr bis zum Einbruch der Dunkelheit

Barockes Disneyland

Zwergelgarten und Heckentheater

Von der Faszination des Barockzeitalters an Absonderlichem und Skurrilem zeugen die **17 marmornen Statuen von kleinwüchsigen oder verwachsenen Menschen**, die den Bastionsgarten gegenüber dem Westflügel des Schlosses bevölkern. Jede der ca. 1,40 m hohen Figuren wirkt ungeheuer lebendig und doch grotesk überzeichnet. Einige schneiden Grimassen, andere lächeln. Ein Zwerg trägt einen Turban, der andere einen Strohhut oder eine Mütze. Alle haben etwas zu tun und haben einen Spaten, einen Obstkorb, oder einen Bund Zwiebeln in der Hand. Vermutlich standen dem Bildhauerteam um Ottavio Mosto und Bernhard von Mandl, das die Figuren um 1700 nach Entwürfen Fischer von Erlachs geschaffen hat, reale Menschen Modell. 1810, in der Bayernzeit, ließ der Kronprinz und spätere König Ludwig I. die »scheußlichen« Gesellen entfernen. Die Zwerge wurden einzeln versteigert und in alle Winde zerstreut. Erst hundert Jahre später kehrten die ersten dank des Verschönerungsvereins nach Salzburg zurück. Im südwestlichen Teil des Schlossparks befindet sich etwas versteckt das um 1710 angelegte Heckentheater, in dem im Sommer regelmäßig Salzburger Brauchtumsgruppen und Chöre auftreten.
Programm: www.salzburg.info/de/veranstaltungen/veranstaltungstipps/brauchtumsveranstaltungen-mirabellgarten
Zwergelgarten und Heckentheater im Winter geschlossen

Weitere Altstadt rechts der Salzach

Ganz große Oper

Makartplatz

Im Süden mündet der Mirabellgarten auf den Makartplatz, dessen Ostseite die mächtige Barockfassade der **Dreifaltigkeitskirche** beherrscht. Das **Salzburger Landestheater**, das in einem neobarocken Prunkbau im Norden des Platzes residiert, hat durch Uraufführungen von fünf Stücken Thomas Bernhards über Österreich hinaus Bekanntheit erlangt. Seit 1971 führt das **Salzburger Marionettentheater** (gegründet 1913) in einem Seitenflügel des Hauses Opern und Operetten sowie Ballett auf. Wie bei »echten« Opern wirken an allen Inszenierungen Regisseure, Dramaturgen sowie Bühnen- und Kostümbildner mit. Manchmal, wie bei der Ouvertüre zur »Zauberflöte«, gewähren die virtuosen Fädenzieher auch Einblicke in ihre Kunst.
Marionettentheater: Schwarzstr. 24 | www.marionetten.at

Domizil einer Musikerfamilie

Mozarts Wohnhaus

1773 konnten die Mozarts der Enge der Getreidegasse entfliehen. Die mit ihnen befreundete Maria Anna Raab, von Wolfgang Amadeus »Mitzerl« genannt, hatte das sogenannte Tanzmeisterhaus am Markartplatz 8 geerbt und vermietete ihnen dort eine standesgemäße Wohnung, in der sie endlich Freunde empfangen, für Konzerte proben und gemeinsam musizieren konnten. Das Haus, in dem Vater Leopold seine letzten Lebensjahre verbrachte, wurde 1944 während eines Bombenangriffs zwar zerstört, doch die Mozartstiftung ließ es in den 1990er-Jahren nach alten Plänen wieder aufbauen und richtete dort ein Museum ein. Highlights der Ausstellung sind Wolfgang Amadeus' Hammerklavier und die Geige, die er in seiner Wiener Zeit ab 1780 nutzte. In einem Zwischengeschoss ist die Mozart-Ton- und Filmsammlung untergebracht – eine Fundgrube für alle, die sich beruflich oder privat mit dem Musikgenie beschäftigen. Ältestes Audiostück ist eine Aufnahme der »Registerarie« aus der Oper »Don Giovanni« von 1889.

tgl. 9–17.30 Uhr | Erw. 12 €, Kombikarte mit Geburtshaus 18,50 €
Ton- u. Filmsammlung kostenlos
www.mozarteum.at

Komponistenbude

Zauberflötenhäuschen

Im Innenhof des Mozart-Wohnhauses versteckt sich das kleine, **schnuckelige Holzhaus**, in dem Mozart Teile der »Zauberflöte« komponiert haben soll. Ursprünglich stand es auf dem Gelände des Wiener Freihaustheaters, in dem die Oper 1791 uraufgeführt wurde. 2022 übersiedelte der Pavillon schließlich vom Bastionsgarten der Stiftung Mozarteum an den neuen Standort am Makartplatz.

Alma Mater für die Kunst

Universität Mozarteum

» Am Geburtsort des wunderbarsten Komponisten, der je gelebt, ist die Musik tatsächlich in einem Zustand traurigen Verfalls «

mäkelte 1829 nach seiner Salzburger »Mozart Pilgrimage« der englische Musikverleger Vincent Novello. Das ist Schnee von gestern – dank der im Jahr 1841 gegründeten Universität Mozarteum. Heute sind an der **weltberühmten Hochschule für Theater, Musik und Bildende Kunst** rund 2100 Studierende aus aller Welt eingeschrieben. Viele Konzerte sind kostenlos. Der 2006 eröffnete Neubau des Münchner Architekten Robert Rechenauer am Mirabellplatz ist aber auch architektonisch interessant und ein echter Blickfang.

www.moz.ac.at/veranstaltungen

Linzer Gasse

Shoppingmeile mit Lokalkolorit

Die wohl wichtigste Einkaufsstraße der Altstadt rechts der Salzach ist zwar nicht ganz so berühmt wie die Getreidegasse auf der anderen Flussseite. Souvenirjäger werden hier aber mit Sicherheit fündig. Die Linzer Gasse verläuft vom Platzl an der Staatsbrücke bis zur Franz-Josef-Straße den westlichen Rand des Kapuzinerbergs entlang Richtung Nordosten. Viele Handwerksbetriebe, Geschäfte und Gasthäuser waren hier ansässig, wovon noch die altehrwürdigen Bürgerhäuser künden.

Kirche und Friedhof St. Sebastian

Eine Begräbnisstätte als architektonisches Juwel

Bei einem Bummel durch die Linzer Gasse kommt man an der Sebastianskirche vorbei. Ihr mit einer Zwiebelhaube bekrönter Fassadenturm ragt weithin sichtbar über der Altstadt auf. Die Kirche wurde 1512 geweiht und in der Mitte des 18. Jh.s im Rokokostil erneuert. Der **Sebastiansfriedhof** ist unbestritten ein Highlight in der rechtsseitigen Altstadt. Fürsterzbischof Wolf Dietrich von Raitenau ließ den Friedhof um 1600 nach dem **Vorbild italienischer Campi Santi errichten**. Er ist von Gruftarkaden umschlossen und bietet viele schöne Beispiele für die Grabmalkunst vom 17. bis zum 19. Jahrhundert. In seiner Mitte steht die prachtvolle Gabrielskapelle, das noch während seiner Amtszeit errichtete Mausoleum Wolf Dietrichs, der 1617 als Gefangener seines Nachfolgers Markus Sittikus auf der Festung Hohensalzburg starb. Auf dem Friedhof fanden einige Salzburger Persönlichkeiten wie Mozarts Vater Leopold († 1787) und seine Witwe Constanze († 1842) ihre letzte Ruhestätte. Gleich am Eingang an der Nordseite der Kirche steht in einer Nische das **Grabmal des Arztes und Naturforschers Paracelsus**, der 1541 in Salzburg starb.

Tgl. 9–16, im Sommer bis 18.30 Uhr

AUF DIE SCHRANNE ...

... wer donnerstags in Salzburg ist! Schon in aller Herrgottsfrüh verwandeln die Bauern und Bäcker, Fischer und Metzger den Platz an der Andräkirche in ein Schlaraffenland – der richtige Ort für eine zünftige Jause mit regionalen Leckerbissen. (Do. 5 – 13 Uhr, www.salzburgschmeckt.at)

BAEDEKER WISSEN

MOZART IN SALZBURG

Bereits mit 13 Jahren erhielt das »musikalische Wunderkind« Mozart eine – zunächst allerdings unbezahlte – Stelle als Konzertmeister der fürsterzbischöflichen Kapelle, später wurde er zum Hoforganisten ernannt. Doch in Salzburg fühlte er sich zunehmend musikalisch eingeengt, auch war seine Musik den Salzburgern kaum bekannt. U.a. wegen seiner lang andauernden Konzertreisen überwarf er sich mit Fürsterzbischof Hieronymus Colloredo und übersiedelte 1781 nach Wien.

▶ **Einige wichtige Figuren aus Mozartopern:**

Figaro

Papageno
Papagena
Königin der Nacht
Sarastro

Don Giovanni
Leporello

Constanze
Bassa Selim
Belmonte

▶ **Die Grafik zeigt Werke zeitlich gelistet nach dem KV**
Ludwig v. Köchel veröffentlichte 1862 erstmals ein Werkverzeichnis (Köchelverzeichnis) mit 626 Kompositionen von Mozart. In späteren Auflagen wurde die Liste ergänzt.

1 Eine kleine Nachtmusik
2 Idomeneo

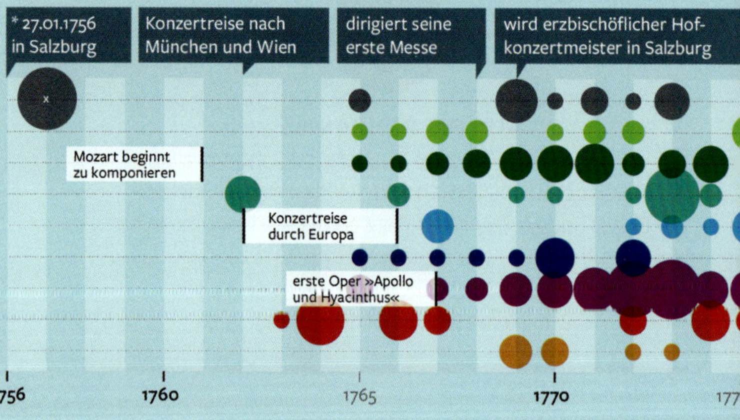

Mozart-Orte
in Salzburg

- A Wohnhaus
- B Geburtshaus
- C Café Mozart
- D Mozartplatz (Denkmal)
- E Universität Mozarteum
- F Stiftung Mozarteum
- G Haus für Mozart
- H Mozart-City Tour
- I Marionettentheater

▶ **Mozart-Aufführungen**
im Marionettentheater
www.marionetten.at

3 Die Entführung aus dem Serail
4 Die Hochzeit des Figaro
5 Don Giovanni
6 Die Zauberflöte
7 Requiem in d-Moll
8 Klarinettenkonzert in A-Dur
x konnten zeitlich nicht eingeordnet werden

Anzahl der
Werke pro Jahr

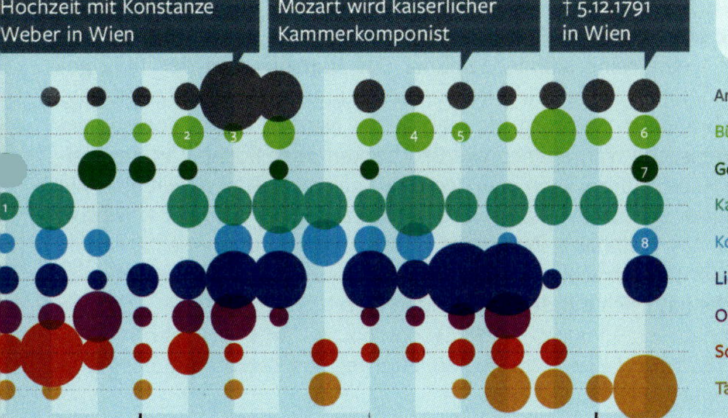

Auf den Spuren eines großen Schriftstellers

Kapuzinerberg

Vom Franziskustor (Linzer Gasse 14) führt der **Stefan-Zweig-Weg** an Kreuzwegkapellen und dem Kapuzinerkloster vorbei hinauf auf den dicht bewaldeten Kapuzinerberg. Zweig, dessen bekanntestes Werk wohl die »Schachnovelle« ist, wohnte von 1919 bis 1934 im **Paschingerschlössl** am ruhigeren der beiden Salzburger Hausberge. Hier besuchten ihn u. a. Arturo Toscanini, Richard Strauss, James Joyce und Thomas Mann. Als die Austrofaschisten 1934 die Macht übernahmen und Zweigs Wohnhaus nach Waffen durchsuchten, packte er seine Koffer und trat einen langen Weg ins Exil an, der ihn nach Brasilien führen und 1942 in den Freitod treiben sollte. Die hinter Bäumen versteckte **»Zweig-Villa«** ist zwar Privatbesitz und nicht zugänglich; am Kapuzinerkloster wurde aber vor einiger Zeit eine Porträtbüste aufgestellt. Sein Vermächtnis wird in der Edmundsburg auf der anderen Seite der Salzach gepflegt (▶ S. 217).
Der 638 m hohe Kapuzinerberg bietet **erstklassige Aussichtslogen wie die »Kanzel«** unterhalb des Kapuzinerklosters. Nach einer halben Stunde Fußweg ist der Gipfel mit dem **Franziskischlössl** von 1629 erreicht. Am Kapuzinerberg lebt auch eine kleine Gämsen-Kolonie. Um die frei lebenden Tiere, etwa ein Dutzend sind es, kümmert sich der Salzburger Stadtjäger.
Vom Kloster geht es auch über die **Imbergstiege** und schmale Steingasse zurück an die Salzach. An den Felsabbrüchen des Kapuzinerbergs gingen einst Gerber und andere Handwerker, die auf das Wasser des nahen Flusses angewiesen waren, ihrem Gewerbe nach. In der Steingasse 9 wurde 1792 Joseph Mohr geboren, der Dichter des Weihnachtslieds »Stille Nacht, heilige Nacht«. Das Gässchen mündet auf das Platzl an der Staatsbrücke, die hinüber in die linksseitige Altstadt führt.

Wohin am Stadtrand von Salzburg?

Eine etwas andere Biergeschichte

Stiegl-Brauwelt

Bier – eine reine Männerdomäne? Das **Biermuseum** der 1492 gegründeten Brauerei Stiegl im westlichen Stadtteil Maxglan zeigt, dass Bierbrauen in Salzburg bis weit in die Neuzeit hinein vorwiegend Frauensache war, ebenso wie Brotbacken oder Kochen. In der kleinen Hausbrauerei kann man dem Braumeister bei der Arbeit über die Schulter schauen. Das Gewürz- und Kräuterbier »Gmahde Wiesn« oder das Weihnachtshonigbier »Christkindl« sind Spezialitäten des Hause. Die Paracelsus-Stube serviert Spezialitäten der gehobenen Küche natürlich mit dem passenden Bier.

Bräuhausstr. 9 | tgl. 10–18, Mai–Sept. bis 20 Uhr; Führungen 10.30, 13, 15.30 Uhr | Erw. 12,90 €, inkl. Führung und Verkostung 19.90 €
www.brauwelt.at

6x EINFACH UNBEZAHLBAR

Erlebnisse, die für Geld nicht zu bekommen sind

1. GAR NICHT ABGEHOBEN

Titos Staatsflieger, chromblitzende Flugzeuge aus der Weltkriegsära und weitere Mirakel der Lüfte zeigt das **Hangar 7**-Flugzeugmuseum im spacigen Flughafengebäude. (▶ **S. 226**)

2. STRAND & THE CITY

Wenn im Volksgarten Tonnen von Sand aufgeschüttet und Liegestühle aufgestellt werden, ist **Salzbeach-Zeit**: Chill-Out-Zone, Freiluftkino, ohne Konsumzwang. (▶ **S. 343**)

3. EINTRITT FREI

Gratisvorstellung zur Festspielzeit? Gerne. Am **Kapitelplatz** steigen die Siemens-Festspielnächte (www.siemens.com) mit Top-Produktionen in bester Ton- und Bildqualität! (▶ **S. 198**)

4. SCHÖNE TÖNE

Der **Mirabellgarten** ist ein Hot Spot für kostenfreien Musikgenuss. Im Heckentheater stimmen Chöre ihre Weisen an, nebenan spielt die Blasmusik, und an der Universität Mozarteum lauscht man Jungvirtuosen. (▶ **S. 218**)

5. ALTERNATIVE TÖNE

Ende Oktober geht in der Stadt Salzburg das **Jazz & The City-Festival** in Szene. In Konzertsälen und Kirchen, in Bars und Braugasthöfen wird gejammt, dass es eine Freude ist. (▶ **S. 343**)

6. UNTERWEGS MIT INSIDERN

Auf einer **Ranger-Tour an der Franz-Josefs-Höhe** im Nationalpark Hohe Tauern (bereits in Kärnten) erfährt man Spannendes über Flora und Fauna im Hochgebirge. (▶ **S. 102**)

Majestäten der Lüfte

Hangar-7

Ein Getränk – der Energy Drink Red Bull – machte Dietrich Mateschitz (▶ Interessante Menschen) zu einem der reichsten Männer Österreichs. Hauptsitz des Weltkonzerns ist ▶ Fuschl. Zu Mateschitz' Leidenschaften gehörten das Fliegen und das Sammeln historischer Flugzeuge, die im »Hangar-7« am Salzburger Flughafen zu sehen sind. Zu den Schmuckstücken zählen eine Douglas DC-6B (Baujahr 1958) und Weltkriegsflugzeuge wie eine B 25 Mitchell. Die Stahl-Glas-Konstruktion des Hangar-7 beherbergt überdies noch Alpha-Jets, Hubschrauber, aber auch Formel-1-Boliden und Motorräder. Die Piloten der »Flying Bulls« veranstalten regelmäßig Flugshows.

Tgl. 9–22 Uhr | Eintritt frei

www.hangar-7.com, www.flyingbulls.at

Wiege der Festspiele

Schloss Leopoldskron

Im Laufe seiner Geschichte hat das unter Fürsterzbischof Leopold Anton von Firmian (1679–1744) zwischen 1736 und 1744 errichtete Rokokopalais am Leopoldsweiher viele Herren gesehen. Der berühmteste war der Wiener Theatermacher **Max Reinhardt** (▶ Interessante Menschen), der das Schloss 1918 erwarb und dort gemeinsam mit Hugo von Hofmannsthal und Richard Strauss das Konzept für die Salzburger Festspiele ausarbeitete. Reinhardt restaurierte das baufällige Schloss und machte es während der Festspiele zum Ort glanzvoller Empfänge und Theaterspektakel im Geist des Barock. Mit der Machtübernahme der Nazis 1938 wurde der Theatermacher enteignet. Max Reinhardt starb 1943 in den USA. Erst 1950 erhielten seine Erben Schloss Leopoldskron zurück. Heute ist der »Geburtsort« der Festspiele Heimat der Non-Profit-Organisation »Salzburg Global Seminar« und des 2014 eröffneten Hotels Schloss Leopoldskron. Für die Öffentlichkeit ist das gesamte Areal mit dem opulenten Schlosspark zu ausgewählten Terminen, etwa im November am »Tag der Offenen Tür«, zugänglich.

www.schloss-leopoldskron.com

Vorort im Grünen

Anif

Wen es in die Natur zieht, für den ist die kleine Gemeinde südlich von Salzburg ein ideales Ziel. Denn während Stadtväter anderswo dazu neigen, Grünflächen als Bauland oder Gewerbegebiet auszuweisen, gingen sie in Anif den umgekehrten Weg und widmeten Ende der 1990er-Jahre bereits verplantes Gelände wieder in Grünland um. Nach wie vor ist der idyllische Ort deshalb von saftigen Wiesen, Feldern und Wald umgeben. Das **Wasserschloss Anif**, das in einem kleinen See an der Straße nach Hallein steht, kann zwar nicht besichtigt werden, ist aber dennoch für einen Fotostopp gut. Es stammt ursprünglich aus dem 16. Jh., wurde aber Mitte des 19. Jh.s im neogotischen Stil umgebaut und ist als eines der schönsten historisti-

schen Schlösser Österreichs berühmt. Am Eingang des Anifer Friedhofs erinnert ein Bronzeporträt an Herbert von Karajan, der lange in Anif lebte und dort 1989 starb. Ein Geheimtipp für den Sommer ist das idyllische Waldbad Anif.
www.anif.info, www.waldbadanif.at

Geo-Spaziergang durch stadtnahe Wildnis

Glasenbachklamm

Ein Spaziergang durch die breite Schlucht nahe dem Dorf Glasenbach in der Gemeinde Elsbethen ist für alle, die sich für Geologie interessieren, fast schon ein Muss. Ein **Lehrpfad mit elf Stationen** rollt 200 Mio. Jahre Erdgeschichte auf und informiert auch über die heute im Salzburger Haus der Natur ausgestellten Fischsaurier. Dank der üppig **sprießenden Vegetation** ist es hier auch an heißen Sommertagen vergleichsweise kühl und schattig. Die Glasenbachklamm liegt rund 6 km südöstlich vom Salzburger Stadtzentrum entfernt. Am Eingang gibt es einen Parkplatz.
S-Bahn nach Salzburg-Süd oder Elsbethen, von dort ausgeschildert | www.elsbethen.info

Zur besten Aussichtskanzel Salzburgs

Gaisbergspitze

Mit einer Höhe von 1287 Meter ist er der imposanteste unter den Salzburger Hausbergen. Der **Rundumblick vom Gipfelplateau** mit seinem markanten Rundfunksender reicht vom Tennengebirge weit im Süden bis ins Seenland im Norden und weit nach Bayern. Für das leibliche Wohl sorgen **Ausflugslokale** wie die Zistelalm (mit Spielplatz).
Bus: Linie 151 ab Salzburg-Mirabellplatz zur Gaisbergspitze

Barockensemble im Norden der Stadt

Wallfahrtskirche Maria Plain

Bis heute ist die Kirche, die sich weithin sichtbar auf dem Plainberg nördlich von Salzburg erhebt, Ziel von Wallfahrten wegen des von einem unbekannten Meister gemalten **Gnadenbilds Marias**. Es gilt als wundertätig, weil es 1633 im niederbayerischen Regen einen Brand unversehrt überstand. 1650 kam es in den Besitz der Salzburger Adelsfamilie Grimmings, die es 1656 auf den Plainberg brachte und dort eine Kapelle errichtete. Schon bald machten Berichte über wundersame Heilungen die Runde. Fürsterzbischof Max Gundolf von Kuenburg (1622–1687) ließ daher ab 1671 die heutige Kirche erbauen – ein machtvolles Zeugnis des Glaubens jener Zeit. Ihre doppeltürmige Hauptfassade erinnert an den Salzburger Dom. Den verschwenderisch in Gold gehaltenen Hochalter mit dem Gnadenbild flankieren zwei nicht minder verschwenderisch ausstaffierte Seitenaltäre.
Manchen Ausflügler zieht es aber nicht nur wegen der Kirche, sondern auch wegen der grandiosen **Aussicht auf Salzburg** und die Gebirgskulisse im Süden sowie wegen kulinarischer Gaumenfreuden auf den Berg. Die **Plainer Bratwurst** ist ein Klassiker und wird nur im Gasthof

Maria Plain serviert; die Familie Moßhammer, die das Haus in der 15. Generation bewirtschaftet, hält das Rezept bis heute streng geheim.
Anfahrt: S 1 bis Maria Plain/Plainbrücke oder Stadtbuslinie 6 bis Plainbrücke | tgl. 7–19 Uhr | www.mariaplain.at

 Untersberg

Sagenumrankter Kalkklotz

Wandergebiet

Abrupt und beinahe ansatzlos schraubt sich das Gebirgsmassiv aus dem Salzburger Becken empor und steigt auf knapp 2000 m an. Der Untersberg erstreckt sich von Berchtesgaden im Süden in nordöstliche Richtung bis fast vor die Tore der Mozart-Stadt. Die **Grenze zwischen Deutschland und Österreich** verläuft mitten durch den nördlichen Teil. Das Kalksteinmassiv ist von vielen Höhlen durchzogen, um die sich Mythen und Legenden ranken. So sollen Karl der Große und Friedrich Barbarossa im Innern des Bergs schlafend auf ihre Auferstehung warten. Der Name der **Riesending-Höhle**, die auf bayerischem Gebiet liegt, ist weniger mit Sagen und Märchen, sondern mit einer spektakulären Rettungsaktion verbunden, die nicht weniger als elf Tage dauerte. 2014 barg ein internationales Team den schwer verletzten Höhlenforscher Johann Westhauser in rund 950 m Tiefe und holte ihn heraus. Im Sommer lädt der Untersberg zu ausgedehnten, aber auch anstrengenden Wandertouren ein. Seine mit Latschenkiefern bestandenen Hochflächen bieten grandiose Aussichten über das Land. Vom Grödiger Ortsteil St. Leonhard führt die **Untersberg-Seilbahn** auf den Berg. Von dort sind es rund 30 Minuten bis zum 1853 Meter hohen **Salzburger Hochthron**, der ebenfalls fantastische Rundumblicke gewährt.
Bergbahn: Mitte Dez.–Feb. tgl. 9–16; März–Juni 8.30–17, Juli–Sept. 8.30–17.30 Uhr | Erw. 28 €
www.untersbergbahn.at

Untersbergmuseum

Das Unterbergsmuseum stellt die sagenhaften Bewohner des Bergs vor. Eine zweite Abteilung befasst sich mit der **»Wilden Jagd«**: Am zweiten Donnerstag im Advent verkleiden sich die Mitglieder örtlicher Trachtengruppen als Hexen, Raben oder Habergeiße und fallen in die Gemeinden am Untersberg ein. Nach einem kleinen Remmi-Demmi entschwinden sie wieder. Selbst im Museum sehen ihre Kostüme gruselig aus. Der berühmte Untersberger Marmor, u. a. am Salzburger Dom und am Münchner Jusitzpalast verbaut, bildet einen dritten Ausstellungsschwerpunkt. Bis heute werden in der **Kugelmühle** gleich neben dem Museum Marmorkugeln wie anno dazumal mit Hilfe von Wasserkraft hergestellt. Einst dienten sie als Munition oder auch als Ballast auf Segelschiffen. Heute sind sie ein beliebtes Souvenir.

Weit geht der Blick ins Land vom Untersberg aus.

Museum: Grödig, Kugelmühlweg 4 | April, Mai, Sept., Okt. Sa., So. u. Fei. 13–17; Juni–Aug. Fr., Sa., So. u. Fei. 13–18; Nov., Dez. So. u. Fei. 13 bis 17 Uhr sowie nach Vereinbarung | Erw. 5 € www.untersbergmuseum.net

Salzburger Freilichtmuseum – Großgmain

Postbus 180 ab Salzburg Hauptbahnhof
Mitte März – Mitte Nov. Di.–So. 9–18, Juli u. Aug. auch Mo.
Erw. 12 € | www.freilichtmuseum.com

Zeitreise in das bäuerliche Salzburg

Ländliches Bauen

Das »ländliche Gegenstück« zur barocken Pracht Salzburgs ist 12 km südwestlich zu finden: Dort zeigt das Salzburger Freilichtmuseum bei Großgmain uralte Bauernhöfe vom Flachgau bis in den Lungau. Brauchtum und alte Handwerkskünste erfüllen das inmitten von Wiesen und Wäldchen eingebettete Ensemble mit Leben. Für den Besuch der rund **100 Häuser und Nebengebäude** sollte man mindestens einen halben Tag einplanen – das älteste Haus datiert im Kern aus dem Jahr 1442. Ende März erwachen die Ein- und

Haufenhöfe aus dem Winterschlaf. Blumenkästen schmücken die kleinen Fenster, und die Schmalspurbahn fährt wieder über das Gelände. Die Wochenenden stehen ganz im Zeichen **alter Handwerkskünste**: Flechter fertigen Strohpantoffeln an, Klöpplerinnen demonstrieren ihre Geschicklichkeit, Pferde bekommen neue Hufeisen verpasst, Volksmusikgruppen spielen auf, und in der Backstube duftet es nach frischem Brot.

★★ Schloss Hellbrunn

Fürstenweg 37 | Buslinie 25 vom Bhf./Zentrum | April u. Okt. tgl. 9.30–17.30; Mai, Juni, Sept. bis 18.30, Juli u. Aug. bis 19 Uhr
Erw. 13,50 € (Schloss u. Wasserspiele mit Audioguide, Volkskundemuseum) | www.hellbrunn.at

Barocke Repräsentationsfreude

Ein Lustschloss

In Schloss Hellbrunn lebte Fürsterzbischof Markus Sittikus vor 400 Jahren seine Leidenschaft für kunstvolle Repräsentation, Zerstreuung und Musik aus. Eine Wundertüte ist sein Lustschloss bis heute – vor allem dank der einzigartigen Wasserspiele, der wohl besterhaltenen aus der Renaissance nach italienischem Vorbild. Seit seiner Jugend, die er in Italien verbrachte, hegte Markus Sittikus, Graf von Hohenems, ein Faible für die Villen- und Gartenbaukunst der Renaissance. Kaum Salzburger Fürsterzbischof, gab er 1613 einen Landsitz in Auftrag, der den prachtvollen Vorbildern wie der Villa d'Este nahe Rom, in nichts nachstehen sollte. Vier Jahre später hatte Dombaumeister Santino Solari den »hochfürstlichen Lustorth« Hellbrunn samt Parkanlage und trickreichen Wasserspielen aus dem Boden gestampft. Für Erich Kästner war er ein »romantischer Spielzeugladen«, doch auch »Vergnügungspark« wäre eine treffende Beschreibung. Nur kurz konnte sich der Landesherr an seinem Palazzo ergötzen, er starb 1619.

Die unerwartete Welt des Markus Sittikus

Dauerausstellung

Die Dauerausstellung im Schloss ist ein guter Ausgangspunkt für eine Erkundung des Gesamtkunstwerks im manieristisch-frühbarocken Stil. **Höfische Szenen** zieren die Wände und Decken der Fürstenzimmer, in Goldbronze sind römische Kaiser dargestellt, eine Legion von Putten verrichtet Huldigungsdienste. Ölgemälde rufen das exotische Getier in Erinnerung, das einst die Menagerien bevölkerte. Sein Wappentier, der Steinbock, ist allgegenwärtig. Illusionistische Architektur-Malereien verleihen dem lang gestreckten Festsaal Grandezza und öffnen den Blick auf südlich inspirierte Landschaften. Beinahe intim die Szene im Oktogon: Markus Sittikus als junger Galan überreicht einer Hofdame eine Blume. Angeblich handelt es sich um Ursula von Mabon, die **Herzensdame des Fürsterzbischofs** und Ehefrau seines obersten Leibwächters.

OBEN: Den Fürsterzbischöfen war nichts zu teuer, nachzuprüfen im Römischen Theater von Schloss Hellbrunn (oben) und im Festsaal (unten).

Erfinderische Brunnenmeister ...

Lust am Spiel

... stellten die Quellen am Hellbrunner Berg in den Dienst des Amüsements. Der berüchtigte Salzburger Schnürlregen ist hier auch an schönen Tagen fixer Bestandteil des Programms. Etwa im **Römischen Theater**, wo der Erzbischof an den Fürstentisch lud. Auf seinen Wink hin betätigte ein Lakai einen Hebel, und aus jedem Hocker schoss eine Fontäne hervor. Hydraulik und Prinzip funktionieren auch nach vier Jahrhunderten noch anstandslos und sorgen vor allem bei Kindern für helle Begeisterung – Ersatzwäsche mitnehmen!
Die Grotten, Herzstück des Ensembles, stehen im Zeichen der antiken Mythologie. Es spritzt aus den Mäulern von Löwen und Geweihen von Hirschen; von unten kommt ein Sprühnebel heran, von links und rechts schießen dünne Wasserstrahlen entgegen. Meeresgott Neptun residiert in einer Muschelgrotte. Zu seinen Füßen rollt das Germaul wild mit den Augen und streckt den Besuchern die Zunge entgegen. In der Vogelsang-Grotte erzeugt ein Mechanismus aus Wasserpfeifen, Blasebälgen und Walzen einen Soundteppich wie im Dschungel.

Witzige, wasserbetriebene Figurenspiele

Mechanisches Theater

An Kunstfertigkeit unübertroffen ist das 1752 fertiggestellte Theater, das mit seinen wasserbetriebenen Figuren **das Leben in einem barocken Städtchen** zeigt. Hier schuftet ein Brunnenbohrer, dort stellt sich ein Tanzbär auf die Hinterbeine, Soldaten marschieren, ganz oben fächert sich eine Dame Luft zu. Ein Wasser-Orgelwerk untermalt das bunte Treiben mit Stücken wie »Reich mir die Hand, mein Leben« aus Mozarts Don Giovanni. Ein Fernglas leistet gute Dienste, um die mehr als 200 Figuren im Detail zu studieren.

Entspannen und Durchatmen?

Schlosspark und Monatsschlössl

Der Schlosspark gibt mit seinen kunstvoll gestalteten Bassins, Bosketten und Statuen einen herrlichen Picknickplatz ab. Ein kurzer Spaziergang erschließt das Monatsschlössl aus dem Jahr 1615. Dort setzen die prachtvollen Bauernmöbel, Masken und Krippen sowie Trachten des **Volkskundemuseums** einen Kontrapunkt zum antik inspirierten Programm am Fuße des Hellbrunner Berges.
April–Okt. tgl. 10–17.30 Uhr | www.salzburgmuseum.at

Stimmungsvolle Open-Air-Bühne

Steintheater

Im Sommer 1616 oder 1617 lud Markus Sittikus erlauchtes Publikum zur wohl ersten Freiluft-Opernaufführung nördlich der Alpen. Gegeben wurde »L'Orfeo« von Claudio Monteverdi, als Schauplatz diente der Steinbruch, in dem das Material für das Schloss gebrochen worden war. Zwischen Amphitheater und Portal zur Unterwelt schillert das im Wald versunkene Steintheater. Noch heute werden auf der **Freilicht-Bühne** am Ostabhang des Hellbrunner Bergs (15 Min. zu Fuß) regelmäßig Konzerte gegeben.

Exoten und Alpenbewohner

Zoo Salzburg

Südlich an den Schlosspark grenzt der Salzburger Zoo. In seinen Gehegen tummeln sich ebenso Löwen, Mangusten und Nashörner wie Alpenbewohner von der Gämse bis zum Murmeltier. Seltene Nutztierrassen wie Mangalitzaschweine oder Pfauenziegen haben in der Arche Streichelzoo eine Heimat gefunden. Im Hochsommer wird spätabends zum »Nachtzoo« geöffnet.

tgl. ab 9, Sommer bis 18.30 | Erw. 14 €
www.salzburg-zoo.at

Eine der schönsten Salzburg-Promenaden

Hellbrunner Allee

Die Route Richtung Stadtzentrum über die Hellbrunner Allee (2,5 km) ist für den Autoverkehr gesperrt. Uralte Laubbäume spenden Schatten, zu beiden Seiten leuchten Schlösschen aus dem Grün: Die einstigen Adelssitze Emslieb, Emsburg, Frohnburg und Freisaal sind aber Privatbesitz. Gerne gesehen sind Besucher im ehemaligen Schloss Lasserhof, das jetzt als **Gwandhaus** dem Trachtenmode-Hersteller Gössl als Firmensitz dient.

Gwandhaus: Morzger Str. 31 | tgl. 10–20 Uhr | www.gwandhaus.com

★★ ST. JOHANN IM PONGAU

Höhe: 615 m ü.d.M. | **Einwohnerzahl:** 10 930 | **Landschaft:** Pongau

Grenzenloses Ski-Vergnügen und Almenkultur – dafür steht die Region rund um die moderne Bezirkshauptstadt St. Johann im Pongau. Statt abenteuerlicher Gipfelstürme sind hier Genusswanderungen durch eine idyllische Wald- und Wiesenlandschaft angesagt. Unterwegs verführen urige Almhütten zur Einkehr.

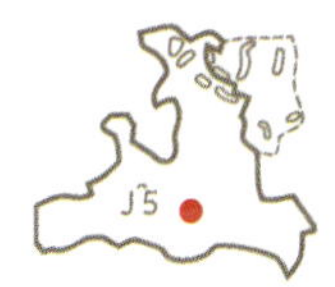

St. Johann im Pongau liegt im Salzachtal nördlich des weiten Bogens, mit dem der Fluss seinen Lauf ändert und Richtung Norden fließt. Der Ort ist ein Hauptort der Urlaubsregion Salzburger Sportwelt – ein Paradies für Aktivurlauber. Im Sommer stehen Kletter-, Wander- und Mountainbike-Touren, aber auch Rafting- oder Canyoning-Abenteuer auf dem Programm. Im Winter finden alpine Skifahrer, Snowboarder und Langläufer ideale Bedingungen vor. Das Alpendorf am Gernkogel 3 km südlich des Ortszentrums ist eine Feriensiedlung mit Hotelanlagen, gehobener Gastronomie und zahlreichen Wellness-Angeboten.

www.salzburgersportwelt.com

REGION ST. JOHANN IM PONGAU ERLEBEN

TOURISMUSVERBAND ST. JOHANN

Ing.-Ludwig-Pech-Str. 1
5600 St. Johann im Pongau
Tel. 06412 60 36
www.josalzburg.com

KRAMPUS- UND PERCHTENLÄUFE

Furchteinflößende Masken, zottelige Kostüme und Kettenrasseln – im Herzen des Pongaus fühlen sich die Krampusse besonders wohl. In St. Johann veranstalten sie am 5. Dezember im Untermarkt und am 6. Dezember im Stadtzentrum ein höllisches Spektakel. Um Dreikönig sind die Perchten unterwegs. Zwischen den Schönperchten mit ihrem tafelartigen Kopfputz und den Schiachperchten mit gruseligen Larven tummeln sich absonderliche Begleitgestalten. Dennoch gelten sie als Glücksbringer. Der Pongauer Perchtenlauf mit gut 400 Mitwirkenden ist der größte Salzburgs und findet abwechselnd in St. Johann, Bischofshofen, Altenmarkt und im Gasteinertal statt. Frauen ist das Tragen der Krampusmasken übrigens verwehrt.

ALMWANDERN

Seit 2006 verbindet der Salzburger Almenweg an die 120 Almen im Land. Wer die 350 km am Stück bewältigen will, marschiert länger als einen Monat. Aber schon während eines Schnuppertags etwa im Großarltal kann man einen Eindruck von der Vielfalt der Almenkultur und ihren kulinarischen Schätzen gewinnen.
www.salzburger-almenweg.at

GOLF

Nördlich von St. Johann schlagen Golfer mit Blick auf das Tennengebirge ab, der Par 72 Kurs am Goldegger

Hermann Prommegger schnitzt Krampus-Masken.

Hochplateau gilt als Schmuckstück des Salzburger Golfsports.
www.golfsanktjohann.at
http://golfclub-goldegg.com

DER SEEHOF €€€€ & RESTAURANT HECHT! €€€€

Zu den edel ausgestatteten Zimmern mit See- und Bergblick kommen Extras wie Bibliothek, Kunst und Lesungen. Für den leiblichen Genuss sorgt das Restaurant HECHT mit Regionalküche der Extraklasse.
Hofmark 8, Goldegg
Tel. 06415 813 70
www.derseehof.at

EDELWEISS IN GROSSARL €€€€

Relaxen, Erholen und Entspannen werden in der Beauty Vitalresidenz ganz groß geschrieben. Fünf verschiedene Saunen, Hot-Stone-Massage, Lomi Lomi Nui und Moor-, Heublumen- oder Edelweiß-Kuschelpackungen sowie ein Innen- und ein Whirlpool gehören zum Wellness-Angebot. In den Gästezimmern dominiert Holz. Zum Haus gehören zwei Restaurants, die regionale und internationale Spezialitäten servieren.
Unterbergstr. 65, Großarl
Tel. 06414 30 00
www.edelweiss-grossarl.com

HOTEL LERCH €€€

Das Haus bietet einen Wellness-Bereich mit einem umfangreichen Angebot und einem tollen Indoor-Outdoor-Pool. Die Zimmer sind überaus hell und behaglich. In den Stuben und auf der Terrasse des Restaurants werden Spezialitäten der heimischen Küche serviert. Für kleine Gäste gibt es einen Minibauernhof mit Streichelzoo und Abenteuerspielplatz.
Liechtensteinklammstr. 12
Tel. 06412 42 51
www.hotel-lerch.at

STÖCKLWIRT €€€

Das Haus in zentraler Lage bietet seinen Gäste einen Wellness-Bereich mit Sauna und Fitness-Raum. Die Küche des Restaurants ist gutbürgerlich.
Hauptstr. 22
Mob. 0676 716 84 71
www.hotel-stoecklwirt.at

RESTAURANT-CAFÉ AICHHORN €€€

Gamsgulasch mit Rotkraut, geräucherter Bluntausaibling mit Feigensenfcreme – in diesem haubengekrönten Haus wird höchste Kochkunst zelebriert!
Peilsteingasse 15, Kleinarl
Tel. 06418 374
www.restaurant-aichhorn.at

BAUERNSTÜBERL €€€

In dem ehemaligen Bergbauernhof feiert die Pongauer Hausmannskost ein Hochamt – von der heißen Hirschwurst mit Kren über Kaspressknödel bis zum Spanferkel (auf Vorbestellung). Kalorienreiche Krönung sind die Bauernstüberlplatte mit Surbraten und der Schweinsbraten.
Hofmark 28, Wagrain
Tel. 06413 85 16
www.bauernstueberl.at

GASTHAUS BÜRGLHÖH €€€

Saisonales steht in dem Panorama-Gasthaus auf 1350 m Höhe hoch im Kurs – bei den Wildwochen kredenzt Küchenchef Siegfried Rathgeb Carpaccio vom Pongauer Hirschen oder Wildfleischknöderl. Fische aus dem eigenen Teich verarbeitet er zu Spezialitäten wie Teigtascherl mit Räucherforelle oder Sashimi vom Gebirgssaibling mit roten Rüben. Klassiker wie Bratl in der Rein runden das Angebot ab.
Laideregg 51, Bischofshofen
Tel. 06462 27 85

Charmantes Alpenstädtchen

In St. Johann

Als Bezirkshauptstadt und einwohnerstärkste Gemeinde des Pongaus bietet St. Johann gute Einkaufsmöglichkeiten, das ganze Jahr über herrscht hier Hochsaison. Trotz des Trubels hat der Ort seinen Charme bewahrt. Häuser im alpenländischen Stil prägen das Zentrum. Aus dem »Häusermeer« ragt die neugotische Pfarrkirche St. Johannes auf. Das Gotteshaus wird wegen der beeindruckenden Raumwirkung auch **»Pongauer Dom«** genannt. Nachdem der große Stadtbrand von 1855 ihren 924 erstmals erwähnten Vorgängerbau zerstörte, wurde die Kirche zwischen 1857 und 1861 neu erbaut.

Spektakuläres Naturschauspiel

Liechtensteinklamm

Schon von Weitem sind die tosenden Wassermassen zu hören. Je näher man der Schlucht kommt, desto mehr macht sich ein kühler Wind bemerkbar, der aus der Tiefe dringt. Die Liechtensteinklamm wenige Kilometer südlich von St. Johann ist die wohl **imposanteste Wildwasserschlucht der Ostalpen**. In Jahrtausende langer Arbeit hat sich der **Großarlbach hier bis zu 300 m tief** in das Gestein gegraben und eilt in seinem unruhigen Bett der Salzach entgegen. Die teils überhängenden Wände, manchmal nur wenige Meter voneinander entfernt, verstärken das Tosen und Brausen. Vereinzelte Baumstämme ragen wie Zahnstocher aus den Fluten. Moosbedeckte Steine leuchten in sattem Grün. Vier Kilometer lang ist die Klamm, etwa ein Viertel davon ist erschlossen. Einige Meter über dem Wildwasser führt eine fest verankerte hölzerne Steganlage mit Brücken und Stufen die Felswände entlang. Für die eineinhalbstündige Tour sind rutschfeste Schuhe unabdingbar. 2017 musste die Klamm nach einem Felssturz für mehrere Jahre geschlossen werden; im Zuge der Sanierungsmaßnahmen entstand u. a. die 30 m tiefe »Helix«-Wendeltreppe. Ihren Namen verdankt die Klamm Fürst Johann II. von Liechtenstein, der 1876 durch eine Spende von 600 Gulden die Erschließung ermöglichte. Die tiefsten Stellen sind in ewige Dämmerung gehüllt. Zur Mittagszeit tauchen Sonnenstrahlen den Schleierwasserfall in schönste Regenbogenfarben – ein zauberhaftes Bild. Am Eingang zur Klamm lädt das Gasthaus Klammwirtin zur Einkehr ein.

Mai–Sept. tgl. 8–18, Okt. 9–16 Uhr | Erw. 12 €
www.josalzburg.com/de/aktivitaeten/liechtensteinklamm.html

Rund um St. Johann

Von der Sonne verwöhnt

St. Veit im Pongau

Der Luftkurort (3450 Ew.) liegt 7 km südwestlich von St. Johann auf einer sonnigen Terrasse 200 m über dem Tal der Salzach. Schmucke Bürgerhäuser, Gasthöfe und Cafés säumen den Marktplatz. An seiner Westseite bildet **St. Vitus, die einzige vierschiffige Pfarrkirche im**

Land Salzburg, einen Blickfang. Das in einem Bauernhaus von 1738 residierende **Seelackenmuseum** stellt die bäuerliche Volkskultur und die Jahrtausende alte Bergbautradition der Region vor. Weitere Schwerpunkte sind die Protestantenverfolgungen 1731/1732 und der Schriftsteller Thomas Bernhard, der zuerst als Patient der Lungenheilanstalt und dann viele Jahre als Kurgast in St. Veit zubrachte.

Museum: Museumsgasse 1 | Mai–Okt., Mi. 13–16, 19–21, So. 10–12, 13–16 Uhr | Erw. 5 € | www.museumsverein-stveit.com

Eine Eisenbahn durchs Hochgebirge

Schwarzach

Die Marktgemeinde im Tal der Salzach südwestlich von St. Veit ist Startpunkt der **Tauernbahn**, die seit dem Beginn des 20. Jh.s Salzburg mit Kärnten verbindet und bis heute eine der wichtigsten Nord-Süd-Magistralen Europas ist. Die Hohen Tauern überwindet die Eisenbahn dank des **8371 m langen Tauerntunnels**, der zwischen Böckstein im Gasteiner Tal und Mallnitz in Kärnten durch das Gebirge führt. Der Bau gilt bis heute als Meisterwerk der Ingenieurbaukunst. Die Tauernbahn half, das Gasteiner Tal und die Hohen Tauern touristisch zu erschließen. In Schwarzbach ist ihr das **Tauernbahn-Museum am Bahnhof** gewidmet.

Bahnhofstr. 32 | Mai–Sept. Mi., Sa. 13–17, So. 10–17; Juli u. Aug. auch Do. 19–22 Uhr | Erw. 6 € | www.museum-tauernbahn.at

Familienfreundlich aufbereitet: die Liechtensteinklamm

Bilderbuchdorf mit See und Schloss

Goldegg

Wer seine Ferien gern abseits der Touristenzentren verbringt, ist im verträumten Goldegg richtig. Es liegt auf einem 825 m hohen Plateau über Schwarzach und präsentiert sich als alpenländisches Idyll. Der kleine **Moorsee** unmittelbar beim Ort bietet sommerliche Badevergnügen. Die nicht allzu hohen Berge rings um das Dorf, der Kirchturm und **Schloss Goldegg** spiegeln sich im dunklen Wasser. Das ursprünglich 1323 errichtete Schloss beherbergt das Pongauer Heimatmuseum und wartet mit einem der schönsten Renaissancesäle Österreichs auf.

Schloss: Mitte Juni – Mitte Sept. tgl. außer Mi. 10–12 u. 15–17 Uhr, So. nur nachmittags | Erw. 6 €
https://museen.de/pongauer-heimatmuseum-goldegg.html

Mekka der Skispringer

Bischofshofen

Mit 90 km/h geht es zum Schanzentisch – dann fliegen die Athleten mit Blick auf die drei Kirchen des Ortes in die Tiefe, um bei 130, 140 Metern wieder festen Boden unter den Füßen zu bekommen. Die 10 500-Einwohner-Stadt Bischofshofen 10 km nördlich von St. Johann im Pongau kennt jeder Anhänger des Skisprungsports – hier findet alljährlich am 6. Januar das Finale der deutsch-österreichischen »Vierschanzentournee« statt. Auch im Sommer wird an der imposanten **Paul Außerleitner-Schanze am Laideregg** mitunter gesprungen – auf grünen Grasmatten.

Den Spazierweg, der vom Zentrum der Einkaufs- und Gewerbestadt zur Skisprung-Arena führt, säumen Schautafeln zur Geschichte des luftigen Sports. Erinnert wird beispielsweise an Sepp (»Buwi«) Bradl aus dem nahen Mühlbach (► S. 117), der 1936 als Erster über 100 Meter flog – der aktuelle Rekord liegt bei über 250 m!

Das Besucherzentrum des **Geoparks »Erz der Alpen«** in unmittelbarer Nachbarschaft der Arena erinnert daran, dass in der Region schon vor 3000 Jahren Kupfer abgebaut wurde. Vom Schanzengelände führt ein zehnminütiger Spaziergang zum **Gainfeldwasserfall**. Oberhalb des Naturdenkmals liegen im Wald versteckt die spärlichen Reste der Burg Bachsfall aus dem 12. Jahrhundert. Von dort geht es über einen Wald- und Wiesenweg zum Ausflugslokal Bürglhöh, das schöne Aussichten auf Hochkönig und Bischofsmütze bietet.

Geopark: Mai – Okt. Mi. – Sa. 10 – 17 Uhr | Eintritt frei
www.geopark-erzderalpen.at

Wagrain

Bergdorf-Idylle mit talüberspannender Kabinenbahn

Wandern und Skifahren

Auf dem Wagrainer Friedhof liegt der Verfasser des Textes von »Stille Nacht« Joseph Mohr begraben. Der Ort liegt rund 8 km östlich von St. Johann am Ausgang des Kleinarler Tals. Der **Grafenberg** im Südwesten der Gemeinde und der **Grießenkareck i**m Südosten sind beliebte Wander- und Skigebiete. Das Pistennetz greift bis nach St. Johann-Alpendorf und Flachau im östlichen Nachbartal über. Seit 2013 wartet Wagrain mit einem ganz besonderen Highlight auf. Die **Pendelbahn »G-Link«** verbindet die beiden Berge, ihre Kabinen schweben in einer Höhe von bis zu 232 m über das Tal und bieten unvergleichliche Aussichten über das Land. An der Bergstation der Grafenbergbahn öffnet im Sommer die **Natur- und Bergerlebniswelt WAGRAINi's Grafenberg** ihre Tore. An Kletterwand, Murmeltier-Beobachtungsstation sowie einem Bergsee mit Holzfloß und vielen weiteren Abenteuerstationen können Kids ihre Geschicklichkeit trainieren und zugleich einiges über die Alpennatur in Erfahrung bringen. Am Grießenkareck führen von der Mittel- und der Bergstation der Seilbahn »Flying Mozart« die Mountainbike-Strecken des Bikeparks Wagrain hinunter ins Tal.

www.wagrain24.at/bergbahnen

Bikepark: wie Betriebszeiten »Flying-Mozart« | www.wagrain-kleinarl.at/de/aktivitaeten/biken/mountainbike-e-bike.html

Leben anno dazumal

Edelweiss-Alm

Von Wagrain führen eine Zufahrtsstraße und die Kabinenbahn »Roter 8er« hinauf auf die Edelweiss-Alm in 1200 m Höhe. In der Nähe der Mittelstation der Bergbahn lässt das **Bauernhofmuseum** das Landleben von anno dazumal wieder lebendig werden. Das urige Gasthaus »Edelweiß-Alm« ist im Winter Treffpunkt von Skifahrern und im Sommer von Wanderern.

Museum: Juni–Mitte Okt. Sa.- Do. 9–17 Uhr | Eintritt frei
www.edelweiss-alm.com

Wo die Skilegende wohnte

Kleinarl

7 km taleinwärts liegt das 800-Seelen-Dorf **Kleinarl**, Heimatort der **Skilegende Annemarie Moser-Pröll** (▶Interessante Menschen), die dort lange Jahre das **Café-Restaurant Olympia** betrieb. Auch wenn sich »La Pröll« mittlerweile zurückgezogen hat, die zahllosen Pokale, die sie eingeheimst hat, sind im Olympia immer noch zu sehen.

Ganz hoch hinaus

Jägersee

Noch einmal 5 km weiter südlich liegt auf einer Höhe von 1120 m der tiefgrüne Jägersee. Der Gasthof an seinem Nordufer ist ein beliebtes Ausflugziel (www.jaegersee.at). Über einen bald steil ansteigenden Wanderweg geht es vom Parkplatz Schwabalm einige Kilometer hinter dem Jägersee hinauf zum Tappenkarsee, der auf einer Höhe von 1762 m liegt und damit der höchstgelegene See der Ostalpen ist. Hier kann man sich im Gasthof Tappenkarseealm am See oder aber in der noch einmal 50 m höher gelegenen Tappenkarseehütte des Alpenvereins von der Strapazen des Aufstiegs erholen.

Wo die Milch in Strömen fließt

Großarltal

Mehr als 40 bewirtschaftete Almen haben dem Tal, das sich südlich von St. Johann mehr als 20 Kilometer bis zum Nationalpark Hohe Tauern erstreckt, den Beinamen **»Tal der Almen«** eingebracht. Die meisten von ihnen sind von Mitte Juni bis Mitte September bewirtschaftet und versorgen die Wanderer mit Brot, Butter, Käse sowie Speck, Wurst und Schnaps – alles aus eigener Produktion. Dabei gehört der für die Region typische Sauerkäse zu jeder Brettljause im Großarltal dazu. Auf einigen Almen können auch Gäste übernachten – eine Liste hält der Tourismusverband bereit.

Der am Wiesenhang im Talinnern klebende **900-Seelen-Ort Hüttschlag** gehört zu den österreichischen Bergsteigerdörfern, die sich dem sanften Tourismus verschrieben haben, und ist eine Nationalparkgemeinde. Hier rückt bereits der kesselförmige Talschluss mit dem Keeskogel (2884 m) als Wächter in den Blick. Die interaktive Erlebnisausstellung des **Talmuseums** bringt den Besuchern die Welt der Almen und ihre Kultur näher. Im zum Museum gehörenden sonnengeschwärzten Gensbichlhaus lassen sich Mineralien des Großarltals, Holzschlitten und eine Näh- und Trachtenstube bestaunen. Auf dem Museumsgelände finden sich überdies u. a. eine historische Mühle, eine Schnapsbrennhütte und eine Schmiede. Nur einen Steinwurf weit vom Museum entfernt lockt der **Talwirt** mit einer beeindruckenden Sammlung von Krampusmasken.

Talmuseum: Mitte Mai – Okt. tgl. 10–17 Uhr
Erw. 8 €

ST. MICHAEL IM LUNGAU

Höhe: 1075 m ü.d.M. | **Einwohnerzahl:** 3500
Landschaft: Lungau

Sonnenreich und schneesicher: Die Lage an der Südseite der Niederen Tauern beschert der hübschen Marktgemeinde das ganze Jahr über ideales Wetter für alle möglichen Outdoor-Aktivitäten. Wanderer nutzen die vielen Sommersonnenstunden für ausgedehnten Touren durch die herrliche Bergwelt. Die winterliche Eiseskälte sorgt zur Freude von Skisportlern dafür, dass der Schnee lange liegen bleibt.

L 6

Das Hocharltal heißt nicht umsonst »Tal der Almen«.

ST. MICHAEL ERLEBEN

TVB SALZBURGER LUNGAU KATSCHBERG

Raikaplatz 242
5582 St. Michael
Tel. 06477 89 13
www.salzburgerlungau.at

SCHAFAUFBRATLN

Während des Bauernherbstes braten verschiedene Landgasthöfe des Lungau Fleisch von Schafen, die den Sommer auf saftigen Almen verbracht haben, im Reindl und servieren es mit gebratenen Lungauer Eachtling (Kartoffeln), Krenkoch (Meerrettich) und Grant'n (Preiselbeeren). Für Einheimische wie Urlaubsgäste ist dies jedes Mal ein Fest.

PRANGSTANGEN-TRAGEN

▶ S. 245

BERGSEE-WANDERWOCHEN

In Begleitung eines erfahrenen Wanderführers können Urlauber im September die schönsten der rund 60 Lungauer Bergseen erkunden.
www.lungau.at/de/erleben/sommer/wandern/

GOLFCLUB LUNGAU

Gleich 27 Mal – verteilt auf einen 18-und einen 9-Loch-Kurs – stehen Golfer zwischen St. Michael und St. Margarethen vor der Herausforderung, den kleinen Ball in sein Ziel zu bugsieren.
Feldnergasse 165
Tel. 06477 74 48
www.golfclub-lungau.com

ROMANTIKHOTEL WASTLWIRT €€–€€€

Das Haus im Zentrum von St. Michael zeichnet sich durch eine gediegene Atmosphäre aus. Antikes Mobiliar dominiert Gästezimmer und Gemeinschaftsräume. Das Landgasthaus mit Stuben, Gewölbekeller und Rauchkuchl ist als Schlemmerparadies bekannt. Zu den Köstlichkeiten der österreichischen Küche werden edle Tropfen aus dem Weinkeller oder das Wastlbräu-Hausbier serviert.
Poststr. 13
Tel. 06477 715 50
www.hotel-wastlwirt.at

ALPENGASTHOF SCHLÖGELBERGER €€€

Spezialitäten vom Wild und Hochlandrind, das auf den umliegenden Weiden das ganze Jahr lang im Freien ist, dominieren die Speisekarte des Gasthauses. Von der Sonnenterrasse auf 1300 m Höhe geht der Blick ins Murtal. Das Almdorf bietet Unterkunft in komfortablen Hütten.
Schlögelbergweg 4
St. Margarethen im Lungau
Tel. 06476 313
www.schloegelberger.at

LANDGASTHOF LÖCKERWIRT €€€

Knuspriges Tauernroggenbrot, Wildbret aus den Lungauer Nockbergen, Lammeintopf mit knackigem Gemüse, zum Drüberstreuen ein flaumiger Kaiserschmarren: Der 2023 runderneuerte Löckerwirt im Zentrum von St. Margarethen verlässt sich, was die Zutaten angeht, hauptsächlich auf die eigene biologische Landwirtschaft und Jagd. Für kleine Gäste gibt es einen Spielplatz direkt vor der Haustür.

Dorfstr. 25
St. Margarethen
Tel. 06476 212
www.loeckerwirt.at

SPA & VITALRESORT EGGERWIRT €€€€

Vom Naturbadeteich über den Garten- und den Indoorpool bis zum Whirlpool: Das im Relax-Guide mit 3 Lilien ausgezeichnete Wellness-Hotel setzt stark auf die entspannende Wirkung des Wassers und bietet seinen Gästen nicht weniger als acht verschiedene Bademöglichkeiten an. Mehrere Saunen und die klassischen Wellness- und Beauty-Anwendungen gehören ebenso zum All inclusive Angebot wie die gesunde Küche.

Kaltbachstr. 5
Tel. 06477 822 40
www.eggerwirt.at

BIOHOF SAUSCHNEIDER €€

Kühe, Schafe und Ziegen sind die Stars auf diesem Biohof. Vier Ferienwohnungen im einfachen Landhausstil bieten jede Menge Platz für Familien. Milch ist kostenlos, dazu kann man sich im Hofladen mit Käse, Eiern, Speck, Lungauer Eachtling (Kartoffeln) und selbst gebackenen Weckerln versorgen. Der Fahrradverleih ab Hof macht Erkundungen im Lungau kinderleicht, liegt das Quartier doch direkt am Murradweg und nicht weit vom Skigebiet Aineck.

Oberbayrdorf 21
St. Margarethen im Lungau
Tel. 06476 29 70
www.biourlaub.at

St. Michael liegt genau an dem Abschnitt der Tauern Autobahn (A10), der den Tauern- mit dem Katschbergtunnel im Süden verbindet. Seit der Eröffnung der Strecke in den 1970er-Jahren ist der Ort geradezu aus einem Dornröschenschlaf erwacht. Dank der Anbindung an das europäische Autobahnnetz kamen mehr und mehr Urlauber. Der Katschberg im Süden und der Speiereck im Norden entwickelten sich zu attraktiven Skigebieten, die besonders bei Familien beliebt sind. Im Winter sind nächtliche Temperaturen von minus 15 Grad keine Seltenheit, tagsüber gibt es dafür überdurchschnittlich viel Sonnenschein. In der warmen Jahreszeit sorgen kühle Nächte auch bei hochsommerlichen Tagestemperaturen von bis zu 30 C° für Frische.

Wohin in St. Michael und Umgebung?

Moderner Urlaubsort in einer alten Kulturlandschaft

In St. Michael

Von komfortablen Unterkünften und modernen Bergbahnen über eine facettenreiche Kulinarik bis hin zu Wellness- und Sportangeboten bietet St. Michael seinen Gästen alle Annehmlichkeiten eines modernen Urlaubsorts. Dennoch hat sich die Gemeinde ganz der Bewahrung ihres kulturellen Erbes verschrieben. Als **Teil des**

UNESCO-Biosphärenreservats Salzburger Lungau & Kärntner Nockberge setzt sie zudem auf einen schonenden Umgang mit der Natur und den Erhalt der vielfältigen Landschaftstypen, die zahlreichen Arten einen Lebensraum bieten. Unweit des Ortszentrums etwa wurde die Mur, ein Nebenfluss der Drau, die in den Hohen Tauern entspringt, verbreitert und dadurch Rückzugsräume für Fische und Vögel geschaffen. Diese sogenannte Murinsel hat sich überdies zu einem Naherholungsgebiet entwickelt. Im Ortszentrum lohnt besonders die Pfarrkirche zum Hl. Michael eine Besichtigung. Das übergroße Wandfresko »Die sieben Todsünden« lässt noch heute so manche Besucher erschauern.

www.biosphaerenpark.eu

Radlvergnügen

Murradweg

St. Michael bietet einen guten Einstieg in den 360 km langen Radweg, der an der Sticklerhütte nahe der Murquelle beginnt und den Fluss entlang durch den Lungau und die Steiermark bis nach Bad Radkersburg an der Grenze zu Slowenien führt. Die Langstrecken-Tour zählt zu den schönsten und abwechslungsreichsten im ganzen Land. Von Bad Radkersburg aus kann man entweder weiter ins kroatische Legrad an der Mündung der Mur in die Drau radeln oder aber mit einem gemütlich Shuttle-Bus zum Ausgangspunkt zurückkehren.

www.steiermark.com/de/Steiermark/Aktiv-in-der-Natur/Rad-Bike/Murradweg

Eherne Bergbautradition

Franzenshütte in Bundschuh

Wer sich für die Geschichte der Eisenverhüttung in der Region interessiert, dem sei eine Besichtigung dieser historischen Schmelzofenanlage ans Herz gelegt. Die Erlebnisausstellung dort zeichnet den Weg von der Eisenerzgewinnung zum Roheisen und das harte Leben der Arbeiter nach. Das fast vollständig erhaltene Industrieensemble umfasst Holzkohlelagerstätten, einen Hochofen von 1862, Arbeiterwohnungen sowie ein Gasthaus und steht unter Denkmalschutz. Das Museum liegt auf dem Gebiet der Gemeinde Thomatal im Südosten von St. Margarethen und ist direkt über die Bundschuh-Landesstraße erreichbar, die auf die bewirtschaftete Mehrl-Hütte führt. Von dort führt ein herrlicher Wanderweg ins zirbenreiche **Rosanintal** und weiter auf den Königsstuhl (2336 m). Das Gebiet gehört zum UNESCO-Biosphärenreservat Salzburger Lungau und Kärntner Nockberge. Grasbewachsene Bergkuppen prägen hier das Landschaftsbild.

Franzenshütte: Juni–Sept. Mo., Mi., Fr. 10–16 (Führungen 10 u. 14), So. 15–18 (Führung 16 Uhr) | Erw. 9 €
www.hochofen-bundschuh.at

ABGEHOBEN!

Die Gefühle sind gemischt, doch als das Kommando zum Start ertönt, verfliegen die Zweifel. Pilot und Passagierin rennen vom Speiereck hoch über St. Michael talwärts – und werden mit einem Ruck der Erde entrissen! Dann Stille, als der Tandem-Gleitschirm dem grünen Murtal entgegenschwebt. Der Blick schweift von den Nockbergen bis zu den Hohen Tauern. 20 Minuten dauert der Panoramaflug unter der Fittiche von Sebastian Grübl. Man sitzt bequem im Geschirr, butterweich die Landung. Unsicher? Keine Sekunde!
Paragleiten Salzburg bietet Flüge vom Gaisberg (Salzburg), Werfenweng und St. Michael/Lungau an.
(Preis € 148, Foto/Video € 30, Tel. 0664 436 72 74
www.paragleitensalzburg.at)

Farbenfrohes Spektakel

Muhr

Die Nationalparkgemeinde 12 km westlich von St. Michael ist bekannt für einen der farbenprächtigsten Bräuche des Salzburger Landes: Das **Prangstangen-Tragen** zu Peter und Paul am 29. Juni. Unverheiratete junge Burschen tragen dann in den Tagen zuvor mit Blumengirlanden aus rund 50 000 frischen Blüten kunstvoll geschmückte und bis zu 6 m lange Holzstangen durch das Dorf und stellen sie in der Kirche auf. An Mariä Himmelfahrt am 15. August werden die vertrockneten Blumen abgenommen und in den Raunächten zwischen Weihnachten und dem Dreikönigstag zum Ausräuchern von Ställen und Häusern verwendet. Der Brauch entstand vor mehr als 300 Jahren als Dank für das Ende einer Heuschreckenplage. In Zederhaus findet das Prangstangen-Tragen alljährlich am 24. Juni statt.
Als Nationalparkgemeinde ist Muhr ein guter Ausgangspunkt für Bergwanderungen. Eine leichte Tour führt zum **Karwassersee**, den ein uralter Lärchen- und Zirbenwald umrahmt. Von der vom Alpenverein betriebenen Sticklerhütte, die der Tälerbus anfährt, erreicht man in einer Stunde die Quelle der Mur (»Mur-Ursprung«) in knapp 1900 Meter Höhe.

www.muhr-tourismus.at
www.sticklerhuette.at

Mühlen und Almerlebnisse

Zederhaus

In dem Ort 20 km nordwestlich von St. Michael führt der **Mühlenweg** zu vorbildlich restaurierten Getreidemühlen und den für den Lungau so charakteristischen Troadkästen (Getreidespeicher), in denen Ausstellungen über alte Mahltechniken, Getreidesorten und die Kunst des Brotbackens informieren.

Ein Tälerbus verbindet die Almen des **Naturparks Riedingtal.** Der Almerlebnisweg führt vom Naturparkzentrum auf der Schliereralm am Riedingbach entlang u. a. zur Zaunerhütte. Hier bietet Heidi Kremser neben kulinarischen Spezialitäten wie ihrem Almkräutersirup Kräutersalben und -tinkturen an. Alle Kräuter und Wurzeln stammen von den umliegenden Bergwiesen in 2000 m Höhe und werden nach traditionellen Rezepten verarbeitet. In Zederhaus findet das Prangstangen-Tragen am 24. Juni statt

Mühlenweg: Führungen Juni–Sept. Do. und So. 14–17 Uhr
www.denkmalhof-maurergut.at

Almsommerführung für Familien Fr. 14 Uhr | Erw. 12 € | Kinder 9 €
www.naturpark-riedingtal.at

★ TAMSWEG

Höhe: 1024 m ü.d.M. | **Einwohnerzahl:** 5700
Landschaft: Lungau

M 7

Einsame Täler, idyllische Almen, glasklare Bergseen und abgeschiedene Dörfer in der Umgebung: Der Hauptort des Lungau ist Zentrum einer bis heute »heilen«, aber facettenreichen Urlaubsregion. Tradition und Brauchtum werden hier großgeschrieben.

Tradition wird groß-geschrieben

Tamsweg liegt in einem weiten Talkessel an der Mündung der Lungauer Taurach in die Mur. Wie auch im rund 16 km weiter westlich gelegenen St. Michael nahm der Tourismus hier erst mit der Eröffnung der Tauernautobahn einen größeren Aufschwung. Trotz der abgeschiedenen Lage blickt Tamsweg, das seit 1246 im Besitz des Salzburger Domkapitels war, auf eine wechselvolle Geschichte zurück. Mit dem Bau der Kirche St. Leonard im 15. Jh., die schnell zu einem berühmten Wallfahrtsziel wurde, nahm der Ort einen ersten wirtschaftlichen Aufschwung, der mit der Reformation zunächst zum Erliegen kam, sich im Zuge der Gegenreformation aber erneut Bahn brach. Im 18. Jh. kamen die Erträge aus dem Handel mit Erzen und Salz hinzu. Mit dem Ende des Bergbaus im 19. Jh. setzte ein Niedergang ein. Heute ist Tamsweg ein liebenswertes Alpenstädtchen, das sein historisches Ortsbild mustergültig pflegt.

TAMSWEG ERLEBEN

INFOSTELLE TAMSWEG

Kirchengasse 5
5580 Tamsweg
Tel. 06474 21 45
www.lungau.at

MURTALBAHN

Die Schmalspurbahn der Steirischen Landesbahn verkehrt regelmäßig zwischen Unzmarkt in der Steiermark und Tamsweg. Auf der Strecke sind im Sommer auch von Dampfloks gezogene Nostalgiezüge unterwegs. Ein solcher, privat betriebener, verkehrt im Sommer auch von ▶Mauterndorf nach St. Andrä im Lungau.
www.steiermarkbahn.at
www.taurachbahn.eu

VITAL- UND WELLNESSCENTER SAMSUNN

Nach einem anstrengenden Ski- oder Wandertag kann man hier wunderbar entspannen. Die Panoramasauna ist für Kräuter- und Schnapsaufgüsse bekannt. Donnerstags ist Damensauna! Das Freibad hat von Anfang Juni bis Anfang September je nach Wetterlage von 10–19 Uhr geöffnet.
Sonnenweg 600
Mariapfarr
So. geschlossen
3 Std. 18,50 €
www.samsunn.at

KEMMTS EINA

»Kommt herein!« – dieser Einladung kommt jeder gern nach, denn die Biobetriebe die ihre Spezialitäten sonst nur freitags auf dem Wochenmarkt ein paar Schritte weiter anbieten, beliefern den Bauernladen am Markt. Der Käse vom Hiasnbauer aus dem Göriachtal oder vom Trimmingerhof in Sauerfeld schmeckt himmlisch. Dazu noch Wildwürste und Speck vom Grailhof und knuspriges Brot aus Lungauer Tauernroggen – und die Jause ist perfekt!
Marktplatz 7
Mo.–Fr. 9–12 u. 14–18,
Sa. 9–12 Uhr

GAMBSWIRT €€€

Traditionshaus im Zentrum von Tamswegs. In den Gästezimmer dominiert Holz, vorzugsweise Eiche und Zirbe. Die Wellness- und Saunalandschaft wartet mit einem bunten Strauß von Anwendungen auf. Das Restaurant bietet regionale und internationale Kost von Kaspressknödel über Schlachtplatte bis Burger und Scampi.
Marktplatz 5
Tel. 06474 23 37
34 Zi.
www.gambswirt.at

POST – ÖRGLWIRT €€€

Zum familienfreundlichen Hotel im Ortszentrum gehören Erlebnissauna, Pumucklstube, Abenteuerspielplatz, Fischteich und Streichelzoo. Das Restaurant ist für sein »Lammbratl« sowie seine Wild und Schwammerlgerichte bekannt.
Pfarrstr. 18
Mariapfarr im Lungau
Tel. 06473 82 07
www.oerglwirt.com

CAFÉ-KONDITOREI HOCHLEITNER €€

Topfengolatschen und Törtchen, raffinierte Schokoladenkreationen und herrliche Kuchen füllen die Vitrinen. Wer die Erinnerung an Almwanderungen frisch halten möchte, kann sich eine Spezialität mitnehmen: Das Rahmkoch, eine einst beim Almabtrieb servierte üppige Süßspeise aus Mehl, gezuckertem Rahm und Butter, verfeinert mit Rosinen und Gewürzen wie Anis. Im Sommer sind die köstlichen Biomilch-Eissorten ein Muss.
Kirchengasse 4–6
So. Ruhetag
www.hochleitner.at

GASTHOF GELLNWIRT €€

In familiärer, rustikaler Atmosphäre bekommt man junge österreichische Küche, und auch Vegetarier finden etwas auf der Speisekarte.
Marktplatz 12
Tel. 06474 60 92
www.gellnwirt.at

Wohin in Tamsweg?

Einkaufs- und Eventlocation

Marktplatz

Der fast quadratische Platz im Ortszentrum ist das pulsierende Herz des Bezirkshauptortes. Bis heute künden das imposante **Rathaus** an seiner Nordseite und einige **stattliche Bürgerhäuser** von dem Wohlstand, den der Bergbau der ganzen Region einst bescherte. Auf dem freitagvormittags stattfindenden **Wochenmarkt** trumpfen die bäuerlichen Direktvermarkter und Biobetriebe der Region mit ihren Köstlichkeiten auf. Zirbenschnaps vom Franzlahof oder Ziegenkäse vom Hiasnbauer Gunther Naynar sind die ganze Woche über aber auch im Bauernladen (Marktplatz 7) erhältlich. Von den Terrassen der Traditionsgasthöfe Gambswirt und Gellnwirt lässt sich das Treiben bestens verfolgen. Oft bildet der Marktplatz die Kulisse für Konzerte und Brauchtumsveranstaltungen.

Lungauer Riesen

Samson-Umzüge

Von Juni bis September hat am Marktplatz mitunter, wie vielerorts im Lungau, der Samson seine großen Auftritte. Zur Zeit der Gegenreformation durfte die dem alttestamentarischen Helden nachempfundene riesige Holzfigur als Symbol eines erfolgreichen Kampfes gegen Andersgläubige auf keiner **Fronleichnamsprozessio**n fehlen. Heute sorgt sie auch bei Volksfesten wie dem **Waldfest** oder dem **Herbstfest zum Almabtrieb** für Stimmung. Im Inneren des schnauzbärtigen Gesellen steckt ein starker Junggeselle, der die bis zu 6,80 m hohe Figur mit einem Gerüst trägt und ausbalanciert. Die zehn Lungauer Samson-Gemeinden pochen alle darauf, dass ihr Umzugsriese der hübscheste sei. In manchen Orten begleiten zwei Zwergen-Figuren den Riesen. Wenn der Tamsweger Samson, mit einem Gewicht von 105 kg das schwerste Bröckerl, einmal nicht ausgeführt wird, lässt er sich im Heimatmuseum bestaunen.

Heimatmuseum: Kirchengasse 2 | Juni – Mitte Sept. Mi–Fr. 10–12, Do., Fr. auch 14–16 Uhr | Erw. 4 € | www.lungauervolkskultur.com

Spätgotisches Kirchenjuwel

Tamswegs größter Schatz thront am Abhang des Schwarzenbergs im Südwesten über dem Ort. Der Legende nach soll die Kirche genau an der Stelle errichtet worden sein, an der 1421 eine aus der Pfarrkirche verschwundene Statue des hl. Leonhard wieder auftauchte. Da sich der Vorgang dreimal wiederholte, beschlossen die Tamsweger Bürger

In Tamsweg begleiten Zwergen-Figuren die Umzüge des Riesen Samson.

am Fundort eine dem Schutzpatron der Gefangenen und des Viehs geweihte Kirche zu errichten. Das Gotteshaus, das man über einen steilen Stationsweg erreicht, zählte einst zu den wichtigsten Pilgerzielen Österreichs. Berühmt sind die Glasfenster, besonders das **»Goldfenster«** (um 1440) im Chor rechts, das mit seinen leuchtstarken Scheiben in Goldgelb und Blau einen Tabernakelturm zeigt. Sehenswert sind auch die Tafelbilder des einstigen gotischen Hochaltars (um 1460, die Kirche bekam später einen Barockaltar) und der mit christlichen Symbolen und Vogelmotiven versehene geschnitzte Chorstuhl.
Im **Musiksommer St. Leonhard** gastieren von Mitte Juli bis Ende August namhafte Solisten und Ensembles und spielen Musik von Barock bis zum 20. Jahrhundert und auch echte Volksmusik.

frei, Schlüssel für Chor nebenan
Führungen Tel. 06474 68 70
www.musiksommerstleonhard.com/

Richtstättenweg Passeggen

Lungauer Hexenverfolgungen

14 Jahre alt, vielleicht auch nur elf, war Lorenz Süeß, als er 1683 am Passeggen hingerichtet wurde. Der Bub war der jüngste von etwa 40 angeblichen Hexen und Zauberern, die an der Richtstätte etwas außerhalb von Tamsweg ihr Leben ließen. Der Richtstättenweg rollt die Geschichte der Lungauer Hexenjagd zwischen 1584 bis 1720 am Original-Schauplatz anhand von Installationen und Schautafeln auf. Gleich neben den Fundamenten des Galgens, die im Waldboden noch zu erkennen sind, listet eine **Gedenktafel** die Namen der Opfer auf. 60 Prozent der Hingerichteten waren Frauen im Alter von 14 bis 80. Ihren Höhepunkt fand die Hexenhysterie um 1680 in der Jagd auf den »Zauberer Jackl«. Der angebliche Teufelsanbeter blieb verschwunden, das System der Anschuldigungen unter Folter brachte jedoch vielen den Tod. Flankiert wird der 3 km lange Themenweg, der an einer Stelle einen Ausblick auf die Leonhardskirche gegenüber bietet, von Spielstationen zum Thema Alltag im Mittelalter.

Start am Parkplatz B 95/Abzw. L 248 nach Lintsching oder Tamsweg-Litzelsdorf | www.hexenundzauberer.at

Rund um Tamsweg

Prebersee

Naturidyll in 1500 m Höhe

Das Gewässer 10 km nordöstlich von Tamsweg ist ein im Sommer bei Einheimischen wie Urlaubern beliebter Badesee. Auf dem Moorlehrpfad, der um ihn herumführt, erfährt man viel Wissenswertes über die Natur des Gebiets. Im Winter kommen Langläufer auf der 9 km langen Prebersee-Höhenloipe auf ihre Kosten. Wanderer und Rodler machen sich dann, am besten mit einem Schlitten bewaffnet, den man am Parkplatz Prebersee ausleihen kann, auf den Weg zur Pre-

BAEDEKER ÜBERRASCHENDES

6x TYPISCH

Dafür fährt man ins Salzburger Land.

1. EINDRINGLICH

Manche tun den **»Jedermann«** als angestaubt ab. Doch das Spiel vom Sterben des reichen Mannes entfaltet am Domplatz eine Power, der man sich schwer entziehen kann – auch dank immer wieder erstklassiger Besetzung. (▶ **S. 181**)

2. GENUSS-WEGWEISER

Käsespezialitäten, Hüttenschmankerl, Kräutergerichte, Gourmetmenüs – schlemmen Sie sich mit dem **Via Culinaria**-Guide durch Ihre Urlaubsregion! (▶ **S. 340**)

3. AUS HÖCHSTER NOT

Über die Jahrhunderte haben Gläubige in **Maria Kirchental in Lofer** unzählige Votivtafeln gespendet. Die Bildgeschichten künden davon, was man alles überleben kann – von der Riesenlawine bis zum Mordanschlag. (▶ **S. 135**)

4. JODELN!

An der Audiostation lauschen, Stimmbänder vibrieren lassen und los geht's – der **Jodelweg** in Königsleiten ist ein Garant für gute Laune. (▶ **S. 133**)

5. STARKE MÄNNER

Der Samson ist eine bis zu sechs Meter hohe Riesenfigur, in seinem Inneren sorgt ein starker Bursche für die Balance. Die **Lungauer Samson-Umzüge** mit Riesentanz und Begleitprogramm sind ein farbenfrohes Spektakel. (▶ **S. 249**)

6. PANORAMA MIT KNIE-SCHLOTTERN

Wagen Sie sich hinaus auf die »Mutter aller Plattformen«, die **5Fingers am Krippenstein**. (▶ **S. 89**)

berhalterhütte in 1862 m Höhe. Von dort führt eine präparierte Rodelbahn zurück zum See. Die Preberhalterhütte ist nur im Sommer bewirtschaftet, im Gasthaus Ludlalm nahe dem See kann man sich aber auch im Winter stärken.
Am letzten Augustwochenende ist der See Schauplatz des einzigartigen **Wasserscheibenschießens**. Dabei stehen die Schützen an dem den Zielscheiben gegenüberliegenden Ufer und zielen auf deren Spiegelbild im Wasser. Wenn die Kugel im richtigen Winkel auf die Wasseroberfläche trifft, prallt sie ab und findet – wenn es klappt – ihren Weg in die Zielscheibe. Wer schon mal Kieselsteine übers Wasser hüpfen ließ ahnt, wie schwer das ist.

Über allen Tälern ist Ruh

Schladminger Tauern

Zwischen Tamsweg und Mariapfarr führen mehrere schmale und kaum besiedelte Täler in die zu den Niederen Tauern gehörenden Schladminger Tauern (▶Mariapfarr). Dichte Wälder, liebliche Almen, majestätische Gipfel, murmelnde Bäche und klare Bergseen sind in dieser Idylle reihenweise zu finden. An der Nordseite bietet Schladming im Ennstal (▶ Radstadt, Umgebung) einen guten Einstieg.

★ TRAUNSEE

Höhe: 422 m ü.d.M. | **Landschaft:** Salzkammergut

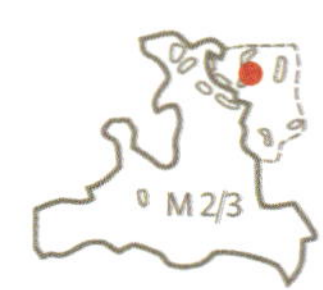

Angeln, Tauchen, Segeln, Surfen, Wakeboarden oder »nur« Badespaß – der Traunsee ist ein Paradies für Wassersportler. Wanderer zieht es zum Grünberg und Traunstein, der majestätisch über dem »Lacus felix« der Römer thront. Im Hauptort Gmunden, bekannt für seine Keramik-Erzeugnisse, mischen sich mediterranes Flair und traditionelles Sommerfrische-Feeling.

Am Ostufer fallen die schroffen Felswände des kolossalen Traunsteinmassivs steil zum See ab. Im Südwesten ragt das verkarstete Hochplateau des Höllengebirges und im Südosten das mächtige Tote Gebirge auf. Nur die schmalen Streifen Land an Traunmündung zwischen Höllen- und Totem Gebirge und am Traunausfluss im Norden des Sees sowie das nur flach ansteigende Westufer ließen überhaupt eine Besiedlung zu.

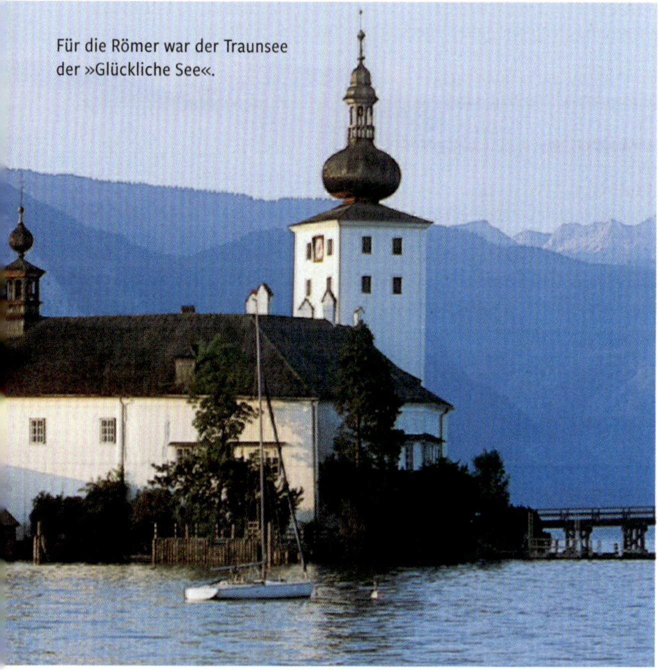

Für die Römer war der Traunsee der »Glückliche See«.

TRAUNSEE ERLEBEN

TOURISMUSVERBAND TRAUNSEE-ALMTAL
Toscanapark 1, 4810 Gmunden
Tel. 07612 744 51, https://traunsee-almtal.salzkammergut.at

GRÜNBERG-SEILBAHN
Die Kabinenbahn erschließt von Gmunden aus den knapp 1000 m hohen Grünberg. Sommerrodelbahn, Abenteuerspielplatz, Niederseilgarten und Wanderungen warten dort!
www.gruenberg.info

FEUERKOGEL-SEILBAHN
Panorama-, Wander- und Skigenuss in 1600 m Höhe: Die Bahn führt von Ebensee auf den Feuerkogel.
Sommer: Mitte Mai–Okt.
Winter: Mitte Dez.–Ostern
Erw. 28 €, www.feuerkogel.info

PARAGLEITEN
Sowohl vom Feuerkogel als auch vom Grünberg können Wagemutige in die Lüfte abheben. Die Flugschule Salzkammergut bietet Tandemflüge mit tollen Blicken auf den »Lacus Felix«.
Flugschule Salzkammergut
Tel. 0664 111 60 99
www.paragleiten.net/tandemflug/

ÖSTERREICHISCHER TÖPFERMARKT
Am letzten Wochenende im August steht Gmunden ganz im Zeichen des traditionellen Töpfermarktes.

TRAUNSEEWOCHE
Die Traunseewoche Mitte Mai kombiniert Segelsport mit einem attraktiven Rahmenprogramm.
www.traunseewoche.at

SALZKAMMERGUT FESTWOCHEN GMUNDEN
Konzerte, Theater und mehr rund um den See von Ende Juni bis September
www.festwochen-gmunden.at

2 HOTEL SEEGASTHOF HOIS'N WIRT €€€
Das Haus am Ostufer ist durch Schiffsverkehr mit Gmunden verbunden und ist auf regionale Küche spezialisiert.
Traunsteinstr. 277, Gmunden
Tel. 07612 773 33
www.hoisnwirt.at

1 GASTHOF RAMSAU €€€
Das gepflegte Lokal am See verwendet Produkte vom eigenen Hof.
Traunsteinstr. 239 | Gmunden
Tel. 07612 641 16
www.gasthof-ramsau.at

2 GRÜNBERG AM SEE €€€
Der familiengeführte Landgasthof ist für seine Fischgerichte bekannt.
Traunsteinstr. 109, Gmunden
Tel. 07612 777 00
www.gruenberg.at

3 POSTSTUBE 1327 €€€
Fangfrische Traunseefische kommen klassisch und modern auf den Tisch.
Ortsplatz 5, Traunkirchen
Tel. 07617 2307
www.hotel-post-traunkirchen.at

4 RATHAUSCAFÉ BRANDL €
Hier pflegte schon Thomas Bernhard

die Zeitung zu lesen. Der Betrieb geht bis tief in die Nacht.
Rathausplatz 1, Gmunden
Tel. 07612 641 85

5 FISCHEREI TRAWÖGER – DORFNER €€

Saiblinge über Holzkohle gegrillt: Die Steckerlfische sind weit über die Region hinaus bekannt!
Fischerweg, Altmünster
Tel. 0699 12 38 18 57, Mai–Sept.

1 HOTEL ESPLANADE €€€€

Das traditionsreiche Haus liegt direkt am See. Im Panoramarestaurant können die Hotelgäste tolle Ausblicke auf den See mit Traunstein und dem Seeschloss genießen.
Kursaalgasse 5, Gmunden
Tel. 0664 112 51 84
www.hotelesplanade.at

GMUNDEN

1 Gasthof Ramsau
2 Grünberg am See
3 Poststube 1327
4 Rathauscafé Brandl
5 Fischerei Trawöger-Dorfner

1 Hotel Esplanade
2 Hotel Seegasthof Hois'n Wirt

300 m
©BAEDEKER

Gmunden

Vom Salzhandelsplatz zum Kurort

Orts-besichtigung

Der Hauptort des Traunsees erstreckt sich beiderseits des Traunausflusses rund um die Nordspitze des Sees. Wer sich ihm vom Wasser aus nähert, fühlt sich von Ferne vielleicht an ein mediterranes Seebad erinnert. Stattliche, in hellen Pastelltönen gestrichene Bauten säumen den **Rathausplatz direkt hinter der Schiffsanlegestelle.** Sie künden von dem Wohlstand, den der Salzhandel der Stadt über Jahrhunderte bescherte. Als diese Einnahmequelle zu Beginn des 19. Jh.s versiegte, begann der Aufstieg Gmundens zur Kurstadt, die mit dem mondänen Bad Ischl um die Gunst von Sommerfrischler aus Adel und Bürgertum wetteiferte. Am prächtigen **Renaissance-Rathaus** an der Südseite des Platzes fällt das monumentale Keramikglockenspiel auf. Hinter dem Rathausplatz ragt der Zwiebelturm der barockisierten **Pfarrkirche** auf. Das Gotteshaus lohnt allein wegen des **Dreikönigsaltars von Thomas Schwanthaler** (1634–1707) eine Besichtigung.

Am Rathausplatz beginnt ein **Themenweg**, der den Spuren der um 1830 eröffneten **Pferdeeisenbahn** folgt. Sie transportierte Salz, das über die Traun und den Traunsee aus dem Inneren Salzkammergut verschifft worden war, und später Passagiere von Gmunden bis nach Linz und Budweis beförderte. Um 1872 löste das Dampfross die Pferde ab.

Fünf Museen auf einen Streich

Kammerhof-museum

Von der Früh- und Vorgeschichte der Traunsee-Region über die Entwicklung Gmundens zum Handelsplatz für Salz bis hin zu traditioneller Krippenbau- und zeitgenössischer Töpferkunst: In den Museen des Kammerhofs hinterm Rathausplatz, einst Sitz der Salinenverwaltung, erfahren die Besucher alles Wissenswerte über die Geschichte der Stadt und ihrer Menschen. Geradezu einzigartig ist die Ausstellung **Klo & So im Museum Gmunden,** die weltweit größte Sammlung von Sanitäranlagen. Sie spannt einen Bogen von Nachttöpfen mit Blumendesign über das rosshaargepolsterte Reiseklo Kaiser Franz Josephs I. bis hin zu modernen Wasserklosetts und beleuchtet dabei auch die historische Entwicklung der Sanitäranlagen.

Mi.–So. 10–15 Uhr | Erw. 6 €
https://museum.gmunden.at

Ein Habsburger auf Abwegen

Land- und Seeschloss Ort

Von der Schiffsanlegestelle führt die Uferpromenade am Kurpark vorbei zu der **Halbinsel Toscana** mit dem Land- und dem Seeschloss Ort auf einer winzigen Insel im See. Ihren Namen verdankt die Halbinsel dem Habsburger Sprössling Leopold von Österreich-Toskana (1797–1870), der 1859 als Großherzog der Toskana abdankte und in den 1860er-Jahren die beiden Schlösser für seine Familie erwarb.

UND SIE FÄHRT UND FÄHRT ...

Eine Fahrt mit dem 1872 in Dienst gestellten Schaufelraddampfer Gisela ist wie ein Ausflug in die gute alte Zeit. Während die Kolben der Uralt-Dampfmaschine schwingen und die Räder sich drehen, gleitet das Schiff mit 20 km/h durch die Fluten – ein herrlich nostalgisches Vergnügen. (Juli und Aug., jeweils So. bei Schönwetter www.traunseeschifffahrt.at)

Das kleine Seeschloss schenkte er seinem Sohn **Erzherzog Johann Salvator** (1852–1890), der 1877 in unmittelbarer Nachbarschaft des Landschlosses ein Villa Toscana genanntes herrschaftliches Anwesen für seine Mutter errichten ließ. Dieser Johann Salvator hat später vor allen Dingen als enfant terrible des Hauses Habsburg Furore gemacht. 1889 bat er um Entlassung aus dem Kaiserhaus und heiratete seine Lebensgefährtin, die Wiener Tänzerin »Milli« Stubel. Habsburgs Boden durfte er von nun an nicht mehr betreten. Als **Johann Orth**, wie er sich nun nannte, erwarb er ein Kapitänspatent und einen Frachtdampfer, mit dem er Europa Richtung Südamerika verließ. Den Zielhafen Valparaiso hat das Schiff aber nie erreicht, weil es vermutlich in der Magellanstraße unterging. Spekulationen, dass Johann Salvator fernab der Heimat ein neues Leben begonnen habe, wollten allerdings nie verstummen. Die Anfänge des Seeschlosses auf der kleinen Insel, ursprünglich eine Wasserburg, gehen auf das 10. Jh. zurück. Während des **oberösterreichischen Bauernkrieges** von 1626 fiel die Anlage mitsamt den Stallungen und Werkstätten auf der Halbinsel einem brandschatzenden Bauernheer zum Opfer und musste neu errichtet werden. Anstelle der Wirtschaftsgebäude ließ der damalige Besitzer Adam Graf Herberstorff (1585–1629) das vierflügelige Landschloss errichten. Es ist in privater Hand und kann nur von außen besichtigt werden.

Eine Holzbrücke führt auf das kleine Seeschloss, das die romantische Kulisse für alljährlich Hunderte von Trauungen bildet. Zwischen 1996 und 2004 war es Schauplatz der TV-Serie »Schlosshotel Orth«. Sehenswert ist im Sommer die Ausstellung über den am gegenüberliegenden Ufer aufragenden Traunstein, den »Wächter des Salzkammerguts«. Fangfrischen Fisch genießt man im Schlossrestaurant in rustikalem Ambiente oder auf der Seeterrasse.

https://schlossort.gmunden.at | April–Okt. tgl. 10–16 Uhr | Erw. 5 €

Gehobene Tischkultur

Gmundner Keramik-Manufaktur

Bereits im 17. Jh. war Gmunden ein Zentrum der Fein- und Zierkeramik. Bereits damals entstand das **grüngeflammte Geschirrdekor**, das ein Aushängeschild der Keramikstadt werden sollte und bis heute zusammen mit weiteren Design-Linien Tassen, Teller und Kannen aus der Gmundner Keramik-Manufaktur ziert. Auf einer einstündigen Werksführung kann man jeden Arbeitsschritt verfolgen und dabei auch den Keramik-Malern über die Schulter schauen. Wichtigster Exportmarkt für das spülmaschinen- und mikrowellenfeste Geschirr ist Deutschland. Der Werkverkauf der Manufaktur bietet auch preisgünstige Ware mit kleinen Fehlern an. Für kreative Naturen sind die regelmäßigen Keramik-Malworkshops eine Empfehlung!

Wer sich auch für die Produkte der Konkurrenz interessiert, sollte vielleicht in **Schloss Weyer** im gleichnamigen Gmundner Ortsteil vorbeischauen. Dort lässt sich eine kostbare Sammlung Meissner Porzellans bestaunen.

Keramikmanufaktur: Keramikstr. 24 | Führungen Mo.–Sa. 10.30 u. 13 Uhr, Juni–Aug. auch So. | Erw. 9,50 € | www.gmundner.at

Schloss Weyer: Karl-Josef-von-Frey-Gasse 27 | Mitte Juli–Mitte Aug. Di.–Fr. 10 bis 12 u. 14–17.30, Sa. 10–13 Uhr | Erw. 12 €

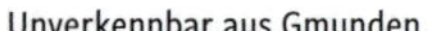

Unverkennbar aus Gmunden

In der Dichter-Werkstatt

Thomas-Bernhard-Haus

Für Fans von Thomas Bernhard ist der Besuch seines Anwesens in **Ohlsdorf** rund 8 km nördlich von Gmunden fast schon Pflicht. Der Schriftsteller erwarb den Vierkanthof 1965 und verbrachte seine letzten beiden Lebensjahrzehnte dort. Die Ausstellung gewährt interessante Einblicke in Bernhards Alltag und dessen Niederschlag in seinem literarischen Schaffen.

Obernathal 2, Ohlsdorf | April–Sept. Sa., So., Fei. 14–18 Uhr, sonst gegen Voranmeldung | Erw. 10 €
Tel. 07612 644 75 | www.thomasbernhard.at

Wohin am Traunsee?

Das Wunder vom reichen Fischfang

Traunkirchen

Die kleine Gemeinde am Westufer des Sees hütet einen ganz besonderen Schatz. Die von einem unbekannten Meister geschaffene **Fischerkanzel** in der barocken Pfarrkirche, die sich auf einer kleinen Halbinsel erhebt, hat die Form eines Bootes und stellt das Wunder vom reichen Fischfang dar. Im Bug und im Heck des Schiffes sieht man die Apostel Jakobus und Paulus, die dabei sind, ein prall mit Fischen gefülltes Netz an Bord zu hieven. Silberkaskaden stellen das abfließende Wasser dar. Auf der Kanzelhaube hält ein Krebs dem heiligen Franz Xaver ein Kreuz entgegen.

Die **Johanneskapelle**, die gegenüber der Pfarrkirche malerisch auf einem mit Eiben und Buchen bewachsenen Felssporn thront, ist ein beliebtes Fotomotiv. Der etwas weiter landeinwärts liegende **Traunkirchner Kalvarienberg** hat etwas ganz Besonderes zu bieten. In der höchst gelegenen der insgesamt fünf Kapellen zeigen Fresken das himmlische Jerusalem inmitten eines Salzkammergut-Panoramas. Im einstigen Nonnenkloster in der Nachbarschaft der Pfarrkirche stellen die **Goldhaubenstickerinnen** vom Traunsee ihre kostbaren Handarbeiten aus.

Handarbeitsmuseum: Klosterplatz 2 | Mai, Juni, Sept., Okt. Fr., Sa., So. 14–17 Uhr, Juli u. Aug. auch Do. | Erw. 3 €

Für Gipfelstürmer und Genusswanderer

Traunstein

Der mächtige Felsklotz aus Kalkstein ragt am Ostufer des Traunsees 1691 m empor. Seine markante Silhouette ist bei klarer Luft aus über 100 Kilometer Entfernung auszumachen, was dem Berg den Beinamen »Wächter des Salzkammerguts« eingetragen hat. Für geübte Bergsteiger ist der Gipfel in drei Stunden zu bezwingen. Weniger anstrengend ist der **Miesweg**, der gut gesichert über Holzstege und auf Felswegen am wilden Ostufer entlang führt und herrliche Panoramen bietet. In beiden Fällen starten Wanderer beim Hois'nwirt (auch Schiffsanlegestelle).

Vollkommenes Sommerglück – Badevergnügen am Traunsee

Ein dunkles Kapitel

Ebensee

Die Gemeinde liegt im Süden des Sees an der Mündung der Traun. Das **Zeitgeschichte Museum** erzählt die Geschichte des KZ Ebensee, das im November 1943 als Außenstelle des KZ Mauthausen in der Nähe des Orts eingerichtet wurde. Rund 27 000 Häftlinge aus 20 Nationen mussten dort Stollen für die Rüstungsproduktion anlegen. Bis zur Befreiung durch US-Truppen im Mai 1945 kam ein Drittel aufgrund der unmenschlichen Arbeitsbedingungen ums Leben. Auf dem KZ-Gelände 3 km hinter Ebensee ist eine Gedenkstätte mit Friedhof und Denkmälern für die Verstorbenen eingerichtet.

Zeitgeschichte Museum: Kirchengasse 5 | Okt.–Feb. Di.–Fr. 10–17, März – Mitte Juni auch Sa., Mitte Juni–Sept. auch So. | Erw. 7 €
www.memorial-ebensee.at

KZ-Gedenkstätte: Mai – Mitte Juni u. Mitte bis Ende Sept. Sa. u. So. 10–17, Mitte Juni – Mitte Sept. Di.–So. 10–17 Uhr | Erw. 6 €

Feuer und Hölle

Höllengebirge

Das nicht mehr als 17 km breite, verkarstete Hochplateau ragt wie ein Felsriegel zwischen den Südzipfeln von Attersee und Traunsee auf. Es war vermutlich die grandiose Aussicht, die den Unternehmer Rudolf Ippisch dazu bewog, von Ebensee eine Seilbahn auf den 1592 m hohen **Feuerkogel** am Ostrand des Gebirges bauen zu lassen. Von der Bergstation mit gleich vier Gasthöfen gelangt man in ca. einer Stunde zur Aussichtskanzel **Alberfeldkogel mit dem Europakreuz**, das anlässlich der EU-Ratspräsidentschaft Österreichs 2006 aus Metallwürfeln zusammengebaut wurde. Jeder der nach allen Seiten mit einer Öffnung versehenen Würfel steht für eines der EU-Mitgliedsländer. Jeder enthält einen für »sein« Land typischen Stein, für Deutschland etwa ist das ein Stück der Berliner Mauer. Die Feuerkogelregion ist im Winter ein Ski- und im Sommer ein Wanderparadies. Besonders lohnend ist ein Feuerkogel-Ausflug Ende Juni bis Mitte Juli, wenn die alpine Flora in Hochblüte steht.

Feuerkogelseilbahn: www.feuerkogel.info

Bezaubernde Bergseen

Langbathseen

Die Gewässer liegen etwa 10 km nordwestlich von Ebensee am Fuß des Höllengebirges. Einst frönte Kaiser Franz Joseph I. dort seiner Jagdleidenschaft. An heißen Sommertagen bietet das kristallklare Wasser des **Vorderen Langbathsees** erfrischende Kühle. Im Winter stehen Eislauf und Langlaufen auf dem Programm. 15 km südöstlich von Ebensee lässt sich mit dem Offensee am Fuß des Toten Gebirges (▶ Ausseerland) ein weiteres Naturidyll erkunden.

Folterwerkzeuge und Sensenschmiede

Scharnstein

Die kleine Gemeinde liegt rund 18 km östlich von Gmunden im unteren Almtal. Im gleichnamigen Schloss, in dem zwischen 1584 und 1848 das Landgericht residierte, informiert das österreichische **Kriminal- und Gendarmeriemuseum** anhand zahlreicher Exponate über Methoden der Strafverfolgung und des Strafvollzug in vergangenen Zeiten. So manchem Besucher laufen bei einem Gang durch Verliese und Folterkammer kalte Schauer über den Rücken. An der ausgestellten Gefangenenkleidung klebt oft noch Blut. Einen breiten Raum widmet das Museum aber auch der Entwicklung der österreichischen Polizei und Gerichtsbarkeit von der Mitte des 19. Jh.s bis in die Gegenwart. Das **zeitgeschichtliche Museum** im Schloss informiert über die bewegte Geschichte Österreichs im 20. Jahrhundert.

In einem 400 Jahre alten Hammerwerk direkt am Almfluss führt das **Sensenmuseum Geyrhammer** in die Fertigung von Sensen ein. Beim Schauschmieden kann man miterleben, wie in zahlreichen Arbeitsgängen und bei Temperaturen von über 1000 °C ein Präzisionswerkzeug entsteht, ohne das die Bauern einst kaum auskamen.

Kriminalmuseum: Schlossberg 12 | Mai, Juni, Sept., Okt. Sa., So. u. Fei. 10–17 Uhr, Juli u. Aug. auch Do. und Fr. | Erw. 11 €
http://scharnstein.kriminalmuseum.at

Sensenmuseum: Grubbachstraße 10 | Mai–Okt. Sa. u. So. 10–12 u.14–16 Uhr | Schauschmieden 1. Sa. im Monat 15 Uhr | Erw. 4 €
www.sensenmuseum.at

Wilde Tiere, wilde Felslandschaft

Wildpark Grünau, Almsee

Rund 7 km südlich des Bilderbuchdorfs Grünau lädt der Wildpark zu Streifzügen durch eine **weitgehend naturbelassene Landschaft** ein. Mehr als 500 Tiere, u. a. Steinbock, Rothirsch, Wisent, Luchs, Braunbär und Wölfe, leben in den Gehegen. Nördlich des Wildparks wird in der **Konrad-Lorenz-Forschungsstelle** das Verhalten von Waldrappen, Kolkraben und Graugänsen beobachtet. Der Namensgeber, der Nobelpreisträger Konrad Lorenz, hatte am Almsee wenige Kilometer weiter südlich bahnbrechende Erkenntnisse über das Verhalten von Graugänsen gewonnen. Im **Almsee** liegt die Quelle der Alm, eines Zuflusses der Traun. Auf einem Spaziergang rund um den See lässt sich die Aussicht auf die Nordwände des Toten Gebirges mit Neuner-, Zehner-, Elfer- und Zwölferkogel genießen. Die markanten Gipfel dienten den Almtaler Bauern einst als steinerne Sonnenuhr.

Wildpark: April–Okt. tgl. 9–17, Nov.–März 10–16 Uhr | Erw. 12 €
https://wildpark.at/

WALLERSEE

Höhe: 504 m ü.d.M. | **Landschaft:** Flachgau

Saftig-grüne Wiesen, lichte Wälder und sanft geschwungenes Hügelland: Der Wallersee und seine ländliche Umgebung laden zu kleinen Fluchten aus dem Alltag ein. Im Sommer zieht es viele Städter aus dem nahen Salzburg an das ruhige Gewässer.

Der Wallersee liegt 15 km nordöstlich von Salzburg und ist mit einer Fläche von 6,4 km² der größte See des Salzburger Alpenvorlandes. Bis auf Wallersee-Zell am Nordufer, das man von Salzburg aus mit der S-Bahn erreicht, liegen alle Ortschaften etwas vom Ufer entfernt. Der See ist als Badesee ausgewiesen und ein Refugium für Segler, Surfer und Kanuten.

Wohin am Wallersee?

Künstlertreff und Zufluchtsort

Henndorf

In den späten 1920er- und 1930er-Jahren war der 5000-Einwohner-Ort südlich des Waller Sees ein Treffpunkt bekannter Künstler. Der Schriftsteller **Carl Zuckmayer** hatte dort 1926 das Landhaus **»Wiesmühle«** erworben und illustre Gäste, darunter Ödön von Horvath, Erich Maria Remarque und Stefan Zweig, um sich versammelt. Nach der nationalsozialistischen Machtergreifung wurde

WALLERSEE ERLEBEN

SALZBURGER SEENLAND TOURISMUS

Seeweg 1, 5164 Seeham
Tel. 06217 202 20
www.salzburger-seenland.at

GOLFPLATZ GUT ALTENTANN

Golfspieler lässt der 18-Loch-Platz jubilieren. Die US-Golflegende Jack Nicklaus hat ihn nämlich entworfen.
Hof 54, Henndorf
Tel. 06214 602 60
www.gutaltentann.com

SEEHOTEL WINKLER €€€

Das familiengeführte Haus hat großzügige Gästezimmer und die Wallerseefische vom Rost, im Salzbett oder im Wurzelsud sind ein Gedicht!
Uferstr. 32, Neumarkt
Tel. 06216 52 70-0
www.seehotel.at

CAFÉ KONDITOREI MOSER €€

Martina Mosers Apfelstrudel hat Auszeichnungen eingeheimst, ein Gedicht ist auch die Mango-Torte. Tipp: Picknick-Korb bestellen und am Wallersee genießen!
Hauptstr. 50
Seekirchen
Tel. 06212 22 67
Mi.–So. 8–18 Uhr
www.moser.cafe

FERIENHOTEL HERZOG €€

Das Haus bietet seinen Gästen einen Wellnessbereich, eine Sonnenterrasse und einen schönen Garten. Die Atmosphäre ist familiär und das Frühstück reichhaltig. Ein kostenloser Radlverleih gehört zum Angebot dazu.
Maierhofstr. 55
Neumarkt
Tel. 06216 451 90
www.ferienhotel-herzog.at

Henndorf für ihn und viele seiner Freunde zum Zufluchtsort. Mit dem »Anschluss« Österreichs 1938 musste Zuckmayer aus seinem »Paradies« fliehen. In seiner Autobiografie »Als wär's ein Stück von mir« beschreibt er, wie er einem Rollkommando nur knapp entkam. Das **Henndorfer Literaturhaus** erinnert an Zuckmayer und seinen Freundeskreis. Es residiert im Haus des Großvaters von Thomas Bernhard, des Schriftstellers Johannes Freumbichler (1881–1949) und bietet einen Literaturspaziergang an, der u. a. zu Zuckmayers »Wiesmühle« führt.
Gut Aiderbichl, 2001 von Michael Aufhauser als »1. Tierparadies« eröffnet, bietet ausrangierten Dressurpferden, Papageien, Lamas so-

wie dem Schlachter entronnenen Schweinen, Kühen und Kälbern ein neues Zuhause. Rund 1000 Tiere leben auf dem Hof.

Literaturhaus: Franz-Stelzhamer-Str. 10 | Di. 10–12, Fr. 16–18 Uhr www.literaturhaus-henndorf.at | **Gut Aiderbichl:** Postbus 130 ab Salzburg Bahnhof | Mi.–So. sowie an Feiertagen 9–18 Uhr, im Advent u. in Ferienzeiten tgl. | Erw. 12,50 € | www.gut-aiderbichl.at

Freizeitvergnügen im Norden des Sees

Neumarkt

Viele Besucher starten von Neumarkt im Norden ihre Erkundungstour um den See. Das **Strandbad** mit Blick auf die Alpenkette liegt nur 1 km vom Ort entfernt. Auch Segler, Surfer und Stehpaddler finden dort ideale Bedingungen vor.
Von Köstendorf 3 km westlich von Neumarkt führt eine lohnende Wanderung auf den **Tannberg** (785 m), der eine prächtige Aussicht bis zu den Chiemgauer Bergen bietet. Im **Naturschutzgebiet Wenger Moor** am Westufer des Wallersees lassen sich mit etwas Glück seltene Vögel beobachten. Ein 3 km langer Themenweg erschließt Hochmoor-Biotope, Streuwiesen und ehemalige Torfstiche.

Erlebnispark Fantasiana: Mai–Sept. tgl. 10–18 Uhr, April u. Okt. Sa. u. So. | Erw. 28 € | www.erlebnispark.at

Führungen im Wenger Moor mit Nature Guide Josef Wengler Tel. 0664 143 10 08

Bootsausflug mit Fischjause

Seekirchen

Der um 700 erstmals urkundlich erwähnte Ort westlich des Wallersees ist eine der ältesten Städte Österreichs. 1977 fand man an der Stiftskirche die Reste eines Gotteshauses aus der Zeit des hl. Rupert (650 bis 718), des Salzburger Landespatrons. Im Juli und August fährt ein Bummelzug von der Ortsmitte zum Strandbad. Von dort führt ein Weg vorbei am Camping-Platz zu O-Fischer, dem Familienbetrieb Kapeller, der Boote aller Art vermietet.

www.bootsverleih.at

WERFEN

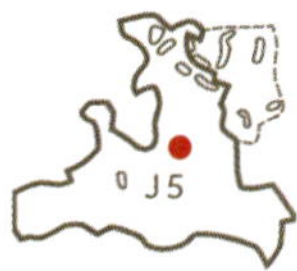

Höhe: 552 m ü.d.M. | **Einwohnerzahl:** 3000 | **Landschaft:** Pongau

Im Osten ragt der Kalkklotz des Tennengebirges auf, gegenüber die Felswände von Hagengebirge und Hochkönig-Massiv. Der alte Markt Werfen liegt eingebettet in eine dramatisch schöne Gebirgslandschaft an einer Engstelle des Salzachtals. Highlights sind die mächtige Burg Hohenwerfen und die Eisriesenwelt.

WERFEN ERLEBEN

TOURISMUSVERBAND WERFEN

Markt 24
5450 Werfen
Tel. 06468 53 88
www.werfen.at

HÜTE ZAPF

Der Hutsalon zählt zu Salzburgs Paradebetrieben in Sachen stilvoller Kopfbedeckung. Hier kann man sich im Sommer wie im Winter gegen extreme Wetterlagen wappnen!
Markt 13
5450 Werfen
Tel. 06468 52 27
Mo.–Do. 9–12 u. 14–16,
Fr. 9–12 Uhr, Sa. n. V.
www.zapf.at

RESTAURANT-HOTEL OBAUER €€€€

Das Hotel residiert in alten, allerdings restaurierten Gemäuern. Die Gästezimmer sind erfrischend modern und doch behaglich eingerichtet. Das viel ausgezeichnete Restaurant zählt zu den besten der Region. Die Weinkarte ist hervorragend.
Markt 46
5450 Werfen
Tel. 06468 52 12
11 Zi. u. 3 Suiten
www.obauer.com

GASTHOF WERFENERHOF €€

Der Gasthof am oberen Ende des Marktes bietet Hausmannskost und Quartier zu günstigeren Preisen. Die frischen Forellen sind ein Genuss, die Gästezimmer geräumig und liebebvoll eingerichtet.
Markt 2
5450 Werfen
Tel. 06468 52 02
www.werfenerhof.at

GASTHOF WEISSES RÖSSL €€

Das Haus im Ortszentrum bietet 14 einfach eingerichtete Zimmer mit Kabel-TV und WLAN. Von der Liegeterrasse im ersten Stock geht der Blick auf das Tennengebirge. Radfahrer wissen ihr Sportgerät in einem absperrbaren Keller sicher.
Markt 39
Tel. 06468 52 68
www.weisses-roessl-werfen.at

Werfen liegt rund 40 km südlich von Salzburg an einer der wichtigsten Alpentransitrouten. Archäologische Funde belegen, dass durch das enge Durchbruchstal, das die Salzach einige Kilometer nördlich von Werfen geschaffen hat, bereits in der Bronzezeit Menschen zogen. Heute überwindet die Tauern Autobahn (A10) den Pass Lueg durch zwei Tunnel und führt rechts der Salzach an Wengen vorbei Richtung Süden. Der Ort entwickelte sich im Schutz der Burg Hohenwerfen und erhielt 1425 Marktrechte.

Wohin in Werfen?

Burg Hohenwerfen

Bollwerk der Salzburger Erzbischöfs

Das Wahrzeichen Werfens thront auf einem dicht bewaldeten Felskegel. Bischof Gebhard von Salzburg (1010–1077) hatte wohl auch die Lage an einer Engstelle des Salzachtals im Blick, als er den Bau um 1077 initiierte. Über die Jahrhunderte war die Festung ein wichtiger Kontrollpunkt an einer der bedeutendsten Handelsrouten und galt als praktisch uneinnehmbar. Nur einmal, in den Bauernkriegen 1525, fiel die Burg in die Hände eines Bauernheeres und wurde angezündet. Nach der Niederschlagung des Aufstandes erhielt sie ihre heutige Gestalt. In den Verliesen schmachteten u.a. Erzbischof Wolf Dietrich von Raitenau (1559–1617)und protestantische Prediger. Mit der Auflösung des Fürsterzbistums zu Beginn des 19. Jh.s verlor die Burg ihre militärische Bedeutung. Nach dem Ende des Zweiten Weltkriegs fiel sie an das Land Salzburg. 1987 startete die Burg Hohenwerfen nach einer umfangreichen Restaurierung eine neue »Karriere« als **»Erlebnisburg«**. Auf einem 20-minütigen Waldspaziergang bzw. mit dem Aufzug gelangt man in den Burghof, der jederzeit als Kulisse für einen Ritterfilm genutzt werden könnte. Im

In der unterirdischen Welt der Eisriesen

Rahmen einer Führung sind u. a. die Burgkapelle mit romanischen Freskenresten, Wehrgänge mit herrlichen Panoramen auf die Bergwelt, eine rekonstruierte Folterkammer, Verliese oder das Fürstenzimmer im Palast des Burgherrn zu sehen. Vom windigen Glockenturm zeigen sich Tennengebirge, Hagengebirge und Hochkönig in ihrer ganzen Pracht.
Nach einer Pause im malerischen Burghof mit Schenke rundet die **Greifvogelschau** im Landesfalkenhof den Ausflug ins Mittelalter ab. Die Falkner und Falknerinnen kommentieren das Geschehen im Luftraum über der Burg mit Esprit.

April u. Okt. Di.–So. 9.30–16, Mai–Sept. 9–17 bzw. 18 Uhr (Hochsommer) | Flugvorführungen 11.15 u. 15.15, im Hochsommer 16.30 Uhr | Erw. 16,90 € (mit Lift)
www.salzburg-burgen.at

Eisige Zauberwelt in 1664 m Höhe

Eisriesenwelt

Die im Tennengebirge rechts der Salzach liegenden Eisriesenwelt ist ein einzigartiges Naturmonument. Mit einer Gesamtlänge von 42 km ist sie die **größte bekannte Eishöhle der Welt**. Sie wurde 1879 von Jägern entdeckt und ab 1920 für das Publikum zugänglich

gemacht. Der britische Natur- und Tierfilmer David Attenborough zählte sie zu den 30 größten Naturwundern der Erde und der Höhlenforscher Alexander von Mörk wählte sie als letzte Ruhestätte. Das Eis bildet sich durch einen Kamineffekt zwischen tiefer und höher gelegenen Eingängen: Im Winter gelangen kalte Luftmassen ins Innere. Das Gestein wirkt bis ins Frühjahr als natürlicher Kühlschrank, beim Einsetzen der Schneeschmelze sickert Wasser durch die Spalten, gefriert und sorgt für einen neuen Eisüberzug. Die Felsen sind bis in den Frühsommer mit einem **glitzernden Schleier aus Eiskristallen** überzogen. Wer die Höhle besichtigen möchte, muss eine gute Kondition, Trittsicherheit und Schwindelfreiheit mitbringen.
Von der bewirtschafteten **Schutzhütte Dr.-Friedrich-Oedl-Haus**, die man nach einer kurzen Seilbahnfahrt oder auf einer anderthalbstündigen Wanderung erreicht, führt ein gegen die steilen Abgründe gut gesicherter Pfad in 15 Minuten zum Höhleneingang. Er liegt in 1664 m Höhe. Nur ein etwa 1 km langes Teilstück ist als **Schauhöhle** auf Führungen für Laien zugänglich. Im Licht von Karbidlampen und Magnesiumfackeln enthüllt die Eisriesenwelt ihre ganze Pracht. Filigrane Eisvorhänge, dicke Zapfen und erstarrte Flüsse gleißen einige Momente in kristallklarer Schönheit. Während der Führung müssen 134 Höhenmeter überwunden werden. Über den »Großen Eiswall« gelangt man in die mächtige »Hymir-Halle« – benannt nach dem Eisriesen des isländischen Edda-Liedes. Die »Hymir-Burg«, eine mächtige Formation, gleicht einem Märchenschloss. Im »Niflheim« versetzt die »Eisorgel«, ein kuppelförmiges Gebilde von bizarrer Schönheit, die Besucher in Entzücken.
Der gesamte Ausflug zur Eisriesenwelt und zurück dauert etwa vier Stunden. Seilbahnbetrieb und Höhlenführung sind organisatorisch zusammengefasst. Neben festem Schuhwerk ist warme Kleidung erforderlich, denn die Temperatur liegt selbst an heißen Sommertagen unter 0 °C! Zur Talstation der Seilbahn gelangt man von Werfen aus mit dem Pkw oder einem Linienbus.

Mai–Okt. tgl. ab 8.30 Uhr (Kassa), letzte Führung 15.45 Uhr | Erw. 35 € (online), Reservierung empfehlenswert | www.eisriesenwelt.at

Rund um Werfen

Ein Urlaubsort setzt auf Nachhaltigkeit

Werfenweng

Die 1000-Einwohner-Gemeinde am Südfuß des Tennengebirges bietet ihren Gästen **sanften Tourismus** getreu dem Motto »verträglich reisen und trotzdem mobil bleiben«. Das reicht vom kostenlosen Transfer zwischen Bahnhof und Hotel bis zum umweltfreundlichen Fahrzeugpark mit Elektro-Mietwagen und E-Bikes. Nicht alltägliche Urlaubserlebnisse wie Schneeschuhwanderungen und Lama-Trek-

Von St. Martin geht es zu Wanderungen ins Tennengebirge.

king ergänzen die Klassiker Skisport und Wandern. Im Januar werden Schlittenhunderennen ausgetragen. Das Landes-Skimuseum spannt einen Bogen von den Anfängen des Skilaufs vor rund 5000 Jahren (!) bis zum Rennsport der Gegenwart.

Die Gemeinde **Pfarrwerfen** am rechten Salzachufer 6 km westlich von Werfenweng ist als Mühlendorf bekannt. Die sieben Mühlen des Orts stehen unter Denkmalschutz und sind von Mai bis Oktober für Besichtigungen offen.

Skimuseum: Mai–Okt. Mi., Fr., So. 13–17; Nov.–April Do. 14–18 Uhr
Erw. 5 € | www.skimuseum.at

Mühlen: Mai–Okt. tgl. 8–19 | Vorführungen Juni–Sept Fr. ab 15 Uhr
Erw. 3,50 €

Urwald aus Baumriesen

St. Martin

Der Urlaubsort liegt 20 km östlich von Werfen auf 1000 m Höhe und ist ein Ausgangspunkt für Expeditionen in das schroffe, etwa 60 km² große **Tennengebirge**. Almhütten laden zur Stärkung mit Speck, Käse und selbst gebackenem Bauernbrot. Besondere Attraktion ist das Naturwaldreservat **»Lammertaler Urwald«** mit Bäumen von außergewöhnlichen Dimensionen. Gut 300 Jahre hat der »Lammertaler Wächter« auf dem Buckel, eine Tanne mit einer Höhe von 48 Metern.

WOLFGANGSEE

Höhe: 549 m ü.d.M. | **Landschaft:** Salzkammergut

Nicht erst seit den Tagen des Kanzlers Helmut Kohl, der alljährlich die Sommerferien mit seiner Familie in St. Gilgen verbrachte, ist der Wolfgangsee ein Urlaubsziel par excellence. Die malerische Lage in zauberhafter Gebirgsnatur lockte bereits zur Kaiserzeit viele Sommerfrischler an. Carl Benatzkys 1932 uraufgeführte walzerselige Operette »Im Weißen Rößl« machte den See dann endgültig populär.

Ein See mit vielen Facetten

Der Wolfgangsee liegt, eingerahmt von sanft geschwungenen Bergketten und dicht bewaldetem Hügelland, rund 35 km südöstlich von Salzburg. Er erstreckt sich über eine Länge von etwas mehr als 10 km von Nordwesten nach Südosten. Mit einer Fläche von 12,4 km² zählt er zu den größeren der Salzkammergutseen. Am Südufer ragt eine durch den Zinkenbach aufgeschwemmte Halbinsel weit aufs Wasser hinaus. Der See ist hier nur 200 m breit und 20 m tief.
Die Atmosphäre in den drei Urlaubsorten am Wolfgangsee könnte unterschiedlicher nicht sein. Während das am Nordufer gelegene St. Wolfgang immer noch im Bann des »Weißen Rößl« steht und meistens viel Rummel herrscht, geht es in St. Gilgen am West- und in Strobl am Ostufer beschaulich und ruhig zu. Allen drei gemeinsam ist das facettenreiche Sportangebot, das von Baden, Surfen und Segeln bis zu Klettern, Mountainbiken und Wandern reicht.

St. Wolfgang

Operettenseligkeit

Bummel durch den Ort

Seit der Uraufführung der Benatzky-Operette »Im Weißen Rößl« 1932 entwickelte sich der Ort am sonnigen Nordufer des Sees zu einem der beliebtesten Ausflugziele Österreichs. Die **Verfilmung der Operette** im Jahr 1960 mit Peter Alexander in der Hauptrolle dann tat ein Übriges und machte aus St. Wolfgang und dem Weissen Rössl einen Mythos. Die herzige Liebesgeschichte zwischen der Rössl-Wirtin Josepha und ihrem Kellner Leopold bewog Tausende von Fans zu einer Reise an die Originalschauplätze. Bis heute wirkt St. Wolfgangs Ortszentrum mit seinen **verwinkelten Gassen und historischen Giebelhäusern** ein wenig operettenhaft. Kutschen rollen über den Marktplatz, die Souvenirshops quellen vor Erinnerungsstücken an das »Weiße Rößl« über. Das Hotel selbst ist heute eine aus mehreren Gebäude bestehende **Luxusherberge** mit be-

WOLFGANGSEE ERLEBEN

WOLFGANGSEE TOURISMUS
Au 140
5360 St. Wolfgang
Tel. 06138 80 03
https://wolfgangsee.salzkammergut.at

WOLFGANGSEESCHIFFFAHRT
Mit dem Raddampfer »Kaiser Franz Josef I.« begann 1873 die Passagierschifffahrt am Wolfgangsee. Noch heute ist das 33 m lange Nostalgieschiff Teil der Flotte, die zwischen St. Gilgen, St. Wolfgang und Strobl von einem Ende zum anderen pendelt, und dabei auch die von Kletterern frequentierte Falkensteinwand passiert, wo der See 114 m in die Tiefe abfällt.
www.5schaetze.at

OPERETTENSOMMER
Von Mitte Mai bis Ende August erklingen im Michael Pacher-Haus in St. Wolfgang jeden Freitagabend zuckersüße Melodien, die jeder schon einmal gehört hat.

WOLFGANGSEER ADVENT
Weihnachtsstimmung wie anno dazumal – die Wolfgangseeschifffahrt verbindet die Christkindl-Märkte der drei Seeorte.
www.wolfgangseer-advent.at

WOLFGANGSEER WANDERDAMEN-WOCHEN
Gemeinsam wandern mit den »Wanderdamen« vom Wolfgangsee im Frühjahr und im Herbst.
www.wanderdamen.at

KLOSTERKELLEREI
Liköre, Schnäpse und Gin-Sorten für Kenner und Liebhaber hochprozentiger Mitbringsel.
Markt 2, St.Wolfgang
Tel. 0664 532 73 71
www.see-destillerie.at

❶ KIRCHENWIRT €€
Räucherfischtatar auf Feldsalat mit Bärlauch-Pesto, ofenfrischer Schweinsbraten oder Spinatpressknödel – was Wiesen und Wasser am Wolfgangsee hergeben, wird beim Kirchenwirt zu leckeren Gerichten verarbeitet.
Bürglstr. 18, Strobl
Tel. 06137 72 07
www.kirchenwirt.eu

❷ WIRT AM GRIES €€
Haus- und Küchen-Chefin Elisabeth Tritscher setzt auf Produkte, die keine lange Anreise hinter sich haben. Auf der Getränkekarte finden sich hausgemachte Kräuter- und Blumensodas und Salzburger Biere. Der kulinarische Bogen reicht von heimischen Wildfischen bis zu Klassikern der Fleischküche à la Wirtshauspfandl und Zwiebelrostbraten. Verfeinert wird mit Kräutern aus dem eigenen Garten und aus der Natur. Der Schnapswagen wartet mit Edelbränden vom Wolfgangsee auf.
Steinklüftstraße 6
Tel. 06227 23 86
St. Gilgen
www.wirtamgries.at
Mo./Di. Ruhetag

❸ SEEGASTHOF GAMSJAGA €€

Familie Weber bittet in einem Salzkammergut-Bilderbuchhaus zu Tisch. Neben Reinanken und Co. drängen sich die Wildgerichte auf. Vom Garten mit alten Kastanienbäumen bietet sich ein Prachtblick auf den Schafberg.
Gamsjaga 2, St. Gilgen/Abersee
Tel. 06227 32 22, ab 11.30 Uhr | Mi. Ruhetag, Nebensaison auch Do. Ruhetag, www.gamsjaga.at

❹ CAFE GENUSS €

Die legendäre Konditorei Dallmann, wo einst auch Helmut Kohl gerne einkehrte, gibt's zwar nicht mehr, aber auch der Nachfolgebetrieb hat erlesene Torten und Mehlspeisen.
Mozartplatz 2 a, St. Gilgen
Tel. 0660 41 11 650, Di. – So. 9 –17, Nebensaison 10 – 17 Uhr
www.genuss-cafe.at

❶ HOTEL HOLLWEGER €€€€

Das Haus bietet alles, was man für genüssliche Tage oder Wochen braucht: einen gepflegten Garten mit wunderbaren Aussichten auf den Wolfgangsee und die Schafspitze, ein Panorama-Hallenbad mit Saunalandschaft und ein elegantes Feinschmeckerrestaurant. In 10–15 Minuten ist man an der hoteleigenen Badebucht.
Mondsee Bundesstr. 2, St. Gilgen
Tel. 06227 22 26
www.hotel-wolfgangsee.at

❷ WEISSES RÖSSL €€€€

Berühmt machten das Weisse Rössl am Wolfgangsee die Operette von Ralph Benatzky (1930) und deren Verfilmung mit Peter Alexander (1960). Heute präsentiert sich das Traditionshaus als modernes Wohlfühl- und Romantikhotel in unschlagbarer Lage direkt am See. Der große Wellnessbereich geht nahtlos ins Freie über, im ganzjährig beheizten Seebad und einem schwimmenden Whirlpool stellen sich Glücksmomente ebenso ein wie im Romantik-Restaurant.
Markt 74, St. Wolfgang
Tel. 06138 23 06
www.weissesroessl.at

❸ GASTHOF ZUR POST €€€€–€€€

Das 12 m lange Jagdfresko über dem Eingang stammt aus dem Jahr 1618, die Fundamente der ehemaligen Poststation sind auf 1330 datiert. Jedes Gästezimmer hat eine individuelle Note und das Restaurant bietet saisonale Delikatessen wie Steinpilze oder Saibling aus dem Wolfgangsee.
Mozartplatz 8, St. Gilgen
Tel. 06227 21 57
www.gasthofzurpost.at

❹ GASTHOF KLEEFELD €€€

Das Haus bietet seinen Gästen gemütliche Zimmer und einen Wellnessbereich mit Sauna, Solarium, Infrarotkabine, Whirlpool und Dampfbad. In der Gaststube und im Erlebnisrestaurant Kleefeldstadl werden u. a. schmackhafte Forellen aus eigener Zucht und Wildspezialitäten aus eigener Jagd serviert.
Weißenbach 12, Strobl
Tel. 06137 73 83, www.kleefeld.at

❺ HOTEL SCHAFBERGSPITZE €€€

Das 1862 errichtete Hotel übertrifft herkömmliche Berghütten in Sachen Komfort bei Weitem und ist dennoch bodenständig geblieben (Mai–Okt.).
Ried 23, St. Wolfgang
Tel. 06138 35 42
https://schafberg.net

CAMPING WOLFGANGBLICK

Eine ruhige Lage, Sportangebote und eine Fähre nach St. Wolfgang sind Trümpfe dieses kleinen Campingplatzes auf der Zinkenbach-Halbinsel.
Seestr. 115 | St. Gilgen/Abersee
Tel. 0650 593 42 97
www.wolfgangblick.at

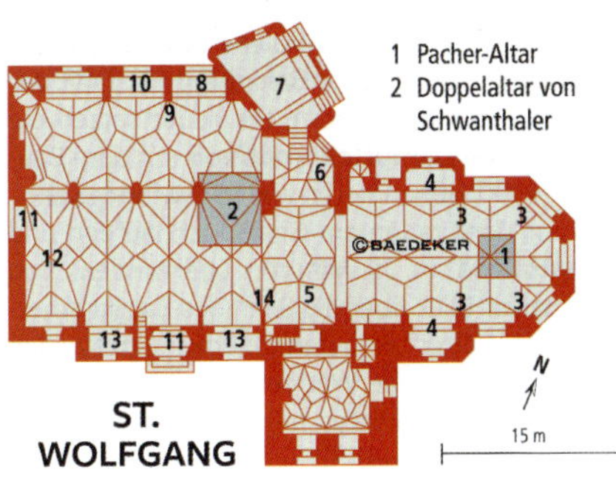

1 Pacher-Altar
2 Doppelaltar von Schwanthaler
3 Zunftstangen
4 Marmoraltäre
5 Sakristeiportal
6 Rosenkranzaltar
7 Wolfgangkapelle
8 Allerseelenaltar
9 Schmerzensmann
10 Antonius-Altar
11 Portale mit Reliefs
12 Orgel
13 Josef-Altar und Anna-Altar
14 Kanzel

heiztem See-Pool und allem Drum und Dran. Rössl-Atmosphäre kann man bei einem Kaffee auf der Terrasse »schnuppern«. An der Seepromenade stehen Motorboot-Ausflüge, Wasserski oder Parasailing auf dem Programm.

Ziel von Pilgerscharen

Wallfahrtskirche (▶Abb. S. 305)

Schon lange vor den Rössl-Zeiten zog St. Wolfgang die Massen an. Auf den Spuren des hl. Wolfgang (924–984) strömten bereits seit dem 13. Jh. Scharen von Pilgern an den Wolfgangsee. Die imposante spätgotische Wallfahrtskirche wurde im 15. Jh. an der Stelle des abgebrannten Vorgängerbaus errichtet. Ihr wetvollster Schatz ist der prachtvoll geschmückte **Flügelaltar von Michael Pacher** (1435 bis 1498). Im Mittelschrein des Altars ist Maria als Fürbitterin vor Christus kniend abgebildet, ihr zur Seite stehen der hl. Wolfgang und der hl. Benedikt. Das Gesprenge – der obere Teil des Altars – besteht aus zahlreichen schlanken Türmchen, Fialen genannt. Konkurrenz macht diesem Schmuckstück der knapp 200 Jahre später entstandene barocke **Doppelaltar für den hl. Wolfgang und Johannes den Täufer,** ein Hauptwerk Thomas Schwanthalers (1634–1707).

Sommerfrischler statt Pilger

Wolfgangseeschifffahrt

Als im Zuge der Reformen Kaiser Josephs II. (1741–1790) gegen Ende des 18. Jh.s die Wallfahrten stark eingeschränkt wurden, erlebte St. Wolfgang zunächst einen Niedergang. Um 1860 leitete der Sommerfrische-Tourismus eine neue Ära ein. 1873 nahm der **Schaufelraddampfer »Kaiser Franz Josef I.«** den Betrieb auf. Das Schmuckstück der Wolfgangseeflotte lädt zu Ausflügen wie zu K.-u.-k.-Zeiten ein.

Gipfelsturm mit Dampfross

Schafberg

Der markante Berg war schon zu K.-u.-k.-Zeiten ein beliebtes Ausflugsziel. Nicht wenige Feriengäste ließen sich damals von Sesselträgern,

starken Bauernburschen, die sich ein Zubrot verdienen wollten, hinauf zum Gipfel befördern. Seit 1893 lässt sich der Schafberg auch mit der **steilsten Zahnradbahn Österreichs** erobern. Bis heute setzen die Betreiber regelmäßig **historische Dampflokomotiven** mit dem Baujahr 1893/1894 ein, die die 1190 Höhenmeter vom **Schafbergbahnhof in St. Wolfgang** bis zur Bergstation am Gipfel, schnaufend und schwarze Rußwolken ausstoßend, in 35 Minuten überwinden. Von oben bietet sich ein traumhafter Blick über die Seen des Salzkammerguts, der bei entsprechendem Wetter bis in den Chiemgau im Norden und das Dachsteinmassiv im Süden reicht. Wer den Rundblick bei Sonnenuntergang und Sonnenaufgang auskosten möchte, mietet sich im **Hotel Schafbergspitze** ein (▶ 272).
www.5schaetze.at

Wohin in ★ St. Gilgen und Umgebung?

Vom Bauerndorf zur Sommerfrische

Bummel durch den Ort

Bis zur Eröffnung der Dampfschifffahrt war der Ort am Südwestufer des Wolfgangsees ein unbekanntes Bauerndorf. Doch dann wendete sich das Blatt. Mit den Schaufelraddampfern und später mit der 1893 eröffneten Salzkammergut-Lokalbahn kamen immer mehr Urlaubsgäste nach St. Gilgen. Der bekannteste war wohl Bundeskanzler Helmut Kohl (1930-2017), der bis zum Jahr 2000 mit seiner Familie viele Sommer am Wolfgangsee verbrachte. Wenn die Kohls in St. Gilgen weilten, waren auch immer viele Neugierige, Fotografen und Journalisten im Ort unterwegs. Wo genau die Familie Unterkunft fand, verrieten die St. Gilgener aber nicht. Heute erinnert der »Kanzler-Likör« des Europaklosters Gut Aich an den berühmten Gast.

Trotz der vielen Feriengäste hat sich St. Gilgen seine Beschaulichkeit bewahrt. Der Ortskern ist für den Durchgangsverkehr gesperrt. Hier und im Uferbereich stehen schmucke Villen aus der Zeit um 1900. Besonders stimmungsvoll zeigt sich der **Mozartplatz** mit dem 1914 erbauten Rathaus und dem Mozartbrunnen. Einen Blick lohnt die **Pfarrkirche St. Ägydius**, eine spätbarocke Saalkirche mit einer Madonna aus der Guggenbichler-Werkstatt (um 1700).

Unweit der Kirche steht das Geburtshaus von Wolfgang Amadeus **Mozarts Mutter,** Anna Maria Pertl (1720–1778). Ihr Vater war Gerichtspfleger in St. Gilgen. Mozarts Schwester Maria Anna, genannt **Nannerl**, heiratete 1784 einen Nachfolger ihres Großvaters und lebte mit ihm im Geburtshaus ihrer Mutter bis zu seinem Tod 1801. Seit 2009 residiert hier das **Mozarthaus St. Gilgen** mit der »Nannerl«-Dauerausstellung und Veranstaltungsräumen.

Das Heimatmuseum im 1655 erbauten **Wetzlhäusl**, das sich u.a. mit Salzburger Klöppelspitze und der St. Gilgener Glashütte beschäftigt, wird derzeit erweitert und voraussichtlich 2025 neu eröffnet.
In der ehemaligen Volksschule zeigt das **Musikinstrumenten-Museum der Völker** 4200 Exponate. Mit den Live-Darbietungen von Kustos Askold zur Eck wird der Besuch zum faszinierenden akustischen Streifzug rund um den Globus. Die **Zinkenbacher Malerkolonie**, die in der Zwischenkriegszeit am Wolfgangsee aktiv war und 1938 zerfiel, thematisiert das einen Stock höhere gelegene Museum in sorgfältig kuratierten Wechselausstellungen.

Mozarthaus: Ischler Str. 15 | Juni und Sept. Fr. – So. 10 – 16 , Juli u. Aug. Di. – So. 10 – 16 Uhr | Erw 6 € | www.mozarthaus.info
Heimatmuseum: Pichlerplatz 6 | Wiedereröffnung vorauss. 2025
Musikinstrumente-Museum: Aberseestr. 11 | Juli, Aug. Di. bis So. 9–11 u. 15–19 Uhr, sonst kürzere Öffnungszeiten | Erw. 4 € | www.hoerart.at
Museum Zinkenbacher Malerkolonie: Ende Juni – Anf. Okt. tgl. 14–19 Uhr | Erw. 6,50 € | www.malerkolonie.at

Auf dem Hausberg von St. Gilgen

Zwölferhorn

Von St. Gilgen schwebt eine Seilbahn in 15 Minuten hinauf auf den 1522 m hohen Aussichtsberg, der tolle Fernsichten über den Wolfgangsee und das Salzkammergut bietet. Die Gipfelregion ist ein be-

SEAHAWK II

liebtes Wandergebiet. Wer den Berg auf Schusters Rappen bezwingen will, braucht von St. Gilgen aus etwa 3 Stunden.
www.zwoelferhorn.at | Ganzjahresbetrieb

Auf den Spuren der Wallfahrer

Von St. Gilgen nach St. Wolfgang

Von St. Gilgen aus erschließt ein Spazierweg über den Weiler Brunnwinkl die Nordwestecke des Wolfgangsees. Ein kleiner Abstecher führt zum **Europakloster Gut Aich**, das in seinem Klosterladen Kräuterliköre und -kosmetika mit Ingredienzien aus dem eigenen Garten anbietet. Von dort ist es nicht mehr weit zum Hotel Fürberg direkt am Ufer. Hier kann man sich in den uralten Pilgerweg einklinken, der hinauf zum **Falkenstein** und weiter nach St. Wolfgang führt (Gehzeit 3 Std., Rückweg mit Schiff möglich). Aufgehäufte Steine am Wegrand stammen von Generationen von Pilgern, die dem hl. Wolfgang Reverenz erwiesen. Das **Wallfahrtskirchlein auf dem Falkenstein** wurde an der Stelle in den Fels gebaut, an der um 980 n. Chr. die Einsiedelei des hl. Wolfgang gestanden haben soll. Am Altar befindet sich ein **»Schlupfstein«,** der allen, die durch ihn hindurchkriechen, Gesundheit schenkt. Und wer die Turmglocke genau drei Mal zum Klingen bringt, dem geht ein Wunsch in Erfüllung.
Kloster-Hofladen: April–Sept. Mo.–Sa. 10–17, So. 10–12 Uhr | Rest des Jahres kürzer | Führungen 7 € | www.europakloster.com

Das geteilte Dorf

Abersee

Von St. Gilgen führt die Bundesstraße das Südufer des Sees entlang nach Abersee auf der Zinkenbach-Halbinsel. Der Teil des Dorfs, der links des Zinkenbachs liegt, gehört zu St. Gilgen, der rechts zur Gemeinde Strobl. Abersee wartet mit schönen Bauernhöfen, Camping- und Badeplätzen auf. Das um 1500 errichtete »Lipphaus« beherbergt ein Heimatmuseum. Aus der Brennerei Primushäusl der Familie Rieger kommen preisgekrönte Edelbrände, Whisky und Gin.
Heimatmuseum: Juni–Sept. Sa. 14–17, So. 10–12 Uhr | Erw. 4 €
Primushäusl Brennerei: www.primushaeusl.at

Wohin in Strobl?

Erinnerung an UFA-Stars

Im Ortszentrum

Die Gemeinde am Ostzipfel des Wolfgangsees ist die beschaulichste am See. Neben traditionellen Bauernhäusern sieht man hier eine Reihe schöner Villen aus der Zeit um 1900. Denkmäler erinnern daran, dass einst Schauspieler wie Emil Jannings, der erste Oscar-Preisträger überhaupt, und Theo Lingen in Strobl lebten. Bei einem

Der Ochsenkreuz-Bildstock steht in der Fürbergbucht vor St. Gilgen im See.

Abendspaziergang entlang der Uferpromenade lassen sich **herrliche Sonnenuntergänge** erleben.

Raritätenkasten der Natur

Blinklingmoos

Von blütenreichen Streu- und Feuchtwiesen bis Moor- und Auwäldern: In dem Naturschutzgebiet westlich des Strobler Stadtzentrums finden sich verschiedene **Feuchtbiotope auf kleinstem Raum**. Hier gibt es an jeder Ecke botanischen Raritäten zu entdecken, aus den Tümpeln erklingt das dunkle Gequake der Gelbbauchunke. Der Aussichtsturm am Südrand des Gebiets bietet schöne Ausblicke über die Wiesen und Wälder. Bei Badewetter ist der **Naturstrand Waßwiese** am Westrand des Mooses ein Muss. Der Blick auf St. Wolfgang und den Schafberg ist unbezahlbar.

Österreichs größte Alm

Postalm

Von Strobl aus führt eine mautpflichtige Bergstraße hinauf auf das 42 km² große und im Mittel rund 1300 m hoch gelegene Almgebiet, das von einigen schönen Wanderwegen durchzogen ist. Zahlreiche urige Almhütten laden zur Einkehr ein. Im Winter sind die Almen ein beliebtes Familien-Skigebiet, das durch einige kleinere Lifte erschlossen ist. Seinen Namen verdankt das Almgebiet den Bad Ischler Postpferden, die dort seit 1862 die Sommer verbrachten. Auch heute weiden noch rund 2000 Tiere auf den Almen.

www.postalm.at

ZELLER SEE

Höhe: 750 m ü.d.M. | **Landschaft:** Pinzgau

In schönster Lage zwischen den schneebedeckten Gipfeln der ▶Hohen Tauern im Süden und den grauen Riesen des Steinernen Meeres im Norden erstreckt sich der Zeller See.

Strandbad und Gletscher

Vom eiszeitlichen Saalachgletscher geschürft, aufgrund von Endmoränen aber weder von Saalach noch von Salzach, sondern nur von Schmelzwassern gespeist, erwärmt sich der 4 km lange, 1,5 km breite und bis zu 69 m tiefe See im Hochsommer schon mal auf 23 °C, dafür ist er im Winter zur Freude der Gäste manchmal zugefroren.

Der kristallklare Zeller See hat Trinkwasserqualität und lädt so richtig zum **Schwimmen, Wassersport und Schifffahren** ein. Die drei **Strandbäder** in Zell am See, Thumersbach und Seespitz haben jedes zusätzlich solarbeheizte Schwimmbecken. Die atemberaubende Kombination aus Bergen, Seen und Gletscher garantiert herrliche Rad- und

Unten die Strandbäder, ganz oben der Gletscher: Zell am See hat viel zu bieten.

Wandertouren. Im weitläufigen Skigebiet in Zell am See – Kaprun kommen Profis wie Ski- oder Snowboard-Neulinge voll auf ihre Kosten. Rasanten Spaß für die ganze Familie bietet das ganze Jahr die Rodelbahn Maisiflitzer vom Maiskogel ins Tal. Rundflüge werden am Flughafen Zell am See (https://lowz.at/) angboten – oder fliegen Sie mit dem Hubschrauber zu einem Essen in den Hangar 7 nach Salzburg (▶ S. 226, www.wucher-helicopter.at). Für Nervenkitzel sorgt auch ein Paragliding-Flug von der Schmittenhöhe ins Tal (www.paragliding-zellamsee.com). Zwei 18-Loch-Championship-Plätze lassen die Herzen von **Golfern** höher schlagen.

Wohin am Zeller See?

Seewasser als Exportgut
Die lebhafte Bezirkshauptstadt des Pinzgaus liegt zwischen See und Schmittenhöhe. Urkundlich bereits 749 als »Cella in Bisontio« erwähnt, entwickelte sich aus der bescheidenen Ansiedlung rasch ein wichtiger Marktort an einer bedeutenden Nord-Süd-Verbindung über die Tauern. Touristisch erschlossen wurde Zell am See allerdings erst, nachdem 1885 Kaiserin Elisabeth die **Schmittenhöhe** erklommen hatte und das Gipfelpanorama als großartig anpries. Wirt-

ZELL AM SEE ERLEBEN

ZELL AM SEE – KAPRUN TOURISMUS

Brucker Bundesstr. 1a
5700 Zell am See
Tel. 06542 770
www.zellamsee-kaprun.com

THERESIA GARTENHOTEL €€€€

Nachhaltig geführtes Wellnesshotel mit direktem Einstieg in den Skicircus, großer Badelandschaft und Bioküche, Familienspecials und Kinderbetreuung. Hausherr Harald Brettermeier ist Kunstsammler und führt gern durch seine Ausstellung der Moderne – bewundern Sie Arbeiten von Andy Warhol, Siegfried Anzinger und Anselm Glück!
Glemmtaler Landesstraße 208
5753 Saalbach-Hinterglemm
Tel. 0654 17 41 40
www.hotel-theresia.com

STEINERWIRT €€–€€€

Der Gasthof existiert seit über 500 Jahren. Die Zimmer sind geschmackvoll und modern eingerichtet. Im Restaurant bekommt man gute regionale Gerichte und sitzt in urigen Stuben. Sehr lecker sind die Jägerpfanne oder das Zanderfilet mit Kürbisrisotto und anschließend die Salzburger Nockerl mit Karamellsauce.
Dreifaltigkeitsgasse 2
5700 Zell am See
06542 725 02
www.steinerwirt.com

schaftliche Bedeutung erlangte der Ort ab dem 19. Jh. als Lieferant von Eisblöcken, geschnitten aus dem damals recht zuverlässig zugefrorenen Zeller See. Vor allem Brauereien in Süddeutschland bezogen hier das Kühlmaterial für ihren Gerstensaft.
Sehenswert in Zell am See (9700 Einw.) sind die ursprünglich romanische Pfarrkirche St. Hippolyt mit zwei Apostelfresken (um 1200), der 1000-jährige Vogtturm am Stadtplatz mit dem Stadtmuseum und das Renaissanceschloss Rosenberg, das heutige Rathaus. Moderne architektonische Akzente im Stadtbild setzt das Ferry Porsche Congress Center in der Nähe des Bahnhofs. Die **Pinzgauer Schmalspurbahn** (760 mm) startet von Zell zu einer 53 km langen Reise nach ▶ Krimml, von Mai bis Okt. kommen auch Dampfloks zum Einsatz.
Museum Vogtturm: Mitte Mai–Mitte Juni u. Mitte Sept.–Okt. Mi. bis So. 13–18, Mitte Juni–Mitte Sept. Di.–So. 13–19 Uhr | Erw. 9 €

Schmittenhöhe

Von Sisi empfohlen
Die Seilbahn zur Schmittenhöhe (1965 m) beginnt westlich von Zell. **Kunstobjekte säumen den Gipfelbereich**, der eine wunderbare Aussicht bietet: Im Süden sieht man den Großglockner (davor die Staubecken des Kapruner Tals) und den Großvenediger aufragen, im Norden die Kalkalpen vom Kaisergebirge bis zum ▶ Dachstein. Bei der Bergstation erinnert die Elisabethkapelle daran, dass die wander-

lustige Kaiserin mehrfach zur Sommerfrische hierher kam. Ein aussichtsreicher Höhenweg führt in rund 45 Minuten zum Sonnkogel (1834 m); dort geht es mit dem Sessellift zur Sonnenalm (1382 m) und dann mit der Seilbahn wieder nach Zell hinab.

Mal sieben Stunden spazierengehen

Pinzgauer Spaziergang

Auf der Schmittenhöhe beginnt **eine der bekanntesten Höhenwanderungen Österreichs**, der Pinzgauer Spaziergang, ein sechs- bis siebenstündiger Weg in rund 2000 m Höhe, der immer wieder fantastische Blicke auf die umliegenden Gebirgszüge ermöglicht. Der Weg endet an der Bergstation der Schattbergbahn, die nach Saalbach abfährt. Der Bus bringt Wanderer nach Zell zurück.
Schräg gegenüber von Zell am östlichen Ufer des Sees, auch per Schiff erreichbar, liegt der Ortsteil **Thumersbach** mit Strandbad, Kurpark und reizvollem Blick auf Zell und die dahinter aufragenden Berge. Schöne Seepromenaden führen von Thumersbach in zwei bis drei Stunden rund um den See nach Zell.

Raufen nach Regeln

Hundstein

Thumersbach wird östlich vom Hundstein (2117 m; Statzer Haus) überragt, einem Berg mit ausgezeichneter Rundsicht. Der Aufstieg dauert etwa vier Stunden. Alljährlich im Juli ist der Hundstein Schauplatz einer recht urtümlichen Kampfsportveranstaltung, dem **»Hundstoa-Ranggeln«.** Es war ursprünglich ein friedliches Kräftemessen unter den Sennern der Region und der Austragungsort wurde so gewählt, dass er von allen Seiten gut erreichbar war.

Abenteuer auf der Piste und am Seil

Saalbach

Nordwestlich von Zell am See erstreckt sich das **Glemmtal** mit dem Hauptort Saalbach, bekannt als Winterparadies durch den **Skicircus Saalbach Hinterglemm Leogang Fieberbrunn**. Im **Heimathaus & Skimuseum** am Dorfplatz wird die Geschichte Saalbachs vom 17. Jh. bis heute erzählt. 2025 richtet Saalbach die alpine Ski-WM aus.
200 verschiedene Stationen und 30 Seilrutschen in unterschiedlichen Ebenen bietet **Österreichs größter Hochseilpark** im Talschluss von Hinterglemm. Höhepunkt sind sechs Seilrutschen, die mit bis zu 80 km/h in 120 m Höhe über den Talschluss sausen – die absolute Selbsterfahrung für Schwindelfreie! Abenteuer versprechen auch der »Baumzipfelweg«, eine Hängebrücke in 40 m Höhe, ein Canyoning-Parcours, ein Niederseilpark mit 20 Stationen sowie der Jump & Slide Park mit Freestyle-Absprüngen aus bis zu 8 m Höhe und Rutschen in bis zu 2 m hohen Luftkissen.

Heimathaus & Skimuseum: Juli u. Aug. Di.–Do. 14–18, Mai, Juni, Sept. und Wintermonate Di. u. Do. 14–17 Uhr | Erw. 5 €
Hochseilpark: Tageskarte Erw. 42 € (alle Parcours, ab 14 Uhr 32 €)
www.hochseilpark.at/hochseilpark-saalbach

H

HINTER-GRUND

Direkt, erstaunlich, fundiert

Unsere Hintergrundinformationen beantworten (fast) alle Ihre Fragen zum Salzburger Land.

Am Mondsee ließen sich schon in der Jungsteinzeit Menschen nieder. ▶

DAS LAND UND SEINE MENSCHEN

Obwohl Salzburg flächenmäßig nur auf Rang sechs der neun Bundesländer Österreichs steht, entfaltet sich von der Seenplatte des Flachgaus bis zu den Giganten der Hohen Tauern ein Naturraum der Superlative. Blumenreiche Almen, blitzblaue Seen, majestätische Berge und abwechslungsreiche Pisten ziehen Aktivnaturen von nah und fern an. Zur landschaftlichen Vielfalt kommt die Zugkraft der Kulturmetropole Salzburg mit ihrer barocken Altstadt, den berühmten Festspielen und der Mozart-Verehrung rund ums Jahr. Kein Wunder, dass heute der Tourismus viel Geld in die Kassen spült.

Bundesland Salzburg Das Bundesland Salzburg erstreckt sich vom Tauernhauptkamm bis hinab ins Alpenvorland, umfasst daher sowohl inneralpine Landschaften als auch solche der Außenabdachung des Gebirges und des Vorlandes. Rund 60 Prozent des Gebietes liegen im Gebirge über 1200 m.

Landschaften

Der Norden Im hügeligen Alpenvorland nördlich der Landeshauptstadt klingen die Eiszeiten nach. Wo sich vor 20 000 Jahren der Hunderte von Metern dicke Panzer des Salzachgletschers erstreckte, laden heute sanfte Wiesen, Wälder und Gewässer wie der Wallersee oder der Mattsee zum Relaxen, zu Radtouren und zu Badevergnügen. Inmitten der von eiszeitlichen Moränen geformten Landschaft des Salzburger Beckens liegt die 150 000 Einwohner-Stadt Salzburg. Ihre monolithisch aufragenden Stadtberge bilden pittoreske Naturoasen inmitten des Häusermeers.

Der Osten Östlich der Stadt greift die Seenlandschaft des Salzkammerguts mit dem Fuschlsee, dem Wolfgangsee sowie dem Mond- und dem Attersee auf das Land Salzburg über. Aber auch die Bundesländer Oberösterreich (Hallstatt, Attersee, Bad Ischl) und die Steiermark haben ihren Anteil (Bad Aussee) an dieser uralten Kulturlandschaft. In den Gewässern spiegeln sich die markanten Gipfel und Steilwände der umliegenden Bergwelt: Im Süden und Osten ragen die gewaltigen verkarsteten Kalkstöcke des Dachsteins und des Toten Gebirges, im Norden die Kalkvoralpen mit dem Höllengebirge, (Traunsee, Schafberg, Wolfgangsee) und bewaldete Sandsteinberge wie der Kolomansberg auf.

OBEN: Von Salzburg als Kulturmetropole geht eine große Zugkraft aus.

UNTEN: Und der Freizeitwert der Region ist nicht minder groß. An der Bergstation der Krippenstein-Seilbahn.

Lage:
Das Salzburger Land grenzt im Nordwesten an Bayern/Deutschland

Fläche:
7154,23 km²
(8,5 % der Gesamtfläche Österreichs)

Einwohner:
Land Salzburg: 562 606
Stadt Salzburg: 159 113

Vergleich dazu:
Bayern: 13 124 740
München: 1 484 230

Bevölkerungsdichte:
78,6 Einwohner/km²

▶ Max. Ausdehnung

in km

N – S: 125
W – O: 175

Höchster Berg:
Großvenediger (3657 m ü. d. M.)

▶ Verkehr

Autobahndreieck Salzburg - Wien (Westautobahn) bzw. Salzburg - Villach (Tauerautobahn)
Bahnknotenpunkt Paris - Wien und Salzburg - Venedig bzw. Verona
Flughafen »W. A. Mozart«: 1,23 Mio. Fluggäste (2022)

▶ Religion

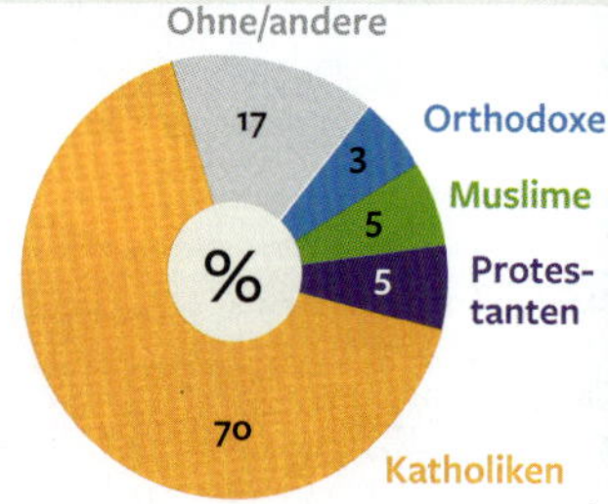

▶ Bezirke

Landeshauptstadt Salzburg, Flachgau (Salzburg), Tennengau (Hallein), Pongau (St. Johann im Pongau), Pinzgau (Zell am See), Lungau (Tamsweg)

Wirtschaft

Bruttoregionalprodukt pro Einwohner:
ca. 53300 €
Beschäftigte:
ca. 257 500 Erwerbstätige

Tourismus

jährliche Übernachtungen in Millionen:

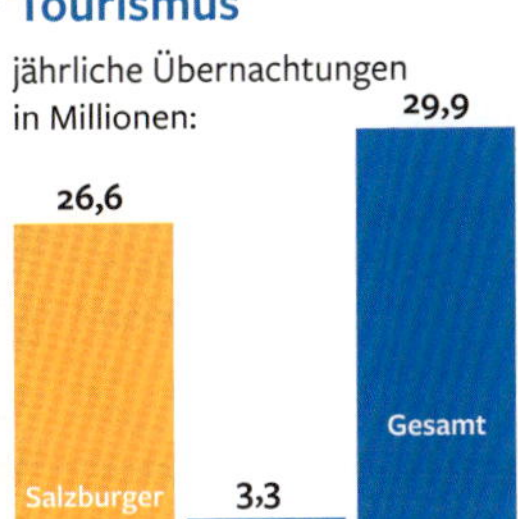

▶ Das Wetter

Durchschnittstemperaturen von Salzburg

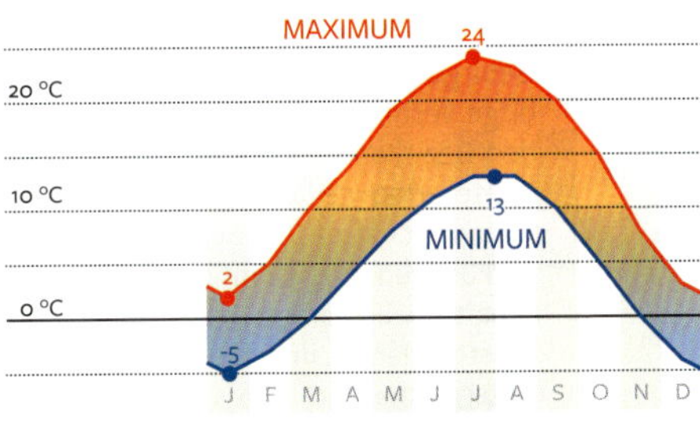

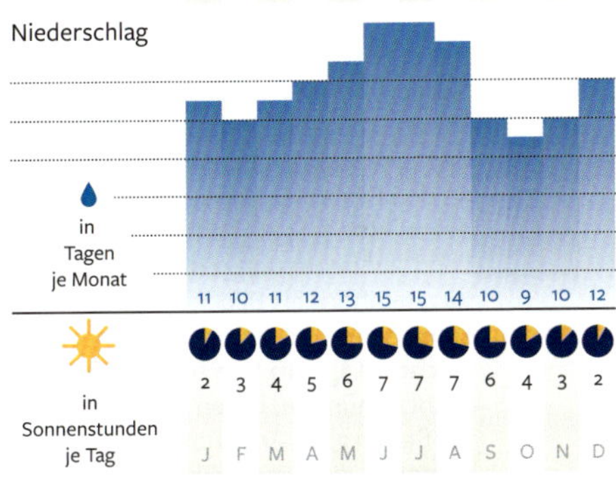

Ferien in den Bergen

Von den ca. **1800 Almen** besitzen 550 eine bewirtschaftete Almhütte.

Die Region (mit Salzkammergut) lädt mit **25 Skiregionen** und insgesamt ca. **1800 km Skipisten** ein.

Die Rad- und Moutainbikewege sind zusammen ca. **7000 km** lang.

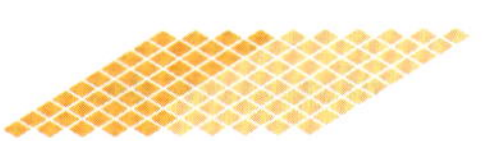

Im Salzburger Land werden **60%** der gesamten landwirtschaftlichen Nutzfläche **biologisch** bewirtschaftet.

Es gibt ca. **3700 biologisch bewirtschaftete Betriebe**

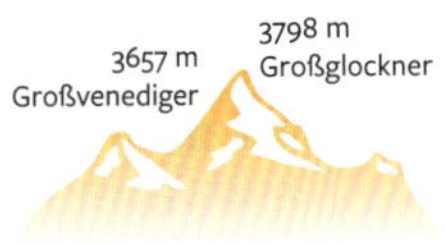

Die Hohen Tauern, die Gebirgskette der Ostalpen, trumpft mit **266 Dreitausendern** auf.

Der Süden Südlich der Mozart-Stadt kündigt sich mit dem mächtigen Untersberg das Gebirge an. Das Bergmassiv gehört zu den Salzburger Kalk- bzw. Berchtesgadener Alpen, einer in großen Teilen verkarsteten Gebirgskette. Der **Pass Lueg** zwischen dem Hagen- und Tennengebirge verbindet die nördlichen Landesteile mit dem »Innergebirg«, den Bezirken Pongau, Pinzgau und Lungau. Hier sind Skiläufer und Kletterer sowie Wanderer zu Hause. Nirgendwo sonst gibt es mehr Almwirtschaften, die Besucher im Sommer mit regionalen Produkten verköstigen. Insgesamt sollen es rund 500 sein. Wasser hat die Landschaft stark geprägt: Bei St. Johann braust es durch die dunkle Liechtensteinklamm, im Gasteiner Tal tritt es heilkräftig aus den Tiefen des Gebirges hervor.

Salzachtal Der größte Teil des Salzburger Landes gehört zum Einzugsgebiet der Salzach, die im Oberpinzgau entspringt und dann nördlich der Hohen Tauern zunächst Richtung Osten fließt, bis sie bei St. Johann einen Bogen macht und dann nordwärts dem Inn entgegenströmt. Auf dem an den Krimmler Wasserfällen beginnenden **Tauernradweg** (▶Baedeker Tour 4, S. 38) entlang des Flusses kann man beinahe das ganze Land kennenlernen. Ein Stopp am malerischen Zeller See mit dem Kitzsteinhorn als Blickfang ist dabei fast schon Pflicht. Wo kann man sonst schon im Sommer **morgens Gletscherfeeling** erleben und **nachmittags im See baden?** In den Tälern, die im Süden in das Salzachtal münden, liegen verträumte Bergdörfer wie Rauris, das seine große Bergbau-Tradition mit Erlebniswanderungen und Goldwaschkursen in die Gegenwart holt.

Hohe Tauern Rund 60 Prozent des Salzburger Landes liegen über 1200 m hoch. Im Nationalpark Hohe Tauern schrauben sich die **Giganten des Alpenhauptkamms** über die 3000-Meter-Marke in den Himmel empor. Die eingestreuten Bergseen, Felsarenen und Almen der mittleren Lagen begeistern Wanderer, Kletterer, Moutainbiker, E-Biker und Panoramafreunde gleichermaßen. Eine Königstour führt auf den Großvenediger, mit 3657 m Salzburgs höchster Berg. Von den Tälern zu den höchsten Gipfeln durchquert man mehrere Klimazonen. Bequemer geht das auf der ▶Großglockner-Hochalpenstraße, die sich über die Hohen Tauern nach Kärnten schlängelt. Ein Abzweig führt zur Kaiser-Franz-Josefs-Höhe, die Ausblicke auf den **mit 3798 m höchsten Berg Österreichs**, den Großglockner, und die Pasterze, den mächtigsten Gletscher der Ostalpen, bietet. Die **Infozentren des Nationalparks** bieten Rangertouren zu den Naturwundern der Hohen Tauern an – bei Schlechtwetter locken die Nationalparkwelten in Mittersill. Im Winter stehen Skilaufen und Snowboarden auf dem Programm. Im Pongau liegen einige der größten zusammenhängenden Skigebiete der Alpen. Mit der weit über das Salzburger Land hinausreichenden **Super Ski Card** kann man 85 Skigebiete mit 2790

Pistenkilometern unsicher machen. Es geht aber auch komprimierter: Obertauern, wo einst die Beatles ihre ersten Schwünge zogen, verbindet Skilaufen auf 100 Kilometer Pisten mit Après-Ski-Gaudi.

Lungau

Touristisch etwas ruhiger klingt das Salzburger Land im Südosten aus. Stille Seitentäler und kristallklare Bergseen machen das dünn besiedelte bewaldete Hochtalbecken (1000–1200 m) des Lungau mit der Mur als bestimmendem Fluss zum Urlaubsparadies. Die Niederen Tauern und die Nockberge laden hier zu Genusswanderungen und Mountainbike-Touren ein. Es wird gewandert, berggeradelt und gewedelt, grenzübergreifend bis nach Kärnten. Nirgendwo im Salzburger Land hat sich Brauchtum so unverfälscht erhalten wie im Lungau. Bis heute stehen in den kleinen Orten der Region beispielsweise Samson-Umzüge oder das Prangstangen-Tragen im Festkalender.

Pflanzen und Tiere

Bunte Vielffalt

Die Vielfalt der Landschaften hat Salzburg eine artenreiche Pflanzenwelt beschert. Am Nordrand der Alpen dominiert Grünland, nur sehr vereinzelt gibt es noch Waldflächen. Die **Waldzone** liegt zwischen 600 und 1600 m. In den unteren Regionen herrschen Fichten, Buchen, Lärchen und Kiefern vor, an der oberen Waldgrenze gedeihen nur Lärchen

Mit etwas Glück hört man ein Murmeltier nicht nur, sondern erspäht es auch.

und Fichten. In den Hohen Tauern und den Nockbergen wächst auch die Zirbe, eine alpine Kiefernart, die auch strengstem Frost zu trotzen vermag. An die obere Waldgrenze schließen sich dann die **Almen** (1500–2300 m) an. Während des Bergfrühlings bietet sich dort ein herrlich buntes Bild. Die Wiesen sind durch Alpennelke, Arnika, alle Arten von Enzian, verschiedene Primelarten, Silberwurz, Weißer Germer und Trollblume mit farbenfrohen Tupfern besprenkelt. Die meist rosarote Alpenrose bildet oft ganze Buschflächen. Zu den botanischen Kostbarkeiten im Hochgebirge gehört das seltene **Edelweiß**.
Etwa 10 000 Tierarten gibt es allein im Bereich der Hohen Tauern. Zu den bekanntesten gehört die **Gämse**, ein begnadeter Kletterkünstler im Fels. Mit etwas Glück erspäht man einen majestätischen Steinadler oder einen Bartgeier. Murmeltiere sind öfter zu hören als zu sehen – mit Ausnahme der gut gefütterten an der Großglockner-Hochalpenstraße. Bei Gefahr stößt es schrille Warnpfiffe aus und verschwindet in seine Erdhöhlen, wo es auch seinen mindestens sechsmonatigen Winterschlaf hält. Nirgendwo lässt sich der **Steinbock**, der »König der Alpen«, so gut beobachten wie von der Kaiser-Franz-Josefs-Höhe aus, die bereits im Kärntner Teil des Nationalparks liegt.

Bevölkerung

Selbstbewusst und bodenständig

Gut 500 Jahre bildete Salzburg ein eigenständiges, von Fürsterzbischöfen regiertes Land, erst 1816 fiel es an Österreich. Ein Hinweis, dass die einstige Unabhängigkeit noch immer nachklingt, lieferte Landeshauptmann Wilfried Haslauer jr., als er das Jubiläum 2016 scherzhaft umdeutete in **»Österreich 200 Jahre bei Salzburg«**. Mit rund 558 000 Einwohnern stellt das Salzburger Land zwar nur etwas mehr als 6 Prozent der Bevölkerung Österreichs, trotzdem gibt es viele Gründe, selbstbewusst zu sein. Mit den Festspielen ist man zumindest im Sommer Österreichs Kulturhauptstadt Nummer eins. Wolfgang Amadeus Mozart ist ein Salzburger, den die ganze Welt kennt. Auch Salzburgs Skifahrer-Asse wie Annemarie Moser-Pröll, Hermann Maier oder Marcel Hirscher erfüllen viele Salzburger mit einem gewissen Stolz. Die katholische Religion, zu der sich rund 70 Prozent der Salzburger bekennen, prägt die ganze Region bis heute. Die nicht nur geografische Nähe zu Bayern hat dafür gesorgt, dass München den Salzburgern mentalitätsmäßig zumindest nicht ferner ist als Wien.
Mit je etwa 150 000 Einwohnern sind der Bezirk Salzburg-Stadt und der Bezirk Salzburg-Umgebung (Flachgau) die bevölkerungsreichsten Gebiete. In der boomenden Landeshauptstadt und den Umlandgemeinden ist die **Wohnungssituation angespannt**. In strukturschwachen Regionen, etwa im Lungau, haben manche Gemeinden dagegen mit **Abwanderung** zu kämpfen. Mittlerweile haben 23,2 Prozent der Bewohner des Landes einen Migrationshintergrund.

Manche Salzburger schauen wie viele Menschen im westlichen Österreich skeptisch zum »Wasserkopf« Wien, wo politisch die Musik spielt. Innerhalb Salzburgs wird aber auch die »große« Landeshauptstadt mit ihrem selbstsicheren Bürgertum kritisch beäugt. Mancherorts, etwa im Lungau oder im Oberpinzgau, in denen örtliche Dialekte gepflegt werden, sind regionale Identitäten besonders stark ausgeprägt. Das Salzkammergut schließlich weist in Brauchtum und der Wertschätzung von Traditionen so viele Eigenheiten auf, dass es mitunter als »Österreichs zehntes Bundesland« bezeichnet wird.

Politik

Konservativ

Salzburg ist ein Bundesland mit konservativer Prägung. Seit dem Zweiten Weltkrieg stellte die Volkspartei (ÖVP) den Landeshauptmann, nur von 2004 bis 2013 standen die Sozialdemokraten (SPÖ) an der Spitze des Landes – mit Gabi Burgstaller als der erst zweiten Landeshauptfrau Österreichs. Ein Skandal um verspekulierte Landesgelder führte zur SPÖ-Abwahl. Wilfried Haslauer jr. stellt seither für die ÖVP den Landeschef. Koalitionspartner ist seit 2023 die rechtspopulistische FPÖ. Die lokale Verwaltung der **sechs Bezirke** (Salzburg, Flachgau

bzw. Salzburg-Umgebung, Tennengau, Pongau, Pinzgau, Lungau) nimmt die jeweilige Bezirkshauptmannschaft wahr.

Wirtschaft

Platz 2 hinter Wien Ökonomisch reiten die Salzburger auf einer Erfolgswelle. In puncto Wirtschaftskraft hat in Österreich nur Wien die Nase weiter vorn. Salzburg-Umgebung liegt auf Platz 2 der Top-10-Regionen der Alpenrepublik. Die Arbeitslosigkeit ist geringer als im Landesdurchschnitt. Salzburgs Bruttoregionalprodukt je Einwohner lag 2021 bei 53 300 €, das war der höchste Wert aller Bundesländer. Dabei tragen Dienstleistungen rund 75 Prozent zur Bruttowertschöpfung bei.

Tourismus Nur Tirol hat im Österreich-Vergleich mehr Übernachtungen vorzuweisen. Von den gut 30 Millionen Gästeübernachtungen 2018/19 im Salzburger Land entfielen rund 71 Prozent auf ausländische Touristen. Jeder Dritte kam aus Deutschland. Die Gäste können in 11 700 Beherbergungsbetrieben unterkommen, hoch ist der Anteil der Spitzenhotellerie. In der Landeshauptstadt liegt der Anteil des Fremdenverkehrs am lokalen Bruttosozialprodukt einer Schätzung nach bei rund 15 Prozent, in ganz Salzburg bei rund 25 Prozent. Im Winter hängt in den ländlichen Regionen **jeder vierte Arbeitsplatz** vom Tourismus ab – entsprechend hart traf das Land die Coronakrise. 2022/23 wiesen die Zahlen bereits wieder in Richtung des Vor-Corona-Niveaus. Kopfweh bereitet den Touristikern seit Jahren ein eklatanter Mangel an Köchen.

Landwirtschaft Die Landwirtschaft ist rückläufig, trägt weniger als 1 Prozent zum Bruttoinlandsprodukt bei und ist traditionell durch bäuerliche Familienbetriebe charakterisiert. 60 Prozent der Höfe liegen im schwer zu bewirtschaftenden Berggebiet, nur 42 Prozent der knapp 9000 land- und forstwirtschaftliche Betriebe können sich im Haupterwerb halten. Im europäischen Vergleich kann sich das Bundesland Salzburg zu Recht als die **Öko-Region** Europas bezeichnen: Rund 97 Prozent aller landwirtschaftlichen Flächen werden ohne Agrochemie bewirtschaftet.

Industrie Der produzierende Bereich konzentriert sich auf das Gebiet um Salzburg und Hallein mit Metall- und Holzverarbeitung, Papiererzeugung, Nahrungs- und Genussmittelindustrie. Der Weltkonzern **Red Bull** hat in Fuschl seinen Hauptsitz. Weitere Leitbetriebe sind der Skihersteller **Atomic**, der Kranhersteller Palfinger und die Stiegl-Privatbrauerei. Bedeutende Dienstleistungs- und Handelsbetriebe wie etwa die Porsche Holding oder die Spar Handelsgesellschaft, sind in der Landeshauptstadt und Umgebung beheimatet, große Speditionen profitieren von der Lage am Schnittpunkt wichtiger Verkehrsadern. Die Kraftwerke in Kaprun liefern einen Großteil der Energie des Landes.

GESCHICHTE

Von den Anfängen über die Blütezeit des »Weißen Goldes« bis zu Mozart, Karajan und Mateschitz: Das Kapitel stellt Menschen, Mächte und Momente vor, die Salzburg verändert haben.

Von der Jungsteinzeit bis zur Eisenzeit

Die Anfänge

Jungsteinzeitliche Höhlensiedlungen auf dem Rainberg in Salzburg, dem Schlossberg von Mattsee, dem Dürrnberg bei Hallein, am Götschenberg bei Bischofshofen und in anderen Landesteilen belegen, dass im Salzburger Land schon vor vielen Tausend Jahren Menschen lebten. Während der **Bronzezeit** wird der Mitterberg bei Mühlbach am Hochkönig zum Zentrum des Kupferbergbaus in den Ostalpen. Archäologen schätzen, dass dort und in den benachbarten Bergbaugebieten bei St. Johann, Bischofshofen und im Glemmtal zwischen 1800 und 800 v. Chr. mehr als 20 000 t Kupfer abgebaut wurden. Sogar die berühmte Himmelsscheibe von Nebra ist ein »Kind des Pongau«: Das Kupfer, das in der etwa 4000 Jahre alten, 32 cm großen Bronzescheibe enthalten ist, stammt vom Mitterberg. Spuren dichter Besiedelung in der **Eisenzeit** finden sich sowohl im Salzburger Becken als auch im Pongau und Pinzgau. In dieser Zeit beginnt der **Salzbergbau am Hall-**

Was hat die Himmelscheibe von Nebra mit dem Salzburger Land zu tun? Ihr Kupfer kam vom Mitterberg am Hochkönig.

CHRONOLOGIE

VOR- UND FRÜHGESCHICHTE

1800 – 800 v. Chr.	Kupferbergbau in Mitterberg am Hochkönig
800 – 450 v. Chr.	Hallstatt und Hallein werden Zentren des Salzabbaus.

KELTEN, RÖMER UND BAJUWAREN

um 200.v. Chr.	Das keltische Königreich Noricum entsteht.
15 v. Chr.	Die Römer unterwerfen Noricum.
Ab 6. Jh. n. Chr.	Die Bajuwaren besiedeln das Salzburger Land.

DIE STADT DER BISCHÖFE

Um 690	Der hl. Rupert erhält das Gebiet um Salzburg
798	Salzburg wird Erzbistum.
996	Salzburg erhält die Markt-, Maut- und Münzrechte.
1328	Salzburg wird unabhängiges Fürsterzbistum.

ABSOLUTISMUS UND BAROCK

1495 – 1519	Leonhard von Keutschach baut seine Macht aus.
Um 1600	Stadterneuerung im Geist des Barock
1618 – 1648	Salzburg hält sich aus dem 30-jährigen Krieg heraus.
1732/1733	Vertreibung von mehr als 20 000 Protestanten
1756	Wolfgang Amadeus Mozart wird geboren.
1803	Das Fürsterzbistum wird säkularisiert.

SALZBURG IN ÖSTERREICH

1816	Salzburg fällt an Österreich.
Ab 1840	Wiederentdeckung Mozarts
Ab 1860	Anbindung Salzburgs an das Eisenbahnnetz

20. JAHRHUNDERT BIS HEUTE

1918	Salzburg wird Bundesland der Republik Österreich.
1938	»Anschluss« Österreichs an Nazi-Deutschland
1945/1955	Salzburg ist Teil der US-Besatzungszone
1983/1991	Einrichtung des Nationalparks Hohe Tauern
1996	Die Salzburger Altstadt wird UNESCO–Weltkulturerbe.
2020/2021	Coronakrise
	Jubiläum 100 Jahre Salzburger Festspiele
2024	Bad Ischl ist Europäische Kulturhauptstadt.

stätter See. Nach dem hier freigelegten ausgedehnten Gräberfeld mit reichem Fundmaterial ist die **»Hallstattkultur«** benannt (►Baedeker Wissen, S. 302). Ab ca. 450 v. Chr. übertrifft der Salzbergbau auf dem Dürrnberg den von Hallstatt.

Kelten, Römer, Bajuwaren

Von der Keltenzeit bis zur Völkerwanderung

Verschiedene keltische Stämme siedeln sich vorwiegend in der Gegend des heutigen Flachgaus an. Das Gebiet des Salzburger Landes bildet einen Teil des im 1. Jh. v. Chr. entstehenden großen keltischen **Königreichs Noricum**, das sich vom Inn bis zum Neusiedler See und von der Donau bis zur Drau erstreckt. 15. v. Chr. dringen die Römer in das Gebiet vor und unterwerfen die dort lebenden Kelten. Unter Kaiser Claudius (10 v. Chr. bis 54 n. Chr.) wird das Land römische Provinz. 45. n. Chr. verleiht der Herrscher der im Bereich der heutigen Salzburger Altstadt gelegenen **Siedlung Iuvavum** das Stadtrecht. Die Römer legen ein ausgedehntes Straßennetz an, Iuvavum avanciert zum Verkehrsknotenpunkt. Eine wichtige Straße führt von Salzburg über den Radstädter Tauernpass und Kärnten nach Italien. Die gute Verkehrslage begünstigt die Stellung Iuvavums als Handelsstadt.
Im 5. Jh. n. Chr. verdrängen die Ostgoten die Römer. Etwa 470 n. Chr. siedeln dann die ersten Christen in Salzburg. Die Bajuwaren besiedeln ab ca. 550 n. Chr. neben Altbayern auch den heutigen Flachgau und das fruchtbare Becken von Saalfelden im Pinzgau, später den Tennengau und den Pongau. Der Lungau und einige Salzachnebentäler im Pongau bleiben bis ins 10. Jh. Siedlungsgebiet der Alpenslawen.

Stadt der Bischöfe

Christianisierung

Bischof **Rupert von Worms** (650–718) kommt um 680 n. Chr. nach Regensburg an den Hof des Bayernherzogs Theodo, bekehrt diesen zum christlichen Glauben und erhält dafür das Gebiet um Salzburg sowie die »Salzpurch« auf dem Nonnberg zum Geschenk. Rupert erbaut um das Jahr 696 ein Kloster und eine ansehnliche Kirche zu Ehren des Heiligen Petrus. Der Ire **Virgil** leitet als Abt von St. Peter und ab 749 als Bischof die Salzburger Kirche. Unter seiner Führung entwickelt sich die erstmals 755 als »Salzpurch« – nach der oberen Burg auf dem Nonnberg und dem Salz aus Reichenhall – erwähnte Stadt zum führenden Zentrum der Kunst und Kultur im Südostalpenraum.

Aufstieg zur Kirchenmacht

739 wird Salzburg Bischofssitz und 774 der erste Dom geweiht. Das Bistum gelangt durch Schenkungen der bayerischen Herzöge aus dem Hause der Agilolfinger zu großen Besitzungen in Bayern. Wirtschaftlich bedeutend sind die Anteile an der Salzproduktion in Reichenhall, dessen Saline zu der Zeit eine Monopolstellung im Nordostalpenraum einnimmt. Auf Wunsch Karls des Großen erhebt Papst Leo III. Salzburg **798 zum Erzbistum**. Die Kirchenprovinz umfasst

Mittelalter trifft Barock: Größter Schatz der Stiftsbibliothek von Michaelbeuern ist die Walther-Bibel aus dem 12. Jahrhundert.

Altbaiern und große Gebiete im heutigen Österreich. 996 gewährt Kaiser Otto III. Salzburg offiziell das de facto bereits bestehende Marktrecht sowie das Maut- und Münzrecht.

Kaiser oder Papst

Erzbischof Gebhard stellt sich im Jahr 1077 im Investiturstreit auf die Seite Papst Gregors VII. Im Zuge der Auseinandersetzungen zwischen Kaiser und Papst werden die Burganlagen Hohensalzburg und Hohenwerfen errichtet. Als Salzburg wieder für den Papst Partei ergreift, verhängt Kaiser Friedrich Barbarossa 1167 die Reichsacht über die Stadt und lässt sie niederbrennen.

Wohlstand durch Salz

Die Stadt erholt sich schnell: Konrad III., der erste Kardinal in Salzburg, beginnt 1181 mit dem Bau eines großen romanischen Domes, der um 1198 vollendet wird. Eberhard II. (1200–1246) gilt als bedeutendster Salzburger Erzbischof im Hochmittelalter, unter ihm steigt Hallein zur führenden Saline im Südostalpenraum auf.

Der großen Pest 1348/1349 fällt etwa ein Drittel der Gesamtbevölkerung zum Opfer. Im Jahr 1328 löst sich Salzburg von Bayern und wird **selbstständiges geistliches Fürstentum** (Fürsterzbistum). 1481 gesteht Kaiser Friedrich III. den Salzburger Bürgern das Recht zu, Bürgermeister und Stadtrat selbst zu wählen.

Turbulentes Spätmittelalter

Absolutismus und Barock

Fürsterzbischof Leonhard von Keutschach (1442–1519) prägt das Erzbistum an der Wende zur Neuzeit. Neben der Ausgestaltung der Feste Hohensalzburg baut und restauriert er zahlreiche Burgen in Salzburg, Kärnten und Bayern. Gold- und Silbererzbergbau in den Hohen Tauern sowie die Salzgewinnung werfen große Gewinne ab. 1498 lässt er die Juden aus der Stadt vertreiben. Als er im Jahr 1511 die Salzburger Bürger dazu zwingt, auf die im »Großen Ratsbrief« verbrieften Rechte zu verzichten, schafft er zugleich die Voraussetzung für die **absolutistische Herrschaft der Erzbischöfe**.

Die Macht der Fürsterzbischöfe

Die Lehren Luthers finden in der Stadt und im Land Salzburg großen Anklang. Bauern aus dem ganzen Land ziehen im Jahr 1525 gegen Salzburg und belagern die Festung. Salzburger Bürgern unterstützen und fordern die Beseitigung der geistlichen Landesherrschaft. Der Aufstand scheitert jedoch.

Gescheiterte Reformation

Gut 60 Jahre später wird **Wolf Dietrich von Raitenau** (1559–1617), erst 28 Jahre alt, Fürsterzbischof von Salzburg. Obwohl die meisten seiner Pläne zur Stadterneuerung erst unter seinen Nachfolgern umgesetzt werden, gilt er als **großer Bauherr**. Wolf Dietrich beginnt mit dem Bau der Residenz, lässt den romanischen Dom nach einem Brand (1598) abreißen und gestaltet dessen Umgebung neu. 1606 lässt er rechts der Salzach für seine Lebensgefährtin **Salome Alt** (▶ Interessante Menschen) Schloss Altenau, das spätere Mirabell, bauen. 1611 greift er im Streit mit Bayern um das Salz Berchtesgaden an, muss flüchten und wird 1612 von seinem Neffen und Nachfolger Markus Sittikus (1574–1619) zur Abdankung gezwungen. Dieser ist als Erbauer des Lustschlosses Hellbrunn (ab 1613) und des Doms in die Geschichte eingegangen. Fürsterzbischof **Paris Lodron** (1586 bis 1653), der die Hohensalzburg ausbauen ließ, gelingt es, Salzburg aus dem Dreißigjährigen Krieg herauszuhalten. 1622 gründet er die Universität, unter seiner Ägide findet 1628 auch die Einweihung des Doms statt. In der Ära des Fürsterzbischofs Johann Ernst von Thun (1643–1709) erreicht die Barockarchitektur mit den beeindruckenden Kirchenbauten Johann Bernhard Fischer von Erlachs (1656 bis 1723) um 1700 ihren zweiten Höhepunkt.

Barocke Blütezeit

Ab etwa 1650 setzt im Bergbau des Landes und in der Saline Hallein der Niedergang ein. Die Habsburger reißen den Salzhandel im Salzkammergut an sich und verdrängen die Fürsterzbischöfe aus dem Geschäft. Die Vertreibung von mehr als 20 000 Protestanten durch Fürsterzbischof Anton von Firmian (1679 –1744) beschleunigt 1732/1733 den Niedergang, denn unter den Ausgewiesenen sind viele Halleiner Bergarbeiter. Als am 27. Januar 1756 **Wolfgang Amadeus Mozart** (▶ Interessante Menschen) in der Salzburger Getreidegasse geboren wird, hat das Erzbistum seine besten Jahre hinter sich.

Schlechte wirtschaftliche Vorzeichen

Salzburg in Österreich

Hieronymus Graf Colloredo, der letzte Fürsterzbischof von Salzburg, flieht 1803 vor den napoleonischen Truppen aus Salzburg. Das **Fürsterzbistum wird aufgelöst**. Nach einer Phase wechselnder Herrschaft, in der nacheinander Franzosen, Bayern und Österreicher die Macht an sich reißen und sich an Salzburgs Schätzen bereichern, wird Salzburg auf dem Wiener Kongress **1816 endgültig Österreich zugeschlagen**. Die ehemalige Residenzstadt wird eine oberösterreichische Kreisstadt. Am Weihnachtsabend 1818 erklingt in Oberndorf bei Salzburg zum ersten Mal das Weihnachtslied »Stille Nacht, heilige Nacht!« von Pfarrer Joseph Mohr. Das heute wohl bekannteste Weihnachtslied der Welt bringt die Hoffnung auf Frieden und bessere Zeiten nach den Wirren der napoleonischen Kriege zum Ausdruck (▶Baedeker Wissen, S. 310).

Napoleonische Wirren

Da die österreichischen Habsburger die Salinen im Salzkammergut fördern, verlieren die Halleiner Bergwerke weiter an Bedeutung. Im Jahr 1823 ernennt der Papst auf Empfehlung des Kaisers wieder einen Erzbischof, der allerdings keinerlei weltliche Macht mehr besitzt. Im selben Jahr besucht Franz I. das neue Kurbad Ischl und legt so den Grundstein für den Tourismus im Salzkammergut. Die Einweihung des Mozart-Denkmals 1842 ruft den großen Komponisten auch den Salzburgern wieder ins Gedächtnis. 1850 wird das **Land Salzburg selbstständiges österreichisches Kronland.** Nach der Eröffnung der Bahnlinie Wien–Salzburg–München und dem Anschluss an das internationale Eisenbahnnetz erlebt die Stadt einen gewaltigen Bauboom: Alte Befestigungen werden geschleift, neue Viertel entstehen. Die Stadt und das Land Salzburg steigen zum Touristenziel auf. Die Besucher ersetzen das »weiße Gold«, das längst seine Bedeutung eingebüßt hat. Die Stadt Salzburg wird als »romantisches« Reiseziel entdeckt, gegen Ende des 19. Jh.s rücken auch die alpinen Landschaften mit ihren Gletschern in den Blick.

Aufschwung im Zeichen des Tourismus und der Musik

Salzburg um 1829 auf einem Gemälde von Johann Michael Sattler

20. Jahrhundert bis heute

Monarchie, Demokratie, Diktatur

Nach dem Untergang der Habsburger-Monarchie 1918 wird aus dem Kronland das Bundesland Salzburg als Teil der Republik Österreich. 1920 markiert die erste Aufführung des »Jedermann« auf dem Domplatz den Beginn der Salzburger Festspiele (►Baedeker Wissen, S. 344). Der boomende Tourismus wird durch die Weltwirtschaftskrise und die Blockadepolitik Hitlers (»Tausendmarksperre«) schwer getroffen. 1933 liegt die Arbeitslosenrate bei 32 Prozent. Nach nur fünfjähriger Bauzeit wird 1935 die **Großglockner-Hochalpenstraße** für den Verkehr freigegeben. Im März 1938 marschieren deutsche Truppen in Österreich ein, bis 1945 ist Salzburg »Reichsgau«. Die Verfolgung von Juden, Andersdenkenden und politischen Gegnern setzt unmittelbar nach dem Einmarsch ein. Luftangriffe der Alliierten führen 1944/1945 zu erheblichen Zerstörungen.

Wiederaufbau im Zeichen der Kultur

Das Salzburger Land ist 1945 bis 1955 **amerikanische Besatzungszone**. Der Wirtschaftsaufschwung ist auch durch den zunehmenden Tourismus bedingt. Das 1955 fertiggestellte Wasserkraftwerk Kaprun wird zum Symbol für den Sieg der Technik und den Aufbauwillen Österreichs. Gleichzeitig werden Kunst und Kultur zum »Markenzeichen« Salzburgs: 1960 wird **das Große Festspielhaus** eröffnet, Dirigent Herbert von Karajan begründet 1967 die Osterfestspiele. Bis 1967 werden Felbertauernstraße und Felbertauerntunnel gebaut.

Nationalpark, Weltkulturerbe und ein Getränk

1983 wird die Errichtung des Nationalparks Hohe Tauern beschlossen, 1991 erhält der Nationalpark, ein Gemeinschaftsprojekt der Bundesländer Salzburg, Kärnten und Tirol, seine jetzige Größe. Seit 1996 gehört die Altstadt Salzburgs zum Weltkulturerbe der UNESCO. Der Mitte der 1980er-Jahre von Dietrich Mateschitz (►Interessante Menschen) in Fuschl am See gegründete Getränkekonzern Red Bull ist heute Österreichs bekannteste Weltmarke.

Das neue Jahrtausend

Salzburg feiert 2006 den 250. Geburtstag seines großen Sohnes Wolfgang Amadeus Mozart, das Kleine Festspielhaus ist zum »Haus für Mozart« umgebaut. 2013 wird die konservative Volkspartei ÖVP wieder stärkste politische Kraft im Land. Sie löst die Sozialdemokraten ab und stellt mit Wilfried Haslauer jr. den neuen Landeschef. Mit dem neuen Domquartier wird 2014 ein neues kulturelles Highlight eröffnet. 2016 feierte das Land Salzburg seine 200-jährige Zugehörigkeit zu Österreich, 2018 wird der Erstaufführung des »Stille Nacht«-Weihnachtslieds vor 200 Jahren gedacht. Mitten in der Coronakrise kann 2020 das hundertjährige Festspieljubiläum begangen werden. 2024 dreht sich im Salzkammergut alles um Bad Ischl im Salzkammergut (OÖ) als Europäische Kulturhauptstadt. 2025 richtet Saalbach die alpine Ski-WM aus.

KUNSTGESCHICHTE

Die Kirchen und Schlösser des barocken Salzburg, einst »Rom des Nordens« genannt, überstrahlen alle anderen Kunstschätze im Salzburger Land. Doch auch die Relikte der keltischen Kultur in Hallein, beeindruckende Festungsarchitektur und Beispiele modernen Kunstschaffens sind sehenswert.

Von der Prähistorie bis zu den frühen Christen

Mondseekultur

Diese **jungsteinzeitliche Kultur**, die zwischen 2800 und 1800 v. Chr. im ufernahen Bereich des Mondsees existierte, strahlte weit in die Gebiete des heutigen Salzburgs und Oberösterreichs. Reste von Pfahlbausiedlungen mit Rekonstruktionsmodellen und jungsteinzeitliche Gebrauchsgegenstände sind im Pfahlbaumuseum des Ortes Mondsee ausgestellt.

Hallstattkultur

Das Salzkammergut-Städtchen Hallstatt gab einer der bedeutendsten Kulturen der vorrömischen **Eisenzeit** den Namen, weil man in der Nähe des Ortes erstmals auf ihre Relikte stieß. Archäologische Funde belegen, dass die Träger der Hallstattkultur (▶ Baedeker Wissen S. 302), die zwischen 800 und 400 v. Chr. in ganz Mitteleuropa verbreitet war, sich bestens auf die Verarbeitung von Metallen verstanden. Aus Eisen stellten sie Schwertklingen, Lanzenspitzen und Streitbeile her, Bronze wurde bei der Herstellung von Schmuck genutzt.

Keltisches Kunsthandwerk

Die Kultur der Kelten prägte seit dem 5. Jh. v. Chr. das Salzburger Land. Archäologische Funde belegen, dass die Kelten hervorragende Kunsthandwerker waren. Das Keltenmuseum in Hallein zeigt Schmuck aus Gold und Silber, darunter die berühmte **bronzene Schnabelkanne** aus dem 5. Jh. v. Christus. Das Keltendorf SALINA in Bad Dürrnberg gewährt Einblicke in die Alltagskultur der Kelten und in ihre Bestattungsbräuche.

Römische und frühchristliche Zeugnisse

Obwohl es im Gebiet der heutigen Salzburger Altstadt eine römische Siedlung gab, sind aus dieser Zeit nur wenige Reste erhalten. Das Salzburger Domgrabungsmuseum zeigt allerdings die Reste einer römischen Villa (um 200 n. Chr.) mit Atrium, Mosaikfußböden und Warmluftheizanlage. Der Lebensbeschreibung des hl. Severin können wir entnehmen, dass im 5 Jh. ein Kloster und eine christliche Gemeinde in Salzburg bestanden, deren Schätze in den Wirren der Völkerwanderung aber verloren gingen. Der hl. Rupert, der 696 nach Salzburg kam, sorgte im Rahmen der Rechristianisierung für den Wiederaufbau der Kirchen.

DIE HALLSTATTKULTUR

Ein Gräberfeld am Ausgang des Salzbergtales über dem Hallstätter See gab einer ganzen Epoche den Namen. Die Hallstattkultur war zwischen 800 und 450 v. Chr. von Nordost-Frankreich bis in den westlichen Balkan verbreitet.

Nach dem **Einsturz des Kilbwerks 1734** im Hallstätter Salzberg machten die Bergleute einen unerwarteten Fund: Im Geröll entdeckten sie die Leiche eines Mannes. Wer war der Tote? Es sah nämlich so aus, als wäre er erst vor wenigen Tagen gestorben – merkwürdig schien nur seine Kleidung. Die Bergleute waren auf den Leichnam eines »Kollegen« gestoßen, der vor über 2000 Jahren bei einem Bergeinsturz begraben worden war. Das Salz hatte seine sterblichen Reste perfekt konserviert. Doch schon im Mittelalter waren in den Hallstätter Bergwerksstollen immer wieder Spuren von Menschen gefunden worden. Bei den Ausgrabungen erwarb sich der Hallstätter Bergwerksbeamte **Johann Georg Ramsauer** (1795–1874) besondere Verdienste. Ramsauer war kein Wissenschaftler, sondern passionierter Laie. 1846 begann er mit der systematischen Erschließung des Gräberfeldes. Bis 1863 grub er in 980 Gräbern rund 20 000 Objekte aus und führte darüber genauestens Buch. Bei seinen Zeitgenossen erntete er allerdings eher Spott und Mitleid, wissenschaftlich gewürdigt wurde er erst nach seinem Tod.

Eisen statt Bronze

Es war die Zeit, als in Mitteleuropa das Eisen als neues Nutzmetall auftrat und die Bronze verdrängte. Die im Hallstätter Gräberfeld gefundenen Grabbeigaben zeigen, dass die Menschen der vorrömischen Eisenzeit regen Handel trieben und über einen hohen Lebensstandard verfügten. Die Ausgrabungen förderten kostbaren Schmuck, kunstvolle Gefäße und reich verzierte Waffen zutage. Aus der jüngeren Hallstattzeit ab 600 v. Chr. fand man Schließen für Kleidungsstücke, Bronzegeschirr aus dem Donauraum, Bernstein von der Ostseeküste, Glas von der nördlichen Adria und Elfenbein aus Afrika. Den Reichtum verdankten die Hallstattmenschen einem der wichtigsten Handelsgüter jener Zeit, dem **Salz**. In den Hallstätter Salzwelten sind die Abbaumethoden nachgestellt. Historiker gehen davon aus, dass die Menschen in kleinen Fürstentümern lebten.

Der Untergang

Etwa um 400 v. Chr. führten **Unwetterkatastrophen** zum Ende des hallstättischen Bergwerkbetriebs. Nur den **»Mann im Salz«** hat der Berg konserviert. Nach seinem Auffinden wurde er als vermeintlicher Heide schnellstens in der Selbstmörderecke des Friedhofs verscharrt. Bis heute machen Archäologen interessante Funde. Dazu zählt eine in einer bronzezeitlichen Abbaukammer entdeckte **Holzstiege**, die als älteste ihrer Art gilt. Die Bergleute, die sie vor 3500 Jahren im Schein von Kienspan-Fackeln benutzten, waren Zeitgenossen des Pharaos Tutenchamun. Verblüffend auch das Design. Die Stiege ließ sich – wie ein Ikea-Möbel – leicht auseinandernehmen und wieder verwenden. Dieses einzigartige Zeugnis europäischer Technikgeschichte ist in den **Salzwelten Hallstatt** ausgestellt.

OBEN: Kochen wie die Kelten im Keltendorf von Bad Dürrnberg
UNTEN: Mit Kochen gab sich die edle Dame der Eisenzeit, deren Haar oder Haube diese Goldkugeln schmückten, sicher nicht ab.

Romanik

Kirchen und Burgen

Zentrum der frühromanischen Kirchenbaukunst war der Bischofssitz **Salzburg mit seiner Domkirche**, 767 – 774 als dreischiffige Basilika errichtet und nur noch archäologisch nachweisbar. Ab dem 9. Jh. entwickelte sich der zunächst T-förmige Grundriss im Kirchenbau durch die Einfügung des Chors zur Kreuzform. Im Schnittpunkt von Quer- und Langhaus entstand dadurch die Vierung, vielfach betont und überhöht durch einen Turm oder eine Kuppel. In Salzburg weist lediglich die Stiftskirche St. Peter – trotz Barockisierung – in ihren Grundformen die Gestaltungsprinzipien der Romanik auf. Eindrucksvoll in seinen gedrungenen Formen ist das romanische Langhaus (um 1220) der Salzburger Franziskanerkirche.
Von den Burgen der Ära seien **Hohensalzburg** und Hohenwerfen erwähnt, die ab 1077 errichtet und dann mehrfach umgebaut wurden.

Freskenmalerei

In der Romanik entfaltete sich die Monumentalmalerei. Freskenreste aus der Zeit um 1150 haben sich in der Stiftskirche Nonnberg in Salzburg erhalten. Das einzige fast vollständig erhaltene Programm romanischer Wandmalerei des 12. Jh.s in Österreich befindet sich in der **Johanneskapelle in Pürgg**. Hier ist u. a. ein sogenannter Katzen- und Mäusekrieg zu sehen. In der kleinen St. Rupertkirche in Weißpriach geben byzantinisch inspirierte Fresken (um 1100) u. a. Episoden aus dem Leben des hl. Ägidius wieder, darunter eine Szene, die zeigt, wie der Einsiedler eine Hirschkuh melkt.

Liturgische Schätze

Ältestes Beispiel romanischen Kunsthandwerks ist das reich ornamentierte, aus dem englischen Raum stammende Rupertuskreuz (8. Jh.), das heute zusammen mit anderen Kostbarkeiten wie einem doppelarmigen Reliquienkreuz (12. Jh.) aus Limoges im Salzburger Dommuseum ausgestellt ist. Ein romanisches Taufbecken von 1321 befindet sich im Salzburger Dom.

Gotik

Kirchenbaukunst

Im Gegensatz zum gedrungenen Massenbau der Romanik wirkt der gotische Gliederbau leicht und elegant. Prächtige Türme und äußeres Strebewerk, Spitzbogen und filigrane Maßwerkfenster sind Kennzeichen gotischer Kirchen. Gewölbe aus Rippenfigurationen bilden die Raumabschlüsse, die in der Spätgotik zunehmend dekorativer zu Stern- und Netzgewölben ausgestaltet wurden. Die Hallenkirche mit gleich hohen Schiffen ist der Grundrisstyp der Gotik. Als dreischiffige Halle mit Stern- und Netzrippengewölbe wurde beispielsweise die Liebfrauen-Pfarrkirche (1498–1507) in Bad Hofgastein errichtet. Der gotische Chor der **Franziskanerkirche in Salzburg** mit auf schlanken Säulen ruhenden Netzgewölben ist ein Meisterwerk von Hans Stethaimer und Stephan Krumenauer. Ein Beispiel für ein erhalten gebliebenes gotisches Landkirchlein ist die Filialkirche Gebertsham am Mattsee (knapp in Oberösterreich gelegen) mit einem Flügelaltar von Gordian Guckh (um 1515).

Altarkunst

Die kunstvollen Schnitzaltäre gehören zu den bedeutenden Leistungen der Gotik. Ab dem 12. Jh. verdrängten Altaraufsätze mit Skulpturen und später mit Gemälden die schlichten romanischen Opfertische. Bevorzugte Altarformen waren der Altarschrein als geschnitzter Altaraufsatz und der gemalte Flügelaltar mit beweglichen seitlichen Flügeln links und rechts des Altarblatts. Einer der großartigsten Wandelaltäre der Spätgotik ist der **Pacher-Altar in St. Wolfgang**. Eine Kreuzigungsgruppe von Lienhart Astl (1510–1520) und Reliefs auf den Flügeln des Hauptaltars sind Höhepunkte in der Mariä-Himmelfahrt-Kirche von Hallstatt.

Malerei und Bildhauerei

Der Wandmalerei erwuchs in der Gotik eine Konkurrenz durch die Tafelmalerei. Beachtung verdienen der Hauptaltar (1449) in der Spitalkirche von Bad Aussee und die Tafeln (1496) in der Marienkirche in Großgmain. Die **Leonhardskirche in Tamsweg** weist einen bedeutenden Zyklus gotischer Glasfenster von 1430 bis 1450 auf. Das Bergbau- und Gotikmuseum Leogang besitzt eine europaweit einzig-

Der Pacher-Altar in St. Wolfgang ist ein großartiges Werk spätgotischer Schnitzkunst.

artige Sammlung gotischer Skulpturen von alpenländischen Bergbauheiligen. Von erlesenem spätgotischen Stilempfinden zeugen die überreich dekorierten Fürstenzimmer in der Festung Hohensalzburg mit farbiger, teilweise vergoldeter Täfelung. In der Goldenen Stube der Festung ist durch die farbenprächtigen Reliefplatten eines Kachelofens von 1501 auch die Keramik hervorragend vertreten.

Renaissance

Grabstätten und Profanbauten

Reine Renaissancekunst sucht man in Salzburg und Umgebung vergebens, doch kommt es am Übergang zur Spätgotik und zum Barock vereinzelt zu reizvollen Stilmischungen. Als wichtiges Bauwerk der Ära gilt das **Mausoleum (Gabrielskapelle) des Wolf Dietrich von Raitenau** auf dem vom Fürsterzbischof nach dem Vorbild des italienischen »Campo Santo« in Auftrag gegebenen Sebastiansfriedhof (1595–1600) in Salzburg. Zahlreiche Bauten und Bürgerhäuser im Salzburger Land erhielten zunächst ein renaissancezeitliches Gepräge, das sich allerdings unter späteren Barockisierungen versteckt. Schloss Goldegg, ursprünglich eine Wehrburg, die im 16. Jh. zu einem Renaissanceschloss ausgebaut wurde, besitzt im prachtvollen Rittersaal eine Wappenholzdecke und Jagdszenen (St. Johann). In der Malerei ragen die manieristischen Werke (um 1615) von Arsenio Mascagni in Schloss Hellbrunn heraus. Sie bezaubern durch raffinierte tiefenräumliche Illusionen und galante Szenen.

Barock und Rokoko

Kunst der Repräsentation

Der durch üppige Prachtentfaltung gekennzeichnete Barock ist die für Salzburg bestimmende Kunstepoche. Das Vorbild des Kirchenstaats im Auge begannen die Fürsterzbischöfe um 1600 Salzburg in eine barocke Residenzstadt zu verwandeln. Italienische Baumeister und Künstler trugen wesentlich dazu bei, dass die Salzach-Stadt bald den Beinamen »Rom des Nordens« erhielt. Bis heute bestimmen repräsentative und prunkvolle Barockbauten das Stadtbild.

Kirchenbaukunst

Baumeister im Barock und Rokoko bevorzugten zentralisierende Raumkonzeptionen. Im Sakralbau wurden als Neuerungen die Saalkirche und die Wandpfeilerkirche eingeführt. Die Grundrisse variieren vom Kreuz über das Rechteck bis zu Kreis- und Ovalformen. Vor- und zurückspringende Glieder verleihen den Baukörpern Schwung und Bewegung, die mehrfach gestufte (Doppel-)Türme und mächtige Tambourkuppeln noch verstärken. Nach dem Vorbild römischer Barockkirchen schuf der Italiener Santino Solari (1576–1646) zwischen 1614 und 1628 den Salzburger Dom als Kombination aus Lang-

und Zentralbau. Die mächtige Vierungskuppel verbindet das tonnengewölbte Langhaus mit den Querhausarmen und der Apsis. Die Stuckaturen stammen von Andrea Orsolini sowie Giuseppe Bassarino und die Deckengemälde im Querschiff von Arsenio Mascagni (1579 bis 1636). Santino Solari wurde 1615 auch mit dem Bau des manieristisch-frühbarocken Schlosses Hellbrunn beauftragt.
Weitere repräsentative Kirchenbauten entstanden zwischen 1685 und 1710. Der aus Roveredo stammende Giovanni Gaspare Zuccalli schuf in Salzburg die Erhardkirche und die Kajetanerkirche (beide um 1685 begonnen) im Stil des italienischen Barock.
Johann Bernhard Fischer von Erlach schuf in Salzburg u. a. die Kollegienkirche sowie die Dreifaltigkeitskirche (um 1700) und die Sommer- oder Felsenreitschule. Nach seinen Plänen entstand auch die Wallfahrtskirche Maria Kirchental. Schöne Beispiele barocker Profanbauten sind die Schlösser Klessheim (um 1709, Fischer von Erlach) und Leopoldskron. Schloss Mirabell erhielt durch Johann Lukas von Hildebrandt (1668–1745) 1725 sein barockes Gepräge, nach dem Stadtbrand von 1818 wurde es im klassizistischen Stil neu errichtet. Heute erinnern die reich verzierte Prunktreppe, ein Frühwerk des Bildhauers Georg Raphael Donner (1693–1741), sowie der prachtvolle Marmorsaal an das einstige barocke Erscheinungsbild.

In nur drei Jahren ließ Fürsterzbischof Markus Sittikus das frühbarocke Lustschloss Hellbrunn erbauen.

Malerei Zentrales Thema religiöser Malerei ist der Triumph des Glaubens. Einer der meistbeschäftigten Barockmaler im Salzburger Land und später am Wiener Hof war **Johann Michael Rottmayr** (1654 bis 1730). Dramatisch inszeniert er die Auferstehung Christi als Altarbild (1691) in der Stiftskirche des Klosters Michaelbeuern. Glanzvoll ist auch sein Kuppelfresko der Krönung Mariens (um 1700) in der Salzburger Dreifaltigkeitskirche. In den Prunkräumen der Salzburger Residenz malte Rottmayr die Decken aus, darunter im Carabinierisaal das Mittelbild mit der Darstellung des Meeresherrschers Neptun.

Altäre Thomas Schwanthaler (1634–1707) schuf den in Schwarz und Gold gehaltenen Doppelaltar (1675) in St. Wolfgang. Im Salzburger Land öfters vertreten ist **Meinrad Guggenbichler** (1649–1723). In der Michaelskirche in Mondsee sind gleich mehrere Altäre des Meisters zu sehen, darunter der bemerkenswerte Corpus-Christi-Altar (1684) mit von Weinlaub umwundenem Säulenaufbau und niedlichen Putten. Für die Pfarrkirche St. Wolfgang schuf Guggenbichler die prachtvolle Kanzel sowie drei Seitenaltäre, auch in Michaelbeuern war er tätig. Die Pfarrkirche von Traunkirchen besitzt eine originelle Rokokokanzel (1753) in Bootsform, die das Wunder des reichen Fischfangs zeigt.

Brunnen Unter den zahlreichen barocken Brunnenanlagen in Salzburg ragen der Residenzbrunnen (1661) mit Wasser speienden Meeresrossen sowie die Marstallschwemme vor dem Neutor mit einer Rossebändigergruppe von Bernhard Michael Mandl (1695) hervor.

Gartenbaukunst Die Salzburger Fürsterzbischöfe ließen auch eindrucksvolle Gartenkunstwerke anlegen. Der Garten von Schloss Hellbrunn (um 1615) wurde nach römisch-manieristischen Vorbildern angelegt. Bis heute setzen dort spektakuläre Effekte wie Wasserspiele und künstliche Grotten die Besucher in Erstaunen. Der barocke Lustgarten von **Schloss Mirabell** entstand um 1690 unter der Federführung von J.B. Fischer von Erlach. Der schlossnahe Gartenteil mit seinen Kieswegen, Rasenflächen und Blumenrabatten wirkt wie ein gestickter Teppich. Die auf Fernsicht angelegte Mittelachse des Parks stellt den Bezug zur Altstadt und zur Festung Hohensalzburg her.

Klassizismus

Klare Linien Als Antwort auf die üppige Formensprache des Barocks greift der Klassizismus auf das Kunstideal der griechisch-römischen Antike zurück. Zu den Salzburger Vertretern zählen Wolfgang und Johann Baptist Hagenauer, die u. a. die Bronzeskulptur der Maria Immaculata auf dem Salzburger Domplatz schufen (um 1771) und die Tunnelportale des 1764 vollendeten Neutors (Sigmundstor) gestalteten.

Vom 19. ins 21. Jahrhundert

Historismus

Im 19. Jh. kam als Gegenbewegung zum Klassizismus der Historismus auf, der auf die Formensprache historischer Baustile von der Gotik über die Renaissance bis zum Barock zurückgriff. So entstand beispielsweise Schloss Anif (1838–1848) durch Umbau eines Wasserschlosses aus dem 16. Jh. als nunmehr neugotischer Bau in Anlehnung an englische Tudorgotik. Der riesige **»Pongauer Dom«** in St. Johann im Pongau (1873 fertiggestellt) ist ein wichtiges Beispiel neugotischen Kirchenbaus. Die Kaiservilla in Bad Ischl wurde im Biedermeier-Landhausstil mit Anklängen an den Klassizismus errichtet.

Funktionalismus

Zu Beginn des 20. Jh.s entstand als Reaktion auf die dekorativen Baustile der Vergangenheit der Funktionalismus. Der Tiroler Clemens Holzmeister (1886–1983) machte sich u. a. durch die verschiedenen Um- und Erweiterungsbauten der Salzburger Festspielhäuser einen Namen.

Zeitgenössische Architektur

Längst ist die Barock-Stadt auch ein guter Boden für moderne Architektur. Am Stadtrand (Taxham) entwarf der Italiener Massimiliano Fuksas (geb. 1944) das Einkaufszentrum Europark und ließ sich dabei von den Salzburger Stadtbergen inspirieren. Unweit des Stadtzentrums beherrscht am rechten Salzachufer der anthrazitfarbene Betonblock des Heizkraftwerks Mitte der Schweizer Architekten Marie-Claude Bétrix und Eraldo Consolascio (2002) die Skyline. Schon 1995 realisierte das Duo zusammen mit Eric Maier das futuristisch anmutende Heizkraftwerk Nord. Akzente setzte – auch als Bauherr – Red-Bull-Chef Dietrich Mateschitz. Der Osttiroler Bildhauer Jos Pirkner (geb. 1927) entwarf das Hauptquartier des Getränkekonzerns Red Bull in Fuschl. Leicht und filigran wirkt das Stahl-Glas-Ellipsoid des Hangar 7 am Salzburger Flughafen, ebenfalls von Mateschitz initiiert. Das ab 2009 umgesetzte Projekt »Neue Mitte Lehen« versucht, einen wenig attraktiven Stadtteil architektonisch aufzuwerten.
Online-Guide: www.archtour-stadt-salzburg.at

Malerei vom 19. Jh. bis heute

Hans Makart (1840–1884) war ein viel beachteter Maler der Wiener Ringstraßen-Epoche, in seiner Geburtsstadt Salzburg sind einige seiner Gemälde in der Residenzgalerie zu sehen. Der Pinzgauer **Anton Faistauer** (1887–1930) hat mehrere Spuren in seiner Heimat hinterlassen. Nach Lehrjahren in Wien, in denen er sich dem Kreis um Egon Schiele und Gustav Klimt anschloss, wandte er sich später einer eher traditionellen Malerei zu und fand in Land und Leuten des Pinzgaus viele Motive für seine Kunst. Zu seinen Hauptwerken zählen die Fresken im Salzburger Festspielhaus (1926) und in der Pfarrkirche im Salzburger Stadtteil Morzg (1922) sowie der Große Salzburger Votivaltar in Maishofen, wo er aufwuchs.

»STILLE NACHT, HEILIGE NACHT«

Weihnachten 2018 jährte sich zum 200. Mal die Uraufführung von »Stille Nacht, heilige Nacht«. Zum Jubiläum stellten die Gemeinden Oberndorf, Arnsdorf, Salzburg, Hallein, Wagrain und Mariapfarr ihren Anteil an der Entstehung und Verbreitung des in mehr als 300 Sprachen übersetzten Weihnachtsliedes in die Auslage.

Um die Entstehung ranken sich viele Geschichten. Am wahrscheinlichsten ist diese: In der Nikolaus-Kirche von Oberndorf bei Salzburg gab ausgerechnet am 24. Dezember 1818 die Orgel den Geist auf. Aushilfspriester **Joseph Mohr** wandte sich daraufhin an den Dorfschullehrer **Franz Xaver Gruber** und bat ihn um die rasche Vertonung eines Gedichtes, das er 1816 zu Papier gebracht hatte. Binnen weniger Stunden komponierte Gruber eine Melodie für zwei Männerstimmen. In der Christmette erklang zu Mohrs Gitarrenbegleitung erstmals das Lied mit den berühmten Anfangsworten, die heute für viele Menschen der Inbegriff des Weihnachtsfestes sind: »Stille Nacht, heilige Nacht«.

Botschaft der Hoffnung

Heute begeben sich zur Adventzeit im ganzen Salzburger Land Zehntausende Besucher auf die Spuren des bekanntesten Weihnachtsliedes der Welt. Dreh- und Angelpunkt ist die schlichte **Stille Nacht-Gedächtniskapelle in Oberndorf**. 1937 wurde sie an jener Stelle errichtet, an der die abgerissene Nikolaus-Kirche gestanden hatte – der Ort der Uraufführung vor knapp 200 Jahren. Die Wege Mohrs (1792 bis 1848) und Grubers (1787–1863) kreuzten sich in einer Zeit des Umbruchs. Nach Napoleons Fall war die Landkarte Europas neu gezeichnet worden. Das Territorium des ehemaligen Fürsterzbistums Salzburg wurde auf dem Wiener Kongress Österreich zugeschlagen. Da die Stadt Laufen am gegenüberliegenden Ufer an Bayern ging, war der für Oberndorf so wichtige Salztransport auf der Salzach infrage gestellt. Den Text, eine Botschaft der Hoffnung und des Friedens, hatte Mohr bereits 1816 im Lungau im Südosten Salzburgs zu Papier gebracht. Ausführlich dokumentiert ist dies im **Wallfahrtsmuseum in Mariapfarr**.
Eine Karriere als Dichter – geschweige denn als Geistlicher – war Mohr nicht in die Wiege gelegt. 1792 kam er als uneheliches Kind einer Strickerin und eines desertierten Soldaten in Salzburg zur Welt – als Taufpate fungierte in Ermangelung einer anderen ehrbaren Person der Scharfrichter! Doch der kleine Joseph hatte Glück. Ein Geistlicher nahm ihn unter seine Fittiche und brachte ihn ins Priesterseminar. 1815 empfing er die Priesterweihe und wurde nach Mariapfarr entsandt.

Vom Zillertal in alle Welt

Zum Weltkulturgut wurde das Lied über den Umweg Tirol. Der Orgelbauer Carl Mauracher, der den Auftrag zur Reparatur der maroden Oberndorfer Orgel erhielt, nahm die Noten mit in seine Tiroler Heimat, wo sie Zillertaler

Sängergruppen in ihr Repertoire aufnahmen. Damals zwang die materielle Not Kleinbauern wie Lorenz Strasser, sich als Wanderhändler ein Zubrot zu verdienen. Seine musikalischen Kinder begleiteten ihn auf den Touren durch Europa. 1831 gaben die **Strasser-Sänger** auf dem Leipziger Weihnachtsmarkt in Tiroler Tracht »Stille Nacht« zum Besten – die erste verbürgte Aufführung außerhalb Österreichs.
Als »Tiroler Volkslied« – die Urheberschaft Mohrs und Grubers war in Vergessenheit geraten – eroberte »Stille Nacht« die Herzen von Katholiken und Protestanten gleichermaßen. Die Rainer-Sänger aus dem Zillertal sorgten am Weihnachtsabend **1839 in New York** für die erste verbürgte Aufführung außerhalb Europas. Auswanderer und Missionare trugen das Lied in die hintersten Winkel der Erde. Heute hat die Stille-Nacht-Gesellschaft Übersetzungen in mehr als 330 Sprachen und Dialekte erfasst.

Gruber stellt Urheberschaft klar

Erst 1854 schrieb Gruber nach einer Anfrage aus Preußen die Entstehungsgeschichte des Liedes auf. Zu diesem Zeitpunkt lebte der Komponist als Kirchenmusiker in Hallein. Das **Stille-Nacht-Museum** im ehemaligen Wohnhaus Grubers zeigt unter anderem jene Gitarre, die Mohr für die Uraufführung angestimmt hatte. Anders als Gruber erlebte Joseph Mohr nicht mehr, welch unglaubliche Resonanz sein Gedicht gefunden hatte. Seine letzten Lebensjahre wirkte er in Wagrain, wo er sich für die Kinder, Armen und Alten einsetzte. Der Überlieferung nach war Mohr bei seinem Tod 1848 arm wie eine Kirchenmaus.

In der Eingangshalle des Großen Festspielhauses stehen Marmorplastiken zum Thema »Musik« und »Theater« von Wander Bertoni (geb. 1925). Einen expressiv-figürlichen Stil verfolgte **Alfred Hrdlicka** (1928–2009), dessen Orpheusstatue im Foyer des Hauses für Mozart aufgestellt ist. Ausdrucksvoll sind auch die modernen Bronzeportale (1959) des Salzburger Doms mit Darstellungen der christlichen Tugenden Glaube, Liebe und Hoffnung. Seit 2014 schmückt eine monumentale Bronze-Skulptur von Jos Pirkner das Hauptquartier von Red Bull in Fuschl: 14 Stiere, die aus dem Red-Bull-»Stall« ins Freie stürmen. Einen modernen Skulpturenpark in der Salzburger Altstadt brachte die private Salzburg Foundation mit ihrem Projekt **Walk of Modern Art** (2002–2011) auf den Weg. Die Palette der 12 Kunstwerke reicht von einer alternativen Mozart-Statue von Markus Lüpertz bis zu Stephan Balkenhols monumentaler Sphaera am Kapitelplatz. Seit 2014 setzt das Kunstprojekt Krauthügel mit Sommerausstellungen neue Kunstakzente im Stadtbild.
salzburgfoundation.at

Stephan Balkenhols »Sphaera« ist Teil des Walk of Modern Art in Salzburg.

INTERESSANTE MENSCHEN

Lebensgefährtin eines Erzbischofs: Salome Alt

1568–1633
Kaufmannstocher

Die Tochter des angesehenen Salzburger Kaufmanns und Ratsherrn Wilhelm Alt wurde die große Liebe des Erzbischofs Wolf Dietrich von Raitenau. Gerüchte wollten wissen, dass er eine Art Ehe mit ihr einging. Sie hatten **zusammen 15 Kinder**, von denen insgesamt zehn das Kindesalter überlebten. Die beiden machten nie ein Geheimnis aus ihrer Verbindung. Spätestens mit der Erhebung in den Adelsstand 1609 war die ebenso kluge wie schöne Frau endlich gesellschaftlich anerkannt. Schloss Altenau, später umbenannt in Schloss Mirabell, ließ der Erzbischof 1606 außerhalb der Salzburger Stadtmauern für sie errichten. Nach Wolf Dietrichs Sturz und Gefangennahme 1612 wurde auch seine Lebensgefährtin verhaftet, doch auf Anweisung des Domkapitels wieder auf freien Fuß gesetzt. Salome Alt zog nach Wels, wo die Kinder eine standesgemäße Erziehung erhielten. Wolf Dietrich war sie nach wie vor verbunden, obwohl sie ihn nicht wiedersah. Salome Alt starb am 27. Juni 1633 in Wels.

Vielseitige Mimin: Verena Altenberger

geb. 1987
Schauspielerin

Ob auf Verbrecherjagd, im Komödienfach oder als »Buhlschaft« – die berühmteste Frauenrolle, die die Salzburger Festspiele zu bieten haben: Verena Altenberger hat sich im vergangenen Jahrzehnt als eine der vielseitigsten Schauspielerinnen im deutschen Sprachraum etabliert. Schon als Jugendliche zog es die Mimin aus Schwarzach im Pongau zum Schauspielberuf. Mit 18 ging sie nach Wien, um ihren Traum zu verwirklichen. Nach einem Publizistik-Studium sammelte sie im Nachwuchsensemble des Burgtheaters sowie am Volkstheater erste Bühnenerfahrung. Ihre Ausbildung schloss sie 2015 an der Musik und Kunst Privatuniversität der Stadt Wien ab. Durch erste TV-Rollen wurde auch Deutschland auf die Mimin aufmerksam, die sieben Sprachen beherrscht und in ihrem Lebenslauf an speziellen Fähigkeiten u. a. Kunstturnen, Klettern, Kunsteislauf, Bühnenkampf, Fechten, Aikido, Reiten und Tanz auflistet.
Die Titelrolle in der RTL-Sitcom »Magda macht das schon!“, in der sie ab 2016 eine schlagfertige polnische Altenpflegerin verkörperte, machte sie einem breiteren Publikum bekannt. Der große Durchbruch gelang ihr 2017 mit dem preisgekrönten Kinofilm »Die

beste aller Welten«. Die einfühlsame Darstellung einer drogenabhängigen Mutter bescherte der Pongauerin den Österreichischen Filmpreis. von 2019 bis 2022 ermittelte sie als Polizeioberkommissarin »Bessie« Eyckhoff in der deutschen Krimiserie »Polizeiruf 110«.
Groß waren die Erwartungen, als Verena Altenberger als erste gebürtige Salzburgerin die Rolle der Buhlschaft beim »Jedermann«auf dem Salzburger Domplatz erhielt. »Die Frauenrolle, von der ich immer geträumt habe«, sagte sie in einem Interview. Altenberger und Lars Eidinger in der Rolle des »Jedermann« gelang es 2021 und 2022, das über 100 Jahre alte Stück so frisch auf die Bühne zu bringen wie schon lange nicht – Entstaubung traditioneller Geschlechterrollen inklusive. Eine Interpretation, die im Gedächtnis blieb – auch durch Details. So spielte Altenberger die »Buhle« mal mit ultrakurzen Haaren, dann mit blonder Kurzhaarfrisur, und Lars Eidinger zeigte sich mit viel nackter Haut (►Abb. S. 204).

Österreich in Hassliebe verbunden: Thomas Bernhard

1931–1989
Autor

Thomas Bernhard zählt zu den ganz Großen der österreichischen Literatur, in seiner Heimat schlug ihm zeitlebens allerdings nicht nur Verehrung entgegen. Er wurde als uneheliches Kind in den Niederlanden geboren. Sein Großvater, der Schriftsteller Johannes Freumbichler, sollte zur wichtigen Bezugsperson werden. 1935 zog er mit den Großeltern an den ►Wallersee. In Salzburg besuchte Bernhard das Gymnasium. Die Not der Nachkriegsjahre, eine lebensbedrohliche Lungenkrankheit sowie der Tod von Großvater und Mutter bescherten dem jungen Mann traumatische Erfahrungen. Er **studierte am Mozarteum**, arbeitete als Journalist für Salzburger Zeitungen und fand über die Lyrik zur Prosa und zu einem eigenen Stil. Sein Roman »Frost« (1963) machte ihn bekannt. Provokation und Übertreibung waren fixe Stilmittel im literarischen Baukasten des Autors, das Katholische, das Provinzielle, das er in seiner Heimat sah, geißelte er in autobiografischen Büchern. Manche Medien kritisierten Bernhard deshalb als »Nestbeschmutzer«. Von den Salzburger Festspielen wurde er, der die Musik und besonders die Oper liebte, hofiert. Fünf Uraufführungen seiner Werke, vier davon inszenierte Claus Peymann, gingen an der Salzach über die Bühne. Sein Verhältnis zu Österreich wird oft als Hassliebe beschrieben. Der Autor starb am 12. Februar 1989 in seinem Wohnort Gmunden, wenige Monate nachdem sein Stück »Heldenplatz« am Wiener Burgtheater für einen Skandal gesorgt hatte. Begraben liegt er in Wien, wo er am besten einer seiner großen Leidenschaften frönen konnte: dem Kaffeehausbesuch.

Alpenrocker: Hubert von Goisern

geb. 1952
Musiker

Hubert von Goisern gilt als wichtigster Vertreter des Alpenrocks. Als der in Bad Goisern als **Hubert Achleitner** geborene Musikrebell antrat, die österreichische Volksmusik zu entstauben, wurde er von der Kritik belächelt und von den Traditionalisten schief angeschaut. Doch mittlerweile zählen Songs wie »Weit weit, weg« zum musikalischen Kanon der Alpenrepublik. Fernweh trieb den 20-Jährigen nach Südafrika und nach Kanada, wo er seine Berufung als Musiker fand. Zurück in der Heimat hob er die Formation **»Die Alpinkatzen«** aus der Taufe. Das Album »Aufgeigen statt niederschießen«(1992) bescherte ihm Hitparadenerfolge und ausverkaufte Konzerte. Rockiger E-Gitarrensound, gemischt mit Ziehharmonikamelodien, Sehnsuchtsjodlern und griffigen Dialekttexten wurden zu seinem Markenzeichen. Im Verlauf seiner Karriere entwickelte er sich zum Weltmusiker weiter. Bekannt ist der Vollblutmusiker und Weltenbummler auch für sein Engagement in Sachen Umwelt und Völkerverständigung. Zwei Jahre lang tingelte er als Botschafter für die Europäische Kulturhauptstadt Linz (2009) mit einem Schiff die Donau und den Rhein auf und ab und gab Gratiskonzerte mit Musikern vor Ort. 2013 bekam Hubert von Goisern einen Ehren-Amadeus-Award für genre- und völkerverbindende Musik.

Diva am Dirigentenpult: Herbert von Karajan

1908–1989
Dirigent

Herbert von Karajan gehörte zu den größten Dirigenten des 20. Jh.s und beschritt als Festivalintendant, Regisseur und als Musikmanager neue Wege. Unumstritten war der Maestro jedoch nie. Der gebürtige Salzburger studierte in seiner Heimatstadt am Mozarteum und an der Hochschule für Musik in Wien. 1933 trat Karajan kurz nach Hitlers Machtergreifung der NSDAP bei und startete mit dem Parteibuch in der Hand seine Karriere. Das dreijährige **Berufsverbot**, das ihm nach dem Krieg auferlegt wurde, unterbrach den Aufstieg nur kurz. 1955 wurde er Chefdirigent der Berliner Philharmoniker auf Lebenszeit, dazu künstlerischer Leiter der Wiener Staatsoper und der Salzburger Festspiele, die er bis 1988 entscheidend prägte.

Karajans Bühne war jedoch die ganze Welt. Allein mit den Berliner Philharmonikern gab er an die 1500 Konzerte. Als einer der Ersten erkannte er das enorme Marktpotenzial klassischer Musik und spielte etwa 700 Werke von rund 130 Komponisten ein. Weltweit wurden an die **250–300 Millionen Tonträger** mit seinem Namen verkauft. Sein Repertoire war nach Ansicht von Kritikern **eher am »mainstream«** ausgerichtet, weniger bekannte Komponisten der Moderne interessierten ihn kaum. Gleichzeitig tat sich Karajan als Förderer junger Musiker hervor. Zu seinen größten »Entdeckun-

gen« zählt die Geigerin **Anne-Sophie Mutter**. 1967 rief er im Alleingang die Salzburger Osterfestspiele ins Leben, bei denen die Opern Richard Wagners im Mittelpunkt stehen sollten.
Das Privatleben des Maestro war stets für Schlagzeilen gut – er liebte schnelle Autos und elegante Jachten. Mit seinen Privatflugzeugen steuerte er seine Häuser in Frankreich und in der Schweiz an. 1958 heiratete er in dritter Ehe die damals 19-jährige Eliette Mouret, ein französisches Model, mit der er zwei Töchter hatte, für die die Wiener und die Berliner Philharmoniker die Patenschaft übernahmen. Auch sein modisches Auftreten – der Maestro trug gerne Rollkragenpullover – setzte Akzente. Nach einer Wirbelsäulenerkrankung 1985 konnte er nur noch im Sitzen dirigieren. Herbert von Karajan starb am 16. Juli 1989 in Anif und liegt dort auf dem Friedhof begraben.

Auf zwei Brettln in neue Dimensionen: Marcel Hirscher

geb. 1989
Skifahrer

Mit Skistars ist das Salzburger Land reichlich gesegnet. Keiner jedoch räumte so viele Titel und Medaillen ab wie Marcel Hirscher, der zum erfolgreichsten Skirennläufer aller Zeiten aufsteigen sollte. 2009 erklomm der 1,73 m große Modellathlet erstmals den obersten Podestplatz. 2011/12 gewann der Slalom- und Riesenslalomspezialist erstmals den Gesamtweltcup. Die »große Kristallkugel« sicherte er sich sieben weitere Male – und das hintereinander! Der »Herr des Kristalls« wuchs in Annaberg im Lammertal auf. Als Berufswunsch gab Marcel in der Schülerzeitung »Weltcupfahrer« an. Zu seinen acht Weltcup-Gesamtsiegen und 67 Siegen in Einzelrennen kamen noch sieben Weltmeistertitel und zwei Goldene bei den Olympischen Spielen in Südkorea 2018. Ein Jahr später beendete Hirscher seine Karriere. Der als nervenstark und extrem diszipliniert geltende Wettkämpfer verließ sich auf einen engen Zirkel von Betreuern und Serviceleute, die ihm seine Atomic-Skier aus dem Salzburgerland höllisch schnell machten. Dass Hirscher vom alpinen Rennsport nicht ganz lassen kann, zeigte sich 2021: Der Ex-Rennläufer präsentierte seine eigene Ski-Marke »Van Deer«. Erfolge der »Van Deer«-Athleten, von denen einige noch kurz zuvor seine Konkurrenten waren, blieben nicht aus.

Der Herminator: Hermann Maier

geb. 1972
Skifahrer

Der gelernte Maurer und Skilehrer Hermann Maier aus Flachau (Pongau) errang weltweite Bekanntheit, als er 1998 bei den Olympischen Winterspielen in Nagano (Japan) als großer Favorit im Abfahrtslauf einen kapitalen Sturz baute. Lädiert rappelte sich Maier aus dem Tiefschnee auf, biss die Zähne zusammen und gewann in den darauffolgen-

Der Herminator

den Tagen sensationell die Goldmedaillen im Super-G und im Riesentorlauf. In Anlehnung an den steirischen Hollywood-Export Arnold Schwarzenegger (»Der Terminator«) verlieh man dem Salzburger, der im Super-G jahrelang schier unschlagbar war und insgesamt **54 Siege in Weltcuprennen** feierte, den Spitznamen »Herminator«. Maiers Comeback nach einem Horror-Motorradunfall 2001 gilt als eines der unglaublichsten der Sportgeschichte. Der Flachauer kämpfte sich in die Weltspitze zurück und gewann 2003/2004 zum vierten Mal den Gesamtweltcup. Bis heute gilt er durch seine erfrischende Art als ein Liebling der Österreicher. Seine Kaltschnäuzigkeit bewies er bereits mit der Antwort auf die Frage, was ihm bei seinem 40-Meter-Flug in Nagano durch den Kopf ging. Maier: »Wenn ich jetzt noch Gold gewinne, bin ich unsterblich!« Er wurde es.

Griff nach Hauben und Sternen: Johanna Maier

geb. 1951
Köchin

In der Spitzengastronomie sind Frauen wenig repräsentiert. Doch im Salzburger Land wirkte mit Johanna Maier die bislang einzige Küchenchefin, die von Gault Millau mit vier Hauben und vom Guide Michelin mit zwei Sternen ausgezeichnet wurde. Die in Radstadt geborene Meisterin des Genusses lernte während ihrer Ausbildung ihren Ehemann Dietmar Maier kennen. Das Paar zog für zwei Jahre nach

Paris und dann nach **Filzmoos**, wo die Eltern ihres Gatten das Hotel-Restaurant Hubertus führten. Mitte der 1980er-Jahre übernahm Johanna Maier die Küche. Inspiration fand sie bei den Gebrüdern Obauer in Werfen, sie sammelte Erfahrungen bei Spitzenköchen von München bis New York und begann ihren eigenen Stil zu entwickeln – während sie vier Kinder großzog. Die erste Haube verlieh ihr der Gault Millau 1987, neun Jahre später wurde sie als erste Frau mit dem Titel »Koch des Jahres« ausgezeichnet, 2001 erklomm sie mit vier Hauben endgültig den Kocholymp. Johanna Maiers Kochbücher wurden Bestseller. Hotel und Gourmetrestaurant, in dem sie ihre »**gesunde, aromatische Weltküche**« zelebrierte, hat die Spitzenköchin 2022 verkauft. Ihr kulinarisches Wissen gibt sie heute unter anderem in einer Kochschule weiter.

Bullige Energie: Dietrich Mateschitz

1944–2022
Unternehmer

Der aus Sankt Marein im Mürztal (Steiermark) stammende Dietrich Mateschitz wurde mit seinem **Red-Bull-Imperium** zu einem der erfolgreichsten Unternehmer der Gegenwart. Anfang der 1980er-Jahre lernte der damalige Zahnpasta-Marketingmanager in Asien den boomenden Markt der Energy Drinks kennen und beschloss, das Konzept auf Europa zu übertragen. Red Bull hieß das Getränk, das er mit thailändischen Partnern 1987 vom Stapel ließ. Von Fuschl aus trat Red Bull einen Siegeszug um den Globus an. Mateschitz ließ das Logo mit den Roten Bullen bei aufsehenerregenden **Sportevents** in die vorderste Reihe rücken, um das Lifestyle-Image des »Flügel verleihenden« Dosengetränks zu transportieren. In der Formel 1 trug etwa Sebastian Vettel mit vier Weltmeistertiteln den Namen Red Bull in die Welt hinaus. Auch aus dem Skisport, dem Eishockey, dem Fußball und Extremsportarten war Red Bull bald kaum mehr wegzudenken. Mateschitz engagierte sich auch im Medienbereich und gründete unter anderem den Fernsehsender ServusTV. Seine Wahlheimat Salzburg verdankt dem Selfmademan Arbeitsplätze und Bauprojekte, einen spektakulären Firmensitz in Fuschl und den **Hangar-7** am Flughafen Salzburg. Privat hielt sich der Red-Bull-Gründer, der als **reichster Österreicher** galt, lieber abseits des Rampenlichts. Über seine Krebserkrankung, an der er im Oktober 2022 starb, wussten nur seine Familie und seine engsten Vertrauten Bescheid.

Skilegende aus Kleinarl: Annemarie Moser-Pröll

geb. 1953
Skifahrerin

»Miss World Cup«, »Jeanne d'Arc des Skisports« und »beste Skiläuferin aller Zeiten« wurde sie genannt, die Tochter eines Bergbauern aus Kleinarl im Pongau. In der Tat leistete Annemarie Moser-Pröll Beachtliches: Sie war vierfache Weltmeisterin (Kombinations-Weltmeisterin 1972 und 1978, Abfahrts-Weltmeisterin 1974 und 1978), sechsfache Weltcup-Siegerin (1971–1975 und 1979) und Olympiasiegerin (Abfahrt) 1980 in Lake Placid. Im Jahr 1999 wurde sie zu **Österreichs »Sportlerin des Jahrhunderts«** gewählt. Mit ihren Erfolgen machte sie ihr Kleinarl weltberühmt, und aus dem einst verschlafenen Bergbauerndorf wurde ein viel besuchter Touristenort.

Vater eines Genies: Leopold Mozart

1719–1787
Musiker

Leopold Mozart genoss als Musiker und Komponist großes Ansehen. Außergewöhnlich jedoch waren seine **Fähigkeiten als Musikpädagoge und als Geschäftsmann**, unschätzbar im Hinblick auf seinen genialen Sohn Wolfgang Amadeus. Nach dem Wunsch seiner Eltern, einer Handwerkerfamilie aus Augsburg, sollte Leopold Mozart etwas »Besseres« werden: Deshalb schickten sie ihn zum Theologiestudium auf das Jesuitenkolleg St. Salvator. Als der Vater 1736 starb, musste Leopold sein Studium abbrechen. Eine Stelle als Kammerdiener verlor er wegen persönlicher Dissonanzen mit dem Dienstherrn. Schließlich bekam er die Gelegenheit, seiner Leidenschaft, der Musik, nachzugehen. Der Domherr von Thurn-Valsassina und Taxis stellte ihn als Kammerdiener an, u. a. weil er musizieren konnte. 1740 widmete er seinem Arbeitgeber seine ersten sechs selbst komponierten Sonaten. 1743 wurde er vierter Violinist in der Hofkapelle, 1757 Hofkomponist und 1763 schließlich Vizekapellmeister. Bis dahin hatte er sich längst einen Namen gemacht mit Kirchenwerken, Kantaten, Sinfonien und Divertimenti. Das Jahr 1756 brachte zwei große Ereignisse: die Geburt seines Sohnes Wolfgang Amadeus und die Veröffentlichung seiner Abhandlung »Versuch einer gründlichen Violinschule«.
Als er das Musikgenie seines Sohns erkannte, verzichtete er auf seine eigene Karriere und widmete sich fortan nur noch der Erziehung und **Förderung von »Wolferl«.** Wolfgang ging 1781 nach Wien, Leopold Mozart blieb in Salzburg, wo er am 28. Mai 1787 starb.

Wunderkind und Getriebener: Wolfgang Amadeus Mozart

1756–1791
Komponist

Kein Salzburger genießt größere Verehrung als Wolfgang Amadeus Mozart. Dabei tat sich Salzburg lange Zeit schwer mit dem Komponisten. Johannes Chrysostomus Wolfgangus Theophilus Mozart wurde in der Getreidegasse geboren. Seine musikalische Begabung trat frühzeitig hervor – mit drei Jahren konnte er leichte Klavierstücke auswendig lernen. Seine erste Klaviersonate komponierte das **»Wolferl«** als Fünfjähriger. Für seine Eltern gab es nur noch ein Ziel: Das Talent des

Sohnes zu fördern und aus ihm eine Berühmtheit zu machen. Mozart war gerade einmal sechs Jahre alt, da begann für ihn und seine ältere Schwester »Nannerl« die Zeit der Konzertreisen. Die beiden sorgten in München, Wien, Paris und London für Staunen. Eine feste Anstellung, wie von den Mozarts erhofft, ergab sich aber an keinem von Europas Höfen. In Salzburg fand sich 1773 eine gering bezahlte Anstellung als Hofmusiker. Er komponierte Sinfonien, Streichquartette, Opern, startete aber auch neue Anläufe, im Ausland eine Stelle zu finden. 1781 kam es zum Bruch mit dem Salzburger Hof. Als Mozart um Entlassung aus dem Dienst bat, soll der Oberstküchenmeister des Fürsterzbischofs den »Lausbub« mit einem Fußtritt hinausgeworfen haben.

Mozart ging als freischaffender Komponist nach Wien und nabelte sich von seinem Vater ab. Er komponierte 1782 im Auftrag Kaiser Josephs II. **»Die Entführung aus dem Serail«**. Am 4. August desselben Jahres heiratete er Constanze Weber, die er in Mannheim kennengelernt hatte. Der Groll auf seine Heimatstadt blieb dem Neu-Wiener, wie ein Brief an seinen Vater 1783 erkennen lässt:

»
Ich hoffe nicht, dass es nötig ist zu sagen, dass mir an Salzburg sehr wenig und am Erzbischof gar nichts gelegen ist und ich auf beides scheiße.
«

Bei den Wienern stieß er auf sehr gute Resonanz. 1787 wurde er **Kaiserlicher Hofkomponist**. Doch schon »Die Hochzeit des Figaro« und »Don Giovanni« hatten nur noch in Prag Erfolg, und die wirtschaftliche Situation des Ehepaars verschlechterte sich. Zwar war Mozart ein Großverdiener – das jährliche Einkommen dürfte umgerechnet etwa 125 000 Euro ausgemacht haben -, er lebte jedoch auf großem Fuß und spielte. Mit der **»Zauberflöte«**, uraufgeführt am 30. September 1791, gewann er nochmals die Herzen der Wiener. Im November erkrankte Mozart schwer; er starb am 5. Dezember 1791 vermutlich an einer Streptokokken-Infektion. Bis heute wird über einen Mordanschlag spekuliert. Seine Frau ließ ihn auf dem Friedhof des Wiener Vororts St. Marx bestatten; Grab und Gebeine sind aber verschollen.
Salzburgs Bürgerschaft schloss erst lange nach Mozarts Tod ihren Frieden mit dem verlorenen Sohn. Dazu trug auch Witwe Constanze bei, die das musikalische Erbe verwaltete und 1828 eine der ersten Biografien herausgab. In Salzburg sind heute mit dem Geburtshaus in der Getreidegasse und dem Wohnhaus am Marktplatz die beiden wichtigsten Mozart-Erinnerungsstätten zu finden. Der berühmteste Komponist aller Zeiten wird rund ums Jahr gefeiert, von den Mozart-Wochen bis zu den Festspielen – und im Souvenirhandel sowieso.

Fels in der Festspiel-Brandung: Helga Rabl-Stadler

geb. 1948
Kulturmanagerin

Fünf Intendanten und acht Jedermann-Darsteller kamen und gingen, Präsidentin Helga Rabl-Stadler blieb die große Konstante der **Salzburger Festspiele**. Maßgeblich ihrem hartnäckigem Einsatz war es zuzuschreiben, dass zum 100 Jahr-Jubiläum 2020 trotz Corona-Pandemie in Salzburg zumindest ein Rumpfprogramm in Szene ging, während weltweit reihenweise Festivals abgesagt wurden.
Helga Rabl-Stadler wurde 1948 als Tochter der Modeunternehmerin Rosl Stadler in Salzburg geboren; ihr leiblicher Vater war der langjährige spätere Chef des Österreichischen Rundfunks (ORF), Gerd Bacher. Nach dem Studium der Rechtswissenschaften arbeitete sie zunächst als Journalistin in Wien. Ende der 1970er kehrte sie in ihre Heimatstadt zurück, um das Familienunternehmen zu übernehmen. Sie bekleidete Leitungsfunktionen in Salzburger Wirtschaftsgremien und stieg in die Politik ein. Für die konservative Volkspartei ÖVP saß sie 1983 bis 1990 im österreichischen Parlament. Mit der Berufung zur **Festspielpräsidentin** 1995 hatte sie ihre »Lebensaufgabe« gefun-

den, wie sie einmal sagte. In ihrer Funktion agierte die Mutter zweier Söhne quasi als »Außenministerin« des Festivals. Diplomatisches Geschick und Überzeugungskraft legte die stets bestens gestylte Powerfrau sowohl im Umgang mit anspruchsvollen Stars an den Tag als auch im Verhältnis zu Politik, Wirtschaft und Förderern. Sie etablierte ein Netzwerk an Festspiel-Sponsoren, das Weltkonzerne ebenso umfasste wie finanzkräftige Kultur-Mäzene. Ehrungen wie »Ritter der Französischen Ehrenlegion« und »Großoffizier des Sterns von Italien« kündeten auch von höchster Anerkennung in der internationalen Kulturwelt. »Ich glaube, es wäre einfach eine ganz große Sinnkrise, eine unvorstellbare Leere in Salzburg, wenn es die Festspiele nicht mehr gäbe«, sagte Rabl-Stadler einmal. 2021, nach 27 Jahren als Präsidentin, übergab sie an die gebürtige Deutsche Kristina Hammer.

Initiator der Festspiele: Max Reinhardt

1873–1943
Theatermacher

Als Maximilian Goldmann in Baden bei Wien geboren, zog es den Sohn eines jüdischen Kaufmanns schon früh zum Theater. 1893 debütierte er als Schauspieler in einem Wiener Privattheater, bald darauf folgte sein erstes Engagement in Salzburg. 1894 holte ihn Otto Brahm an das Deutsche Theater in Berlin. Dort gründete er 1903 mit Künstlerkollegen das **Kabarett »Schall und Rauch«**, aus dem das »Kleine Theater Unter den Linden« wurde. 1905 gelang ihm mit einer Inszenierung von Shakespeares »Sommernachtstraum« der Durchbruch als Regisseur. Im selben Jahr übernahm er die Leitung des Deutschen Theaters in Berlin, dem er mit kurzen Unterbrechungen bis 1933 vorstand. Bereits 1920 hatte er den Schwerpunkt seiner Arbeit nach Salzburg verlegt. Dort initiierte er zusammen **mit Hugo von Hofmannsthal und Richard Strauss** die Salzburger Festspiele. Nach Hitlers Machtergreifung zog er endgültig nach Salzburg, wo er aber zunehmend antisemitischen Anfeindungen ausgesetzt war. Ein Jahr vor dem »Anschluss« Österreichs an Nazi-Deutschland emigrierte er in die USA. In Los Angeles leitete er eine Schauspielschule. Ab 1941 lebte er in New York, wo am 31. Oktober 1943 infolge eines Schlaganfalls starb. Das von ihm 1929 in Wien gegründete Max-Reinhardt-Seminar ist bis heute eine wichtige Schauspieler-Schmiede.

Dichter des Verfalls: Georg Trakl

1887–1914
Lyriker

Georg Trakl zählt neben Georg Heym und Franz Werfel zu den wichtigsten deutschsprachigen Frühexpressionisten. In seiner von Bildern des Verfalls und Untergangs geprägten Dichtung und in seinem kurzen, exzessiven Leben – Trakl wurde nur 27 Jahre alt – spiegeln sich die irrlichternden Jahre vor dem Ersten Weltkrieg wider. Trakl wurde am 3. Februar 1887 in Salzburg in eine Familie des gehobenen Bürgertum geboren. Seine französische Gouvernante brachte den Teenager mit französischer Literatur in Kontakt. Bereits mit fünfzehn schreibt er erste Gedichte. Wegen schlechter Leistungen bricht er die Schule ab und beginnt eine Apothekerlehre, wo er mit Drogen aller Art experimentiert. 1908 nimmt Trakl ein Pharmaziestudium in Wien auf. Nach dem Abschluss pendelt er zwischen der Hauptstadt und Salzburg hin und her, ohne Halt in einem bürgerlichen Beruf finden zu können. Geldnöte, sein **Drogenkonsum** und die vermutlich inzestuöse Beziehung zu seiner vier Jahre jüngeren Schwester Margarethe (Gretl) stürzen ihn immer wieder in Depressionen. Als Sanitätsleutnant des österreichischen Heeres kam er im Ersten Weltkrieg an die Galizienfront, wo er in der Schlacht von Gròdek einen Nervenzusammenbruch erlitt. Er starb am 3. November 1914 im Krakauer Militärhospital nach Einnahme einer Überdosis Kokain.

Der Erfinder des Reiseführers: Karl Baedeker

1801-1859
Verleger

Als Buchhändler kam Karl Baedeker viel herum, und überall ärgerte er sich über die »Lohnbedienten«, die die Neuankömmlinge gegen Trinkgeld in den erstbesten Gasthof schleppten. Nur: Wie sollte man sonst wissen, wo man übernachten könnte und was es anzuschauen gäbe? In seiner Buchhandlung hatte er zwar Fahrpläne, Reiseberichte und gelehrte Abhandlungen über Kunstsammlungen. Aber wollte man das mit sich herumschleppen? Wie wäre es denn, wenn man all das zusammenfasste? Gedacht, getan: Zwar hatte er sein erstes Reisebuch, die 1832 erschienene »Rheinreise«, noch nicht einmal selbst geschrieben. Aber er entwickelte es von Auflage zu Auflage weiter. Mit der Einteilung in »Allgemein Wissenswertes«, »Praktisches« und »Beschreibung der Merk(Sehens-)würdigkeiten« fand er die klassische Gliederung des Reiseführers, die bis heute ihre Gültigkeit hat. Bald waren immer mehr Menschen unterwegs mit seinen **»Handbüchlein für Reisende, die sich selbst leicht und schnell zurechtfinden wollen«**. Die Reisenden hatten sich befreit, und sie verdanken es bis heute Karl Baedeker. Salzburg beschreibt er erstmals im 1842 erschienen »Handbuch für Reisende in Deutschland und dem Österreichischen Kaiserstaat«.

»

Keine deutsche Stadt kann sich einer so reizenden, unvergleichlichen Lage rühmen. Die Häuser mit ihren flachen Dächern, die prachtvollen Marmorbauten und Brunnen erinnern an italischen Boden.

«

Deutschland und der Österreichische Kaiserstaat, 1. Auflage 1842

E

ERLEBEN & GENIESSEN

Überraschend, stimulierend, bereichernd

Mit unseren Ideen erleben und genießen Sie das Salzburger Land.

Im Salzburger Land ist Salz natürlich ein erstklassiges Souvenir. ▶

SALZ
Speisesalz
食塩

BEWEGEN UND ENTSPANNEN

Ob hinauf auf den 3657 m hohen Großvenediger oder hinab in die Tiefen der Dachsteinhöhlenwelten, ob Baden oder Biken, ob Segeln oder Skifahren – für aktive Zeitgenossen halten das Salzburger Land und das Salzkammergut an jeder Ecke Abenteuer und Sportmöglichkeiten bereit. Die Outdoor-Veranstalter der Region tragen Sorge dafür, dass man in der Luft, zu Wasser und am Berg sicher unterwegs ist.

Angeln In den zahlreichen Seen können Seeforelle, Seesaibling, Hecht und Reinanke geangelt werden, in Gebirgsgewässern auch Flussforellen. Eines der lohnendsten Reviere für Fliegenfischer ist die Traun bei Gmunden. Für die Fischerei im Bundesland Salzburg ist neben der privatrechtlichen Erlaubnis (Lizenz) eine amtliche Fischerkarte erforderlich. Eine »Petri Heil«-Broschüre hält der Landesfischereiverband Salzburg bereit.
www.fischereiverband.at

Baden und Schwimmen In vielen Orten der Region gibt es Frei- und Hallenbäder, noch mehr Spaß freilich macht der Sprung in die Fluten der vielen Seen im Land. Manche Strände sind als **Naturstrände** jederzeit kostenlos zugänglich – mit 12 km Länge hat der Grundlsee den größten frei zugänglichen Badestrand – an anderen Seen wurden schöne Strandbäder angelegt.

Drachen- und Gleitschirmflug Drachen- und Gleitschirmflieger finden im Salzburger Land gute Bedingungen. Diverse Flugschulen bieten Kurse für Einsteiger und Fortgeschrittene sowie Tandemflüge an. Für ihre gute Thermik als Paragliding-Zentren sind Dorfgastein (Fulseck), Bramberg am Wildkogel, Zell am See (Schmittenhöhe) und St. Michael (Speiereck) bekannt.

Golf Auf den gut zwanzig **attraktiven Golfplätzen** der Region sind auch Gastspieler willkommen, wenn sie einem Golfklub angehören oder eine Bestätigung für die Platzreife nachweisen können. Unterkünfte speziell für Golfspieler sind unter www.golf-alpin.at/de/hotels/ aufgelistet.

Radfahren Mountainbike Jeder vierte Salzburgurlauber ist auch mit dem Radl unterwegs. Einen wahren Aufschwung erlebte der Radsport, seit der **Tauernradweg** 1991 durchgehend beschildert wurde (▶ Touren). Gut ausgeschildert sind auch der Mozartradweg (Rundkurs), die Salz- und

OBEN: Je nach Abenteuerlust entweder auf Stegen oder im Kajak durch die Lammerklamm

UNTEN: Wandern von Alm zu Alm am Fuß des Hochkönigs, wo sich sanfte Wiesen mit schroffen Felswänden abwechseln

ADRESSEN FÜR AKTIVE

DRACHEN/GLEITSCHIRM

PARAGLEITEN SALZBURG
Flüge vom Salzburger Gaisberg, Werfenweng und St. Michael
Tel. 0664 436 72 74
www.paragleitensalzburg.at

FLUGSCHULE PINZGAU
5733 Bramberg am Wildkogel
Tel. 0664 513 57 60
https://skyshop.at

PARAGLIDING ZELL AM SEE
Palfenstraße 7, 5700 Zell am See
Tel. 0650 39 28 099
www.paragliding-zellamsee.com

GOLF

GOLF ALPIN
Mit der Golf Alpin Card auf Top-Plätze im Salzburger Land und angrenzenden Regionen.
www.salzburgerland.com/de/golf-alpin-card/

GOLF IN AUSTRIA
Glockengasse 4 D, 5020 Salzburg
Tel. 06 62 64 51 53, www.golfinfo.at

RADFAHREN/MOUNTAINBIKE

WWW.RADTOUREN.AT
Routen und Unterkünfte am Weg

WWW.BIKE-HOLIDAYS.COM
Top-Adresse für Mountainbiker

HTTPS://BIKEPARK.SAALFELDEN-LEOGANG.COM
Ein ganzer Berg für Mountainbiker

RAFTING/CANYONING

BASE CAMP
Hallenstein 25, Lofer
Tel. 06588 723 53
www.base-camp.at

OUTDOOR CONSULTING TEAM
Au 66, Abtenau, Tel. 0664 301 20 07, https://oct-erlebnisse.at

SEGELN, WIND- UND KITESURFEN

SEGELSCHULE MONDSEE
Robert-Baum-Promenade 3
5310 Mondsee, Tel. 06232 360 92
www.segelschule-mondsee.at

SEGELSCHULE ZELL AM SEE
Hart am Wind am Zeller See
www.segelschule-zellamsee.at

SEGELSCHULE ATTERSEE
Segeln lernen am schönen Attersee
www.segelschule.at

KLETTERN/WANDERN

ÖSTERREICHISCHER ALPENVEREIN SEKTION SALZBURG
Die App zum Tourenportal www.alpenvereinaktiv.com überzeugt mit umfangreichen Karten, Touren und praktischen Tools für unterwegs.
Nonntaler Hauptstr. 86
5020 Salzburg, Tel. 0662 82 26 92
www.alpenverein.at/salzburg

WWW.SALZBURG-ALPIN.COM
Veranstalter für Bergtouren und Gipfelbesteigungen

WWW.BERGSTEIGERDOERFER.ORG
Alpin-Kompetenz und sanfter Tourismus im Salzburger Land

WWW.TOURENPORTAL.AT
WWW.ALPINTOUREN.COM
Touren-Tipps mit Höhenprofil – eine Fundgrube!

Seentour, der Römer-, der Salzkammergut-, der Enns- und Murradweg. Sie alle sind in »Radtouren in Österreich« zusammen mit **Radhotels** und Komplettourenangeboten aufgeführt (www.radtouren.at). Alle Facetten des Radsports beleuchtet auch der Salzburger Land Tourismus in übersichtlichen Broschüren (www.salzburgerland.com).

In Österreich können in **Regional- und Nahverkehrszügen** Fahrräder gegen einen geringen Aufpreis mitgenommen werden. Für längere Fahrten muss das Rad als Reisegepäck aufgegeben werden.

Das **Mountainbike-Wegenetz** im Salzburger Land ist mit 7000 km Länge eines der dichtesten und anspruchsvollsten in Österreich. Wer den »Hahnenkamm der Mountainbiker« am Maiskogel bei Kaprun schafft, kann mitreden. Ähnliches gilt für die Bikeworld in Leogang. Auch **Radrennfahrer** kommen in der Region auf ihre Kosten. Rund um den Fuschlsee sind besonders rassige Strecken von 20 bis 200 km Länge ausgewiesen. Attraktive Tourenvorschläge findet man unter www.rennrad-austria.at.

Wer es lieber gemütlicher angeht, ist mit einem **E-Bike** bestens bedient. Mittlerweile gibt es Verleih- und Ladestationen im ganzen Land. Als E-Bike-Zentren profilieren sich das Salzburger Seeland, das Salzkammergut und der Tennengau. Immer mehr zum Trendsport mausert sich E-Mountainbiking. Für elektrounterstützte Touren auf Almen sind die Pongauer Gemeinde Flachau, Lofer und Hochkönig im Pinzgau sowie der Lungau mit ihren Verleih-Zentren und ausgeschilderten Strecken gute Destinationen. Alle Detail-Informationen zum Elektrofahrrad halten die Tourismusverbände bereit (www.salzburgerland.com).

Rafting und Canyoning

Die Rafting- und Canyoning-Plätze des Salzburger Landes sind ein Hotspot für Adrenalin-Junkies. Erste Adressen für Wildwasserabenteuer mit großen Schlauchbooten sind die **Saalach** bei Lofer und die **Lammer** (Abtenau). Hier kann man sich auch in ein Kajak oder ein Kanu setzen. Professionelle Veranstalter sorgen für passende Ausrüstung und die Sicherheit der Teilnehmer.

Segeln und Surfen

An elf Seen im Salzburger Land und praktisch allen größeren Gewässern des Salzkammerguts können Skipper dem Segelsport frönen. Dank des stetig ab Mittag wehenden Rosenwinds ist der ▶**Attersee** als Segel-Eldorado bekannt. Der blitzblaue ▶**Zeller See** ist die seglerische Heimat der Doppelolympiasieger Roman Hagara und Hans-Peter Steinacher (Sydney/Athen). Die **Segelschule Mondsee** bietet einwöchige Jugendcamps und Kitseurfing-Kurse an. Am ▶**Traunsee** finden namhafte Regatten wie die »Internationale Traunseewoche« statt. Auch das Salzburger Seenland ist beliebt bei Windsurfern und Seglern. Bei Westwind finden Skipper am warmen ▶**Wallersee** und an den **Trumer Seen** ideale Bedingungen vor.

Wandern und Bergsteigen

Das Gebiet der Hohen und Niederen Tauern bietet eine fast unerschöpfliche Auswahl an reizvollen Berg- und Klettertouren aller Schwierigkeitsgrade. In vielen Orten erleichtern Bergbahnen den Aufstieg in das eigentliche Tourengebiet. Detaillierte Wanderkarten sind bei den Tourismusverbänden sowie in beinahe jedem Kiosk der betreffenden Region erhältlich. Tourenvorschläge mit Höhenprofilen, Kartenmaterial etc. bieten die Online-Portale **www.tourenportal.at** und **www.alpintouren.com**.

In allen Gebirgsorten wie etwa Neukirchen vermitteln die Tourismusbüros **geprüfte Bergführer**. Vielerorts besteht im Sommer die Möglichkeit, an geführten Touren oder Bergsteiger- und Kletterkursen teilzunehmen. Der Alpenverein unterhält im Salzburger Land und im Salzkammergut ein dichtes Netz an **bewirtschafteten Schutzhütten**, die auch Nichtmitgliedern offen stehen und die idealer Ausgangspunkt für längere Bergtouren sind. Für sanften Alpintourismus stehen die sogenannten **Bergsteigerdörfer** der Region, Weißbach bei Lofer, Hüttschlag im Großarltal, Steinbach am Attersee und Grünau im Almtal mit entsprechendem Angebot.

Besonders beliebt ist der 350 km lange **Salzburger Almenweg**, der auf 1000 bis 2000 m verläuft und auf den man von fast allen Orten im Pongau einsteigen kann. An der Strecke liegen mehr als 120 größtenteils bewirtschaftete Almen, die die Wanderer verköstigen. Namen wie Buttermilchalm verraten auch schon die Spezialitäten der Senner (www.salzburger-almenweg.at). Über **Weitwanderrouten** wie den Arnoweg, Tauernhöhenweg oder SalzAlpenSteig hält der Alpenverein umfassende Informationen bereit.

Klettern

Klettersteige – mit Eisenleitern und Stahlseilen gesicherte Kletterwege am natürlichen Felsen –, Boulderparks und Kletterhallen erfreuen sich seit einigen Jahren enormer Popularität. Selbst mitten in Salzburg, am Kapuzinerberg und am Mönchsberg, kann man klettern. Salzburger Land Tourismus listet in einem Infoblatt alle Klettersteige und Klettergärten der Region auf (www.salzburgerland.com/de/kletterparadies-salzburgerland). Sportkletterhallen (teils mit Kursangebot) gibt es in Salzburg, Hallein, Werfen, Wagrain, Weißbach, Uttendorf, Saalfelden und Unken.

Alpine Sicherheit

Jede Tour will vorab geplant sein – **Wetterlage und Routenverlauf** (Kartenmaterial) müssen vorab geklärt sein. Auskünfte Ortskundiger, zum Beispiel von Hüttenwirten, können dabei helfen. Gefahren wie ein plötzlicher Wetterumschwung sollten auf keinen Fall nicht unterschätzt werden. **Regen- und Kälteschutz sowie feste hohe Schuhe** mit griffiger Sohle sind am Berg unabdingbar. Grundsätzlich empfiehlt es sich, Touren **nicht allein** anzugehen und immer Dritte (z. B. Hüttenpersonal oder Freunde) über das Ziel in Kenntnis zu setzen. Über den kostenlosen **Alpin-Notruf** –

BAEDEKER ÜBERRASCHENDES

6X DURCHATMEN

Entspannen, wohlfühlen, runterkommen

1. SEHNSUCHTSORT

Schon seit Anbeginn der Sommerfrische ein Klassiker: Die **Runde um den Altausseer See** mit grandiosen Blicken auf Trisselwand, Loser und das Dachsteinmassiv. Erholsam auch per Boot. (▶ S. 52)

2. EINFACH BADEN

Der **Naturstrand Waßwiese** hat alles, was es für einen herrlichen Badetag braucht: kristallklares Wasser, Liegewiesen mit Baumbestand und einen Traumblick auf St. Wolfgang und Schafberg. (▶ S. 278)

3. ALLTAG ADE!

Auf Salzburgs Almen fällt alle Hektik ab. Schon eine kurze Almwanderung polt die Antennen auf Naturempfang. Der **Salzburger Almenweg** bietet viele Möglichkeiten. (▶ S. 330)

4. WILDBADEN

Ein Spaziergang an Mühlen vorbei erschließt den **Wasserfall Plötz** bei Ebenau. Kurz hält das Nass in einem Pool inne, bevor es sein märchenhaftes Amphitheater im Wald verlässt. Handtuch einpacken! (▶ S. 98)

5. HIMMLISCHE BLUMENPRACHT

Die Gotteshäuser von **Muhr und Zederhaus** haben im Sommer etwas Besonderes zu bieten: Als Aufstellungsort der mit Tausenden Blumen geschmückten Prangstangen entzücken sie die Lungau-Besucher. (▶ S. 245, 246)

6. BLICK ÜBER DIE STADT

Vom **Plainberg** genießt man einen tollen Blick auf Salzburg und die Alpenkette im Süden. Man wundert sich, warum sich nicht allzu viele Menschen hierher verirren. (▶ S. 228)

Tel. 140 – und den Internationalen Notruf – Tel. 112 – kann man Hilfe holen. Auch die Kenntnis des internationalen Alpinen Notsignals kann nicht schaden. Gelbe Tafeln informieren über Schwierigkeitsgrad, Wegziel, Gehzeit und Wegnummer. Die Wege werden in **Wanderwege** (blau) sowie in **Bergwege** (rot oder schwarz) eingeteilt. Blau markierte Wege setzen weder Bergerfahrung noch eine bestimmte Ausrüstung voraus. Für rote Bergwege sind ausreichende Fitness und eine Mindestbergausrüstung Vorbedingung, eine Person in der Gruppe braucht ausreichend alpine Erfahrung. Bei schwarzen Bergwegen kommt die Notwendigkeit von Trittsicherheit und Schwindelfreiheit aller teilnehmenden Personen dazu.

Wintersport

Von A wie Amadé bis Z wie Zell am See

Bei der alpinen Skiweltmeisterschaft 2015 errangen Athleten aus dem Salzburger Land acht der neun Medaillen für Österreich. Ein gewohntes Bild – das wohl auch den exzellenten Rahmenbedingungen für den Skisport geschuldet ist. Zwischen der Almenwelt Lofer im Norden und dem Katschberg im Süden, zwischen der Wildkogelarena im Westen und dem Dachstein im Osten kommen Anfänger und Familien ebenso auf ihre Kosten wie erfahrene Skifahrer, Snowboarder und Tiefschneefans. Das Vergnügen ist nicht billig – in den größten der 22 Skigebiete legen Erwachsene für die Tageskarte in der Regel 50 € oder mehr an.

Freerider und Snowboarder

Im Pinzgau positioniert sich das **Kitzsteinhorn** als das Mekka schlechthin für Freerider, die hier auf unverspurten Hängen im freien Gelände ihre Erfüllung finden. Auch Snowboarder kommen in dem einzigen Gletscherskigebiet Salzburgs auf ihre Kosten, ebenso wie in **Leogang**. Das früheste Skiopening geht im November in **Obertauern** über die Bühne, die Stopptaste wird erst im Mai gedrückt. Bekannt ist das Skidorf in 1700 m Höhe für seine quirlige Après-Ski-Szene – die hat es etwa mit dem **Skizirkus Saalbach-Hinterglemm** gemeinsam.

Familienskigebiete

Ruhiger geht es im Lungau ganz im Süden des Landes Salzburg zu. Die Skigebiete **Grosseck–Speiereck** und **Fanningberg** in Mariapfarr sind kompakt und bieten in ihren Skischulen einen guten Einstieg in das Abenteuer Piste. Familienfreundlich geht es auch auf der **Loferer Alm** oder in **Rauris** im Pinzgau zu.

Ski amadé

Der Verbund Ski amadé punktet mit einer bequemen Anfahrt und großer Pistenvielfalt: Die Mega-Skischaukel umfasst 270 Seilbahnanlagen und 760 Pistenkilometer, die vom Pongau bis in die Steiermark reichen. Die Namen klingen den Freunden des Skisports wie

INFORMATIONEN

SCHNEEBERICHT

WWW.BERGFEX.AT
Pisten und Wetter in den Alpen

WWW.SALZBURGERLAND.COM/DE/SCHNEEBERICHT/
Detaillierte Angaben zum Schneestatus in Salzburgs Skiregionen

AUSGESUCHTE SKIGEBIETE

SKI AMADÉ
Mega-Skischaukel vom Pongau bis nach Schladming (Steiermark), gut erreichbar über die Tauernautobahn. Ein einziger Skipass gilt für 760 Pistenkilometer bis in 2700 m Höhe.
www.skiamade.com

GASTEINER TAL
Von der Familienpiste bis zum Freerider-Revier – das Gasteiner Tal ist eine der abwechslungsreichsten Wintersport-Regionen Salzburgs und ist Teil von Ski amadé
www.skigastein.com

OBERTAUERN
100 km Pistenspaß und große Schneesicherheit. Die ersten Einstiegslifte beginnen bei den Hotels, legendäre Après-Ski-Szene.
www.obertauern.com

ZELL AM SEE – KAPRUN
Das Kitzsteinhorn ist beliebt bei Snowboardern, Freeridern und jüngeren Leuten. Im Gipfelrestaurant auf 3000 m kann man die Aussicht auf sich wirken lassen. Es gehört mit Maiskogel und Schmittenhöhe zur Skiregion Zell am See – Kaprun mit 138 Pistenkilometern. Die Experten von Freeride Experience richten hier, in Saalbach und am Hochkönig ihre »Tiefschnee im Backcountry«-Camps aus.
www.zellamsee-kaprun.com
www.freeride-experience.at

SKIALM LOFER
Familienfreundliches Skigebiet an der Grenze zu Bayern; mautfrei von München erreichbar, 46 Pistenkilometer, seit Kurzem in Ticketverbund mit Steinplatte/Waidring und weiteren nahen Skigebieten; Höhenloipe, Schneeschuhwanderungen
www.skialm-lofer.com

SKITOUREN

WWW.SKITOURENWINTER.AT
Tagestouren und Touren über mehrere Tage

WWW.ALPENVEREIN.AT/SALZBURG
Skitouren im Salzburger Land

Musik in den Ohren. Gastein, Wagrain, St. Johann-Alpendorf, Schladming ... Das gesamte Gebiet ist mit einem Ticket zu befahren. Geräumige Gondeln und Sessellifte mit Wetterschutzhauben sowie beheizbaren Sitzen sind Standard. In Wagrain überspannt eine Gondel – der G-Link – sogar das ganze Tal, um Skifahrern eine Busfahrt zu ersparen. Auf den Flutlichtpisten – im ganzen Land sind es ein Dutzend – verlängert sich der Pistenspaß bis in die Nacht.

Langlaufen und Rodeln Beleuchtet sind auch einige der Langlaufloipen und Rodelstrecken, die das Land durchziehen. Ein Beweis, dass auch an den alpinen »Nebenschauplätzen« Betriebsamkeit herrscht. Die Salzburger Land Tourismus Gesellschaft (www.salzburgerland.com) gibt jährlich aktualisierte Broschüren heraus, die über das Wintersportangebot informieren.

Skitouren Als Alternative zum (teuren) Pistenrummel erfreut sich das Skitourengehen immer größerer Beliebtheit. Im Salzburger Land laden etwa der **Lungau**, der **Pinzgau** und das **Tennengebirge** zu herrlichen Touren im freien Gelände ein. Skifahrerisches Können, die richtige Ausrüstung und die richtige Einschätzung alpiner Gefahren sind allerdings die Grundvoraussetzungen für das Skitourengehen. Von Skitouren-Guides des Alpenvereins und örtlicher Alpinschulen bekommt man in speziellen Kursen das Einmaleins vermittelt.

ESSEN UND TRINKEN

Die Salzburger Küche setzt selbstbewusst auf Tradionelles, kreativ ergänzt und verfeinert durch den Geschmack der Moderne. Hoch im Kurs stehen Produkte der Region wie Tauernlamm, Pinzgauer Käse und Fisch aus den Salzburger Seen. Dazu passt ein guter Tropfen. Salzburg ist die heimliche Bierhauptstadt Österreichs, die Edelbrände aus der Region sind weit über die Grenzen des Landes hinaus bekannt.

Genussregion Abwechslungsreich ist die Küche des Salzburger Landes allemal. Sie reicht von der einfachen Jause mit Heumilchkäse über Klassiker wie knuspriges Bratl und Tafelspitz bis zur edlen Haubenküche in den Gourmettempeln in und um die Landeshauptstadt. Keine andere Region Österreichs ist mit Haubenrestaurants derart gesegnet. Andreas Döllerer in Golling, die Brüder Obauer aus Werfen und das Restaurant Ikarus im Hangar-7 am Salzburger Airport sind tolle Tipps für Feinschmecker.

Regionale Küche »Süß wie die Liebe und zart wie ein Kuss« sollen die berühmten **Salzburger Nockerln** sein, ein luftiger Eier-Schaum-Zuckerberg aus dem Ofen. Ansonsten ist die traditionelle Küche eine gelungene Mischung aus Wiener und österreichischer Küche mit Frittaten- und Biersuppe, Wiener Schnitzel und gebackenem Karpfen, Kaiserschmarren, Knödeln und Krapfen, süß oder herzhaft.
Einige Regionen im Salzburger Land zeichnen sich jedoch durch ganz spezielle Gerichte aus. Die käspätzleähnlichen Kasnocken sind ein **Pinzgauer** und die in Fett ausgebackenen Roggen-Bladln und Fleischkrapfen ein **Pongauer** Gericht. Im **Lungau** gibt es Eachtling mit Eier-

schwammerln, d.h. Kartoffeln mit Pfifferlingen. Beim Bauernherbst werden »Hasenöhrl« kredenzt, goldgelb gebackene Teigdreiecke an Sauerkraut. Unbedingt kosten sollte man das üppige »Rahmkoch« aus Sahne, Zimt, Zucker, Anis, Rosinen, Rum und Mehl. In den Tauern kommt im Herbst »Schöpsernes« auf den Tisch. Im Lungau begleiten mitgebratene Kartoffeln, Krenkoch (Meerrettich) und Preiselbeeren das deftige Schaf- bzw. Lammbratl. Für das **Blunzn-Gröstl** wird Blutwurst mit Kartoffelscheiben angebraten und mit Sauerkraut serviert. Die **fischreichen Gewässer** im Flachgau und Salzkammergut sind verlässliche Lieferanten von Äsche, Bachforelle, Zander, Saibling, Hecht, Reinanken und Karpfen.

Mehlspeisen

Kaiserschmarren ist ein luftiger, mit zwei Gabeln in der Pfanne zerrissener Rosinenpfannkuchen. Der **Strudel** mit Obst und Topfen bzw. Quark oder Mohn ist eine der beliebtesten Mehlspeisen. Angesagt sind auch der mit Quark, Sahne sowie Rosinen gefüllte und mit Vanillesauce servierte Milchrahmstrudel oder Apfelstrudel mit Schlag bzw. Schlagsahne. **Marillenknödel** sind Klöße aus Hefe- oder Kartoffelteig, gefüllt mit einer Aprikose, deren Stein durch ein Stück Zucker ersetzt wurde. **Topfenknödel** sind mit gedünsteten Pflaumen, **Germknödel** mit Pflaumenmus gefüllte Hefeteigklöße, die mit einer Mohn-Zucker-Mischung bestreut werden.

Zum Dahinschmelzen, die Desserts im Mama Thresl in Leogang

GENIESSEN MIT MOZART

Im Jahr 1890 hatte der Salzburger Konditor Paul Fürst eine Idee: Er kreierte aus Schokolade, Nougat und Marzipan das »Mozart-Bonbon«, das bald von der Konkurrenz nachgeahmt und als »Mozartkugel« zum Verkaufsschlager wurde. Allerdings hatte er den Namen nicht schützen lassen und so gibt es heute – nach manchem Rechtsstreit – viele Varianten der Schokokugel. Das passt aber in einer Stadt, in der man sich im Kaffeehaus auch nicht bloß einen »Kaffee« bestellen sollte.

▶ Die Mozartkugel
Die Original Salzburger Mozartkugel wird in der Konditorei Fürst immer noch von Hand gefertigt. Produziert werden ca. 3 Mio Stück pro Jahr. Nur sie dürfen »Original Salzburger Mozartkugeln« genannt werden.

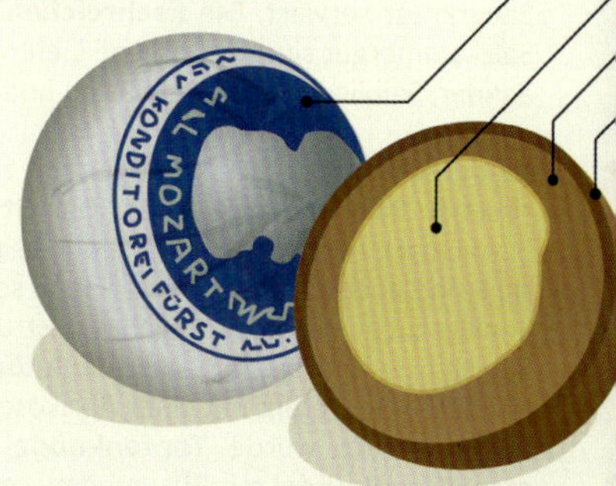

▶ Herstellung

Pistazien-Marzipankern

Nougat-Umhüllung

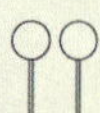

mit Holzstab in Kuvertüre getaucht

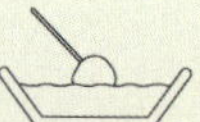

abkühlen/erstarren

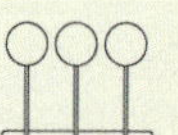

Stabloch wird aufgefüllt

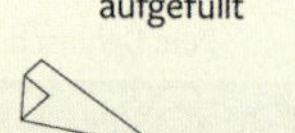

▶ Kaffeespezialitäten

Kl./Gr. Brauner

Kl./Gr. Schwarzer

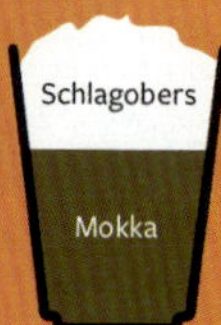

Einspänner

Kaisermelange

Fiaker

Franz Landtmann Kaffee

Franziskaner

Sobiesky

blau-silberne Stanniolfolie
Pistazien-Marzipan
Nougat
dunkle Kuvertüre
Kapuzinerberg
Universität Salzburg
Dom
A
B
C
D
Berühmte Salzburger Kaffeehäuser
A Tomaselli prominentestes Kaffeehaus in Salzburg
B Café Mozart zweitältestes Kaffeehaus Salzburgs
C Café Fürst Hersteller der Original-Mozartkugeln
D Café Bazar Künstlertreff
Thema mit Variationen
helle Nougatcrème
dunkle Nougatcrème
Pistazien-Marzipan
Zartbitter-Schokolade
Konditorei Schatz
Mirabell
Viktor Schmidt
Hofbauer
Heindl
Konditorei Holzermayr
Reber
Schlagobers
Orangenlikör
Weinbrand
Mokka
Maria Theresia
Schlagobers
Mokka
Konsul
türk. Mokka
Türkischer
Weinbrand
Mokka
Mokka gespritzt
Mokka
Schlagobers
Überstürzter Neumann
heißes Wasser
Mokka
Verlängerter
Schlagobers
Mokka
Kapuziner
Schlagobers
Brandy
Mokka
Mozart/Amadeus

TYPISCHE GERICHTE

BAEDEKER WISSEN

Die leckere Küche des Salzburger Landes entstand aus der österreichischen Küche und wurde erweitert durch regionale Spezialitäten, wie sie z. B. im Pinzgau, im Lungau oder im Salzkammergut auf der Speisekarte stehen.

Tafelspitz: Für einen Tafelspitz dürfen nur sehr gute Rinderlendenstücke verwendet werden, die man in einem köstlich duftenden Sud aus Wurzelgemüse gut drei Stunden simmern lässt. Traditionelle Beilagen zum Lieblingsgericht von Kaiser Franz Joseph sind Röstkartoffeln und frisch geriebener Kren, wie der Meerrettich hier genannt wird.

Wiener Schnitzel: In der klassischen Form ist es immer Kalbfleisch, das man gemehlt in verquirlter Eier-Sahne und Semmelbrösel wendet. Gebraten wird in Butterschmalz, garniert mit einer Zitronenscheibe. Dazu wird Kartoffelsalat (Erdäpfelsalat) oder nur ein grüner Salat serviert.

Bierfleisch: Mageres Rindfleisch (z. B. aus der Wade) wird mit Zwiebeln, Karotten, Sellerie und Schwarzbrotwürfeln in dunklem Bier geschmort. Gewürzt wird das Ganze mit Koriander, Kümmel und Wacholderbeeren. Dazu passen sehr gut Semmelknödel!

Frittatensuppe: Für diese einfache Suppe werden Pfannkuchen in gleich große Streifen geschnitten und in die klare Bouillon gegeben. Klassischerweise sollte die Suppe natürlich aus frischem Gemüse zubereitet werden und nicht aus Brühwürfeln. Dann wird noch etwas Petersilie darüber gestreut – fertig!

Kaspressknödel: Für diese Pinzgauer Spezialität benötigt der Koch u. a. Knödelbrot, echten Pinzgauer Käse, Petersilie, Eier und eine Prise Muskatnuss. Hieraus entsteht ein Teig, aus dem man flache Knödel formt (Laibchen), die dann als Vorspeise in einer Suppe (mit Schnittlauch bestreut) oder als Hauptgang mit Salat gegessen werden.

Salzburger Nockerln: Dieser federleichte Nachtisch entsteht aus mit Zucker aufgeschlagenem Eischnee, unter den Eigelb, Vanillezucker und etwas Mehl untergezogen wird.
Das süße Soufflé, das in der Operette »Saison in Salzburg« von Fred Raymond als »Süß wie die Liebe und zart wie ein Kuss« gelobt wurde, muss warm serviert werden und darf keinem Windzug ausgesetzt sein, da sonst nichts überbleibt. Es soll im 17. Jh. von Salome Alt, der Geliebten des Fürsterzbischofs Wolf Dietrich von Raitenau, kreiert worden sein. Die echte Variante muss drei Nockerl aufweisen, die für die drei Salzburger Hausberge stehen: den Mönchsberg, den Gaisberg und den Kapuzinerberg.

Bier und Schnaps Die Klimaerwärmung hat es möglich gemacht, dass in der Stadt Salzburg seit einigen Jahren wieder Weinbau betrieben wird. Der Ertrag ist bescheiden, die Qualität des Stadtweins – ein **Frühroter Veltliner** – aber sehr hoch. Seit Jahrhunderten wird die Braukunst gepflegt. Die Salzburger Brauereien **Stiegl** und **Augustiner Bräu** sowie die **Trumer** Brauerei in Obertrum laden zur Brauereiführung. Die Zahl der Kleinbrauereien, die süffige Biere auf den Markt bringen oder direkt im angeschlossenen Lokal ausschenken, steigt stetig. Ausgeschenkt werden die »Halbe« (0,5 l), das »Seidel« (0,33 l) und der »Pfiff« (0,2 l). Zu Österreichs besten Schnapsbrennern gehören **Siegfried Herzog** in Saalfelden, der **Guglhof** in Hallein und die Brennerei **Primushäusl** am Wolfgangsee in Strobl. Hier entstehen vielfach preisgekrönte Destillate aus **Vogelbeere** (=Eberesche) oder **Holler** (=Holunder), aber auch der klassische **Obstler** aus vollreifen Äpfeln und anderem heimischen Obst. Die exklusiven Brände haben ihren Preis, zum Kennenlernen empfiehlt sich unbedingt eine Verkostung unter fachkundiger Anleitung!

Kaffee Salzburg ist zwar nicht Wien, aber das Kaffeehaus und der Kaffee, der klassisch als Brauner, Mokka oder Verlängerter serviert wird, spielen auch hier eine große Rolle. Im Kaffeehaus trifft man sich mit Freunden oder zu geschäftlichen Besprechungen, um zu sehen und gesehen zu werden oder um stundenlang und in aller Ruhe die ausliegenden Zeitungen zu lesen (▶ Baedeker Wissen, S. 336).

Restaurants In vielen Lokalen des Salzburger Landes kommen **heimische Spezialitäten** auf den Tisch. Die Küchenchefs legen Wert auf saisonale Produkte aus der Region. Feinschmecker, Naschkatzen oder Nachtschwärmer – alle kommen auf ihre Kosten. Die **hohe Qualität** der Küche spiegelt sich in der wachsenden Zahl von Gault-Millau-Hauben wider. Auch in Sachen Bio ist Salzburg Vorreiter: Etwa 60 Prozent der landwirtschaftlichen Nutzflächen werden **biologisch** bewirtschaftet. So werden auch in einfachen, bodenständigen Gasthäusern feinste Salzburger Schmankerl serviert.

Via Culinaria

Neun Genusswege Regionalität, Originalität und Authentizität sind die entscheidenden Auswahlkriterien für die rund 330 Gourmetadressen an der Via Culinaria, deren Schirmherr der »Jahrhundertkoch« Eckart Witzigmann ist. Höchste Kochkunst versammelt der Genussweg **für Feinspitze** (Feinschmecker), der mehr als 40 Haubenlokale vorstellt, vom Landgasthof bis zum eleganten Nobelrestaurant mit romantischer Seeterrasse.
Das Salzburger Land ist mit fischreichen Gewässern gesegnet. Lust auf einen fangfrischen Steckerlfisch direkt vom Grill? Auf Hecht, Renke

oder Seeforelle aus dem Fuschlsee, serviert vom Sternekoch? Oder lieber eine selbst zubereitete zarte Seezunge? Dann folgen Sie dem Genussweg **für Fischfans** durch das Salzburger Seenland.
Die Zuckerseiten Salzburgs lassen sich auf dem Genussweg **für Naschkatzen** in Kaffeehäusern, Confiserien und Konditoreien entdecken – probieren Sie nicht nur Mozartkugeln, Sachertorte und Salzburger Nockerln, sondern auch knallbunte Cake Pops, sensationelle Eissorten, knackige Bioschokolade und kreative Pralinen.
Salzburg gilt als Bierhauptstadt Österreichs. Grundlage ist das klare Quellwasser des Untersberg. Am Genussweg **für Bier- & Schnapsverkoster** können Sie Weizenguss, Bockbier und Schokoladenbier sowie feine Edelbrände hochdekorierter Schnapsbrenner verkosten.
Pinzgauer Bierkäse, Tennengauer Almkäse und Flachgauer Heumilchkäse sind Genüsse, die auf dem Genussweg für Käsefreaks warten.
Mögen Sie Tafelspitz, ein saftiges Schulterscherzel oder lieber Lammbraten? Auf dem Genussweg **für Fleischtiger** bereiten haubengekrönte Köche und bodenständige Wirte wunderbare Leckerbissen aus Tennengauer Berglamm, Pongauer Wild oder Pinzgauer Jungrind zu.
Der kulinarische Einkehrschwung am Genussweg **für Hüttenhocker** führt zu 26 urigen Skihütten mit Spitzenköchen direkt an den Pisten des Salzburger Landes. Etliche dieser Hütten locken auch im Sommer mit Käse- und Brotschmankerln sowie ofenfrischen Mehlspeisen.
Der Genussweg **für Kräuterliebhaber** entführt in die schmackhafte Welt von Garten-, Wild- und Wiesenkräutern. Der Genussweg für Biogenießer führt zu insgesamt 19 Hotels, Lokalen, Bauernhöfen und Geschäften, die auf Biolebensmittel setzen.
www.salzburgerland.com/de/via-culinaria

FEIERN

Ob Mozartwoche, Fasching oder Festspiele, Snowjazz, Sonnwendfeier oder Bauernherbst – im Salzburger Land und im Salzkammergut liebt man das Feiern. Von urbaner Hochkultur bis zum jahrhundertealten Brauchtum spannt sich der Veranstaltungsbogen, der neugierige Gäste kaum zur Ruhe kommen lässt.

Rund ums Jahr

Ein absolutes Highlight sind natürlich die Salzburger Festspiele. Aber auch kleinere Orte stellen rund ums Jahr Erstaunliches auf die Beine, wie das Lehár-Festival in Bad Ischl, der Töpfermarkt in Gmunden, die Lungauer Samson-Umzüge oder der Attergauer Kultursommer.

Salzburger Festspiele

Die Salzburger Festspiele (▶ Baedeker Wissen, S. 344) von Ende Juli bis Ende August gehören fraglos zu den bedeutendsten Kulturereignis-

VERANSTALTUNGSKALENDER

FEIERTAGE

1. Januar: Neujahrstag
6. Januar: Heilige Drei Könige
März/April: Ostermontag
Mai/Juni: Christi Himmelfahrt, Pfingstmontag, Fronleichnam
1. Mai: Tag der Arbeit
15. August: Mariä Himmelfahrt
26. Oktober: Nationalfeiertag
1. November: Allerheiligen
8. Dezember: Mariä Empfängnis
25./26. Dezember: Weihnachten

EVENTS IM JANUAR

DREIKÖNIGSUMZÜGE

Vielerorts finden in der ersten Januarwoche Dreikönigsumzüge statt, u. a. im Gasteiner Tal, in St. Johann und Bischofshofen; in Gmunden kommen Kaspar, Melchior und Balthasar über den Traunsee.

GLÖCKLER- ODER PERCHTENLAUF

Am 5. Januar laufen abends weiße Gestalten mit Lichterkappen u. a. durch Strobl, Thalgau, Gmunden und Salzburg, andernorts sind Perchten im Einsatz.

MOZARTWOCHE

Ende Januar bittet Salzburg zu Orchester- und Kammerkonzerten.
https://mozarteum.at

BALLONWOCHEN IN FILZMOOS

Für alle, die gerne über den Wolken schweben, farbenprächtig und spektakulär zum Zuschauen.
www.filzmoos.at

MÄRZ

LITERATURTAGE IN RAURIS

Schon seit 1972 ist der kleine Gebirgsort alljährlich Treffpunkt vieler namhafter Autoren.
www.rauriser-literaturtage.at

SNOW JAZZ FESTIVAL

Jazzfestival in Gastein mit internationalen Künstlern.
www.gastein.com/events/fruehling/snow-jazz/

OSTERN

SALZBURGER STERFESTSPIELE

Renommiertes Klassikfestival mit Opern und Konzerten,
https://osterfestspiele.at

MAI

AUSSEERLAND NARZISSENFEST

In Altaussee, Bad Aussee und Grundlsee werden im Korso aus Blüten kunstvoll geformte Figuren vorgeführt.
www.narzissenfest.at

PFINGSTEN

FESTSPIELE PFINGSTEN BAROCK

Der Ableger der Sommerfestspiele ist auf Barockmusik fokussiert.
www.salzburgerfestspiele.at

JUNI/JULI

PRANGSTANGENTRAGEN

In Zederhaus und Muhr werden am 24. bzw. 29. Juni kunstvoll verzierte Stangen in einer Prozession durchs Dorf getragen.
www.lungauervolkskultur.com

GLOCKNERWALLFAHRT

Die Prozession führt Ende Juni von Ferleiten über das Hochtor nach Heiligenblut in Kärnten.

SAMSON-UMZÜGE

Von Juni bis September werden im Lungau riesige, liebevoll gestaltete hölzerne Samson-Figuren durch die Dörfer getragen.
www.lungauervolkskultur.com

HUNDSTOA-RANGGELN

Am ersten So. nach dem 25. Juli messen »starke Kerle« am Hundstein bei Zell am See ihre Kräfte.

JULI/AUGUST

LEHÁR FESTIVAL BAD ISCHL

Operette satt für Fans von »Fledermaus« und Co.
www.leharfestival.at

SALZBEACH

Der Volksgarten rechts der Salzach und südlich des Kapuzinerbergs ist den Sommer über von karibischem Flair durchweht. Sandstrand, Beachvolleyball-Plätze, Liegestühle, Musik und eine Chill-Zone sorgen für Action und Entspannung gleichermaßen. Alle Angebote sind kostenlos.
www.salzburg.info

SALZBURGER FESTSPIELE

Von Ende Juli bis Ende August.

AUGUST

KAISERWOCHE BAD ISCHL

In der Woche des 18. August feiert Bad Ischl Kaisers Geburtstag mit Aufmärschen, Kostümen, Musik u.v.m und schwelgt in K.-u.-k.-Nostalgie.

JAZZFESTIVAL SAALFELDEN

Top-Event für Jazzfreunde
www.jazzsaalfelden.com

TÖPFERMARKT GMUNDEN

Der bekannte Markt in der Keramikstadt Gmunden lockt auch mit einem breitgefächerten Rahmenprogramm.
www.toepfermarkt.at

SEPTEMBER

MUSIKTAGE MONDSEE

Kammermusik vom Feinsten
www.musiktage-mondsee.at

SCHWERTTANZ DER BERGLEUTE

In Böckstein bei Bad Gastein gibt es alte Bergknappentraditionen beim Volks- und Knappenfest.
www.schwerttanz.at

SALZBURGER RUPERTIKIRTAG

Das Kirchweihfest rund um den Dom findet immer in der Woche vor dem 24. September statt.
www.salzburg-altstadt.at/de/rupertikirtag

ALMABTRIEB

In vielen Bergregionen gehört der Almabtrieb mit festlich geschmückten Rindern noch immer zum lebendigen Brauchtum.
www.salzburgerland.com

BAUERNHERBST

Alm- und Erntedankfeste, HEUART-Festivals Hofwanderungen: Bis in den November bieten die Landwirte im Salzburger Land volles Programm.
www.salzburgerland.com

OKTOBER

SALZBURGER KULTURTAGE

Salzburg schöpft vor dem Wintereinbruch musikalisch noch einmal aus dem Vollen: mit Orchesterkonzerten, Sakralmusik und Jazz.
www.kulturvereinigung.com

JAZZ & THE CITY

100 Jazzkonzerte an 50 Standorten in Salzburgs Kirchen, Weinbars, Handwerksbetrieben und dem Mozarteum. Der Eintritt ist frei.
www.salzburg-altstadt.at/de/salzburgjazz

DIE SALZBURGER FESTSPIELE

Die Aufführung von Hugo von Hofmannsthals Theaterstück »Jedermann« unter der Regie von Max Reinhardt im August 1920 auf dem Domplatz war die Geburtsstunde der von Hofmannsthal, Reinhardt und dem Komponisten Richard Strauss gegründeten Salzburger Festspiele. Stetig um Konzerte, Theater- und Operndarbietungen erweitert, finden die Festspiele – mit wenigen Ausnahmen – seither jedes Jahr statt. Höhepunkt des heute weltweit größten und bedeutendsten Kulturfestivals ist nach wie vor die »Jedermann«-Aufführung.

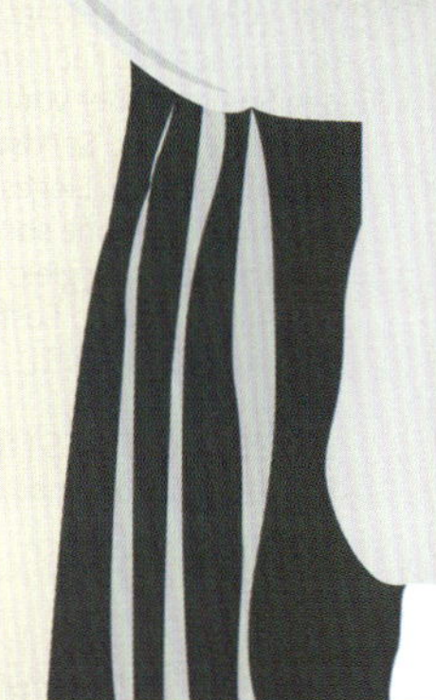

▶ **Direktorium**
Präsidentin seit 2022: Dr. Kristina Hammer
Intendant seit 2017: Markus Hinterhäuser
Leitung Schauspiel seit 2024: Marina Davydova
Kaufmännischer Direktor: Lukas Crepaz

▶ **Zahlen und Fakten 2022**

Spieltage	45
Anzahl der Spielstätten	17
Anzahl der Veranstaltungen	172
davon Opern	38
Gesamtbesucherzahl	241600
Platzauslastung	96 %
Jahrespersonal	250
Saisonpersonal	4500

▶ **Tagesausgaben**
Im Durchschnitt gibt jeder Festspielbesucher 320 € am Tag aus (ohne Karten). Davon entfallen auf (in %):

- Übernachtung und Verpflegung
- Einkäufe
- Sonstiges
- Persönliche Dienstleistungen
- Kultur und Freizeit
- Verkehr

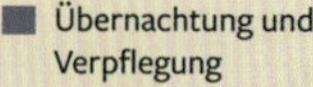

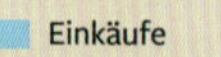

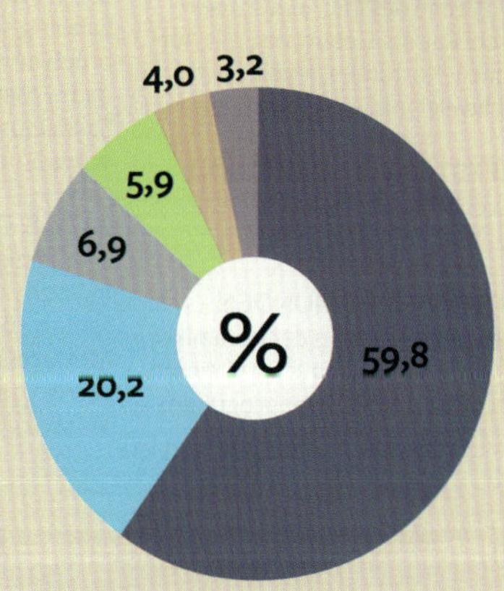

▶ **»Jedermann«**

Im »Spiel vom Sterben des reichen Mannes« sieht sich der wohlhabende Jedermann mit dem Tod konfrontiert, der ihn vor Gottes Richterstuhl führen will. Als ihn weder sein Knecht, seine Freunde noch sein Geld begleiten wollen, findet er seinen Glauben an Gott wieder.

▶ **»Jedermann«-Schauspieler**

Ernst Schröder	1969–1972
Curd Jürgens	1973–1977
Maximilian Schell	1978–1982
Klaus Maria Brandauer	1983–1989
Helmuth Lohner	1990–1994
Gert Voss	1995–1998
Ulrich Tukur	1999–2001
Peter Simonischek	2002–2009
Nicholas Ofczarek	2010–2012
Cornelius Obonya	2013–2016
Tobias Moretti	2017–2020
Lars Eidinger	2021–2022
Michael Maertens	ab 2023

▶ **»Buhlschaft«-Schauspielerinnen**

Maddalena Crippa	1994–1997
Sophie Rois	1998
Dörte Lyssewski	1999–2001
Veronica Ferres	2002–2004
Nina Hoss	2005–2006
Marie Bäumer	2007
Sophie von Kessel	2008–2009
Birgit Minichmayr	2010–2012
Brigitte Hobmeier	2013–2015
Miriam Fussenegger	2016
Stefanie Reinsperger	2017–2018
Valery Tscheplanowa	2019
Caroline Peters	2020
Verena Altenberger	2021–2022
Valerie Pachner	ab 2023

Wer bezahlt?

Das Gesamtbudget 2022 lag bei rund 67 Mio. €.

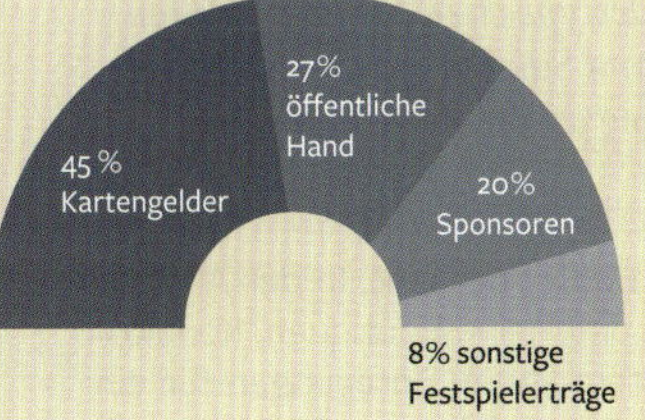

DEZEMBER

CHRISTKINDLMARKT IN SALZBURG
Wunderschöner Winterzauber vor der weihnachtlichen Altstadtkulisse, und sehr gut vermarktet – an vollen Busladungen aus dem In- und Ausland fehlt es nicht.
www.christkindlmarkt.co.at

ADVENTSINGEN
In vielen Gemeinden wird der Advent besungen, in Salzburg ein berühmtes Ereignis im Großen Festspielhaus.
www.salzburgeradventsingen.at

TURMBLASEN IM SCHLOSSPARK ANIF
Festliche Blasmusik von des Turmes Zinnen. Aus diesem Anlass ist der Park zugänglich.
www.anif.info/events/tradition/turmblasen

KRAMPUSLÄUFE
Gruselige Masken und ruppiges Gebaren sind das Wesentliche bei den Krampusläufen, die im Advent das Salzburger Land in Atem halten.
www.salzburgerland.com

---

sen in ganz Europa. Die wichtigsten Veranstaltungsorte für Opernaufführungen, Schauspiel und Konzerte sind neben dem Großen Festspielhaus und dem Haus für Mozart die Felsenreitschule, das Mozarteum und das Landestheater. Seit 1920 wird alljährlich auf dem Domplatz Hofmannsthals »Jedermann« aufgeführt.

Ostern und Pfingsten

Die berühmten **Osterfestspiele**, 1967 von **Herbert von Karajan** (▶ Interessante Menschen) ins Leben gerufen, präsentieren Opernproduktionen im Großen Festspielhaus, dazu Chor-, Orchester- und Kammermusik. Die Pfingstfestspiele setzen den Schwerpunkt auf Barockmusik.

SHOPPEN

Von erlesenem Kunsthandwerk über kulinarische Leckerbissen und Hochprozentiges bis hin zu landestypischen Jankern, Hüten und Dirndln: In der Stadt wie im Land Salzburg finden sich viele schöne Dinge, die man als Erinnerung an die Reise mit nach Hause nehmen kann.

Trachten und mehr

Die Stadt Salzburg ist als Shopping-Paradies bekannt. In der Altstadt finden sich alteingesessene Geschäfte und kleine Boutiquen, Konditoreien und Delikatessenläden auf engstem Raum. Anregungen für ein Mitbringsel finden sich hier reichlich. Das **Salzburger Heimatwerk**

verkauft in der Neuen Residenz elegante Dirndl, edle Stoffe, regionales Kunsthandwerk und außergewöhnliche Geschenke. Genussmärkte und Hofläden mit Bioprodukten finden sich auch in kleinen Orten des Salzburger Landes. Eine wahre Renaissance hat in den letzten Jahren die **Trachtenmode** erfahren. Ob elegant oder rustikal – das Angebot ist vor allem in der Landeshauptstadt breit.
Scharfe Sachen hat der Messermacher Kappeller in der Salzburger Getreidegasse im Angebot. Wer immer gegen Schnürlregen geschützt sein will, besorgt sich einen Schirm beim Kirchtag ein paar Schritte weiter. Und die **Gmunder Keramik**, v. a. die berühmten »Geflammten«, hat nach wie vor ihre Fans.

Kulinarische Leckerbissen

Hochprozentige Mitbringsel sind Brände aus Obst und Eberesche, neuerdings auch Gin und Whisky. Nett sind die blau-silbernen **Mozartkugeln** der Salzburger Konditorei Fürst. Feinste Pralinen kommen auch aus den Confiserien Berger in Lofer und Braun in Hallein.

Geschäftszeiten

Geschäfte haben in der Regel Mo.–Fr. 9–18 bzw. 18.30 und Sa. 9–12 Uhr geöffnet. In kleineren Orten schließen manche Läden von 12 bis 14 oder 15 Uhr. Lebensmittelgeschäfte öffnen um 8 Uhr oder früher.

ÜBERNACHTEN

Ob familiengeführter Dorfgasthof oder Nobelherberge mit Wellness-Angebot: Im Salzburger Land findet jeder die zu ihm passende Bleibe. Nach einer Ski- oder Wandertour, nach einem Stadtbummel oder einem Konzertabend kann man sich dort ganz entspannt ins Bett fallen lassen.

Wie man sich bettet

Das Salzburger Land bietet **Unterkünfte für jeden Geldbeutel und jeden Geschmack**. Während der Hauptsaison und an Feiertagen ist eine **rechtzeitige Reservierung** zu empfehlen. Das gilt auch für die Jugendherbergen. Informationen zu Hüttenurlauben findet man auf der Website des Salzburgerland Tourismus.
www.oejhv.at | www.salzburgerland.com/de/huettenurlaub

Camping und Urlaub auf dem Bauernhof

Campinggäste können sich im Salzburger Land und an den Seen des Salzkammerguts auf gepflegte Plätze in herrlicher Lage freuen. Manche davon sind auch im Winter geöffnet. Familien mit Kindern sind auf Bauernhöfen bestens untergebracht. Viele Bauern vermieten gemütliche Zimmer und Ferienwohnungen.
www.camping.info/de/sea/campingfuehrer-at-salzburg
www.urlaubambauernhof.at/reiseziel/salzburgerland

P
PRAKTISCHE INFOS

Wichtig, hilfreich präzise

Unsere Praktischen Infos helfen in (fast) allen Situationen im Salzburger Land weiter.

106

KURZ & BÜNDIG

POLIZEI
Tel. 133

FEUERWEHR
Tel. 122

UNFALLRETTUNG
Tel. 144 oder 112

BERGRETTUNG
Tel. 140

PANNENHILFE
Tel. 120 (ÖAMTC) und 123 (ARBÖ)

ADAC-NOTRUFZENTRALE MÜNCHEN
Tel. 0049 89 22 22 22 (Pannenhilfe)
Tel. 0049 89 76 76 76 (Medizinische Hilfe)

ACE-NOTRUFZENTRALE STUTTGART
Tel. 0049 711 530 34 35 36 (Kranken- und Fahrzeugrückholdienst)

DRK-FLUGDIENST
Tel. 0049 211 91 74 99 39
www.drkflugdienst.de

SPERRNOTRUF FÜR VERLORENE KREDIT-, BANK- ODER HANDYKARTEN
Tel. 0049 116 116

LÄNDERVORWAHLEN

NACH ÖSTERREICH
Von Deutschland und der Schweiz Tel. 0043

VON ÖSTERREICH
Nach Deutschland Tel. 0049
In die Schweiz Tel. 0041

TELEFONAUSKUNFT

ÖSTERREICH UND DEUTSCHLAND
Tel. 11 88 11 (3,64 €/Min.)

WAS KOSTET WIE VIEL?
Einfaches Zimmer ab 50 €
Einfache Mahlzeit ab 10 €
Eine Tasse Kaffee 3,50 €
Ein Liter Superbenzin ab 1,60 €

ANREISE · REISEPLANUNG

Anreisemöglichkeiten

Mit dem Auto Sowohl Salzburg als auch das Salzburger Land sind bequem zu erreichen. Aus Deutschland führt die stark befahrene A8 über München nach Salzburg. Von dort geht es auf der österreichischen A1 weiter nach Wien, die Autobahn passiert das Salzkammergut (auch

Attersee und Mondsee). Am Knotenpunkt Salzburg zweigt die Tauernautobahn A 10 ab, über die man ins südliche Salzburger Land gelangt. Um in den westlichen Bezirk Pinzgau zu fahren, nimmt man am besten die Inntalautobahn (A 93 und A 12) von Rosenheim nach Kufstein und ab Kufstein die B 178 Richtung Lofer. Über das kleine deutsche Eck kommt man auch von hier in die Landeshauptstadt Salzburg. Von der Schweiz fährt man am besten über Feldkirch und Innsbruck ins Salzburger Land.

Mautgebühr

Für die Autobahnen in Österreich braucht man eine **Vignette**. Die Klebevignette bekommt man beim ADAC, ÖAMTC, ARBÖ oder in den Autobahnraststätten an der Grenze. Die digitale Vignette ist an das Kfz-Kennzeichen gebunden und unter www.asfinag.at erhältlich. Für 10 Tage kostet die Pkw-Vignette 9,90 € (Motorrad 5,80 €), für zwei Monate 29 € (Motorrad 14,50 €) und für ein Jahr 96,40 € (Motorrad 38,20 €). Wer sich diese Ausgaben ersparen möchte, verlässt die A 8 aus München kommend bei der Ausfahrt Bad Reichenhall (115) und benutzt die B 21 und die B 1 nach Salzburg. Die A 1 ist vom Grenzübergang Walserberg bis zur Ausfahrt Salzburg-Nord gebührenfrei, die A 12 vom Grenzübergang Kiefersfelden bis zur Ausfahrt Kufstein-Süd.

Mit der Bahn

Als **internationaler Bahnknotenpunkt** ist Salzburg aus allen Himmelsrichtungen gut erreichbar. **Schnellzüge** verbinden Salzburg mehrmals täglich mit Graz und Villach sowie mit Innsbruck über das Große Deutsche Eck (Rosenheim/Kufstein) oder auf der Strecke über das Salzachtal und Zell am See.
Mit dem **ÖBB railjet** gelangt man schnell und bequem aus München, Zürich, Bregenz und Wien in die Mozartstadt. Der railjet und die private **Westbahn** befördern Passagiere in knapp 1,5 Stunden von München nach Salzburg. Für die Strecke Stuttgart-Salzburg sind etwa 4 Stunden Fahrzeit zu veranschlagen, 5 Stunden dauert die Anreise von Frankfurt aus, 5,5 Stunden beträgt die Fahrzeit von Zürich.

Mit dem Bus

Zahlreiche Reisebüros und private Veranstalter bieten preisgünstige **Busfahrten** an. Wer mit dem Bus anreist, muss für die Strecke von München bis Salzburg rund zwei Stunden Fahrtzeit rechnen. Die Kosten betragen ab 13 € aufwärts für die einfache Fahrt mit günstigen Anbietern, etwa mit Flixbus.

Mit dem Flugzeug

Aus Berlin, Düsseldorf, Hamburg, Frankfurt, Köln und Lübeck gibt es **Nonstop-Flugverbindungen** in die Mozart-Stadt, unter anderem mit Lufthansa und Eurowings. Im Winter bieten die Orte der Salzburger Sportwelt in Kooperation mit verschiedenen Fluglinien eine kostengünstige **Transfermöglichkeit** vom Flughafen Salzburg zum Urlaubsort und retour.

INFORMATIONEN

BAHN

DEUTSCHE BAHN AG
Servicenummer:
Tel. 030 29 70 (zum Ortstarif)
www.bahn.de

ÖSTERREICHISCHE BUNDESBAHN
www.oebb.at

SCHWEIZERISCHE BUNDESBAHNEN
Tel. *0848 44 66 88
(0,08 sfr/min. vom Schweizer Festnetz)
www.sbb.ch

BUS

FLIXBUS
www.flixbus.de
Gute Verbindungen z. B. von Berlin oder München nach Salzburg

FLUGHAFEN

SALZBURG AIRPORT W. A. MOZART
ca. 4 km südwestlich von Salzburg
Innsbrucker Bundesstr. 95
Tel. 0662 858 00
www.salzburg-airport.com

TRANSFER SALZBURG STADT
Mit der Obus-Linie Nr. 2 kommt man in ca. 25 Min. vom Flughafen zum Hauptbahnhof Salzburg, mit der Linie 10 dauert es etwa 15 Min. ins Stadtzentrum (Einzelfahrt 3 €, Tagesticket 6,40 €) – wegen chronischen Staus immer genug Spielraum einrechnen! Ein Taxi benötigt zum Hauptbahnhof ca. 15. Min, ins Zentrum ca. 10 Min.

StadtBus Salzburg
Tel. 0800 660 660
www.salzburg-ag.at

TRANSFER SALZBURGER LAND
Zusätzlich zur Linie 2 (s.o.) kommt man vom Terminal 1 des Salzburger Flughafens auch noch in folgende Orte:
Bus Nr. 260 Bad Reichenhall, Unken, Lofer, Saalfelden, Zell am See.
Bus Nr. 180 nach Großgmain, Bad Reichenhall
www.postbus.at

FLUGGESELLSCHAFTEN

AUSTRIAN AIRLINES
in Deutschland:
Tel. 069 5 060 05 98
www.austrian.com

LUFTHANSA
in Deutschland:
Tel. 069 86 799 799
www.lufthansa.com

EUROWINGS
in Deutschland:
Tel. 0221 59 98 82 98
www.eurowings.com

EASYJET
in Deutschland:
Tel. 030 726 29 75 10
in Österreich:
Tel. 01 253 30 25
in der Schweiz:
Tel. 022 59 26 600
www.easyjet.com

Reisedokumente und Zollbestimmungen

Personalpapiere

Für die Einreise nach Österreich benötigen Reisende aus Deutschland einen gültigen **Personalausweis**. Schweizer Bürger benötigen eine gültige **Identitätskarte** oder einen gültigen – bzw. weniger als fünf Jahre abgelaufenen – Reisepass.

Fahrzeugpapiere

Mitzuführen sind der nationale Führerschein und der Kraftfahrzeugschein. Die Mitnahme der Internationalen Grünen Versicherungskarte ist empfehlenswert.

Europäische Krankenversicherungskarte

Mit der Europäischen Krankenversicherungskarte haben EU-Bürger auch in Österreich Anspruch auf ärztliche Behandlung. Gegen Vorlage der Quittungen übernimmt die Krankenkasse im Heimatland in der Regel einen Teil der entstandenen Kosten. Da dies nicht immer der Fall ist, sollte man sich vor der Reise bei seiner Krankenkasse erkundigen. Das Auswärtige Amt empfiehlt generell eine Auslandsreise-Kranken- und Rückholversicherung.

Haustiere

Wer mit Hund, Katze oder Frettchen ins EU-Ausland verreist, muss die Tiere gegen Tollwut impfen lassen. Beleg dafür ist der blaue **EU-Heimtierausweis** (ausgestellt vom Tierarzt), der auf Reisen mitzuführen ist. Die Tiere müssen zur Identifikation mit einem Mikrochip gekennzeichnet sein. In Österreich ist darüber hinaus zu beachten: Innerhalb von Ortschaften besteht Leinen- oder Maulkorbpflicht für Hunde. In bestimmten Fällen, etwa in öffentlichen Verkehrsmitteln, sind sogar Leine und Maulkorb Pflicht. Eine Liste mit hundefreundlichen Beherbergungsbetrieben in Salzburger Land findet man bei der Österreich-Info (https://www.austria.info/de/unterkuenfte/urlaub-mit-hund#salzburgerland).

EU-Binnenmarkt

Im gemeinsamen Wirtschaftsraum der Europäischen Union (EU), der auch Österreich und Deutschland angehören, können Waren für private Zwecke weitgehend zollfrei ein- und ausgeführt werden. Trotzdem gelten aber noch gewisse **Höchstmengen**, bei deren Überschreitung die Behörden von gewerblicher Verwendung ausgehen: 800 Zigaretten, 400 Zigarillos, 200 Zigarren, 1 kg Rauchtabak, 10 l Spirituosen, 90 l Wein (davon max. 60 l Schaumwein) und 110 l Bier.

Schweiz

Für Schweizer Staatsbürger gilt: 200 Stück Zigaretten oder 100 Stück Zigarillos oder 50 Stück Zigarren oder 250 Gramm Rauchtabak, 1 l Spirituosen mit einem Alkoholgehalt von mehr als 22 % oder 2 l alkoholische Getränke mit bis zu 22 % vol. und zusätzlich 4 l nichtschäumende Weine sowie 16 l Bier. Andere Waren sind bis zu einem Gesamtwert von 300 Euro pro Person bzw. 430 Euro für Flugreisende abgabenfrei.

AUSKUNFT

IN DEUTSCHLAND, SCHWEIZ, ÖSTERREICH

ÖSTERREICH WERBUNG

Download von Broschüren, Infos zu Reisezielen, praktische Tipps, Adressen und weiterführende Links
www.austria.info
twitter.com/Oesterreich_de
www.facebook.com/feelaustriaAT
www.instagram.com/visitaustria/
www.austria.info/de/service-und-fakten/nuetzliche-apps

FÜR DIE STADT SALZBURG

SALZBURG INFO

Online-Reiseführer mit Buchungsplattform, Infos, Eventkalender
Auerspergstraße 6
5020 Salzburg
Tel. 0662 88 98 7-0
Büros: Hautbahnhof, Mozartplatz 5
www.salzburg.info

FÜR DAS SALZBURGER LAND

SALZBURGER LAND TOURISMUSGESELLSCHAFT

Online-Reiseführer mit Buchungsplattform, Angeboten, praktischen Tipps, Videos, Rezeptsammlung, Blog etc.
Wiener Bundesstraße 23
5300 Hallwang
Tel. 0662 668 80
www.salzburgerland.com

FÜR DAS SALZKAMMERGUT

SALZKAMMERGUT TOURISMUS

Online-Reiseführer mit Buchungsplattform, Veranstaltungskalender, Magazin und Download bzw. Bestellmögl. von Prospekten/Karten
Salinenplatz 1, Bad Ischl
Tel. 06132 269 09
www.salzkammergut.at

UNTERKUNFTS-PORTALE

Hotels, Ferienhäuser und Apartments aller Preisklassen im Salzburger Land und in Salzburg – hier wird man fündig!
www.booking.com | www.hrs.de
www.tiscover.com
www.tourist-online.de

PRIVATE VERMIETER

Große Auswahl an privaten Ferienwohnungen und Zimmern, eine Online-Fundgrube für alle, die etwas günstiger unterkommen wollen.
www.airbnb.at
www.alpinegastgeber.at

SALZBURG-APPS

Vom Stadtplan über die Radkarte bis zum Guide für Mozarts Wohnhaus: Smartphone-Besitzer können von zahlreichen City-Apps profitieren, die für iPhone oder Android angeboten werden. Eine Zusammenstellung findet sich auf www.salzburg.info im Bereich »Reiseinfos«.

GELD

Währung Währung in Österreich ist der **Euro** (€). Den Wechselkurs zum Schweizer Franken erfährt man aktuell informiert über einen Online-Währungsrechner, etwa www.oanda.com.

Banken

Kleinere Bankfilialen haben von Mo.–Fr. 9–12 Uhr geöffnet. In größeren Orten bzw. größeren Filialen gibt es auch Nachmittagsöffnungszeiten bis ca. 16 Uhr, mit oder ohne Mittagspause. Selbstbedienungsfoyers sind weit verbreitet. An Geldautomaten kann man mit Kredit- und Bankkarten problemlos rund um die Uhr Geld abheben. Die meisten Banken, Hotels, Autovermieter und fast alle Tankstellen akzeptieren Kredit- und Bankkarten, ebenso Restaurants und größere Geschäfte.

LESETIPPS

Klassiker, Krimis und Kulinarik

Herbert Dutzler: Letzter Tropfen. Haymon 2023. Aus der Flut der Regionalkrimis stechen die zehn Altaussee-Krimis des oberösterreichischen Ex-Lehrers Herbert Dutzler um den tollpatschigen und liebenswürdigen Polizisten Franz Gasperlmaier heraus. Mit viel Lokalkolorit!

Roland Essl: Alpenkulinarik. Pustet 2021. Im üppig bebilderten Band erzählt der Salzburger Spitzenkoch ebenso lehrreiche wie vergnügliche Geschichten über Klassiker der alpinen Küche und Gerichte, die heutzutage kaum mehr auf den Speisekarten zu finden sind – vom Liachtbratl über die Pongauer Schottsuppe bis zu den Pinzgauer Seelenkrapfen, die einst zu Allerseelen an Arme verschenkt wurden. Fotos und Rezepte machen Lust auf Nachkochen!

Wolf Haas: Müll. Hoffmann und Campe 2022. Mit dem wortkargen Simon Brenner hat der aus Maria Alm im Pinzgau stammende Autor einen Kultermittler geschaffen, der auch in Deutschland bestens ankommt. Bitterböser Humor, skurrile Situationen am laufenden Band und eine einzigartig verknappte Sprache sind die Markenzeichen der mittlerweile neun Brenner-Bestseller. Vier davon wurden mit dem Kabarettisten Josef Hader in der Hauptrolle verfilmt. In »Müll« geht es um einen Leichenfund auf einem Wiener Wertstoffhof, wo der Ex-Polizist und Ex-Detektiv Simon Brenner mittlerweile arbeitet.

Erich Kästner: Der kleine Grenzverkehr. Atrium 2017. Die entzückende Salzburger Liebesgeschichte während der Festspielzeit, die auch nach mehr als 70 Jahren noch überaus lesenswert ist.

Alfred Komarek: Daniel Käfer – Alle Romane in einem Band. Haymon 2014. In den Geschichten um den Journalisten Daniel Käfer gelingt es dem aus Bad Aussee stammenden Komarek, die einzigartige Atmosphäre der Region zwischen Gmunden und dem Ausseerland einzufangen. Auch die Verfilmungen mit Peter Simonischek lohnen.

Georg Trakl: Sämtliche Gedichte. Insel Tb 2014. Tod, Verfall und die Suche nach Gott sind zentrale Themen, die Trakl in kraftvollen Bildern und einer melodisch-rhythmischen Sprache umsetzt.

Carl Zuckmayer: Als wär's ein Stück von mir. Fischer 2006. Die Erinnerungen des Autors sind eine kurzweilige wie lehrreiche Lektüre.

Zur Einstimmung

DuMont Bildatlas Nr. 4: Salzburger Land. DuMont 2021. Zu wunderschönen Bildern von Christina und Toni Anzenberger beschreibt Stefan Spath, warum die Mozartstadt und »Österreichs zehntes Bundesland«, das Salzkammergut, immer Saison haben.

Sachbuch

Marie-Theres Arnbom: Die Villen von Bad Ischl. Amalthea Signum 2017. Die Geschichte der schillernden Ischler Gesellschaft anhand der Villen, die die Künstler, Adeligen, Industriellen und Großbürger einst bewohnten. Breiten Raum nimmt das Kapitel ein, das beschreibt, wie jüdische Villenbesitzer 1938 von den Nazis um ihren Besitz gebracht wurden. Tipp: Mit dem Buch zu den Schauplätzen und nachlesen! Dem Ischl-Buch ließ Arnbom Bände über die Villen am Attersee und Traunsee sowie im Ausseerland folgen.

Sprachführer

Astrid Wintersberger/H.C. Artmann: So spricht Österreich. 2013 Residenz Verlag. Um Sprachproblemen vorzubeugen, leistet dieses augenzwinkernd zusammengestellte Wörterbüchlein gute Dienste.

CD & DVD

100 Jahre Salzburger Festspiele. Deutsche Grammophon 2020. Opulenter Ohrenschmaus für alle Liebhaber der klassischen Musik. Die 58 CDs umfassende Jubiläumsedition vereint Aufnahmen legendärer Salzburger Orchesterkonzerte und Opern von 1947 an. Die Liste der Interpreten liest sich wie ein »Who is who« der klassischen Musik: von Leonard Bernstein, Herbert von Karajan und Riccardo Muti über Jessye Norman und Anna Netrebko bis zu Alfred Brendel und Anne-Sophie Mutter. Auch Texte und Bühnenfotos lassen Festivalgeschichte lebendig werden.

Hubert von Goisern: Brenna tuats scho lang. DVD 2015. Zu den schillerndsten Persönlichkeiten des Salzkammerguts zählt Hubert von Goisern (▶ Interessante Menschen). Die Kinodoku zeigt die persönliche und künstlerische Entwicklung des Weltmusikers, Musikrebellen und Volksmusik-Erneuerers aus Bad Goisern.

Filme

The Sound of Music: USA 1965. Die Verfilmung des gleichnamigen Broadwaymusicals um die singende österreichische Trapp-Familie, die 1938 vor den Nazis in die USA flieht, ist einer der meistgesehenen Streifen der Filmgeschichte. Die bezaubernde Julie Andrews in der Hauptrolle macht Kitsch und Gejodel erträglich.

Die Wand (AT/D) 2011. Der Film nach dem Roman von Marlen Haushofer erzählt die Geschichte einer Frau, die sich auf eine Berghütte begibt und anderntags feststellen muss, dass sie hinter einer unsichtbaren Wand gefangen ist. Das eindringliche Spiel von Martina Gedeck und die atemberaubenden Naturaufnahmen – gedreht wurde um Gosau im oberösterreichischen Salzkammergut – entfalten einen Sog, dem sich der Zuschauer nicht entziehen kann.

Online-Magazin

Magazin Salzburger Land: Noch ausführlicher sind die Insidertipps, die im Online-Magazin der Salzburger Land Tourismusgesellschaft ins Netz kommen. Ausgewiesene Kenner des Lands geben hier ihr Wissen um die schönsten »Platzerl« in der Region zum Besten und weisen auf aktuelle Attraktionen hin. Foodies lassen die Essenstipps jubeln.
www.salzburgerland.com/de/magazin

PREISE UND VERGÜNSTIGUNGEN

Geld sparen

Mit einer Gästekarte lässt sich viel Geld sparen – vorausgesetzt Sie haben einiges vor. Die **Salzburger Land Card** (inkl. 24 Std. Salzburg-Stadt) bietet freien Zugang zu 190 Attraktionen im ganzen Land, vom Heimatmuseum über Erlebnisbäder zur Seilbahnfahrt, ist 6 oder 12 Tage gültig und kostet 90 € bzw. 108 € für Erwachsene, Kinder zahlen die Hälfte. Die **Salzburg Card** für die Landeshauptstadt wird für 24, 48 oder 72 Stunden angeboten (Erw. 30/39/45 €). Mit ihr können Sie alle öffentlichen Verkehrsmittel benutzen. Außerdem stehen Ihnen die Tore der Festung Hohensalzburg (inkl. Seilbahn) ebenso offen wie das Museum der Moderne, das Domquartier, Schloss Hellbrunn und die Untersbergbahn. Verkauft werden die Karten von den Tourismusverbänden, Beherbergungsbetrieben und online.
www.salzburgerland.com/de/salzburgerland-card, www.salzburg.info

REISEZEIT

Die beste Reisezeit für die Voralpen ist Mai bis Oktober, für das Hochgebirge neben Juli und August auch der September, der meist beständigeres Wetter und klare Sicht bringt. Für Wanderungen im Mittelgebirge sind Mai, Juni und September ideal.

Stadt Salzburg Salzburg hat das ganze Jahr Saison. Frühjahr und Herbst bieten sich für Besichtigungen und ausgiebigen Stadtbummel an – die Besucherscharen halten sich dann, abgesehen von den Feiertagen, noch in Grenzen. Kultureller Höhepunkt im Jahreslauf sind natürlich die Salzburger Festspiele Ende Juli bis August. Dann ist ohne frühe Reservierung kaum ein Zimmer zu bekommen. Auch für den vorweihnachtlichen Christkindlmarkt auf dem Dom- und Residenzplatz muss man rechtzeitig buchen!

TELEKOMMUNIKATION · POST

Post Postämter sind Mo.–Fr. 8–12 und 14–18 Uhr geöffnet. In kleineren Orten haben vielfach »Postpartner« den Dienst übernommen – Öffnungszeiten variieren. Das Postamt am Salzburger Hauptbahnhof hat Mo.–Fr. 8–18 und Sa. bis 12 Uhr geöffnet. **Briefmarken** gibt es in Postämtern und Tabakgeschäften. Standardbriefe und Postkarten nach Deutschland und in die Schweiz kosten 1,20 €.

Telefon & Internet Für die Reise kommt am besten das eigene **Handy oder Smartphone** ins Gepäck. Seit 2017 werden innerhalb der EU keine Roaming-Gebühren mehr erhoben. Das Mobilfunknetz im Salzburger Land und im Salzkammergut ist sehr gut, mit Ausnahme mancher Bergregionen. Doch auch am Berg funktionieren im Regelfall die Notrufnummern. Viele Lokale und die meisten Beherbergungsbetriebe bieten kostenfreies **WLAN** an. Auch öffentliche WLAN-Hotspots gibt es viele – in Salzburg etwa am Mirabell-Platz oder am Kapitelplatz. Eine Liste findet man unter www.salzburg.info/de/reiseinfos/wlan-apps.

VERKEHR

Verkehrsregeln Die Verkehrsregeln in Österreich entsprechen dem übrigen Europa mit Rechtsverkehr. Die **Höchstgeschwindigkeit** auf Autobahnen beträgt für Pkw und Motorräder 130 km/h, für Pkw mit Anhänger 100 km/h. Auf Landstraßen gelten für Pkw und Motorräder 100 km/h,

INFORMATIONEN

AUTOMOBILCLUBS

ÖSTERREICHISCHER AUTO-MOBIL-, MOTORRAD- UND TOURING-CLUB (ÖAMTC) (ADAC-Partnerclub)
Alpenstr. 102
5020 Salzburg
Tel. 0662 63 99 90
www.oeamtc.at

MIETWAGEN

AVIS/BUDGET
Karl-Wurmb_Str. 3 (bei Bhf.)
und Flughafen Salzburg
Tel. +43 50 58 58 58 00
Tel. +43 800 10 44 07
www.avis.at
In Deutschland: 069 50 07 00 20
(0,20 €/Anruf aus dem dt. Festnetz, Mobilfunk max. 0,60 €/Anruf)

EUROPCAR
Gniglerstraße 12, Salzburg
Flughafen Salzburg
Tel. 01 866 16
www.europcar.at
In Deutschland: 040 520 18 80 00

SIXT
Station am Flughafen Salzburg
www.sixt.at
in Deutschland: 089 74 44 40

BAHN UND BUS

CALLCENTER DER ÖBB
Tel. 0517 17
www.oebb.at

POSTBUS
Tel. 0517 17
www.postbus.at

Im Stadtgebiet gelten allgemein 50 km/h. Auf allen Sitzen besteht Anschnallpflicht, zudem gilt eine Warnwestenpflicht (bei Absicherung von Unfallort, Panne etc.). Die Höchstgrenze für den **Blutalkoholgehalt** liegt bei 0,5 Promille. Das Telefonieren während der Fahrt ist nur mit **Freisprecheinrichtung** erlaubt. Vom 1. November bis 15. April gilt die Vorschrift zur **Winterreifenpflicht** bei winterlichen Fahrbahnverhältnissen. **Schneeketten** werden bei Fahrten ins hochalpine Gelände empfohlen. ÖAMTC und ARBÖ verleihen Schneeketten.

Mit dem Elektroauto

Österreich verfügt über ein flächendeckendes Ladenetzwerk für Elektroautos. Der Schwerpunkt liegt entlang der Hauptverkehrsachsen und rund um größere Städte. 2023 gab es an den Autobahnen 36 Raststationen mit E-Ladestationen (http://www.asfinag.at/parken-rasten/e-ladestationen/). Bis 2030 ist alle 25 km eine E-Tankstelle an den Autobahnen und alle 15 km abseits der Autobahnen geplant. Unter **www.ladestellen.at** sind alle Ladestellen Österreichs erfasst. Informationen zu den E-Ladestationen europaweit bietet auch die ADAC Spritpreise App (https://www.netzwelt.de/download/24939-adac-spritpreise.html).

Bahnliniennetz Das Netz der Schnellzüge (railjet, Intercity, Eurocity) in Österreich ist gut ausgebaut. Auf der Strecke Salzburg – Linz – Wien bietet auch die WESTBahn günstige Tickets an. Innerhalb des Bundeslandes Salzburg führt die Hauptbahnlinie von der Mozart-Stadt die Salzach entlang nach Süden und über das Gasteinertal nach Kärnten. Weitere Verbindungen führen über Zell am See nach Tirol und von Bischofshofen in die Steiermark. Die Pinzgauer Lokalbahn verkehrt zwischen Zell am See und Krimml. Die Salzburger Lokalbahn erschließt die Region nördlich der Landeshauptstadt. Mit S-Bahnen kommt man vom Salzburger Hauptbahnhof auch nach Straßwalchen (Nordosten) und nach Bayern (Freilassing/Berchtesgaden). Eine Bahnlinie von Attnang-Puchheim aus verkehrt in die Kernregion des Salzkammergutes mit Gmunden, Bad Ischl, Hallstatt und Bad Aussee.

Sonderbuslinien Verschiedene Gemeinden im Salzburger Land und Salzkammergut setzen auf speziellen Strecken Sonderbusse für Wanderer und Skifahrer ein. So erschließen im Bereich der Hohen Tauern in der Hauptsaison Zubringerbusse große Teile des Nationalparks. Die Regionen Lungau, Murau, Nockberge, Schladming-Rohrmoos und Sölk lassen sich mit **Wanderbussen** erkunden (https://taelerbus.at, www.wildewasser.at), die auch auf für den Privatverkehr gesperrten Straßen fahren. Das Zusteigen auf freier Strecke ist möglich. Auch die Region um den Hochkönig erschließt in den Sommermonaten ein **Wanderbus**, der mehrmals täglich zwischen Saalfelden und Bischofshofen verkehrt.

ZEIT

Uhrenvergleich In Österreich gilt die Mitteleuropäische Zeit (MEZ). Für die Zeit von Ende März bis Ende Oktober gibt es auch hier die Sommerzeit (MEZ + 1 Std.).

REGISTER

A

B

C

D

E

N

O

P

R

S

T

U

V

W

Z

BILDNACHWEIS

dpa-picture alliance/Stephan Jansen S. 317
DuMont Bildarchiv/Anzenberger S. 2 oben, 3 oben, 8/9, 10, 15, 18, 23, 24/25, 27, 29, 41, 53, 56/57, 70 (2x), 75, 88/89, 101, 110, 113, 118/119, 122/123, 127, 132, 146 (2x), 154/155, 156, 159, 165 (2x), 167, 182/183, 193, 197, 199, 203, 218, 225 (mit freundlicher Genehmigung von Red Bull Hangar-7 GmbH), 229, 231 (2x), 234, 237, 240, 260, 266/267, 269, 285 unten, 293, 296, 303 oben, 305, 327 unten, 331, 339, 349, U 7
DuMont Bildarchiv/Anzenberger-Fink S. 108, 204, 209 oben, 251, 279, 327 oben
DuMont Bildarchiv/Ernst Wrba S. 338
DuMont Bildarchiv/Holz S. 289
DuMont Bildarchiv/Paul Trummer S. 72/73, 96, 283, 285 oben, 307
DuMont Bildarchiv/Reinhard Eisele S. 78, 141, 209 unten, 249, 258, 276, 321, 325
DuMont Bildarchiv/Widmann S. 85
Fotolia S. 5, 43, 50
Günter Gräfenhain/HUBER IMAGES S. 49
Günter Gräfenhain/Schapowalow S. 59
Keltenmuseum Hallein/Dirk Böckmann S. 263 unten
laif/Heuer S. 253
mama thresl_Food Kuchen_©eye5 - Christian Schöch S. 335
mauritius images/imageBROKER/ Christian Vorhofer S. 171
picture alliance/APA/picturedesk.com S. 12/13, 201
picture alliance / BARBARA GINDL / APA / picturedesk.com | BARBARA GINDL S. 204
Reincke, Madeleine S. 3 unten, 298, 311, 312
Salzburger Heimatwerk S. 20/21
Sandra Raccanello/HUBER IMAGES S. 178, 213
Shutterstock/Karl Allen Lugmayer S. 59
Shutterstock/ Daniel Trixl S. 175
Spath, Stefan S. 7, 16/17

Titelbild: Florian Jaenicke/laif

VERZEICHNIS DER KARTEN UND GRAFIKEN

IMPRESSUM

Ausstattung:
102 Abbildungen, 23 Karten und Grafiken, eine große Reisekarte

Text:
Stefan Spath, mit Beiträgen von Birgit Borowski und Dr. Madeleine Reincke

Bearbeitung:
Baedeker-Redaktion (Dr. Madeleine Reincke)

Kartografie:
Christoph Gallus, Hohberg; Klaus-Peter Lawall, Unterensingen KOMPASS-Karten GmbH, A-6020 Innsbruck; MAIRDUMONT, D-73751 Ostfildern (Reisekarte)

3D-Illustrationen:
jangled nerves, Stuttgart

Infografiken:
Golden Section Graphics GmbH, Berlin

Gestalterisches Konzept:
RUPA GbR, München

14., aktualisierte Auflage 2024

MairDumont: Baedeker Redaktion
Postfach 3162, D-73751 Ostfildern
www.baedeker.com

Printed in China

BAEDEKER VERLAGSPROGRAMM

Viele Baedeker-Titel sind als E-Book erhältlich.

A
Ägypten
Algarve
Allgäu
Amsterdam
Andalusien
Australien

B
Bali
Baltikum
Barcelona
Belgien
Berlin · Potsdam
Bodensee
Böhmen
Bretagne
Brüssel
Budapest
Burgund

C
China

D
Dänemark
Deutsche Nordseeküste
Deutschland
Dresden
Dubai · VAE

E
Elba
Elsass · Vogesen
England

F
Finnland
Florenz
Florida
Frankreich
Fuerteventura

G
Gardasee
Golf von Neapel
Gomera
Gran Canaria
Griechenland

H
Hamburg
Harz
Hongkong · Macao

I
Indien
Irland
Island
Israel · Palästina
Istanbul
Istrien · Kvarner Bucht
Italien

J
Japan

K
Kalifornien
Kanada · Osten
Kanada · Westen
Kanalinseln
Kapstadt · Garden Route
Kopenhagen
Korfu · Ionische Inseln
Korsika
Kreta
Kroatische Adriaküste · Dalmatien
Kuba

L
La Palma
Lanzarote
Lissabon
London

M
Madeira
Madrid
Mallorca
Malta · Gozo · Comino
Marrokko
Mecklenburg-Vorpommern
Menorca
Mexiko
München

N
Namibia
Neuseeland
New York
Niederlande
Norwegen

O
Oberbayern
Österreich

P
Paris
Polen
Polnische Ostseeküste ·Danzing · Masuren
Portugal
Prag
Provence · Côte d'Azur

R
Rhodos
Rom
Rügen · Hiddensee
Rumänien

S
Sachsen
Salzburger Land
Sankt Petersburg
Sardinien
Schottland
Schwarzwald
Schweden
Schweiz
Sizilien
Skandinavien
Slowenien
Spanien
Sri Lanka
Südafrika
Südengland
Südschweden · Stockholm
Südtirol
Sylt

T
Teneriffa
Thailand
Thüringen
Toskana

U
USA · Nordosten
USA · Südwesten
Usedom

V
Venedig
Vietnam

W
Wien

Z
Zypern

Meine persönlichen Notizen

20 km
© BAEDEKER
Bayern
DEUTSCHLAND
Tirol
Osttirol
Südtirol
ITALIA
Wasserburg
Trostberg
Tittmoning
Moosdorf
Griesstatt
Obing
Altenmarkt a.d.A.
Stein
Fridolfing
St. Georgen
Aßling
Rott am Inn
Seeon
Obern-dorf
Ober-trumer See
Seebruck
Waging
Waginger See
Laufen
Halfing
Bad Endorf
Petting
Chiem-see
Frauenchiemsee
Herrenchiemsee
Traunstein
Bad Aibling
Prien
Simssee
Teisendorf
Freilassing
Rosenheim
Siegsdorf
Mozarthaus
Bernau
Bergen
Bad Feilnbach
Grassau
Inzell
Aschau
Ruhpolding
Grödig
Kampenwand 1669
Bad Reichenhall
Degern-dorf
Chiemgauer Berge
Wendelstein 1838
Predigtstuhl 1613
Schneizlreuth
Erl
Kössen
Reit im Winkl
Seegatterl
Walchsee
Steinpass 615
Berchtes-gaden
Kiefersfelden
Ebbs
Ramsau
Königssee
Kaiser-gebirge
Fellhorn 1765
Lofer
Watzmann 2713
Landl
Erpfen-dorf
Waidring
Kufstein
Ellmauer Halt 2344
Seisenberg-klamm
St. Bartholomä
St. Ulrich
Weißbach
Söll
Ellmau
St. Johann
Inn
Steinernes Meer
Kitzbüheler Horn 1996
Hohe Salve 1829
Wörgl
Pass Grießen 963
Kitzbühel
Leogang
Saalfelden
Hochkönig
Kirchberg
Auffach
Hahnenkamm 1655
Saalbach
Kelchsau
Aschau
Hinter-glemm
Saalach
Maishofen
Schmittenhöhe 1965
Kitzbüheler Alpen
Zellersee
Pass Thurn 1273
Zell am See
Taxenbach
Salzachgeier 2470
Uttendorf
Bruck
Wildkogel 2225
Gerlospass 1507
Neukirchen a. Großvene-diger
Bramberg a. Wildkogel
Mittersill
Kaprun
Rauriser Tal
Gerlos
Salzach
Gletscherbahn Kaprun
Fusch
Rauris
Filzstein-alpe 1628
Krimml
Sulzbachfall
Bad Fusch
Wörth
Stubachtal
Kitzsteinhorn 3203
Wasserfall-boden
Krimmler Wasserfälle
Felbertauern-tunnel
Ferleiten
Mooser-boden
Nationalpark Hohe Tauern
Reichenspitze 3303
Granatspitze 3086
Edelweißspitze 2577
Großvenediger 3657
Franz-Josefs-Höhe
Hochtor 2505
Kolm-Saigurn
3798 Großglockner
Dreiherrnspitze 3499
Sonnblick 3105
Kasern
Gumpachfall
Heiligenblut
St. Peter
Prossegg-klamm
Hinterbichl
Virgental
Matrei
Kals
Klamml-Joch 2288
Schobergruppe
Möll
Huben
Mörtschach
Rein
St. Veit
3240 Hochschober
Hochgall 3435
Erlsbach
Defereggertal
Isel
Winklern
Mölltal
Weiße Spitze 2962
Ainet
15
304
20
304
8
306
307
21
20
305
178
305
307
93
172
173
A12
178
170
164
161
311
164
311
168
165
108
108
107